Analysis of Themes in Public Administration Cases

Case Study & Review

테마 사례행정 분석

예시 답안 및 강평

김판석 김행범 하혜수 김철회 공저

법우사
BUBWOOSA

머 리 말

- 현실의 살아있는 행정 사례들을 설명할 수 있는가? -

대학에서는 행정학에 대해 많은 이론(theory)을 배운다. 과거에는 이 이론 지식의 양을 통해 행정학 실력을 평가하였다. 그러나 행정학의 지식이 과연 우리의 행정 현실(reality)과 얼마나 적합하게 관련시켜 이해되어 있는가에 대한 근본적 재검토가 나타났다. 특히 정부의 정책 형성 및 집행을 위한 응용 학문의 성격을 띠는 행정학에서는 생생한 행정 문제 사례에 대한 실질적 대응 능력이 더 중요하다는 인식이 높아졌다. 따라서 최근에는 행정학의 실력을 측정하는 대부분의 시험이 구체적인 행정 사례 연구(case studies)를 포함하는 추세를 보이고 있다. 그것은 행정고시가 본질적으로 행정학자가 아니라 정부 현장에서 실제의 행정 사안을 해결하는 문제해결자(problem-solver)로서의 자질을 식별하는 시험이기 때문이다. 과거의 이론암기식 공부에 치중하는 수준을 넘어서 행정 현실의 실제 사례를 분석하는 데까지 이르기를 요청하는 것이다.

그런데 이론식 공부만으로는 이러한 차이를 식별하지 못한다. 행정 현실의 문제를 해결하는 능력까지 갖추었는가는 결국 사례 연구(case study) 능력을 측정하면 드러난다. 행정법 사례 연구, 형법 사례 연구, 기업 경영 사례 연구 등의 분야에서처럼 행정학 연구도 이제 이론만을 서술하기를 요구하는 문제가 아니라 실제의 행정 사례에 직면하여 이를 정확히 진단하고 그 처방을 올바로 제시하는 능력을 요구하는 문제로 옮겨가고 있다.

그러나 사례 연구로 급히 옮겨가는 추세에 비하면 이에 대비하는 행정학 교재들은 매우 불충분하다. 기존 교재들이 이에 대비하는 방식은 크게 두 가지로 대별된다. 첫째, 행정 사례를 개조식으로 간단히 제시하지만 이것은 형식적이고 실제로는 교과서 이론을 그대로 요구하는 유형이다. 이 방식으로는 그 답안이 과연 진정한 사례 해석 능력이 있는가는 측정하기 어렵다. 둘째, 구체적 행정 사례를 장황히 제시하고서 학생들로 하여금 그 중에서 이러이러한 측면을 생각해보라는 식으로 요구하고 끝나는 경우이다. 이 유형은 행정 현실의 문제들을 생생하게 직면하게 하는 데는 유용하지만 그에 대해 학생들이 내린 판단과 분석 결과가 과연 정확한가에 대한 '평가'가 없는 경우이다. 이 역시 사례 연구 능력을 육성하는 데는 매우 부적절한 방식이다.

그러므로 기존의 행정 사례 연구 교재의 부족함을 고려하면, 우선 대표성 있는 주요 사례들에 한정하여 우수한 답안 작성자들의 분석 답안을 제시하고, 나아가 그 결과에 대해 교수들이 자세히 논평을 가함으로써 학생들의 사례 연구 능력을 육성하는 것이 필요하다. 이 책은 바로 그러한 방식에 따라 공부하도록 구성된 것이다.

행정학 지식을 사례로 묻는 방식들은 다양할 것 같지만 크게는 두 가지로 대별할 수 있을 뿐이다.

① **출제 유형 1**: 행정 사례 형식으로 질문을 하지만 그 본질은 '이론적 지식'의 소화 정도를 묻는 것이다. 이는 엄밀한 의미의 사례 지문이라기보다는 그 사례에 해당되는 '행정 이론'을 묻는 것이며, 다만 그 이론이 질문되어지는 맥락만을 현실 상황에 부합되게 재구성하여 질문을 하는 유형이다 (ex: 이명박 정부에서 국정 방향으로 친기업적 정책기조가 임기 도중 급격히 친서민적 정책 기조로 바뀌었다. 이의 준거 이론으로 볼 수 있는 마이클 샌덜의 정의 이론을 설명하고, 그것이 정부에서 구현된 양상 및 이 이념이 정부 조직, 인사, 예산 등에 미친 영향을 설명하라). 이는 단지 "~를 논하라"에서 벗어나 그 문제의 상황을 충분히 이해하고 이를 염두에 두고 이론적 지식의 깊이를 묻는 문제이다. 이 경우에도 이론만을 제시하는 것은 부족하고 이 이론이 주어진 상황 맥락에 맞게 약간 재구성해야 한다. 후술하는 유형 ②에 비하면 '사례'의 성격이 좀 낮은 이런 유형이 여전히 출제되는 이유는 철저한 사례 형식으로 출제할 경우 그 표준화된 정답 내용 구성에 출제 위원들의 합의가 쉽지 않기 때문이다. 이

유형은 사례와 관련된 이론을 사례에 적절히 가미하여 빠짐없이 잘 보여주는가에 따라 평가가 좌우된다.

② **출제 유형 2**: 또 다른 유형은 상당히 구체적이고 전자보다는 장문의 사례를 제시하는 유형이다. 특정한 행정 이론만을 암시하지 않으며, 사례에서 나타난 문제 자체의 정확한 분석 및 처방을 요구하는 질문을 하는 유형이다. 이는 형법 공부에서 배우는 사례 연구와 가장 근사한 유형이다. 이 경우에는 채점의 표준화가 쉽지 않으며 사례 구성을 정교하게 구성하거나 그러한 요구에 합치되는 사례를 선정해야 하는 어려움이 있다. 이러한 채점상의 객관성 문제 때문에 이 유형의 사례는 주어진 질문에 대해 몇 개의 세부적 하위 질문 및 그에 대한 배점을 명시함이 보통이다. 이런 유형의 출제 문제는 기초적인 행정 이론을 이미 충분히 습득하고 있다고 전제하고서, 이의 현실 응용성을 측정하고자 할 때에 요구하는 문제이다. 그 사례를 풀기 위해서는 다양한 행정 이론들에 준거해야 한다. 그 답은 (어느 한 국면 혹은 전체적인) 이론이 아니라, 그 문제의 정확한 분석과 처방 자체가 타당한가에 따라 평가가 좌우된다.

③ **출제 유형 3**: 행정 현실에서 발생하는 구체적 문제 사례가 특정 행정 이론과 꼭 맞추어 전개되는 것만도 아니다. 이 경우 사례 문제를 출제할 경우 그 답은 특정 이론과는 관련성 적거나 아에 '행정'학과 관련성이 낮을 수도 있다. 이런 문제를 '행정학' 문제로 출제하는 것은 타당성이 부족할 위험성이 있기 때문에, 행정 이론에 맞도록 "가상적 사례"를 구성하여 출제하는 방식이 있다. 이는 그래도 위의 ①보다는 사례의 구체성이 높은 유형이다. 여기에서는 그 이론이 갖는 규범적 함의와 결론을 정확하고도 풍부히 알고서 가상 사례에 이를 잘 소화시켜 재구성해 내는가에 따라 평가가 좌우된다. 가상 사례이기 때문에 현실 상황과의 부합성이 엄밀히 요구되지는 않는다.

사례 연구라는 용어의 본유적 개념에 가장 부합되는 것은 유형 ②이지만, ① ③의 방식도 많은 비중을 차지하고 있음을 유의해야 한다. 그것은 주어진 시간 안에 그것도 토론이 아니라, 또 연수원에서 배우는 전문적 직무 능력이 아니라 기본적 행정학 자질을 글로 작성하여 답을 적어야 하는 고시의 현실에서는 불가피한 결과이다. 이러한 사례 행정 연구가 가장 많이 출제되는 분야는 "행정학 총론" 부분이다. 총론에는 많은 쟁점을 수반하는 일반 이론이 많기 때문이다. 이에 비하면 구체성이 높고 사례-이론 서술상의 큰 차이점을 찾기가 어려운 분야에서는 사례 문제로 행정학의 깊이를 측정할 의미가 적은 편이다.

이상의 상황을 고려하면, 사례 중심적 행정학 문제의 정확한 대응에는 다음과 같은 기본 방향이 필요하다.

첫째, 무엇보다도 행정 이론에 대한 철저한 이해이다. 기초가 되는 행정 이론을 철저히 소화해 있지 않으면 안 된다. 전술한 ① ③유형은 물론이며, ②유형의 경우에도 행정 이론에 대한 굳건한 기초가 필수적이다. 아무리 행정 사례에 관한 연구라 할지라도 사례의 서술은 반드시 행정 이론에 준거하지 않으면 단순한 story-telling이거나 더 심한 경우에는 저널리즘 혹은 수필에 불과한 것이다. 아예 이론을 공부할 때부터 현실의 행정 문제를 염두에 두면서 이해를 해 나가야 하는 셈이다.

둘째, 사례 문제에서는 무엇보다도 주어진 논점(질문의 핵심)을 정확히 파악해야 한다. 논점을 잘못 파악한 후 열심히 작성하는 '3종 오류'가 사례 연구에서 가장 빈번히 나온다. 달리 말하면 출제자의 의도를 정확히 파악하라는 것이다. 이 논점에 대한 정의를 서두에서 천명하고 들어가야 하는 경우가 많다. 특히 거버넌스, 공익 등과 같이 그 개념 범주가 다의적인 경우에 서론에서 이런 사전 천명이 필요한 경우가 많다. "따라서 이하에서는 거버넌스를 최협의로 한정하여......." 라는 식의 선언이다. 또는 "이 공무원 사례는 주어진 재원으로 가장 많은 공공서비스를 산출하는 대안을 찾는 것이 목적이므로 롤스 기준과는 관련이 없고 Pareto Improvement가 더 중요한 기준이다. 그러므로 이하에서는 이 기준을 중심으로 ..." 식이다.

셋째, 사례 연구는 단적으로 말하면 "소설을 읽고서 정형시로 답하는 것"이다. 산만한 답이 안 되도록 처음부터 끝까지 유념하라. 체계적인 frame을 사용하지 않으면 수필이 되거나, 구호로 일관된 격문이거나, 규범 이론의 동어 반복으로 전락할 수 있다. 체계적인 서술 frame을 꼭 활용하기를 권장한다. 어떤 개념 틀을 사용할 것인가? 몇 가지 유용한 틀을 익혀 두라. "...를 한국 행정에 적용하여 설명하라"에서 한국 행정이란 구체적으로 어떤 국면을 말하는가? 행정서비스의 '수요자-공급자'라는 양대 개념 틀을 활용할 수 있다. 혹은 행정의 '내적-외적 이해관계자(참여자)' 별로 구분하여 서술하는 틀을 이용할 수도 있다. 박동서 교수식의 '7대 과정' 틀, 가장 소박한 '조직 · 인사 · 재무 · 정책 · 지방행정 · 정보...'의 틀, 혹은 아예 정책과정으로 한정하여 '정책의제설정-정책결정-정책집행-정책평가'..의 틀로 잡을 수도 있다. 또 행정의 3대 변수(행정인-행정구조-행정환경: 박동서 교수), '투입-전환-산출'의 체제론적 변수도 유용한 frame이 된다. 이러한 frame들은 학계에서 상당한 설득력을 인정받아왔기에 이를 통한 서술은 무작위적 서술항목을 무작위적 · 비체계적으로 나열하기 보다는 훨씬 체계적이다.

넷째, 사례 답안의 생명은 현실성이다. 추상적인 서술 외에 현실적/실질적인 국면의 서술이 매우 중요하다. 최근의 주요 현실 지표(예산 규모, 공무원 규모, 공기업의 규모 및 비용, 부채, 부패의 정도....)의 인용이 필요하며 국내외 및 특정 자치단체의 관련내용을 비교 언급함도 필요한 것은 이 때문이다. 그래야 행정 '사례'에 대한 좋은 답이 된다.

다섯째, 조심할 것은 사전에 생각해 둔 익숙한 사례라고 하여 연습해 둔 방향으로 바로 서술하려 하지 말고 주어진 사례가 행정학의 어느 이론 부분을 응용하는 것인가? 그 사례의 어떤 국면들이 질문되고 있는가가 더 중요하다. 사례가 동일한 것은 중요한 것이 아니다. 그 사례 중 어느 요소를 묻고 있는가에 더 초점을 주어야 한다.

여섯째, 표준적인 사례 연구와 이에 대한 논평들을 많이 접해 보라. 사례 연구 능력 역시 반복 훈련으로 증진되는 부분이 아주 많다. 특히 최근에 크게 사회적 갈등을 야기한 사례, 큰 정책 효과를 미치는 사건, 많은 국민에게 영향을 주는 정책, 언론에 크게 거론된 큰 사건들을 수반한 사례, 최근에 법 내용이 대폭 수정된 행정 사례 등은 매우 중시해야 한다.

일곱째, 사례 연구에서도 **창의적인 모습을 보이는 것이 필요하다. 누구나 아는** 교과서 및 참고 문헌 내용을 잘 요약한 것은 평균점을 받을 수 있지만, 높은 점수를 받기 어렵다. 관련 이론과 내용을 자신만의 언어로 소화했다는 것을 보여주는 표현 등을 계발하여 활용할 필요가 있다. 창의적인 촌철살인적 도입부를 서론에 일부 인용함은, 그것이 타당할 경우에는, 좋은 인상을 주었다. 그러니 본론 중에서 이러한 구호를 반복하면 오히려 역효과이다. 창의에 더하여, 입에 발린 듯한 상투식 어구는 의미가 전혀 없다. 참 실력이나 진실성이 없이 허구적인 말만 둘러대는 고교 작문 같은 인상을 준다. 이런 자들이 행정가가 되게 해서는 결코 안 되겠다는 마음을 굳게 할 뿐이다. 이 밖에도 미시적으로 유의해야 할 많은 사항들은 해당 사례의 강평 속에서 지적하였으니 이들을 자세히 검토해 보라.

이 책의 예시 답안 초안은 우수한 성적의 고시 합격생들이 직접 작성하였다. 이동규(서울대 행정대학원, 행정고시 행정학 최고득점), 이은진(서울대 경영대학, 행정고시 재경직 합격), 권오흥(서울대 공대, 행정고시 재경직 합격), 백경원(서울대 경제학과, 행정고시 재경직 합격), 이광민(서울대 행정대학원, 행정고시 일반행정직 합격) 등의 진지한 초안 원고에 감사한다. 일부 큰 오류만을 수정한 채 이 원고를 가급적 그대로 두고 저자들이 이에 대해 자세한 논평을 가하였다. 이 책은 완벽한 사례 분석 답안이 아니라 우수한 답안을 보여주는 것을 목적으로 하기 때문이다. 있는 그대로의 답안이 독자들에게는 오히려 접근 가능한(accessible) 목표가 될 수 있을 것이다. 필자들로서는 가능한 최적 답안을 그리며 매우 높은 기준으로 채점에 임하기 때문에 가혹한 평가를 내린 부분도 있다. 그러나 고시의 현실에서 보면 여기에 실린 답안 수준만으로도 65점 이상의 득점에 충분하다.

중요한 일부 사례들은 중복적으로 배치하여 같은 사례라도 어떤 국면을 묻는가에 따라 전혀 상이한 답안이 나와야 함을 보여주고자 하였다. 그리고 행정 이론의 체계적 분류에 부합하도록 세심하게 사례를 선정하여 해당 장에 배치하였다. 통상적인 교재에서 접하기 힘든 주제 및 중요 기출 문제들도 말미에 일부 추가해 두었다. 따라서 이 책은 행정학의 사례 분석 답안을 익히는 최적의 훈련서라고 생각한다. 처음부터 사례 분석에 익숙한 사람은 아무도 없었다. 연인이 되기 전에는 모두가 서로 낯선 사람들일 뿐이었던 것처럼. 그리고 자주 보아야 사랑이 유지되듯, 자주 읽어주어야 이 책도 머리 속에 남아 있어 줄 것이다.

2013년 2월.
저자 일동

답안지 작성 요령

주관식 또는 사례문제에 대한 답안은 출제자와의 대화 또는 의사소통이라는 관점에서 작성될 때 좋은 점수를 얻을 수 있다. 즉 답안작성자는 출제자가 문제를 통해 요구하는 내용을, 보다 효과적으로 전달하는 연습을 지속적으로 수행하여야 한다. 이러한 관점에서 출제자에게 좋은 점수를 얻기 위한 몇 가지 방안(tips)을 제시해보고자 한다.

첫째, 답안을 짜임새 있게 구성해야 한다. 아무리 좋은 내용을 담고 있다 할지라도 답안의 구성(organization)이 잘못 짜지면 좋은 평가를 받기 어렵다. 문제를 일독한 후, 여백을 활용하여 목차와 핵심단어(key word)를 간략히 정리한 개요(outline)를 작성한 후에, 실제 답안을 작성하는 습관을 들일 필요가 있다.

둘째, 출제자의 출제의도를 최대한 존중하여야 한다. 특히 사례문제의 경우에는 질문의 내용이 구체적으로 제시되는 경우가 많은데, 다소 시간이 걸리더라도 질문에 포함된 의도가 무엇인가를 탐색해야 한다. 수험생이 일방적으로 출제자의 의도를 무시하거나 자의적으로 해석하는 것은 대단히 위험하다.

셋째, 문제와 관련된 기초내용을 간략하게 정리한 후에 출제자가 요구하는 본론을 작성해야 한다. 서론 또는 본론의 앞부분에서 문제와 관련된 개념, 기초이론, 논쟁 등을 간략하게 정리하고, 여러 이론이나 주장 중에서 본인이 지지하는 입장을 선택하여 본론을 논리적으로 작성하는 것이 유리하다.

넷째, 핵심적인 내용을 간략한 도표나 그림 등을 활용하여 정리하는 것은 좋은 점수를 얻는데 도움이 될 수 있다. 그러나 지나치게 도표나 그림을 많이 활용하는 것은 반작용을 불러일으킬 수도 있으니 유의하여야 한다.

다섯째, 국내외의 관련내용을 비교하여 포함하되, 현실적이고 실질적인 내용을 서술할 필요가 있다. 추상적인 내용은 가급적 피하는 것이 좋으며, 관련내용이나 주장을 단적으로 지지 또는 설명해주는 숫자, 보도내용, 학자의 의견 등을 정확하게 암기하여 활용하는 것은 큰 도움이 될 것이다.

여섯째, 본인만의 창의적인 내용을 준비하여 서술할 필요가 있다. 교과서나 참고문헌의 내용을 잘 요약한 것은 평균점을 받을 수 있지만, 높은 점수를 받기 어렵다. 관련 이론과 내용을 자신만의 언어로 소화했다는 것을 보여줄 수 있는 사례, 표현 등을 계발하여 활용할 필요가 있다.

일곱째, 문제와 관련된 주요 이론 또는 학술용어는 원문을 병행하여 표기하는 것도 유리하다. 다만 원문을 정확하게 암기하고 서술하는 습관에 익숙해져야 한다. 또한 관련 학자를 인용할 때, 외국학자의 경우에는 가능하면 이름과 성을 함께 표기하고 괄호 안에 연도까지 기입하는 것이 좋다(예: John Kindon, 1984).

차 례

제4장 재무행정론 387

행정학 사례답안의 실제 485

제 1장

행정학 총론

1. 행정과 경영

최근 우리나라의 공공행정에 경영의 원리를 접목시키려는 노력들이 활발하다. 행정과 경영의 관계에서 다음 물음에 답하시오. (총 50점)

[1] 행정과 경영을 정의하고, 행정과 경영의 공통점과 차이점을 분석하시오. (15점)

[2] "우리나라의 맥락적 특징 하에서는 정부행정이 기업경영의 방법을 도입해야만 개선된다는 말이 "모순어법"(oxymoron)이 될 가능성이 있다."는 문장을 우리나라의 과거 혹은 현재적 상황과 연결지어 논평하시오. (20점)

[3] "모순어법"(oxymoron)이 된다면, 행정은 경영의 기법을 받아들여야 하는가? 최근의 사조로 일컬어지는 "행정에 대한 경영방식의 도입"을 사례를 들어 평가하시오. (15점)

예시 답안

Ⅰ. 서론

Ⅱ. 행정과 경영: 설문(1)과 관련하여

1. 행정과 경영의 정의

"행정" 이란, "정치・경제・사회・문화종교・과학기술간의 여러 가지 관계 하에서, 국민(시민)의 요구/수요에 부응하면서, 공공선과 복지를 실현할 책임 하에, 정치공동체의 질서(order)를 유지, 향상, 발전시키기 위하여 집행부(또는 그 기능적 대체조직)가 정책을 형성하고 집행하는 일련의 활동 및 상호작용의 과정"이다.

"경영"이란, "특정한 정치적 맥락과 경제질서 하에서, 고객(시민)의 수요를 만족시키면서, 이윤을 획득하기 위하여 기업인 또는 기업체가 생산성을 높이거나 시장점유율을 높이려는 일련의 활동 및 상호 작용의 과정"이라고 정의할 수 있을 것이다.

2. 행정과 경영의 공통점과 차이점

<table>
<tr><th colspan="2">비교항목</th><th colspan="2">행정</th><th colspan="2">경영</th></tr>
<tr><td colspan="2">대상(영역)</td><td colspan="2">정부</td><td colspan="2">사업(기업)</td></tr>
<tr><td colspan="2">공통</td><td colspan="4">정치, 경제, 사회, 문화종교, 과학기술체제의 맥락</td></tr>
<tr><td colspan="2">제도적 논리</td><td>민주주의</td><td colspan="2">관료제</td><td>자본주의</td></tr>
<tr><td rowspan="3">이념,
가치,
규범</td><td>존재이유:
정당성</td><td colspan="2">정치적 반응성과 요구충족,
공공이익, 형평성, 책임성</td><td colspan="2">경제적 효용성과 수요충족,
사적이익, 이윤</td></tr>
<tr><td>운영원리</td><td colspan="2">관리적인 능률성, 효과성</td><td colspan="2">수익성, 능률성, 생산성</td></tr>
<tr><td>규칙(code)</td><td colspan="2">법의 정당한 절차: 인권</td><td colspan="2">시장에서의 공정한 경쟁</td></tr>
</table>

가. 공통점

한 나라에 있어서의 행정과 경영은 다 같이 동일한 정치-경제-사회-문화종교-과학기술 체제의 맥락내에서 운영된다. 그와 같은 체제는 민주주의, 관료제, 그리고 자본주의라는 제도적 논리를 가지고 운영되는데, 이러한 논리 중에서 행정과 경영은 다 같이 관료제라는 특성을 많이 공유하고 있는 것으로 생각할 수 있다.

행정과 경영의 가치 이념 또는 규범 중에서, 행정과 경영은 그 운영원리에서 공통점을 많이 가지고 있다. 즉, 다 같이 "관리"로서의 업무의 능률성과 효과성을 높여야 되는 것이다. 행정과 경영의 세부과정으로서 조직론, 인사행정론(인사관리), 재무행정론(회계) 등이 이러한 면에서 일부 중복되기도 한다.

이상과 같은 여러 가지 공통성 때문에 행정과 경영을 다 같이 一般行政(general admininistration)이라고 하는 학문분과의 하위분과들로 생각하고 연구할 수도 있다.*

---

* 우리는 행정학(public administration)과 경영학(business administration)을 다 같이 외래의 학문으로 받아들이는 과정에서 특정한 외국(영어권)에서 사용하는 용어를 받아들일 수밖에 없었다. 그래서 영어권에서 행정을 "공공행정"(public administration)이라고 하고 경영을 "사업(기업)행정"(business administration)이라고 하는 말에 포함된 "administration"이라는 용어에서 공통점을 찾고, "public"과 "business"라는 용어에서 차이점을 찾는 경향도 있다. 영어에서는 행정과 행정학을 다 같이 "public administration"이라는 용어로 표현한다. 이러한 경향 때문에 우리 나라에서조차 "공공행정"이라는 매우 어색한 용어까지를 사용하게 된 것으로 보인다("민간 관료제"라는 어색한 용어도 있기는 하다).

나. 차이점

그러나 행정은 그 대상(영역)이 주로 정부이고, 경영은 그 대상이 사업(기업)이라고 하는 근본적인 차이로부터 여러 가지의 차이들이 파생한다.

(1) 제도적 논리

행정은 체제적 맥락중에서, 민주주의와 관료제라는 제도적 논리의 영향을 받는다. 민주주의의 제도적 논리는 참여와 합의이며, 관료제의 제도적 논리는 집권화와 분권화인데,이들 사이에는 긴장과 갈등이 있기 때문에, 참여와 합의, 그리고 집권화와 분권화가 어떠한 결합관계를 갖느냐에 따라서 특정한 국가의 행정의 특징은 민주적 정권하의 분권화일 수도있고, 권위주의적 지배하의 집권화일 수도 있다.

경영은 체제적 맥락중에서, 자본주의와 관료제라는 제도적 논리의 영향을 받는다. 자본주의의 제도적 논리는 축적과 분배이며 관료제의 제도적 논리는 집권화와 분권화인데, 이들 사이에는 갈등과 "모순"이 있기 때문에, 축적과 분배(계급투쟁), 그리고 집권화와 분권화의 결합방식에 따라 특정한 국가의 경영의 특징은 정경유착적일 수도 있고, 자율적일 수도 있다.

(2) 존재이유, 정당성 그리고 규칙

행정은 정치적으로 높은 반응성을 나타내고 국민의 요구를 충족시켜야 된다. 그리고 공공이익을 추구하면서 형평을 기하고 국민에 대하여 도덕적, 정치적, 법적, 회계적인 책임을 져야한다. 그리고 행정실무에 있어서는 법의 정당한 절차를 따라야 한다.

경영은 경제적 효용을 높여서 경제발전에 기여하고 고객의 수요를 충족시켜야 한다.사적 이익과 이윤을 추구하되 시장에서의 공정한 경쟁을 위한 규칙을 따라야 한다.

(3) 가용자원의 동원방법

행정은 원칙적으로 조세에 의하여 가용자원을 동원하여야 한다.

경영은 원칙적으로 자기자본과 차입 및 영업활동을 통하여 가용자원을 동원해야 된다.

(4) 중복과 경쟁

행정에 있어서의 조직, 인사 예산의 중복은 낭비라고 생각된다. 그리고 행정에 있어서의 "경쟁"은 "갈등", "분쟁" 또는 "부처이기주의" 등으로 매도된다.

경영에 있어서의 중복은 경쟁의 전제조건이다. 독점과 과점은 정부의 규제대상이 되는 경우가 많다.

(5) 성과측정의 불명확성과 명확성

행정의 성과를 측정할 수 있는 기준은 불명확하다.

경영의 성과를 측정할 수 있는 기준은 비교적 명확하다

(6) 제약과 자율성

범사회적인 견지에서 볼 때, 행정이 규제 또는 지원 등으로 경영에 개입하지만, 행정자체도 여러 가지 제약(constraints)을 가지고 있다.

경영은 일정한 정부규제의 범위내에서는 행정보다는 상대적으로 높은 자율성과 신축성을 발휘할 수 있다.

Ⅲ. 한국의 역사적, 상황적, 체제적 맥락하의 행정과 경영: 설문(2)와 관련

1. 정치사회학적 조건

가. 유산과 지지기반의 미비

한국의 행정은 조선조 관인지배의 전통, 일제의 강압적 통치의 흔적, 그리고 국토의 분단 때문에 생겨난 왜곡과 갈등이라고 하는 역사적 유산을 가지고 있으며, 해방후 60여년이 지난 오늘날 까지도 안정된 지배집단이 형성되지 못한 가운데 운영되고 있을 뿐만 아니라 민주주의, 관료제, 그리고 자본주의적 발전에 있어서도 불균형이 심해서, 정치와 관료제의 유지 관리를 위한 사회 경제적 자원을 공개적으로 지원받는데 있어서 얼마간의 한계를 가지고 있다.

나. 정권우위적 정치적 맥락의 심화

우리가 만일 '나라'(nation; count), '국가'(state), '정부'(government), 그리고 '정

권'(regime)을 구분할 수 있다고 한다면, 우리 "나라-국가-정부"는 특정 소수가 지배하는 '정권'의 영향을 너무나 크게 받아왔다. 이러한 정권우위적 정치의 맥락은 최고권력자와 일부 관료들에 의하여 형성되어 온 감이 있다. 이렇게 집권화된 권력은 아무리 미사여구를 구사하더라도 "자의적인 권력행사"의 모습을 드러내곤 하는 것이다.

2. 정권우위적 정치적 맥락하의 정치 행정 사회 경제적 지원/규제의 특징

가. 정권과 행정개혁

역사적으로 볼 때, 한국 뿐만 아니라 어느 정권이든지, 정권을 장악하면, 정치적 투쟁이나 경쟁의 규칙을 바꾸려하고, 구세력중 일부를 흡수(cooptation)하면서 새로운 지지기반을 구축하고, 자기의 지지세력에게 권력, 지위, 재산 등의 일정한 혜택을 나누어 주는 것은 보편적으로 있는 일이다. 그 유명한 예가 19세기 미국의 엽관제도라고 할 것이다. 그러나 이러한 엽관제도 및 그와 관련된 부정부패가 심화되었기 때문에 미국에서 시민개혁운동의 노력으로 인사제도와 예산운영 등의 개혁이 이루어졌다는 것도 주지의 사실이다. 우리 나라의 정권 교체는 정부관료제 뿐만 아니라 은행 등 민간의 직원들까지 교체시키는 일이 많다.

나. 각 영역의 자율규제의 정도

이러한 정치적 투쟁기관의 정상화와 행정의 개혁이 이루어져야만, 정치와 행정에 의한 타 영역의 "규제"도 정상화될 수 있다. 다른 한편으로는 타 영역이 자기영역에 대한 자율적규제를 할 능력이 없을 때, 정권에 의한 광범위한 개입과 규제가 있는 것이라고 할 수 있다. 그 뿐만 아니라 다른 영역은 정치와 행정이 필요로 하는 자원을 공급할 수 있어야 된다.

다. 막강한 관료권

우리 나라의 "관료권"은 내적·외적 요인으로 인하여 막강한 것으로 평가되고 있다. 그 중 특이한 것은 "권력자 우위의 인습, 관에의 의존성, 다수국민의 범법화 및 국민의 단합억제" 등의 요인들이 관료권을 비대하게 만들었을 뿐만 아니라 권력남용을 "묵인"하였다는 것이다. "이와 같이 막강하고 남용되기 쉬운 권력이 관료제 내부에서 분권되어 있는 것은 아니며 주로 중앙정부, 행정부의 고위층의 소수인, 그 중에서도 일반행정직에 집권, 집중되고" 있다는 것이다.

라. 정부 주도하의 경제발전

행정과 경영 또는 정부행정과 기업경영이 과도하게 정권에 의하여 간섭받아 왔다는 것은 주지의 사실이다. 또한 타 영역은 자신들의 제도적 논리에 의하여 스스로 발전하지 못하고 권력의 특혜(흔히 말하는 정치적 지대)를 받아 불공정한 경쟁을 해온 측면이 있으면서, 정권을 공개적으로 지원하지 못하고 소위 "로비자금" 또는 떡값 등으로 음성적으로 지원하였던 것이다. 이러한 사정하에서는 정부행정과 기업경영이 다 같이 집권화된 권력의 "자의적" 행사의 대상이 될 수밖에 없는 것이다.

마. 한국경영의 특징

한국의 행정과 마찬가지로, 한국의 경영도 정부 주도하의 경제발전과정에서 크게 공헌하면서 성장하였으나, 이제 한국기업의 경영방식은 한계에 도달하였다는 것이다. 그 동안의 한국기업의 경영방식은 여러 가지로 표현된다. 즉, "가족주의적 경영방식, 정부의존적 경영방식, 주먹구구식 경영방식, 폐쇄적 경영방식, 단기지향적 경영방식, 타인자본위주의 경영방식" 등인데, 이들을 요약하면 대내적으로는 가족주의적 경영방식을 사용하였고 대외적으로는 정부의존적 성장전략을 사용하여 성장하였다는 것이다. 이러한 한국경영의 특징은 특히 정부와의 관계에 있어서 기업들이 "수직적 관계하의 영역확장활동"을 하였고 "정부정책에 부응하는 경영전략"을 구사하였다는 것이다. 한국 기업경영의 내부관리에 있어서도, 단기적 모방적이고 상하가 엄격히 구분되면서 협력이 부족하고, 전문인력양성이 미비하고 교육 프로그램이 매우 형식적인 면도 있었다는 것이다.

3. 한국행정에 대한 기업경영 방식의 도입

행정과 경영은 차이점도 있지만, 조직에 대한 "관리"라는 측면에서 행정에 "경영원리"를 도입하는 것이 관리적 측면에서의 행정의 능률성과 효과성을 제고하는데 도움이 되리라고 기대할 수 있다. 그러나 정치적 반응성과 책임성을 확보하고 법의 정당한 절차를 준수하여 예측가능한 자본주의적 시장경제가 운영될 수 있게 하는 체제적 조건이 먼저 마련되어야만, 행정과 경영이 다 같이 각자 추구하는 가치를 실현시킬 수 있기 때문이다.

하지만, 우리나라의 맥락적 특징하에서는 정부행정이 기업경영의 방법을 도입해야만 개선된다라고 하는 말이 "모순어법"(oxymoron)이 될 가능성이 있다. 즉, "정부행정이 비능률적이므로 (비능률적인) 경영방식을 채택하면 능률이 향상된다"라는 식의 말이 되기 때문이다.

그렇다고 해서 행정에 대한 능률화를 과연 포기하여야 하는 지는 의문이다. 문제의 시발점이 되는 행정을 계속 비능률적으로 둔다면, 앞으로의 행정과 경영 모두 비능률에 휩싸인 조직으로 밖에 남을 수 없기 때문이다. 결론적으로 볼 때, 우리나라의 맥락에서 기업경영의 방법을 도입하는 자체는 모순어법(oxymoron)이 될 수도 있으나, 이러한 모순어법하에서 정체될 수는 없다고 보아야 한다.

Ⅳ. 행정에 대한 경영방식의 도입: 설문(3)

1. 행정의 경영화 필요성

앞에서 살핀 바와 같이 우리나라의 기업경영은 비능률적인 논리를 포함하고 있으나, 그에 대한 책임이 비단 기업에게만 있는 것은 아니다. 즉, 기업을 비능률적으로 만든 것은 넓은 의미로 볼 때, 행정에 의한 과오가 크다는 것이다. 이러한 상황에서 볼 때, 행정과 경영 모두를 효율적인 집단으로 만들기 위해서는 문제의 시발점이 되는 행정 부분에 대한 개선이 먼저 필요할 것이다. 이를 위해서 민간의 우수한 경영기법을 본받을 필요가 있다.

2. 행정의 경영화 例와 평가

가. 인사 행정의 효율적 관리

본래 정부 관료제는 거대하고 수직적인 계층제로서, 상명하복 체제의 구조를 가지고 있다. 하지만, 최근의 경영관리적 입장에서는 외부의 인사도 정부 인재 pool에 포함되어 고위직으로 바로 채용가능하며(개방형 임용제), 자신보다 높은 직책의 사람보다도 더 많은 보수를 받을 수도 있다(성과급).

이는 계급을 기반으로 하는 관료제에서 탈피하여 조직의 효과성을 제고하고자 하는 기업의 인사관리 방식과 많은 관련이 있다.

나. 재정관리의 효율성, 투명성, 건전성 제고

새롭게 신설된 국가재정법과 2009년 시행을 앞두고 있는 국가회계법에서는 기존의 정부 예산 활용 및 회계 방식에 대한 반성의 의미를 많이 담고 있다. 즉, 장기적, 효율적 재정운용을 위한 <국가재정운용계획>, <Top-Down>예산제도, <재정사업 성과관리제도> 등이 현재 시행되고 있으며, 2009년부터 명시적으로 발생주의, 복식부기 회계방식을 도입을 예정하고 있다. 특히 국가회계법에서는 정부의 재무제표를 중앙관서별로 작성하고 이를 다시 정부 전체의 국가재무보고서로 작성하여 전 국가적인 차원의 기업적 경영방식을 채택하고자 한다.

다. 정부 규제의 합리화

규제의 공익이론에 의한다면, 규제의 발동은 반드시 공익을 위한 것이고 이를 통해 사회 체제의 질서를 바로 잡는 것이므로, 비록 기업이 희생되더라도 정부의 잘못은 없다. 하지만, 규제의 사익이론에 의한다면, 정부 규제는 관료 개인 혹은 집단의 이익을 위해서 발동될 수 있으며, 자칫 민간의 합리적 의사결정에 방해가 될 수도 있다.

1998~2003년간 규제개혁(특히 부담금 부분에 대한 규제개선 사례)을 보면, 부담금의 중복성 해소(서울 시내에서 대형건물을 신·증축하여 과밀부담금을 내는 경우에는, 일정기간 교통유발부담금 감면) 혹은 부담금의 합리성 제고(최근 3년 이상 징수실적이 없으며 향후 징수 가능성이 적은 부담금의 경우 특별한 사유가 없는 한 폐지) 등의 사례가 눈에 띈다.

3. 행정의 경영화에 대한 평가

비록 비능률적인 행정을 능률화시키기 위해 (행정의 과오로 인하여 비능률화된) 기업의 논리를 적용하는 것은 모순이 된다. 그렇다고 비능률적인 행정을 그대로 둘 수는 없기 때문에 문제의 시발점인 행정에 대한 능률화는 필요하다. 하지만, 여기에서 다시 생각해 보아야 하는 것은 그 방법 상의 문제 혹은 한계점에 대한 배려가 될 수는 있다. 즉, 행정의 경영화로 인해 발생할 수 있는 문제점은 가능한 최소화시키면서 문제의 근원(행정의 비능률)을 제거해야 한다.

즉, 선진국의 관습을 그대로 따라가는 모방적 동형화에 대한 지양, 행정의 능률을 측정할 수 있는 명확한 지표의 개발, 능률화로 인해 손상될 수 있는 다른 행정이념에 대한 검토 등도 뒤따라야 할 것이다.

Ⅴ. 결론

행정과 경영을 다 같이 "조직관리"라는 관점에서 보면 문제해결 절차와 분석기법에 있어서 행정이 경영으로부터 배울 것이 많다고 본다. 그러나 우리 나라의 행정과 경영은 다 같이 단기적인 성과위주의 관리방식을 사용하고 있는 것으로 보이며, 외국이론과 기술을 무비판적으로 모방하는 경향이 있다는 반성이 있은지도 오래된다.

이러한 "양날개의 위기(scissors crisis)에 봉착"하게 된 것은 대부분 행정 영역에 그 잘못이 있다. 따라서 이에 대한 돌파구를 찾기 위해서는 행정이 먼저 변화해야 할 것으로 보인다. 변화의 첨점은 민간의 자율적인 행동을 방해하지 않는 것, 그리고 행정 스스로도 민간의 우수한 점을 본받는 것이다.

따라서 이제까지의 정부의 부당한 간섭과 특혜, 그리고 부정과 부패로 이어지는 "왜곡과 편법의 악순환의 고리"를 끊도록 노력하는 것이 행정과 경영을 함께 개선할 수 있는 전제조건이라고 할 수 있을 것이다. 이것이 이루어져야만 한국의 정부행정과 기업경영은 다 같이 국제적 국내적 환경의 변화에 적절하게 대응할 수 있을 것이다.

강 평

1. 총평

이 글의 쏘스는 강신택 교수의 논문 "한국에 있어서의 행정과 경영"이다. 행정과 경영의 관계는 가장 단순한 주제이기도 하지만 동시에 오늘날 전개되는 신공공관리는 이 두 영역의 근본적 관계에 새로운 도전을 주는 셈이기 때문에 이 주제는 매우 주요하다. 주어진 문제 지문은 특정한 논문에 의존해야만 작성할 수 있는 것은 아니다. 아마 그 논문이 주는 특별한 의미는 설문 (2)의 의미에 관해서 새로운 생각을 환기시킨다는 점이다. 행정과 경영의 해묵은 개념 대비가 이제 행정이 경영의 논리를 본떠야 한다고 하는 신공공공관리론에서는 여하히 이해되어야 하는가? 행정이 경영 논리에 영향을 주기보다는 경영이 행정에 영향을 주어야 한다고 하는 경우에 경영은 행정에게 논리를 대여해 줄만한 충분한 효율성을 가지고 있는가? 하는 것에 대해 성찰해 보도록 하는 문제이다. 따라서 (1)번은 전통적인 행정-경영의 개념 대비 지식으로 충분히 서술하면 되지만, (2)에서는 위와 같은 근본 의문을 충분히 도출해야 한다.

2. 보완해야 할 부문

행정이 원용하고자 하는 경영의 논리라는 것이 반드시 한국의 경영일 필요가 없다. 외국의 경우 혹은 일반적으로 충분히 성과를 보인 경영기법을 의미한다고 봄이 옳다. 따라서 이 글이 한국 행정이 원용하고자 하는 경영 원리들이 반드시 '한국의 경영'이라고 전제한 후, 한국의 (비효율적)행정의 의해 그 스스로도 비효율과 문제점들을 많이 가지고 있는 한국 경영의 원리들에게 의존하려는 것은 모순이 될 수 있다. 그러나 신공공관리론에 의거하여 한국 행정이 준용하려는 경영은 굳이 "한국의" 경영에 국한되지는 않으므로 이 문제 제기는 다소 문제가 있다. 다만 행정이 경영을 만능의 처방이라고 여기고 여기에서 행정개혁의 답을 전적으로 의존하려 함은 문제이라는 지적은 충분히 타당성이 있다. 이상, 이 문제 지문이 갖는 한계를 분명히 알고 있어야 한다.

3. 추가해야 할 부문

정정길 교수의 '행정학의 새로운 이해' 후반부를 통해 행정과 경영의 관계 특히, 행정과 경영의 차이점을 더 보완하면 좋을 것이다. 현 답안처럼 특정 논문 하나에만 의존한 것은 충분한 보편성을 지니기 어렵다. (3)번 부분의 핵심은 우리 나라의 행정에 대한 경영도입의 예를 제시하는 것에 그치지 않고 이에 대한 평가(즉 기업경영의 기법을 행정에 도입한데 대한 저자의 평가)가 있어야 한다. 여기에서는 경영 기법의 도입에 대한 한계, 도입 범위의 제한 등(전술한 정정길 교수의 책을 참조)을 꼭 언급해야 한다.

4. 기타 사항

서술의 형식적 체계가 논문을 요약해 놓은 방식이어서 다소 복잡하고 고식적이다. 주어진 지문은 매우 선명하고 단순하므로 이에 대해 명쾌히 답하는 방식으로 재구성해야 할 것이다.

2. 입법부와 행정부의 본인-대리인 관계

주인 대리인 이론은 우리의 사회적, 정치적 일상이 주인과 대리인이라는 쌍방 간의 계약관계로 이해될 수 있다는 생각에 기초를 두고 있다. 이러한 주인 대리인 이론은 처음에는 회사의 주주와 경영자간의 관계에 대한 분석에서 출발하였으나 점차 사회적, 경제적, 정치적 일상에서 가장 핵심적인 문제로 인식되었다. 예를 들어 입법부와 행정부도 일련의 주인 대리인 관계를 형성하고 있다고 볼 수 있다. 주인 대리인 관계에서 대리인 문제가 발생하는 원인과 그 문제점, 극복방안을 논하고, 입법부와 행정부 간의 관계에 적용해 보시오.

예시 답안

Ⅰ. 서(序) ; 대리인 손실(agent loss)의 문제

기획재정부의 예산낭비신고센터에 신고된 수많은 예산낭비 사례들과, 한국도로공사의 고속도로 휴게소 독점 운영권 악용 사례들과 같이 대리인에 불과한 행정기관들이 주인인 구민의 이익에 반(反)하는 행동을 하는 것이 종종 목격된다.

의회의 전문성이 떨어지게 되면서 행정우위현상이 심화된 상황 하에서는 이러한 대리인 문제가 더 심각하다. 한국의 경우 개발독재시대를 거치면서 행정부 우위 현상이 뚜렷하게 나타나고 있으며, 특히 의원내각제가 아닌 대통령제 하에서는 의회마저도 국민의 대리인 역할을 잘 수행할 수 없는 것이 일반적인 문제로 지적되는 바, 한국 행정에서 주인-대리인 문제의 해결을 위한 방안의 모색이 시급하다.

Ⅱ. 주인-대리인 이론의 의의

1. 의미

주인-대리인 이론은 신제도주의 경제학의 한 분파로서 비시장적 의사결정에 관한 경제학적 연구를 그 핵심으로 한다. 특히 주인-대리인 이론은 주인이 대리인을 고용함으로써 발생하는 문제에 관한 연구와 그 처방을 제시한다.

2. 특징

비시장적 의사결정인 '정치'영역에서의 행위를 연구하며, 이를 경제학적 방법으로 분석하는 과정에서 합리적 · 경제적 인간관을 가정한다. 즉, 개인은 자신의 사익 극대화를 추구하는 이기적 인간이다. 또한 방법론적 개체주의의 입장에서 '개인'만을 연구의 대상으로 삼는다는 점이 특이하다.

Ⅲ. 대리인 문제가 발생하는 원인과 이로 인한 문제점

1. 대리인 문제의 발생 원인

1) 주인과 대리인의 선호 불일치

주인과 대리인의 목적함수가 다른 경우, 대리인이 주인의 이익에 반하는 행동을 함으로써 대리인 문제가 발생할 수 있다. Niskanen의 예산 극대화 이론 역시 주인과 대리인의 선호가 불일치하는 데서 발생하는 공공재 공급의 과다공급 문제를 잘 설명한다.

2) 주인의 감시 · 통제의 한계

위와 같이 주인-대리인의 선호가 불일치하더라도 주인이 대리인을 적절히 통제하고 감시할 수 있다면 대리인의 문제는 발생하지 않는다. 그러나 시간상 · 공간상의 제약 등을 이유로 대리인 통제에 한계가 있다면 대리인의 기회주의적 태도를 막을 방법이 없어 대리인 문제가 발생한다.

현실에서 모든 정부산하기관 등에 대한 예산낭비 감시가 물리적 제약으로 인해 불가능하기 때문에 공금횡령 등의 문제가 적발되지 못하는 경우가 많다는 점은 통제 메커니즘의 한계를 보여준다.

3) 주인과 대리인간의 정보비대칭

대리인은 현실적으로 업무를 담당하는 지위에 있게 때문에 주인이 맡긴 업무에 대해 정보상의 우위에 있을 수밖에 없다. 즉, 대리인과 주인간의 정보비대칭(asymmetric information) 역시 대리인의 기회주의적 행동을 유발하는 원인이 된다. 국민이 정부업무에 대한 정보열위에 있어 그 통제에 한계가 있었던 것에 대해 최근 정보공개를 강화하자는 주장 역시 이러한 맥락에서 나온 것이다.

2. 대리인 문제의 구체적 형태

1) 도덕적 해이(moral hazard)의 문제

주인의 감시·통제가 어려운 상황에서 대리인은 당초의 계약 내용을 준수하지 않고, 자신의 목적함수에 따라 사익을 극대화할 가능성이 있다. 이러한 사후적 기회주의(ex-post opportunism)의 문제를 도덕적 해이라 한다.

이 문제는 현대 행정과 같이 중층적 복대리 구조를 이루는 경우, 즉, 국민-의회-행정부-산하기관-구성원으로 이어지는 과정마다 발생할 수 있어 행정 비효율의 가장 큰 원인으로 지적된다. 의회가 정권의 정책 정당화수단으로 전락하여 민간을 과도하게 규제하는 입법을 시행하는 것에서부터, 하위직 관료들의 공금횡령사례, 특히 최근 서울시 양천구청직원의 장애인 복지비 허위 청구 사례와 같이 행정의 모든 과정 속에서 도덕적 해이의 문제는 심각하다.

2) 역선택(adverse-selection)의 문제

역선택이란, 주인이 대리인의 능력·특성을 사전에 잘못 파악하는 데서 오는 문제로 대리인의 사전적 기회주의(exante opportunism)의 문제이다. 즉, 능력이 없는 자의 대리인 고용으로 인한 문제를 가리키며, 이는 정치과정에서 능력 없는 국회의원·대통령의 선출에서부터 행정과정에서 자격 없는 관료의 선발에 이르기까지 다양하게 나타난다.

Ⅳ. 대리인 문제의 통제방안

1. 신호발송과 선별

신호발송(signalling)이란 정보를 가진 측에서 자신의 특성을 구체적으로 알리는 행위를 말하며, 선별(screening)이란 정보를 가지지 못한 측에서 상대방의 특성을 파악하기 위해 행하는 작업을 말한다. 이 두 가지 방법은 정보비대칭의 상황 하에서 역선택의 문제를 해결하기 위해 사용된다. 실제로, 기업에서 직원 선발 시 요구하는 학점·자격증 등의 일정 기준이 바로 선별작업에 해당하며, 구직자들이 적극적으로 자신의 경력·학력 등을 알리는 행위가 신호발송에 해당한다. 이를 통해 주인과 대리인 간의 정보비대칭현상은 방지할 수 있으나, 여전히 도덕적 해이의 문제는 존재한다.

2. 유인구조의 설계(incentive design)

성과급제도 등의 유인구조를 설계하여 대리인에게 일종의 공유자원에 대한 유사소유권(quasi-property right)을 부여하는 방식은 도덕적 해이의 문제를 해결하는 좋은 방법이 된다. 최근 시행 중인 예산성과금제도나 총액인건비제도 등이 그 좋은 예이다.

3. 다수 대리인의 고용(multi-agents) 경쟁체제의 강화

대리인을 여럿 공용하는 경우 대리인 상호간의 감시·견제 기능을 통해 어느 한 대리인의 기회주의적 행동을 막을 수 있다. 즉, 복수대리인에 대한 대리인간 경쟁을 통해 이들이 서로에 대한 정보를 주인에게 제공하게 함으로써 정보비대칭성의 상당한 완화가 가능하다. 또한 이와 같은 '경쟁'의 원리를 도입하는 것 자체가 전반적인 대리인 문제 해결의 방안이 될 수 있으며, 이것이 최근 일고 있는 행정 경영화의 핵심임을 Osborne과 Gaebler는 주장하고 있다.

Ⅴ. 한국의 입법부-행정부 간의 주인-대리인 문제

1. 주인과 대리인의 역할 설정

1) 입법부의 경우

국회는 대의민주제 하에서 국민의 위임을 받은 국민의 대리인이지만, 반면, 행정부에 대해서는 '주인'의 지위를 갖는다.

2) 행정부의 경우

의원내각제 경우라면, 행정부는 국회의 대리인이나 한국과 같은 대통령제 하에서는 행정부 수반은 국민에 의해 선출되는 바, 국민의 대리인에 해당하며, 정부 내의 관료들만이 의회 또는 대통령의 대리인이자 국민의 복대리인이 된다.

2. 입법부-행정부 간에서 주인-대리인 문제의 발생 가능성

1) 행정부의 재량권 남용 가능성

국회의 행정부 통제 기능이 사실상 미약한 한국의 현실을 고려하면 정책 결정에 있어 막강한 힘을 행사하는 행정부가 자의적인 재량권을 행사하는 경우 대리인 문제가 발생할 수 있다. 특히 최근의 행정 개력의 핵심이 '분권과 자율'의 부여임을 고려하면 이러한 대리인 문제는 더욱 심각해질 수 있다.

2) 국회-행정부-이익집단 간의 철의 삼각(iron triangle)

만약 재선을 바라는 국회의원과 의회의 통제완화를 요구하는 행정부 간의 거래로, 특정 이익집단 또는 국민에게만 특혜를 제공하는 경우, 이른바 하위 정부(sub-government)가 구성되는 경우 이는 국민 다수의 이익에 반할 수 있어 대리인 문제에 해당할 가능성이 높다.

3. 대리인 문제의 해결 방안

1) 대외적 · 환경적 측면 ; 의회 · 국민의 역할 강화

의회는 전문성 제고를 통해 행정부의 독자적 정책결정을 통제해야 하며, 이는 특히 예산과 관련해 NABO 운용의 내실화와 결산 · 감사의 통제기능 강화 등을 통해 달성될 수 있다. 또한 국민 역시 적극적 정보 공개 청구 및 행정 참여를 통해 주인의 역할을 다해야 한다.

2) 대내적 측면 ; 제도의 도입과 행정인의 행태 개선

정부 내에 경쟁 요소를 도입하여, 대리 실패의 가능성을 최소화해야 하며, 구체적 제도로는 개방형 임용 · 민영화 · Agency 제도 등이 있다. 또한 결과에 대한 책임을 강조하는 성과주의 원리 하에서 성과주의 예산제도, 직무성과 계약제 등의 도입을 통해 대리인 행정관료의 책임성을 담보해야 한다. 나아가 행정관료 역시 Donaldson & Davis가 강조하는 청지기적 관료(Stewardship)로서 주인의 이익을 위해 봉사해야 하며, 내부고발자 제도의 활성화 및 내부고발자 보호를 통해 내부적 감시 체제를 강화해야 할 것이다.

Ⅵ. 결 : Principaled Agent의 달성을 위하여

최근의 행정개혁의 핵심인 성과관리 및 경쟁체제의 도입을 통해 대리인 문제를 제도적으로 통제하는 한편, 행정인의 의식 개선과 주인인 국회 · 국민의 적극적 역할 수행을 통해 주인화된 대리인으로서 행정이 제 역할을 다하도록 해야 할 것이다.

강 평

1. 총평

경제학 교과서에서 나오는 이론 중 행정학 문제로 출제될 가능성이 가장 높은 것이 '대리인 이론'이다. 최근에 만들어진 많은 행정제도들, 예를 들면 성과급제도, 총액인건비제도, 책임운영기관제도, 성과지향적 예산제도 등이 모두 대리인 이론에 근거한 것들이다. 5급 공채 시험을 준비하는 학생들은 경제학 공부를 하기 때문에 이 이론의 주요 내용에 대해 모르는 학생은 거의 없을 것이다. 그러나 문제는 경제학 교과서에 나오는 대리인 이론을 어떻게 '행정학적'으로 쓸 것인가 하는 점이다. 다시 말해, 정부 행정과 관련된 문제들을 어떻게 대리인 이론으로 해석할 것인가가 가장 핵심적인 논점이다. 그런 점에서 예시답안은 문제가 있다. 대리인 이론의 일반론에 대해서는 '경제학적'인 관점에서 잘 서술하고 있지만, 대리인 이론을 정부 행정에 적용하는 부분에서는 '행정학적'인 관점에서 문제가 있다는 말이다. 경제학 문제가 아닌 행정학 문제인 이상 이러한 예시답안은 높은 점수를 받을 수 없다.

2. 보완해야 할 사항

2장부터 4장까지는 대리인 이론의 일반론으로 예시답안이 잘 정리하고 있어 특별하게 언급할 것은 없다. 다만, 이를 3개장으로 나누어 서술할 필요가 있는가는 생각해 볼 필요가 있다. 2장과 3장은 합칠 필요가 있다.

5장은 행정학적 논의 부분인데 2장부터 4장까지의 내용에 비해 너무 부실한 면이 있다. 5장 1. 주인과 대리인의 역할 설정 부분은 타당한 서술이나 2. 입법부-행정부 간에서 주인-대리인 문제의 발생 가능성 부분은 무엇을 얘기하려고 하는지 상당히 애매모호하다. 대리인 문제가 발생하는 원인에 대해 설명하는 것인지 대리인 문제의 결과에 대해 설명하는 것인지 명확하지 않다. 오히려 이 부분의 서술은 입법부와 행정부 사이의 대리손실의 구체적 양태에 대해 설명하는 것이 바람직하다. 예를 들면, 입법부와 행정부 사이 정보의 비대칭성으로 인해 나타나는 '관료적 제국주의(Niskanen의 관료제 모형, Parkinson의 법칙)'의 문제 내지 Wolf가 말한 '내부성(internalities)'의 문제에 대해 서술하면 될 것이다.

그리고 주인과 대리인 사이의 대리관계의 의미를 잘못 이해하고 서술한 부분도 있다. 5장의 2-2) 철의 삼각은 국민과 정부 사이의 대리관계에서 파생되는 대리손실의 문제이지 입법부와 행정부 사이의 대리관계에서 파생되는 대리손실의 문제가 아니다.

3. 추가해야 할 사항

4장의 대리손실을 극복하기 위한 방안 중 하나로 '결과중심의 관리'를 추가할 수 있다. 다시 말해, 대리인에게 재량을 주면서 결과에 대해 책임을 지도록 한다는 것이다. 책임운영기관이나 총액인건비제도, 그리고 성과지향적 예산제도 등이 모두 이러한 원리에 입각한 제도개혁이다.

4. 기타 사항

해석상의 문제로 'principal'을 '주인'으로 번역하는 문헌들이 많은데, 노예제도가 구시대의 유물이 된 지금 시점에 이를 '주인'이라고 번역하는 것은 옳지 않아 보인다. '본인'이라고 번역하여 '본인-대리인 관계'로 하는 것이 좋다.

3. 생태론적 접근방법

다음 인용문에 찬성 혹은 반대의 입장을 정한 후, 대표적인 (미국 혹은 한국)행정이론을 하나만 예시하면서 자신의 주장을 정당화하시오.

[2007 전기 서울대학교 행정대학원 입학시험 문제]

> "만일 행정이 행정인, 행정구조 및 생태적 요인으로부터 발생하는 것이라면, 미국과 한국에 있어서 이들 요인은 극히 상위함(상이함)으로 한국행정 이론은 미국행정 이론과 달라야 할 것이다." (박동서, 1968)

예시 답안

Ⅰ. 서: 행정은 진공(vacuum)상태에서 존재할 수 없다.

행정은 사회나 환경과 동떨어져서 독립적으로 존재하는 것이 아니라 사회와 환경에 의해 영향을 받는 것이라고 할 수 있다. 행정은 한 국가의 시대적 상황, 공간적 특수성의 요청에 따라 그에 적합하게 사회문제를 해결하고 공공서비스를 공급하는 역할을 하는 것이므로 행정의 적합성, 정합성, 타당성은 일률적으로 말할 수 없으며 시간과 공간에 따라 달리 평가될 수밖에 없을 것이다.

Ⅱ. 인용문에 대한 입장: 찬성

1. 이론적 예시: 생태론적 접근방법 (ecological approach)

(1) 개념

생태론적 접근방법은 행정 현상을 사회적, 문화적 환경과 관련시켜 이해하려고 한다. 그들은 서구 행정제도가 후진국에서 잘 작용되지 않는 이유는 사회, 문화적 환경이 다르기 때문이라고 보고 있다. 따라서 생태론적 접근방법은 행정 체제의 개방성을 강조하고 있으며 분석의 수준을 행위자 개인보다는 집합적 행위나 제도에 맞추고 있어 거시적 분석의 성격을 띠고 있다.

(2) 의의

생태론적 접근방법은 사회적, 문화적 환경에 의해 각 국에서는 상이한 행정의 양상을 보이게 되고 또한 적합한 행정이론도 달라져야 한다고 주장하였다. 이를 통해 후진국의 행정 현상을 설명하는 데 크게 기여했으며 행정의 보편적 이론보다는 중범위이론의 구축에 자극을 주어 행정학의 과학화에 기여했다.

2. 사회적 환경의 차이로 인한 행정의 차이: 역사적 경로 의존성(path dependency)

(1) 의의

역사적, 사회적 환경의 차이는 국가마다 다른 행정을 요구한다. 이는 사회마다 다른 역사 발전 과정이 하나의 제약요인으로 작용하면서 행정에 있어 경로 의존성(path dependency)을 나타내기 때문이다.

이러한 경로의존성은 새로운 행정패러다임을 도입했을 때의 대규모 고정비용, 기존 행정 환경 하에서의 학습효과, 관련제도 간의 상호관계에서 발생하는 협동효과, 기존 제도 존속에 대한 적응적 기대 등에 의해서 발생한다.

(2) 사례

국민의 정부 시기 시도되었던 신공공관리론(NPM) 행정 개혁은 많은 한계점을 드러냈다. 서구의 경우 케인즈주의적 복지국가의 문제점을 해결하고자 NPM개혁을 시도하였는바 발전행정 패러다임의 문제를 극복하고자 하는 우리나라와는 역사적, 사회적 환경에서 차이가 있었기 때문이다. 사회적으로 안전망 구축이 미흡하고, 행정의 민주성이 부족한 상태에서 도입한 NPM개혁은 행정개혁의 정당성에 대한 사회적 합의를 이끌어내는데 실패하고 개혁에 대한 저항을 야기하였다.

3. 문화적 환경의 차이로 인한 행정의 차이: 제도와 문화의 정합성(congruence)

(1) 의의

행정문화란 일반 문화의 하위 개념으로 사회구성원들이 행정에 대해 공유하고 있는 신념, 규범, 가치정향을 의미한다. 각 국가마다 다른 행정문화를 가지고 있고, 따라서 문화에 따라 다른 행정체계, 행정제도가 적합하다는 것이다.

Hofstede와 Trompenaar의 문화차원에 따르면 한국의 행정문화는 권위주의, 집단주의, 온정주의적 성향을 보이는 것으로 나타난다.

(2) 사례

한국의 행정문화는 서구의 행정문화와 다르기 때문에 서구 행정제도의 동형화(isomorphism)은 한국 행정에 적합하지 않게 된다. 실제로 NPM개혁은 한국의 행정문화와의 부정합성 때문에 형식화되기도 하였다.

팀제는 조직의 수평성을 강조하지만 우리나라는 권위주의적 문화로 인해 '파트팀장'이 등장하는 등 실질적으로는 계층제적 형태를 보이고 있다. 개방형직위제도는 부처 내외간 인사 교류를 강조하지만 조직 내의 집단주의적 문화는 외부 인사에 대해 배타적인 태도를 보이게 만들었다. 또한 온정주의적 문화는 '성과금의 나눠먹기' 행태를 야기하면서 공무원의 경쟁을 유인하고자 도입하였던 성과금제도를 유명무실하게 만들기도 하였다.

Ⅲ. 결: 행정개혁에 있어서의 함의

규범적으로, 이념적으로 바람직한 제도의 도입이 반드시 모든 사회에 동일한 효과를 가져오는 것은 아니다. 제도적 장치가 행정의 변화를 유도하기도 하지만 그 제도의 효과가 환경을 벗어나서 독립적으로 나타나는 것은 아니며, 제도의 개선은 현실적 관행이나 역사성, 문화 등을 함께 고려할 때만 의도된 효과를 기대할 수 있다. 따라서 제도도입의 시기(timing), 행정인의 속성과 환경요소와의 정합성, 제도도입의 순서 등을 모두 고려한 신중한 개혁이 요구된다고 하겠다.

강 평

1. 총평

답안은 문제에서 제시한 입장 중에서 '찬성'의 입장에서 서술하고 있으나 출제자의 의도와는 상당히 빗나간 내용으로 구성되어 있어 좋은 점수를 얻기는 어려울 것으로 판단된다.

2. 보완해야 할 부문

이론적 예시로 생태론적 접근을 들고 있으나, 본 문제는 생태론적 접근방법을 전제로 하여 인사, 재무, 조직이론에서 논의되고 있는 하나의 행정이론(대표관료제, 리더십, 신공공관리 등등) 중에서 하나를 택하여 서술하도록 요구하고 있다고 보아야 한다. 예를 들어, 미국에서 제시된 대표관료제 이론이 행정인, 행정구조, 행정환경이 다른 한국에서 어떻게 변용되어야 하는가를 논리적으로 서술할 것을 요구하고 있는 것이다. 이러한 관점에서 행정인, 행정구조, 행정환경이라는 요인들이 미국과 한국에서 어떠한 차이를 보이는지 먼저 검토하고, 대표관료제라는 행정이론이 어떠한 차이를 지니고 한국행정에 적용되어야 하는지 논리적 근거를 제시하며 서술해야 하는 것이다.

3. 추가해야 할 부문

첫째, 행정인, 행정구조, 생태적 요인이라는 관점에서 미국과 한국의 요인들이 어떠한 유사성, 특수성을 지니는지 검토하는 내용이 추가되어야 한다. 둘째, 이 중에서 국가별 특수성으로 인해 행정이론이 달라져야 함과 미국 행정이론의 무분별한 적용의 문제점, 토착화를 위한 노력 등이 추가되어야 한다. 셋째, 구체적인 행정이론 하나를 선택하여 한국적 특수성에 적합한 적용을 위해 어떠한 고려가 있어야 하는지 검토하는 내용이 추가되어야 한다.

4. 기타 사항

수험생은 출제자가 요구하는 내용이 무엇인지 깊이 고민한 후에 답안을 작성해야 한다. 출제자의 의도는 대부분 문제를 3-4회 정도 주의 깊게 읽어보면 파악할 수 있다. 적은 내용을 쓰더라도 꼭 필요한 말을 쓰는 답안이 좋은 점수를 받을 수 있음을 명심하라.

4. 행정이념

다음 지문을 읽고 물음에 답하시오. (총 40점)

〈지문 1〉

양극화 문제는 우리만이 아니라 세계경제의 공통된 현안이다. 세계화와 사회정책의 후퇴로 다시 불안의 시대가 다가온다는 경고가 제기되고, 세계경제가 미세조정을 넘어 근본적인 재검토에 들어갔다는 진단이 나오는 것도 이 때문이다. 이런데도 여전히 시장에 맡기기만 하면 만사형통이라는 낡은 언설이 우리 경제 담론을 지배한다는 비판도 있다. 낡은 패러다임으로 새로운 경제틀을 짤 수 없는 것이다. 정부와 시장이 변화한 상황을 정확하게 읽고 새로운 발상을 하지 않으면 안 된다. 성장과 복지를 양자택일의 문제로 보는 것은 20세기적 사고일 뿐이다. 지금 세계가 고민하는 것은 성장(효율)과 안정(형평)의 조화이고, 그를 위한 다양한 실험들이 전개되고 있다.

〈지문 2〉

공공성의 본질은 전체 사회를 위해 손해나거나 돈벌이가 되지 않는 일을 감당하고, 사회 약자의 편에 서며, 불특정 다수의 이익을 생각하고 장래의 이익을 위해 현재의 이익을 희생하는 자세라고 할 수 있다. 이러한 공공성이 견고하게 터전을 닦고 자리를 잡을 때에 시장의 논리가 활성화될 수 있는 것이다.

[1] 위의 두 지문을 활용하여 최근 공공성에 대한 관심이 높아지고 있는 배경을 설명하고, 공공성 제고를 위해 적극적으로 추구해야 할 행정이념과 가치를 제시하시오. (20점)

[2] 효율성과 공공성이 충돌하는 구체적인 정책사례를 선정하여 이 양자 간의 갈등을 해결하기 위한 전략을 제시하시오. (20점)

[2011 5급(행정)공채 제1문]

예시 답안

Ⅰ. 서: 신공공관리적 개혁과 공공성의 위기

행정(public administration)은 public하므로 경영과 구분되고, administration이므로 정치와 구분되는 정체성을 지닌 영역이라고 할 수 있다. 그러나 최근에 신공공관리(New Public Management; NPM)적 개혁의 물결 하에서 사부분의 운영원리가 공공부문으로 확장됨에 따라 public과 private의 구분이 불명확해지고, 공공성이 위협받고 있다. 헤이크(Haque) 역시 현재 급속도로 확산 중인 시장지향적 거버넌스 체제하에서 공공서비스의 '공공성(publicness)'은 심각한 도전을 받고 있으며, 행정 실무뿐만 아니라 행정이론까지 오염시키고 있다고 주장하고 있다. 이처럼 공공성이 위기에 놓이게 되면서 그에 대한 관심도 늘어나고 있다. 따라서 이러한 위기에 대처하기 위해 공공성 개념을 정립하고, 관련된 행정 이념 및 가치를 정립하는 것이 우선시 되어야 한다. 그러나 NPM적 개혁의 공헌 역시 무시할 수 없으므로 그 중심 가치인 효율성과 공공성 간의 조화 방안이 모색되어야 할 것이다.

Ⅱ. 공공성 위기의 배경

1. 공공성의 의의: 공개성, 공평성, 공익성, 정부 관련성

공공성의 의미에 대해 정확히 파악하는 것은 매우 어려운 일이다. 그러나 크게는 공개성, 공평성, 공익성, 정부와의 관련성 등으로 그 특징을 분석해 볼 수 있다. i) 공개성은 공공적인 것은 드러나야 한다는 것을 말하고, ii) 공평성 혹은 형평성은 가치의 배분과 관련하여 같은 것은 같게 다른 것은 다르게 취급해야 한다는 것을 말하고, iii) 공익성은 그 자체의 개념도 확장되고 모호하지만 국민들 전체에 도움이 되어야 한다는 것을 말하며, iv) 정부와의 관련성은 말 그대로 정부가 맡아야 할 영역이 공공성을 지닌다는 것을 의미한다.

2. 위기의 배경: NPM적 개혁

공공성이 위기에 처하게 된 배경에는 여러 가지가 있겠으나, NPM적 개혁과 그

흐름에서 기인한 측면이 크다고 볼 수 있다. 즉, 정부역할과 범위 및 규모를 축소하고 시장제도의 역할을 확대하는 것을 추구하는 과정에서 능률성 및 고객 지향성이 제고되는 한편, 공공성이 훼손되고 있다. NPM적 개혁의 내용과 관련하여 공공성의 훼손이 나타나는 양상을 살펴보면 다음과 같다.

1) 경제적 측면: 최소주의 규제국가와 공공성의 훼손

NPM은 자율과 경쟁의 시장 원리를 강조한다. 정부의 경제 개입은 자원배분의 효율성을 왜곡하기 때문에 정부역할은 게임의 규칙이 준수되도록 감시하는 것에 그치는 최소주의 규제국가의 모습을 띤다. 즉, 이는 정부 활동의 영역을 축소시킴으로써 공공성의 범위를 제한한다는 측면에서 공공성을 훼손한다.

2) 사회복지 측면: 사회복지프로그램 축소와 공공성의 훼손

서구에서 이른바 '복지병'을 낳은 사회복지사업의 과다와 재정지출 증가에 대한 비판 차원에서 NPM적 개혁은 사회복지프로그램의 대폭 축소를 그 내용으로 한다. 이는 사회구성원들의 최소한의 삶의 질과 시민적 권리를 훼손할 수 있다는 점에서, 특히 우리나라와 같이 사회안전망(Social Safety Network)이 미비한 상황에서는 정의와 연대에 근거한 공평성이 저해되고 그에 따라 공공성도 훼손될 수 있다.

3) 정부의 모습: 작은 정부와 공공성의 훼손

NPM적 개혁은 시장성 테스트(market test)에 따른 민영화와 민간 위탁을 통한 작은 정부를 추구하는 경향이 있다. 이러한 효율성 위주의 개혁은 최근 신정부의 의료보험, 수돗물 등의 민영화 논의에서도 볼 수 있었듯이 행정의 책임성과 형평성을 저하시키고 공공 서비스의 질을 저하시킬 수 있는 등, 공공성의 훼손을 야기할 수 있다.

Ⅲ. 공공성 제고를 위해 추구해야할 이념과 가치

1. 공개성: 참여와 자치의 확대

Schachter의 주장처럼 정부를 효과적으로 개혁하기 위해서는 정부재창조론과 함께 시민재창조론도 필요하다. 정부가 시민과의 제도화된 일상적, 상시적 협력을 통해 정책을 결정・집행하는 실질적인 '참여 거버넌스'를 구현할 때 공공성이 확립될 수 있다. 즉, 공개성의 추구에 따른 투명성 확보는 참여와 자치의 전제이자 기반이 되므로 공공성 제고에 기초가 된다고 할 수 있다. 이를 위해서는 각종의 민주적 제도 설계가 필요하며, 동시에 시민 스스로 공공성을 수호하고자 하는 노력을 하여야 한다.

2. 공익성 및 공평성: 사회복지의 강화

공공성의 중심적 가치 중의 하나인 연대와 정의의 원칙에 입각하여 사회적 약자를 우선시하는 방향으로의 전환이 필요하다. 이는 동시에 형평성을 추구하는 방향이기도 하다. 우리나라의 예산규모의 구성에서도 볼 수 있듯이 복지 분야에서 비교적 적은 예산이 투입되고 있는 등 공익성이나 공평성에 대한 고려가 충분하지 못한 현실이다. 따라서 '경제에서는 작은 정부, 복지에서는 큰 정부' 와 같이 근본적으로 다른 시각이 필요하다고 보인다.

3. 책임성: 관료에 대한 민주통제 확보 및 뉴거버넌스 실현

NPM적 개혁에 따라 정부와의 관련성이 축소되면서 공공성의 훼손이 우려되고 있는 상황에서, 정부가 공공 영역의 더 많은 부분을 담당해야 한다고 주장하는 것은 과거로의 회귀에 불과하게 된다. Bozeman이 지적하듯, 공・사부문의 구분이 희석되고 있는 현대사회에서는 정부 관련성이 공공성의 잣대가 되기는 힘들다. 오히려 국가, 시장, 시민 사회의 공적 구조가 각 영역 내부에서 고유한 공적 기능을 할당받고 있으며, 새로운 기능적 공공성이 형성됨으로써 정부 고유의 영역 이외에도 비국가적인 영역에서도 공공성을 찾으려는 노력이 계속되어야 한다. 이에 따라 각 주체가 공공성 실현에 대한 책임성을 가지고 파트너십 및 네트워크 형성을 통해 뉴거버넌스(New Governance)로의 이행이 필요하다고 본다. 물론, 전통적인 공공성의 담지자로 인식되었던 정부의 변화가 필요하므로 관료에 대한 민주 통제가 확보되어야 할 것이다.

Ⅳ. 효율성과 공공성의 충돌과 해결

1. 민영화와 효율성, 공공성의 충돌

민영화는 신공공관리적 개혁의 대표적인 도구 중 하나이다. 정부실패와 행정에 대한 불신, 작은 정부의 실현 방안, 환경 변화에 대한 탄력적 대응, 행정 수요의 변화와 행정공급능력의 한계 등을 배경으로 추진되고 있는 민영화는 재화나 서비스의 공급주체가 공공 부문에서 민간 부문으로 이동함을 의미한다.

정부가 독점해 왔던 업무를 시장경쟁원리가 지배하는 민간에서 수행하도록 함으로써 비용의 절감과 업무의 능률적인 수행을 도모한다는 측면에서 효율성을 제고할 수 있지만, 비효율적이라는 이유로 공공성이 강한 사업을 민영화할 경우 서비스 중단, 품질 저하, 공급가격 상승, 형평성 저하 등의 문제가 발생할 수 있다는 측면에서 공공성이 침해될 가능성도 존재한다는 점에서 양자가 충돌한다.

실제로, 신 정부에서도 논의되었다가 거센 반발에 부딪힌 바 있었던 수도 민영화의 경우에 볼리비아, 남아공, 인도네시아 등의 사례에서 볼 수 있듯이 민영화 이후 수도료가 대폭 뛰어 사회적 혼란은 야기한 바 있다. 특히 물은 빈부에 상관없이 생명 유지에 필요한 필수재로서 수도료 인상은 사회적 약자 계층에게 더욱 큰 부담이 될 것이므로 공공성의 문제가 더욱 크다고 보인다.

2. 해결 방안: 민영화의 성공 요건

1) 적정 영역의 설정

민영화의 효율성을 제고하면서 공공성 훼손을 최소화하기 위해서는 민영화의 적정 영역을 설정하는 것이 무엇보다 필요하다. 공공성이 강한 영역은 민영화 보다는 경영 혁신 등의 연성 개혁이, 시장성이 보다 강한 영역은 민영화 및 경성개혁이 필요하다. 이러한 적정 영역의 설정이 불필요한 충돌을 막는 조건이 된다.

2) 구조적 환경의 조성: 경쟁적 시장 조성 및 공익규제권 확보

민영화는 그 자체가 목적이 아니라, 오히려 시장 경쟁을 달성하기 위한 수단에 불과하므로 민영화로 인해 민간 독점 체제가 되거나, 시장경쟁이나 정부규제 없는 상태에서 주인만 바뀌는 것을 방지하여야 한다. 따라서 선행적으로 시장 경쟁을 강화해야 하며, 공공 서비스에 대한 인식 하에 민간기업의 횡포를 막기 위하여 민영화 후의 지배구조와 효율적인 통제 및 규제권이 확보되어야 할 것이다.

3) 행정책임성 확보 장치의 마련

민영화를 통해 공공부문의 기능을 민간에 이양한다고 해서 정부의 직무를 소홀히 해서는 안 되며, 사회안전망을 위하여 정부의 감독이 필요하고 사회적 약자의 보호를 위하여 정부의 역할을 필요한 곳에는 정부가 지속적으로 임무를 수행해야 한다. 즉, 공공부문에 시장운영기법을 도입하더라도 공공성이 저해되지 않도록 하는 방안을 강구할 필요가 있다. 구체적으로는 교차보조, 보편적 서비스의 적용영역 확대, 황금주제도의 활용이 필요하다.

4) 기업 통제를 위한 시민역량 제고

민영화는 성숙된 민주시민의 역량에 의해 뒷받침 될 때 의미가 있다. 공개성 제고 및 투명성 확보와 함께 시민의 자율 능력을 함양하여 단순한 공급주체의 변경을 넘어 건설적인 의견 제시와 감시를 통해 행정서비스의 품질 향상과 공공성 확보를 이루어 내도록 해야 한다.

Ⅴ. 결: 공공성에 대한 시장적 접근과 그 보완

공익 추구자와 공공성의 담지자로서의 행정은 이른바 정부 실패 현상에 따라서 회의에 빠지게 되었고, 그에 따라 신공공관리적 개혁이 필요하게 되었다. 그러나 위에서 살펴본 바와 같이 신공공관리적 개혁이 효율성을 제고하지만 공공성을 훼손할 가능성이 매우 높으므로 시장 논리의 침투에 불만과 걱정의 눈길을 보내지 않을 수 없는 상황이다. 이러한 흐름으로부터 정부나 시장 각각은 그 자체로는 공공성을 확보하기에 불충분한 능력과 메커니즘을 가지고 있다고 판단할 수 있다. 결국은 정부와 시장, 그리고 시민이 협력하여 효율성과 공공성을 조화시키기 위한 노력을 해야 한다는 결론에 도달하게 된다. 공공성의 위기에 대응하는 거시적 사회질서의 자기조정적 대응으로서의 '공공성의 재정립'이 무엇보다도 필요한 시기라고 할 수 있다. 뉴거버넌스의 패러다임의 제기는 이러한 요청에 대한 응답이며, 우리가 추구해야할 방향이므로 신뢰와 사회적 자본을 기반으로 하는 잘 작동하는 네트워크를 구축하기 위한 모두의 노력이 절실하다.

강 평

1. 총평

공공성과 관련된 2개의 지문을 주고, 2개의 구체적인 제시문에 대한 서술을 요구하는 전형적인 사례문제(40점짜리)이다. 문제에서 요구하는 내용을 정확히 파악하여 목차와 내용을 구성해야 한다. 즉 최근 공공성에 대한 관심이 높아지고 있는 배경을 논리적으로 밝히고, 공공성 제고를 위해 적극적으로 추구해야 할 행정이념과 가치가 무엇인지 체계적으로 제시하여야 한다. 또한 구체적인 정책사례를 선정하여 효율성과 공공성의 갈등을 해결하기 위한 전략을 제시할 수 있어야 한다. 제시된 답안은 공공성에 대한 관심이 높아지고 있는 배경을 충실히 설명하지 못하고 있고, 구체적인 정책사례를 통해 효율성과 공공성의 갈등문제 및 해결방안을 제시하지 못하고 있어 중간 또는 중하 수준으로 평가된다.

2. 보완해야 할 부문

첫째, 공공성의 의의를 지문(2)에 포함된 내용을 재해석하는 수준에서 체계적으로 재구성할 필요가 있다. 둘째, 공공성에 대한 관심이 높아지는 배경을 지문에서 제시된 양극화문제, 성장과 안정의 조화 등을 포함하여 논리적으로 서술할 필요가 있다. 셋째, 공공성 제고를 위해 추구해야 할 행정이념에 대한 서술이 다소 빈약하다. 넷째, 효율성과 공공성의 충돌과 해결은 구체적인 사례를 중심으로 재구성되어야 한다. 수도민영화를 사례로 선정한다면, 수도민영화정책을 둘러싼 효율성과 공공성 사이에 어떤 충돌이 발생하며, 이를 해결하기 위해서는 어떻게 해야 한는 지 구체적으로 서술해주어야 한다.

3. 추가해야 할 부문

첫째, 지문에서 제시된 주요 내용(양극화, 공공성 등)을 충실히 이해한 내용이 답안에 포함되도록 할 필요가 있다. 둘째, 효율성, 형평성, 민주성 등 다양한 행정가치와 공공성의 개념을 비교분석하여 제시할 필요가 있다. 셋째, 문제에서 사례를 통해 서술하도록 지시하고 있는 경우에는 반드시 사례를 중심으로 서술하는 것이 좋다. 선택한 사례의 개요를 정리하고, 사례의 구체적인 내용을 중심으로 효율성과 공공성의 갈등과 해결방안을 모색하는 내용으로 구성할 필요가 있다.

4. 기타

구체적인 사례를 선정하고, 사례를 중심으로 지문이 요구한 내용에 대한 답안을 작성하는 훈련이 미흡하다.

5. 행정이념의 진화

사회가 점점 더 복잡하고 다양하게 변화됨에 따라 행정이 추구하는 가치도 지속적으로 변화되어 왔다. (총 30점)

[1] 행정 가치의 시대적 변화 과정에 관하여 서술하시오. (15점)

[2] 행정 가치의 변화에 따른 정부역할의 변화에 관하여 서술하시오. (15점)

[2011 5급(행정)공채 제2문]

예시 답안

Ⅰ. 행정 가치의 의의

행정 가치 또는 행정 이념이란 행정이 추구하는 궁극적 지향점으로서 행정의 모든 과정에 기본적인 지침을 제공해 주는 역할을 수행한다. 이러한 행정 가치는 시대적 상황과 정치 체제에 따라 변화한다. 이러한 가치의 변화는 모두 그 시대마다의 특수한 행정문제 해결을 위한 것이다. 즉, 행정을 지도할 가치는 당연히 그 시대적 과제를 수행하기 위해 지침이 되고 방향을 제시할 수 있는 것이어야 한다.

Ⅱ. 행정 가치의 시대적 변화

행정이 추구하는 가치는 지속적으로 변화되어 왔으나 어떤 시대에 특정 가치만이 추구된 것은 아니다. 그러나 각 시대를 대표할 만한 행정 가치의 변화 양상을 다음과 같이 개략적으로 살펴볼 수 있다.

1. 능률성: 고전파 행정학

능률성을 좁은 의미로 정의하면 투입(input)대비 산출(output)의 극대화를 의미한다. 이러한 능률성을 크게 기계적 능률과 사회적 능률로 나눌 수 있는데, Taylor 등의 과학적 관리론이 행정학에 도입되면서 강조된 기계적 능률은 기계적, 물리적, 금전적, 양적 측면을 강조하는 개념으로서 목적의식과 방향감각이 결여된 능률이라는 비판이 가능하다. Dimock 등이 주장한 사회적 능률은 인간관계론에서 강조된 능률로 인간적, 상대적, 가치적, 발전적, 질적 측면을 강조하여 행정의 사회목적 실현, 다원적 이익들 간의 통합・조정 및 행정 조직 내부에서 구성원의 인간적 가치의 실현을 가능하게 한다.

2. 효과성: 1960년대 발전행정론

효과성이란 목표의 달성도를 나타내는 결과(outcome) 지향적 이념으로, 1960년대 발전행정론에서 특히 강조된 이념이다. 여기에서 효과(effect)는 산출(output)과 구별된다. 산출은 행정체제가 사회에 대하여 제공하는 것으로 행정 활동의 결과로서 1차적으로 생산된 것인 반면에, 효과는 산출물이 1, 2, 3차 등으로 파급되는 연계관계를 거쳐 사회에 제공하는 바람직한 결과이다. 그러나 비용을 고려하지 못한다는 맹점이 있어 인권, 환경 등의 문제를 일으킨바 있다.

3. 형평성: 1970년대 신행정론

능률성이나 효과성이 지출가치 극대화를 추구하는 이념이라면, 형평성은 가치를 어떻게 배분할 것인가와 관련된 몫의 배분에 관심을 갖는 가치 지향적 개념이다. 행정의 가치 중립성을 추구한 행정행태론이 만연한 불평등과 관련한 사회문제 해결능력이 없음을 비판하고 적실성과 실천성을 갖추기 위해 Waldo가 주도한 신행정론에서 사회적 형평성을 강조하였다. 이러한 형평성은 사회적, 경제적, 정치적 약자에게 보다 많은 행정 서비스를 우선적으로 제공하고자 하는 공평・정의 중심의 개념으로 능률지향주의를 지양하고 행정의 공평성을 제고하고자 하는 가치라고 할 수 있다.

4. 효율성: 1980년대 신공공관리론

효율성 또는 생산성이란 최소의 투입으로 최대의 산출을 기하되, 그 산출이 원래 설정한 목표 내지 만족 기준에 비추어 보다 얼마나 바람직한 효과를 미쳤는가를 나타내는 개념으로서, 능률성과 효과성을 포괄하는 개념이다. 정부 영역의 비효율성, 내부성 등으로 인하여 정부실패가 나타남에 따라 시장주의와 신관리주의를 기반으로 행정의 효율성을 증진시키기 위해 신공공관리론(New Public Management)이 대두되었다. 작은 정부 구축, 공기업 민영화, 규제완화, 성과중심체제 구축 등이 그 내용이다.

5. 민주성: 1990년대 뉴거버넌스론

넓은 의미의 민주성은 넓은 의미의 능률성과 함께 행정의 양대 이념의 하나이다. 민주성은 국민의 의사를 행정에 반영하고 국민을 위한 행정을 펼치는 것을 의미한다. 크게는 대내적, 대외적 민주성으로 나눌 수 있다. 그러나 민주성 개념은 상호 모순되고 대립되는 내용을 지니고 있어 한마디로 정의하기 어려운 특성을 가지고 있다. 이러한 민주성은 정치행정일원론의 시기에 비교적 부각된 바 있으며, 최근의 뉴거버넌스론에서는 신공공관리론에 대한 반성의 측면에서 참여주의와 공동체주의의 바탕 하에 다양한 주체 및 행위자들의 집단적, 협력적 노력이 중시됨에 따라 다시금 강조되고 있다.

Ⅲ. 행정 가치의 변화에 따른 정부역할의 변화

1. 근대입법국가 – cheap & small government

능률성이 중시되던 시기에는 완전경쟁시장을 전제로 가격에 의한 조정이 이상적인 자원배분을 가져온다고 보아 시장에 대한 국가의 개입을 반대하고 국가로부터의 자유롭고자 하는 무국가주의 사상이 지배적이었다. 즉, 근대입법국가는 정부의 역할을 밖으로는 외적의 침입을 막고 안으로는 개인의 재산과 자유를 침해하지 못하도록 지켜주는 정도로 최소화하려는 야경국가 사상에 근거하여 국가를 작고 값싼 정부로 인식하였다.

2. 발전국가: 개발도상국의 경우

발전국가란 산업화에 뒤쳐진 저개발 국가들이 고도의 정부개입을 통해 압축성장을 달성해 나가는 정부형태를 의미하는데, 국가안보와 치안유지의 확보, 빠른 경제성장, 사회복지정책의 실현을 위해 행정권의 확대·강화를 의식적으로 조장하였다. 이러한 효율지상주의 사고로 인해 발전국가는 정부의 역할이 극대화된 시기라고 볼 수 있다. 특히 신생국은 경제발전을 추진하는 과정에서 불균형 성장전략을 통한 유도발전의 유형을 택하면서 행정권의 강화가 더욱 촉진되었다.

3. 행정국가: big & strong government

행정국가란 20세기의 기능과 권한이 크게 확대·강화된 행정부 우위의 국가를 의미한다. 즉, 행정기능의 확대·강화에 따라 본래 정책집행기능을 수행하였던 행정기관이 기본적인 정책 결정기능까지 담당하게 된 국가를 말한다. 선진국의 경우 형평성의 대두에 따라 복지국가의 형태를 띠었다. 대공황 발생 등 시장실패 대두로 인해 산업화에 따른 빈부격차 해소의 필요성, 사회적 한계인에 대한 국가의 보호 강조, 행정 기능의 팽창과 복잡화·전문화 현상으로 인해 고도의 정부 개입과 정부의 양적 팽창을 초래하게 되었다.

4. 신공공관리론과 작은 정부: small but strong government

행정국가는 정부실패를 야기하였고 1970년대 후반에 신행정국가의 형태가 대두되었다. 그 초기 형태로서 신공공관리론(New Public Management)에 입각한 정부는 정부의 역할을 인정하면서도 규모면에서 작은 정부로의 행정 개혁을 추구하였다. 즉 효율성을 추구하는 측면에서 국가의 역할은 적극적 시장 개입에서 소극적으로 시장 실패를 치유하는 규제 국가로 변모하였다. 시장의 규칙을 제정하고 이를 지켜내며 위반자에 제재를 가하는 역할로의 변화를 국가권력의 '외부화'라고 하기도 한다.

5. 신국정관리론에서의 정부 역할

뉴거버넌스(New Governance) 역시 신행정국가의 형태에 포함될 수 있지만, 신공공관리론에서의 정부 역할과는 차이가 있다. 신행정국가에서 행정은 국가와 시장 및 시민사회의 네트워크(network)에 의해 이루어지므로 국가의 역할은 네트워크를 조정하고 관리하는 역할을 담당하게 된다. 또한 시민사회 및 시장이 국정운영이 참여하는 것을 중요하게 생각하여 참여를 유도·조장하며 국민에게 권한을 부여(empowerment)한다는 측면에서 효율성 외에도 민주성을 중시하고 있음을 알 수 있다.

강 평

1. 총평

행정가치의 시대적 변화과정을 검토하고, 그 변화에 따른 정부역할의 변화를 서술하도록 하는 30점짜리 문제이다. 행정가치의 개념을 검토하고, 미국을 중심으로 이루어진 행정가치와 정부역할의 변화를 살펴본 후, 우리나라에도 적용하여 서술해야 할 것이다. 제시된 답안은 나름대로 교과서에 나와 있는 행정가치와 정부역할의 시대적 변화를 미국행정을 중심으로 잘 정리하고 있다. 그러나 행정가치와 정부역할 변화의 역사적 맥락을 체계적으로 서술하는데 미진하고, 우리나라에 대한 적용을 포함하지 못하고 있어 중간 또는 중간 이하의 수준으로 평가된다.

2. 보완해야 할 부문

첫째, 행정가치 및 정부역할의 시대적 변화를 역사적 맥락을 반영하여 서술하려는 노력이 필요하다. 당시 사회경제적으로, 정치적으로 어떤 요인에 의해 변화가 일어나게 되었는지 역동적으로 검토해 줄 필요가 있다. 둘째, 우리나라에서 행정가치와 정부역할이 시대적으로 어떻게 변화하였는지 검토해줄 필요가 있다. 노태우－김영삼－김대중－노무현－이명박정부의 행정가치와 정부역할에 대한 입장을 체계적으로 정리해 줄 필요가 있다.

3. 추가해야 할 부문

첫째, 행정가치의 의의를 밝히는 부분에서 다양한 행정가치 사이의 갈등관계와 우선순위에 대한 언급이 추가될 필요가 있다. 둘째, 행정가치와 정부역할이 변화된 원인을 맥락적 차원에서 정리하여 제시할 필요가 있다. 셋째, 교과서적 내용과 함께 우리나라의 역사적 상황을 추가할 필요가 있다.

4. 기타

평이한 문제일수록 답안을 보다 논리적이고, 체계적으로 구성하려고 노력하여야 한다. 교과서적 내용만 평면적으로 서술하게 되면, 차별화된 답안으로서 높은 점수를 받기 어렵다.

6. 행정의 능률성과 형평성

최근 정부규모를 둘러싼 논의가 활발히 전개되고 있다. 이는 시장-정부 간의 관계에서 정부의 기능과 역할에 관련된 쟁점이며, 정부기능의 관리활동으로서 행정이 지향하는 가치와 불가분의 관계를 지닌다. 행정이 추구하는 주요 가치로서 능률성(efficiency)과 형평성(equity)을 정부활동의 범위 혹은 정부기능의 다양성과 관련하여 논의하고, 실제 행정에서 나타날 수 있는 구체적인 사례를 제시하시오. [2007 행정고시 일반행정직 제1문]

예시 답안

Ⅰ. 서론: 행정의 주요이념으로서 능률성(efficiency)과 형평성(equity)의 문제

민간에 대한 정부의 역할이 어느 정도가 되어야 하는지, 어느 수준까지 관여해야 하고, 어느 수준까지 문제를 해결해 주는지와 관련하여 능률성과 형평성의 문제는 전통적인 행정국가에서는 물론이고, 현대의 신행정국가에서도 큰 관심거리라고 볼 수 있다. 더군다나 오늘날과 같이 다양한 행정수요가 존재하는 상황에서는 정부는 이른바 "능력있는 정부"로서 상충되는 듯 보이는 양 이념을 조화시켜야 하는 필연적인 운명을 지니고 있다.

Ⅱ. 능률성과 형평성 - 정부 역할과 관련한 양자의 관계

1. 능률성과 형평성의 의미

능률성(efficiency)은 좁은 의미로 산출/투입을 극대화하는 것으로서 동일한 산출을 최소의 투입으로 달성하거나, 동일한 투입으로 최대의 산출을 내는 것을 의미한다. 이를 경제적 능률성 혹은 기계적 능률성이라고 하며 양적인 개념이다. 이와 대비하여 질적인 개념으로서 목표의 달성도를 나타내는 효과성(effectiveness)이 있다.

형평성(equity)이란 헌법상의 평등, 수익자부담의 원칙, 사회적 약자에게 보다 많은 공공서비스가 돌아가야 한다는 의미 등 다양한 의미를 담고 있다. 형평성에는 대표적으로 수직적 형평성과 수평적 형평성이 있다. 수평적 형평성은 같은 것을 같게 취급하는 형평성으로서 법적 평등을 예로 들 수 있으며, 수직적 형평성은 다른 것을 다르게 취급하는 것으로서 누진세, 최저생계비 보장 등을 예로 들 수 있다.

2. 조화의 관계

인간은 기본적으로 양 개념이 상호 보완하는 것에 동의(consensus)하게 된다. 예를 들어 중앙집권에서의 능률성이 지방분권에서도 여전히 유효하며, 뉴거버넌스에서는 시장의 원리를 포기하지 않으면서도 참여주의를 고수하게 된다. 다만 이러한 조화의 관계는 이상적으로는 쉽게 가능하지만, 실제 사례에 있어서는 상충의 관계가 더 많이 작용하게 된다.

3. 상충의 관계

행정은 기본적으로 노동집약적이고, 행정의 성과에 대한 측정이 곤란하기 때문에 능률성을 지향하기 어려운 점이 있다. 또한 현실적 행정력의 한계로 인해 제한된 자원으로 능률성과 형평성의 동시 달성이 불가능한 경우가 많다.

4. 정부활동의 범위, 정부기능의 다양성과 관련한 능률성과 형평성

결국 정부활동의 범위가 넓어지고, 정부기능의 다양성이 온정적 간섭주의(paternalism)에 의해 민간의 많은 부분에 관여하게 될수록 능률성은 상대적으로 저해되고, 형평성은 상대적으로 고려되는 측면이 있다. 반면 자유방임주의, 신공공관리주의적 시각에 의해 정부기능이 축소될수록 민간의 자율성이 강조되므로 능률성은 제고되고, 형평성은 저해되는 측면이 있다.

따라서 우리의 논의 목적은 상충적인 측면이 큰 양 이념을 실제 행정에서 적절하게 조화시키는 것이라고 보여진다.

Ⅲ. 실제 행정에서의 구체적 사례

1. 조직 행정: 공기업 민영화

정부기능재배분의 논리(market-testing) 및 정부조직의 비효율, KT&G 등의 민영화 성공사례 등에 비추어 볼 때, 공기업의 민영화를 지지하는 입장이 일방적 타당성을 지닌다고 주장할 수도 있으나, 고용불안에 의한 노조의 저항으로 정전사태를 빚은 캘리포니아 주의 사태, 영국의 공기업 민영화 실패 사례(①토니 블레어 "영국의 철도 민영화는 실패했다"고 토로함, ②2000년 에너지 빈곤으로 동사하는 사람이 3만 명이 넘었다는 영국 정부의 통계, ③경영권 이전 없는 공기업 개혁은 탈정치화의 실패를 의미함) 등을 살펴볼 때, 준비되지 못한 무분별한 민영화는 효율성의 확보도 담보할 수 없고, 아울러 형평성을 크게 저해할 수 있다는 점을 시사한다.

2. 인사 행정: 대표관료제

대표관료제는 그 사회가 구성하는 모든 주요 집단으로부터 인적 구성의 비례에 따라 관료를 충원하고, 그들을 정부관료제 내의 모든 계급에 비례적으로 배치함으로써 정부관료제가 그 사회의 모든 계층과 집단에 공평하게 대응하도록 하는 제도를 말한다.

능률성, 전문성을 중시하는 실적주의는 개인의 자격에 초점을 두고, 소외된 집단에 대한 형평성을 강조하는 대표관료제는 사회집단들의 필요에 초점을 두는 집단주의적 접근(collective approach)을 하기 때문에 양자는 일응 상충되는 것처럼 보인다.

하지만 대표관료제와 실적주의를 보완되는 측면으로 볼 수도 있다. 왜냐하면 대표관료제에 관한 아이디어는 정부관료제의 공익추구와 임용기회의 형평성을 보장하려는 실적주의의 본래적인 이상과 상충되는 것은 아니기 때문이다. 예를 들어 대표관료제는 사회적 약자라는 공익가치를 보호하며, 임용기회의 실질적 형평성을 구현하고 있다고 볼 수 있기 때문이다.

결국 양자의 관계는 기본적으로 상충관계 측면이 강하지만 실적주의 한계 내에서 예외적, 보완적으로 대표관료제를 활용하는 경우 양자는 조화될 수 있다고 평가된다.

3. 재무 행정: 복지예산 편성 및 집행

노무현 정부의 주된 정책 방향이라고 할 수 있는 사회복지 인프라의 구축은 필연적으로 세수의 증대를 요구한다. 우리나라 중앙정부의 통합재정규모는 200조원을 넘는데, 이에 대한 상당부분이 사회적 약자에 대한 복지 지원예산이다. 사회의 양극화가 심화되면서도 조세징수 및 예산집행에 대한 국민의 불신이 커진 현재와 같은 상황에서는 능률성과 형평성의 조화가 현실적으로 상당히 어려운 상황이다.

4. 전자 행정: ubiquitous 행정과 정보 양극화

건설교통부의 주택가격공시제도, 서울시의 OPEN 시스템(the Online Procedure Enhancement)에서 볼 수 있듯이 정보화 사회의 도래 및 전자정부로의 이행은 기존의 절차적 비용을 줄이고, 능률적인 행정의 달성을 용이하게 한다.

하지만, 정보 자체가 자산이 될 수 있는 정보화 사회에서는 이른바 정보격차(digital divide)가 발생하여 정보소외계층에 대한 기술적 접근 장벽이 작용하게 되고 이는 "의도하지 않은 배제(unintended exclusion)"를 야기할 수 있게 한다.

5. 지방 행정: 중앙집권과 지방분권

주민에 필요한 공공재의 공급과 관련하여 Wilson-Weber 식의 고전적 패러다임에 의하면 좋은 행정체제는 단일 중추를 통해 명령이 하달되고, 조직이 계층화되고, 훈련된 공무원에 의해 능률화되는 것을 말한다.

민주행정 패러다임에서는 고전적 패러다임에 의한다면 변화하는 환경에 적응하지 못하고, 대응성을 경시하게 되며, 서비스의 형평을 고려하지 못하여 정부실패의 원인이 된다고 주장한다. 민주행정패러다임에서는 급변하는 행정환경에 적응하는 행정체제는 다수의 관할권을 중첩 (overlapping jurisdiction)하여 다조직적 관리방식(multi-organizational arrangements)을 채택하는 것이라고 하였다. 이러한 관리방식이 이루어지기 위해서는 필수적으로 권한의 분산(fragmentation of authority)이 이루어져야 한다고 하였다.

즉, 다양한 지방정부간의 조화로운 관계를 통해 능률성과 형평성을 모두 달성할 수 있다고 한다. 일례로 생활하수 처리시설과 쓰레기 처리시설을 맞바꾸는 이른바 <환경빅딜>을 통해 2200억원을 절감하고, 이어 생활폐기물소각장에서 증기를 생산, 판매해 연간 15억원의 수익을 올리게 된 광명시와 서울 구로구의 사례, 민-관의 공동생산 (co-production)으로서 <로컬 복지 거버넌스>의 구현, 지방의제21의 진정한 구현을 위한 審義民主主義적 의사결정의 조건 확보 등을 들 수 있다.

6. 규제 행정: 경제적 규제, 사회적 규제의 문제와 규제합리화

규제는 크게 경제적 규제와 사회적 규제로 나뉘는데, 경제적 규제란 기업의 본원적 활동에 대한 규제로서 자생적 질서(spontaneous order), 경쟁(competition)에 대한 규제이다. 이는 직, 간접적으로 소득 재분배의 기능을 수행하므로 능률성을 저해시키고, 형평성을 증진시킬 수 있다. 반면에 사회적 규제는 기업활동에서 부수한 사회적 문제에 대한 규제로서 소비자 보호규제, 환경규제, 산업재해규제, 사회적 차별규제 등이 이에 속한다. 사회적 규제를 발동하면 통상 인식이 되지 않는 경우가 많지만, 간접적으로 소득분배에 영향을 미치므로 형평성을 높아지고, 능률성이 낮아지는 경우가 많다.

결과적으로 볼 때, 규제의 발동은 능률성을 저해시키고, 형평성을 증진시키나 최근 정부 업무의 비능률성이 논란의 주요 대상이 되고 있다는 측면에서 볼 때, 정부규제의 합리화가 요청되는 상황이다.

Ⅳ. 결론: 행정의 본질 실현을 위한 능률성과 형평성의 조화 필요성

기존의 관주도하의 한국행정은 발전행정의 차원에서 형평성에 대한 고려없이 일방적인 능률성을 추구했고, 능률성의 추구에 있어서도 산출의 확대보다는 투입의 감소에 초점을 맞춘 이른바 “퇴행적 능률성”을 노정하였으며, 이에 대한 결과로서 사회내의 형평성이 크게 감소하고, 사회 내 양극화의 심화를 야기하는 악순환을 반복하였다.

최근 스위스 국제경영개발연구원(IMD)이 발표한 “2007 세계 경쟁력 평가”에서 우리나라의 국가경쟁력이 55개 국가 및 지역경제 가운데 29위로 2006년 32위에서 3

계단 상승했다는 긍정적인 평가가 있음에도 우리나라 행정의 미래를 쉽게 낙관할 수 없는 것은 능률성과 형평성 그 어느 것도 효과적으로 달성하지 못했다는 자조 때문일 것이다.

향후 한국 정부가 나아가야 하는 방향은 행정의 本質의 달성으로서 "국가경쟁력의 제고 및 국민의 삶의 질 향상"이며, 이를 위해서는 능률성과 형평성의 조화가 필수적이라고 보여진다. 결국 능력있는 정부만이 복잡한 행정환경에서 양 이념의 동시달성을 이룰 수 있도록 하는 첩경이 될 것이다.

강 평

1. 총평

문제는 정부의 기능과 규모가 주요 행정가치인 능률성 및 형평성과 어떤 관계를 맺는가를 구체적인 사례를 통해 제시할 것을 요구하고 있다. 답안은 능률성, 형평성의 개념정의와 다양한 행정사례에서 나타나는 상충적 관계를 제시하면서 결론적으로 두 가치의 조화 필요성을 강조하고 있다. 동 답안은 대체적으로 보통 수준의 무난한 답안이라 할 수 있으나, 심도있는 사례분석을 통한 정부의 기능과 규모, 그리고 행정가치의 갈등관계를 설명하지 못한 한계를 지니고 있다.

2. 보완해야 할 부문

첫째, 지나치게 많은 사례를 들어 집중력이 떨어지는 면을 보완할 필요가 있다. 정부기능의 다양성이라는 말에 이끌려 다수의 사례를 들었는지 모르나 강평자의 생각에는 본 문제는 구체적인 사례를 가지고 심도있게 정부기능과 행정가치의 관계를 논할 것을 요구하고 있다고 본다. 좀 더 높은 점수를 받기 위해서는 2개 정도의 특성있는 사례에 대해 집중적으로 출제자의 의도에 맞추어 답안을 풍성하게 작성할 필요가 있다고 본다. 둘째, 결론으로 두 가치의 조화 필요성을 강조하고 있으나 논거가 부족하여 비약된 측면이 없지 않는데, 이러한 주장은 오히려 점수를 잃기 쉽다고 본다.

3. 추가해야 할 부문

첫째, 정부의 기능과 규모가 어떻게 구분될 수 있는지 제시할 필요가 있다. 예를 들어, 정부의 기능을 생산자, 보호자, 재분배자 등으로 구분하여 각 기능이 어떠한 특징을 나타내며 정부규모에 어떠한 영향을 미치는지 제시하면 좋았을 것이다. 둘째, 정부기능의 다양성을 살펴본 후에, 이러한 기능이 실제 사례에서 어떻게 적용되는지 심층적인 논의로 전개할 필요가 있다. 생산자 역할(공기업 민영화), 재분배자 역할(사회복지 확대)은 매우 유익한 사례가 될 수 있다고 본다.

4. 기타 사항

답안 작성 시 지나치게 다양한 사례를 언급하는 것은 오히려 채점자에게 오해를 불러 일으킬 수 있다. 비록 짧은 시간이지만 출제자가 고민한 내용을 깊이 생각해보고, 논리적 완결성을 갖춘 답안을 작성하는 연습이 필요하다고 본다.

7. 행정이념간 갈등과 우선순위

행정이념들은 서로 조화를 이루기도 하고, 때로는 갈등을 일으키기도 한다. 이와 관련하여 다음의 물음에 답하시오. [2008년 행정고시 제1문]

[1] 합법성과 민주성의 의미를 설명하시오.

[2] 구체적인 사례를 통하여 합법성과 민주성의 조화관계를 설명하시오

[3] 구체적인 사례를 통하여 합법성과 민주성의 갈등 관계를 설명하고, 그 사례에 대한 갈등해소방안을 제시하시오.

예시 답안

Ⅰ. 서 - 복잡성의 시대에 행정이념이 갖는 중요성

급격한 변화의 시대를 맞아 행정은 많은 재량을 갖게 되었다. 이는 대응성 있는 행정으로의 길로 갈 수 있는 가능성과 더불어 통제의 사각지대로 가는 길도 동시에 열어주었다. 이때, 행정의 나침반으로서 모든 과정에 기본적인 지침을 제공해주는 행정이념의 중요성이 부각된다. 그러나 행정이념사이에서도 갈등관계가 존재 할 수 있는바, 나침반의 방향이 서로 엇갈릴 때 어느 방향으로 나아가는지에 대한 논의가 중요한 문제가 된다. 이하 합법성과 민주성의 의의와 조화·갈등관계를 사례를 중심으로 살펴보도록 하겠다.

Ⅱ. 합법성과 민주성의 의의: 이념의 역사적 발전과정을 중심으로

1. 이념의 의의

합법성과 민주성은 행정의 가장 기초가 되는 두 이념으로 각각 법치행정과 민주행정의의 근간이 된다. 좁은 의미로서의 민주성은 민주주의 원리가 행정에 적용되는 것으로, 국민의 의사에 충실한 '국민의, 국민에 의한, 국민을 위한' 행정이 되어야 함을 뜻한다. 광의로 이를 확장하는 경우 행정조직 내부에서도 민주성이 확보되어

야할 것을 의미한다. 이하, 협의의 민주성을 중심으로 합법성과의 관계를 검토하도록 하겠다.

한편, 합법성은 소극적으로는 행정이 법에 어긋나서 이루어져서는 안 된다는 적법절차의 의미를 내포하고, 적극적으로는 행정은 궁극적으로 법에 근거를 두어야 한다는 법률유보의 원리를 의미한다. 두 이념의 정확한 의미는 역사적 변동과정을 통해 정확히 파악할 수 있다.

2. 이념의 역사적 변동 과정

과거 시민혁명 후 처음 국가와 행정의 개념이 등장했을 때, 민주성과 합법성은 국민에 대한 간섭을 최소화하고 법률에 어긋나지 않을 것을 요청하는 소극적 의미에 불과했다. 그러나 현대 복지국가 및 행정국가시대에 접어들어 합법성은 단순한 '법의 준수'를 뛰어넘어 의회의 입법의지를 따르는 적극적 의미를 갖게 되었다. 민주성 역시 실질적인 민주주의 의미에 입각하여 국민을 위한 '위민(爲民)형' 행정의 요청으로 변모하였다. 그러나, 적극적 의미의 합법성과 민주성은 상호 충돌할 여지를 갖고, 특히나 우리 법, 정치, 사회 등의 행정현실에 민주성과 합법성의 원리가 접목될 때 문제점이 발생할 수 있다.

Ⅲ. 합법성과 민주성의 조화 관계: 마산시 STX공장 설립 유치 사례를 중심으로

1. 두 이념의 조화 관계

합법성과 민주성은 기본적으로 조화 관계에 있다. 우선 두 의미는 당위(sollen)의 측면에서 법치행정과 민주행정이라는 행정의 기본적인 기둥이 되므로 조화 관계에 있어야 한다. 두 번째로, 이론적 측면에서도 결국 '법'이라는 것은 '국민의 의사'를 대리하는 의회에서 제정되는 것이므로 국민의 의사라고 볼 수 있는 법을 존중하는 행정은 곧 민의(民意)를 존중하는 민주행정이 될 수 있는 것이다. 마지막으로, 현실(sein)에서도 부패방지법 등의 국민의 여론에 따른 입법과 같이 민주성과 합법성의 확보가 조화되는 예를 많이 볼 수 있다.

2. 사례를 통한 분석

[1] 사례의 개관

STX는 원래 마산시에 기자재공장을 설립하려고 하였으나, 일부지역주민의 극렬한 반대로 공장설립을 취소하였다. 그러나 10만이 넘는 나머지 마산시민의 서명과 공장설립찬성 의사표명으로 마산시 역시 다시금 공장설립에 관련된 인허가에 긍정적인 의사를 내비치어, 최근 STX측은 마산시에 관련공장을 설립하기로 다시금 결정한바 있다.

[2] 조화관계의 분석

'공장의 유치'는 대다수 마산시민의 의사와 합치되므로 이를 '민주성'의 측면으로 볼 수 있고, 공장설립을 위한 산업단지지정, 환경 · 교통 · 재해영향평가, 실시계획승인, 공장설립허가 등은 관련 법률에 의거하여 이루어져야 하므로 '합법성'의 측면에 해당한다. 시민의 의사를 따르는 적법절차의 행정이 이루어진 사례로 평가할 수 있다. 특히 지방자치단체의 경우 '조례'와 관련하여 일부 입법적인 행위가 가능하므로 마산시의회와 시장이 조례 등을 통해 STX의 공장설립이 원활하도록 돕는다면 이는 국회로부터 위임받은 지방의회의 정당한 권한을 통한 합법성의 확보가 수반된 것으로 볼 수 있다. 덧붙여 이번 공장설립은 마산시와 STX중공업, 공장 유치 찬성 측 주민들로 구성된 뉴거버넌스적 '위원회'의 역할이 컸다는 점에서 민주성의 측면에서도 새로운 시사점을 제시한다.

Ⅳ. 합법성과 민주성의 갈등관계 - 광우병사태를 중심으로

1. 두 이념의 상충관계

'악법도 법이다.' 라는 말과 같이 모든 법이 민의(民意)와 합치되는 좋은 법은 아니다. 즉, 적법절차를 거친 합법적인 행정이라 하여 그것이 국민의 의사를 충실하게 좇는 민주적인 행정이 된다는 보장은 없다. 반대로, 국민을 위한 행정이라는 미명하에 재량을 남용하여 법을 어기는 행정 역시 합법성과 민주성이 갈등관계에 놓여질 수 있음을 보인다.

특히 우리나라의 경우 법의 제정과정에서 국회의 충분한 공론화 과정을 거치지 못하고 선진국의 법들을 참조하여 '이상형'에 가까운 비현실적인 법들이 많아 합법성의 확보가 쉽지 않다. 시민문화 역시 어젠다(agenda)가 형성되는 과정에서는 조용하다가 직접적으로 자신의 이익과 상충되는 경우 갑자기 의견표명이 폭발하는 신민(臣民)형 시민문화가 잔존하고 있어 민주성을 확보하기 역시 쉽지 않다.

2. 사례를 통한 분석 - 광우병쇠고기 사태와 촛불집회를 중심으로

[1] 사례의 개관

최근 정부가 미국쇠고기를 수입함에 있어 검역절차 및 기타 수입조건에 관하여 정부의 권한에 입각하여 협상을 진행하였다. 그러나 정치적 과정으로 볼 수 있는 포괄적 협상과정과 행정적 절차에 속하는 구체적 협상과정에서도 국민의 의사를 충분히 반영하지 못하였다.

[2] 갈등관계의 분석

민주성을 확보한 한,미FTA와 쇠고기수입재개가 되기 위해서는 행정부에 주어진 '재량'과 정당한 권한에 입각한 협상 진행 이상으로 국민의 목소리에 귀를 귀기울였어야했다. 행정이념으로서 민주성은 기본적으로 대의의민주주의 원리에 따라 국회와 대통령의 의사결정이 '여론'이나 일시적인 국민의 요구에 우선한다. 그러나 국민의 기본권과 관련된 사항에 있어서 이번 미국쇠고기수입 사태와 마찬가지로 중요성을 갖는 경우는 다양한 측면의 민주성을 고려해야 한다. 첫째, 모든 협상 자체가 실제 쇠고기의 소비자가 되는 국민의 의사를 고려하지 않은 채 이루어졌다. 단순히 낮은 가격으로 쇠고기를 소비할 수 있다는 것이 '공익'과 일치하지는 않는다. 두 번째로, 수입 결정 이후 국민의 의사가 표출되는 과정에서 정부는 늑장 대응 또는 무대응으로 일관하였다. 재빨리 국민의 의견을 묻고 참여통로를 만들어 국민을 설득하려는 노력을 보이지 않았다. 사태의 초기에 관련부처에서 기본적인 정보라도 적극적인 홍보를 통해 알려야했다. 세 번째로, 행정내부적인 측면에서의 문제점을 들 수 있다. 행정부 내부에서 부처간 갈등이 존재하였고, 분위기상 상부의 결정과 다른 의견을 제시할 수 없었을 뿐더러 이를 적당히 무마하여 협상을 추진하였다.

3. 갈등의 해소방안 – 관련 주체들 각자의 역할을 중심으로

[1] 기본적인 방향 – 갈등에서 조화로 나아가는 방법

민주성과 합법성의 갈등 해소는 곧, 이 둘의 조화를 통한 해소를 의미한다. 둘의 조화를 위해서는 행정내·외부적인 문제점 해결이 동시에 이루어져야 한다. 행정은 행정환경에 의해 영향을 받고 행정환경에 영향을 주기 때문이다. 따라서 행정 내부적으로는 내적 민주성과 내부의사소통기제의 확보가 필요하고, 외부와의 관계에서는 시민의 의사반영 및 참여의 기제 확보가 최우선 과제가 된다. 무엇보다, 정부의 노력외에 시민, 시민단체, 이익집단, 언론의 개별적인 노력도 필요하다.

[2] 구체적인 방향

(1) 행정 내부적인 해소방안 – 내부적 소통기제 확보의 필요성

이번 미국쇠고기파동사태에서 행정내부적으로도 제대로 된 합의 도출에 실패하였다. 기존 관료제하의 부처할거주의라는 기본적인 문제점에 실용정부들어 국무총리 산하 국무조정실과 비서실을 통폐합 및 감축한것이 더해져 내부적인 의견조율기제가 약해졌다.

따라서 행정 내부적으로 원활한 의사소통로를 마련하기 위해 국가정책조정회의를 정례화하여 실시하고, 대통령의 민주적 리더십이 확보되어야 한다.

(2) 행정 외부적 해결 방안 – 국민과의 관계를 중심으로

결국 합법성과 민주성의 조화를 위해서는 국민의 의사를 충실히 반영하는 합법적인 행정이 필요하다. 국민의 의사를 반영하는 방법은 크게 실질적 참여제도의 정비와 전자적 시민참여 기반의 조성, 그리고 전문성을 갖춘 시민단체의 참여를 들 수 있다. 무엇보다 근본적으로 정부가 신뢰의 기록을 축적하여 사회적 자본(social capital)이 축적되는 것이 필요하다. 과학기술에 관한 의사결정도 시민배심원제, 합의회의(consensus conference), 포커스 그룹(focus group)등 시민의 참여가 가능하다. 따라서, 이번 사태에서도 준비과정에서 시민의 참여가 수반되었다면 사전에 이러한 문제점을 최소화 할 수 있었을 것이다. 또한, 뒤늦게 '블로그(blog)'등을 통하여 온라인상으로 국민과의 대화를 시도하였으나 매우 형식적인 조치에 불과하였고 앞으로는 IT기술을 이용한 진정한 쌍방향 의사소통의 확보가 필요하다.

이번 사태에 격렬히 반대하는 국민들 역시 비이성적인 의견의 표출은 문제의 해결에 아무런 도움이 되지 못한다는 점을 깨닫고, 합법적인 '참여'를 위한 방법을 강구하고 앞으로 이러한 사태를 방지하기 위한 시민의식과 제도의 구축에 노력을 기울여야 한다.

(3) 기타 행정참여자들의 고려사항- 이익단체, 언론, 정당의 역할

언론은 행정 감시 기능과 더불어 정책이슈의 공론화의 역할을 한다. 따라서, 언론은 사태가 발생한 지금은 객관적이고 정확한 정보전달 역할에 충실하고 앞으로는 한발 앞선 이슈의 공론화와 어젠다 발굴의 역할을 해야 한다.

일부 이익집단의 경우 촛불집회에 편승하여 자신의 이익을 추구하고 정치적인 색깔을 가미하는 행태를 보였다. 이익집단의 '시민참여'로 둔갑하는 경우 공공선택론적 측면에서 볼 때 민주적 행정을 오히려 저해 할 위험이 있는 만큼 이익집단 내외부적인 통제가 필요하다.

야당 역시 국민의 여론을 이용하여 정치적인 이익을 추구하였다. 민주성 확보를 위해서 야당은 여당을 견제할 필요가 있다. 그러나 그 정도에 있어 갈등을 심화시키는 정도가 되어서는 안되고 결국 '공익'을 위한 신속한 사회적 합의도출을 위해 노력해야 한다.

Ⅴ. 결: 조성적 국가로의 길

독일의 경우 영미의 NPM적 개혁과 달리 능력있는 관료제에 대한 국민의 신뢰를 기반으로 조성적 국가를 위한 행정개혁을 이루어왔다. 최근 실용정부의 행정개혁은 국민과의 관계는 물론 공무원들에 대한 고려는 미흡하다. 이번 쇠고기파동을 계기로 하여 내부적으로는 일선관료들을 존중하여 의사소통을 원활히 하고, 외부적으로 국민과 함께가는 자세를 내재화하는 조성적 국가의 면모를 두루 갖춘 실용정부가 되어야 할 것이다.

강 평

1. 총평

민주성과 합법성이란 행정이념의 상호 관계를 사례를 인용해가면서 적절히 서술해 보이는 것이 문제의 핵심이다. 시사적인 사례를 인용한 것이 인상적이다. 그러나 문제의 핵심은 행정이 이룩하고자 하는 이념들 간에는 우선순위가 있으며 이념들 간에 갈등이 있고 이것이 미결일 경우 종국적으로는 이 우선순위에 따라 행정이념간 갈등이 해결되어야 한다는 국면을 지적했어야 하는데 이 부분은 거의 누락되어 있다. 오직 양 이념이 '조화'됨이 바람직하다는 식으로만 일관하고 있어서 아주 중요한 논점을 빠뜨린 것 같다.

2. 보완해야 할 부문

민주성의 다차원적 국면(과반수 등의 결정 규칙에 관한 논의, 민주성의 과정적 의미와 산물적 의미, 조직 내부적 의미와 외부적 의미)을 앞부분에서 더 충분히 논의했어야 했다. 이것을 충분히 다루도록 하기 위해 출제 문제에서 (1)부분을 제시해 두었던 것이다. 이것이 후반부의 사례 인용에서도 그대로 적용된다. 이것이 사전에 명확히 규명되지 못하면 후반부 및 인용된 사례에서도 이런 차원들이 뒤죽박죽이 되기 쉽다. 미국 쇠고기 수입 문제는 합법성과 민주성의 대립 사례인가? 혹은 절차(과정)적 의미의 민주성과 산물적 의미의 민주성의 대립 사례인가? 혹은 행정조직 내적 민주성과 외적 민주성의 대립 사례인가? 이 부분이 불명확함은 바로 앞부분('의미')에서 이러한 차원들에 대한 명확한 규명이 없었기 때문이다.

합법성에 대해서도 이러한 다양한 의미(법치행정, 법에 의거한 권리구제, 행정의 안정성과 예측 가능성)가 명확히 제시되었어야 했다. 또 합법성이 민주성에 기여하는 국면 및 오용되는 경우를 명시해야 한다('테마행정학' 참조). 우리의 행정 관련 법규들에 '법의 지배'가 잘 구비되어 있는가? 아니면 형식적 의미의 법치행정의 성격이 더 강한가?

3. 추가해야 할 부문

가장 시급히 추가해야 할 부분은, 바로 양 이념이 조화됨이 바람직하지만 본질적으로 민주성 이념이 합법성 이념보다 더 중시되어야 한다는 우선 관계를 명확히 지적하는 것이다. 민주성에 반하는 법적 제약이 있다면 이에 대한 개정, 제정에 대해서도 적극적인 태도를 취해야 한다는 지적이 필요하다. "3. 갈등의 해소방안"에서 이러한 부분이 들어가야 할 것이다. “3. 갈등의 해소방안”에서는 행정과 관련된 법이 민주성을 충분히 담보하는 것이 되어야 하며, 이를 위해서 현행 관련 행정법 내용을 재검토하거나(실체적 측면), 혹은 행정관련 법규가 국민의 권리와 이익 보호를 할 수 있는 절차들을 충분히 갖추도록 해야 한다(절차적 측면)는 지적이 필요하다. 그러나 합법성은 본질적으로 민주성의 도구적, 하위 개념이라는 것을 꼭 염두에 두고 서술해야 한다.

4. 기타 사항

최신 이슈인 STX 사례를 지적하려 함은 좋은 시도였다. 그러나 이를 민주성과 합법성의 조화의 사례로 본 것은 무리이다. 공장이 유치될 특정 지역 주민의 피해를 무시하고 이 피해에서 멀리 떨어진 마산시 다른 지역의 다수 주민들이 찬성한다고 하여 유치한다면 이는 과반수 논리에 따라 소수자에게 피해를 안기고 다수파(승리연합)들은 지역 경제의 이득을 누리겠다는 것이다. 이것이 민주성의 의미와 합치되는 것인가가 더 부각되는 사례이다. 이 결정에 필요한 법적 절차를 거쳤음을 합법성의 측면이라고 본 것도 합법성의 대표적 국면이라고 보기 어렵다. 사실 민주성과 합법성이 잘 조화되는 가장 선명한 예는 법이 민주성을 내용으로 하고 있을 때이다(인권구제에 관한 절차법의 집행). STX 사례에서는 오히려 법적 절차를 형식적으로 경유했다는 변명은 주민의 이득과 권리를 침해를 정당화할 가능성도 있다. 한미 쇠고기 관련 언급에서 시민과 이익집단에게 합법적 행동만을 강조하는 논리가 가진 맹점은 바로 먼저 정부의 행정이 그 실체적, 절차적 면에서 국민의 의사를 반영(민주성) 하지 못했다는 국면을 간과하게 만든다는 것이다. 민주성을 누락한 채, 합법성만을 강조하는 것이 지닌 약점이다. 이 점이 이 사례의 특징의 하나이다.

8. 정부실패의 해결기제

정부실패(government failure)에 관한 다음 내용을 읽고 질문에 답하세요.

(총50점)

> 흔히 국민의 기대와 달리 정부가 실패하는 이유로 다음과 같은 두 가지를 들고 있다. 첫째, 정부조직의 방만함, 정책 결정과정의 비효율성, 그리고 관료주의적 경직성이 정부 실패를 초래한다. 이러한 정부실패론은 공공선택이론(public choice theory)과 관련되어 있다. 둘째, 민주적 절차에 의해 집권한 정당과 정부라 할지라도 중요한 정책결정이나 예산 배분에 있어서 일반 국민의 이익보다 집권당이나 특정 경제·압력단체의 이익을 우선하게 될 경우 정부실패가 초래될 수 있다. 사회선택이론(social choice theory)이 이러한 정부실패론을 설명해 주고 있다.

[1] 공공선택이론이 제시한 정부실패의 문제를 신공공관리론 (New Public Management)에서는 어떤 방식으로 해결하려고 하는지 간단히 논술하세요. (25점)

[2] 사회선택이론이 제시한 정부실패의 문제를 시민참여(civic participation)의 시각에서 극복하고자 할 때 어떤 종류의 행정참여 방식이 대안으로 논의될 수 있는지 서술하시오. 주요 선진국이나 한국에서 사용되고 있는 행정참여 유형에 근거해서 간단히 설명하세요. (25점)

예시 답안

Ⅰ. 서 론

시장실패는 정부 개입의 정당성을 부여했지만 이른바 양날개의 위기(the crisis of scissors) 이후 정부실패(Government failure)에 대한 비판은 행정의 효율성을 강조하도록 작용하여 왔다. 또한 시민사회의 성장과 함께 행정에 대한 참여는 기존의 경직적인 행정의 틀을 변화시키도록 만들고 있다.

이러한 변화는 신공공관리론(New Public Management)과 시민참여를 강조하는 Govenance라는 새로운 국정운영방식으로 대변되고 있고 한국에서 역시 외환위기 이후 일련의 행정개혁 과정에서 보여지고 있다. 이하에서는 정부실패에 대한 공공선택론과 사회선택이론의 논의를 바탕으로 하여 신공공관리론과 시민참여적 관점에서 정부실패의 해결방안을 한국의 경우를 토대로 논해보고자 한다.

Ⅱ. 정부실패

1. 정부실패의 의의

정부실패(Government Failure)란, 시장실패를 치유하기 위한 정부의 개입이 오히려 사회적인 비효율과 불공정을 야기하는 현상을 말한다. 정부의 자원사용과정에서 부처간의 효율적인 사용이 이루어지지 않은 경우나 민간보다 효율적으로 자원을 사용하지 않는 상태를 말한다.

2. 정부실패의 원인: 공공선택론과 사회선택이론을 통해서

1) 공공선택론 측면

(1) 정부수요 측면

공공선택론에 따르면 정치사회의 민주화와 민권의 신장에 따라 이들의 정치적 요구와 참여가 증가하게 되고 대기오염등 일국적 측면에서 해결하기 어려운 수요가 등장하여 정부 능력에 대한 실망을 갖게 된다. 또한 주택 100만호 공급정책 등에서 보듯 정치인의 단견에 의해 보상 체계의 왜곡이나 장기적 부작용등을 발생시키게 된다.

(2) 정부 공급 측면

정부를 통한 개입은 정부활동의 독점성으로 인해 사회적 비효율을 발생시키고 정부 산출물 정의의 곤란성으로 인해 X-비효율성, 목표대치현상 등을 가져오게 한다. 종결메커니즘의 부재로 인해 자원 배분이 비효율적이게 한다.

2) 사회선택이론 측면

사회선택이론은 정부는 국민의 선호를 정확하게 대변하는 존재가 아니라는 이론이다. 구체적으로 Arrow의 불가능성 정리나 중위투표자 모형을 통해 집단적 결정 자체가 모순되거나 불안정함을 알 수 있으며, 조직화된 이익집단의 지대추구(rent seeking)현상 등으로 인해 정부의 불공정한 자원배분을 야기하게 된다고 보고 있다.

Ⅲ. 정부실패의 신공공관리론적 해결

1. 신공공관리론의 의의

신공공관리(New Public Management)론은 정부실패론 이후 등장한 정부개혁을 총칭하는 개념으로 시장주의(작은정부, 규제완화 등)와 신관리주의를 주요내용으로 하는 행정 개혁이다. 이러한 신공공관리론은 공공선택론, 주인대리인 이론등을 이론적 배경으로, 자원난과 주민발안13과 같은 조세저항운동 등을 현실적인 배경으로 하고 있다.

2. 신공공관리론을 통한 정부실패의 해결: 국민의 정부를 중심으로

1) 기본적 방향

신공공관리론은 정부 외적으로는 정부의 민간개입을 최소화하여 시장의 효율성을 높이며, 정부 내적으로는 효율성을 강조하고 경쟁을 통해 운영의 생산성을 높이는 것을 기본적 내용으로 하고 있다.

2) 구체적 방안

(1) 정부 기능측면

재정적자의 축소와 효율적 경영을 위한 민영화와 민간위탁, 사전대안분석(marketing test)을 통한 정부기능의 재조정, 경쟁촉진을 위한 규제완화 등을 통해 작은 정부의 효율성을 극대화한다. 국민의 정부의 경우 실제 6개의 민영화가 이루어졌고, 정부규모자체를 축소하는 개혁을 단행하였다.

(2) 정부 내부측면

조직 내부에 있어서도 부처간 경쟁과 인력의 효율적 사용이 강조된다. ① 조직적 측면에서 이른바 3R(Restructuring, Reengineering, Reorientation) 에 기초한 정부조직 개편으로 부처통폐합 및 업무과정의 재설계(PAPR) 등을 진행하게 된다. ② 인사적 측면에 있어서도 개방형 직위제를 통해 외부인사와의 경쟁을 내재화하고 행정의 전문성을 고취할 뿐만 아니라 성과급제 등을 통해 공무원의 인센티브(incentive)를 자극할 수 있는 유인설계를 하고자 하였다. 국민의 정부시절 도입된 성과급제나 개방형직위제도, 참여정부의 고위공무원단제도, 성과평가, Team제의 도입 등이 그 대표적인 예라고 볼 수 있다.

Ⅳ. 정부실패의 시민참여적 해결

1. 시민참여(civic participation)의 의의

1) 시민참여의 의의

Huntington은 행정에 광범위한 영향을 투입하고자 시민들이 직접 관여(engagement)하는 것을 시민참여라 하였다. 시민참여는 민주화에 따른 시민권리의식의 성장과 정보화로 인한 참여수단의 다양화에 기반한다.

2. 시민참여를 통한 정부실패의 극복

1) OECD 시민참여 모델: 시민참여의 3가지 유형

OECD는 "Citizen as partner"라는 보고서에서 참여수준에 따라 ①정부가 시민을 위해 정보를 생산하고 전달하는 일방적 관계를 나타내는 정보 제공, ②여론조사와 같이 시민이 정부에게 피드백(feedback)을 보내는 협의, ③시민의 역할이 정책선택의 제안이나 정책대화의 형성까지 늘어나게 되는 능동적 참여의 3단계로 시민참여를 분류하였다. 이 때, 정보제공과 협의는 정부주도의 수동적 참여의 성향이 강한 반면, 능동적 참여는 시민주도의 민주제적 이상에 가장 근접한 바, 이를 중심으로 논의한다.

2) 능동적 참여를 통한 정부실패의 해결: 참여정부를 중심으로

(1) 기본적 방향: 능동적 참여와 민주적 거버넌스

능동적 참여란 정부와의 파트너십에 바탕을 둔 관계로 시민이 정책결정과정에 적극적으로 참여하는 것을 의미한다. 이는 특히 참여정부에서 참여를 중시하는 국민과의 거버넌스에 기초한 국정운영을 중시함에 따라 확대되었다.

(2) 구체적 방안

① 주체 측면

주체적 측면에서 정부의 경우 시민을 행정객체로, 시민참여에 대해 거부점(veto point)의 증가로 보던 인식에서 벗어나 시민을 동반자로 보는 시각이 확립되어야 한다. 또한 시민의 측면에서도 시민적 덕성의 함양과 함께 스스로 공동체의 일원임을 자각할 칠요가 있다. 또한 성숙한 참여문화의 확산을 통해 공익을 중시하는 환경이 조성되어야 한다.

② 제도 측면

제도적으로 직접민주제의 요소를 통한 정부실패의 치유가 논의된다. 참여정부에서는 04년 주민투표를 도입하였으며, 07년 주민소환을 도입 하는 등의 제도도입이 이루어졌고 서울시의 OPEN system등 IT기술을 기반으로 하는 제도의 도입은 시민들의 참여를 부추기고 투명성을 확보하여 정부실패를 방지할 수 있다. 이에 더하여 주민발안을 제도적으로 도입하는 등의 노력도 필요하다고 하겠다. 다만 이러한 직접민주제가 또다른 과잉대표와 과소대표의 문제를 야기하지 않도록 다양한 조건이 함께 고려되어야 할 것이다.

③ 기술적 측면

기술적 측면에서는 on-line을 통한 시민참여의 활성화 방안이 고려될 수 있다. 한국의 경우 특히 정보통신기술의 세계적 수준의 발달로 인해 정보화에 기반한 참여가 활성화 되고 있는 상황이라는 점에서 더욱 의미가 있다. 참여마당신문고와 같은 사이버 공론장의 활용과, 정보화아키텍쳐(ITA)에 기반한 전자정부를 통한 정부 신뢰성의 확보 등을 통해 참여의 비용을 최소화 하고 효과를 극대화 하는 노력이 필요하다.

④ 환경적 측면

환경적 측면에서는 앞에서 논의한 시민참여의 성공을 위한 전제조건이자 필수적 요소로서의 사회적 자본(social capital)의 확충이 고려되어야 한다. 사회적자본은 지역수준 시민사회 공동체의 활성화를 통해 정부의 독단을 견지하는 한편, 사회적 신뢰의 회복에 기여하여 민주주의 발전의 촉진제로서 작용한다는 점에서 다양한 시각 및 참여를 독려하는 사회문화의 형성을 통해 정부실패를 극복할 수 있는 사회적 자본이 확충되어야 할 것이다.

Ⅴ. 결론

시장과 정부라는 사회문제해결기제의 양 축은 어느 일면적인 접근을 통하여 해결해야 할 것이 아님을 우리는 과거의 경험을 통해 깨달은 바 있다. 앞서 언급하였듯, 정부규모와 운영의 효율성을 도모하고 시민사회라는 새로운 행위자의 접근가능성을 높여 시장-정부-시민사회의 3자적 협력체제를 공고히 하는 것이 필요하며 이는 신뢰회복을 통한 사회적자본의조성과 시민사회 자체의 덕성함양과 함께 각종 제도적 노력이 병행되어 이루어질 때 성공적으로 이루어 질 수 있을 것이다.

강 평

1. 총평

정부실패의 치유방안으로서 신공공관리론과 시민참여론(뉴거버넌스론)의 내용을 묻고 있는 문제이다. 답안은 전반적으로 무난하나, 내용이 빈약하여 고득점은 어려울 것으로 보인다.

2. 보완해야 할 부문

정부실패의 구체적인 양해와 원인을 분석하는 내용이 부실하다. 그 원인을 해결하기 위한 대안으로서 신공공관리론, 시민참여론이 어떤 측면을 강조하고 있는지 명확하게 제시하지 못하고 있다.

3. 추가해야 할 부문

첫째, 정부실패의 원인에 대한 이론적 내용이 추가되어야 한다. 비용과 수입의 분리, 내부성, 파생적 외부성, 분배의 불평등 등 구체적인 원인과 이로 인해 나타나는 현상을 포함할 필요가 있다. 둘째, 신공공관리론, 시민참여론이 구체적으로 어떠한 논리를 통해 정부실패론을 치유하는 대안으로 활용되고 있는지 서술해주어야 한다. 셋째, 문제에서 시민참여의 유형에 근거하여 서술하라고 하였으므로, 나름대로 시민참여의 유형을 설정하고, 각 유형은 어떻게 정부실패를 치유하려고 하는지 논리적으로 서술할 필요가 있다.

4. 기타 사항

본 답안의 결론은 내용상 출제자의 의도와 다소 차이를 보이고 있다. 문제가 구체적으로 몇 개로 나누어 주어진 경우에는 불필요한 결론을 답안에 작성할 필요는 없다.

9. 신공공관리론과 고객지향적 정부

행정에 있어 국민 또는 시민을 '고객'으로 정의하는 신공공관리론에 입각한 고객주의가 강조되고 있다. 다음 물음에 답하시오. [대학모의고사]

[1] 한국에서 고객 지향적 행정이 발달하지 못한 이유는 무엇인가? (10점)

[2] '고객'으로의 시민 개념에 대하여 비판적으로 평가하시오. (10점)

예시 답안

Ⅰ. 서론: 국민 위에 군림하는 행정의 종언

최근 이명박 정부의 "섬기는 정부"와 관련하여 신공공관리론의 "고객지향적 정부"의 의미를 다시 한번 상기할 필요가 있다. 즉, 고객지향적 정부에서는 국민을 행정 서비스의 "고객"으로 정의하고, 고객 만족을 극대화하는 행정 서비스 구현을 추구하고자 하는데, 고객으로서의 시민의 정의는 자칫 행정의 진정한 봉사 대상인 주인으로서의 시민 개념을 망각할 우려가 있기 때문이다.

Ⅱ. 한국에서 고객 지향적 행정이 발달하지 못한 이유: 설문(1)과 관련

1. 고객지향적 행정의 의미

고객지향적 행정의 의미는 바로 국민이 정부의 주인이며, 고객인 국민의 입장에서 최적의 방법으로 높은 질의 행정 서비스를 제공하고, 국민의 요구에 민감하게 반응함으로써 고객 만족(customer satisfaction)의 극대화를 지향함이 정부의 책무라고 본다.

2. 한국에서 고객 지향적 행정이 발달하지 못한 이유

[1] 환경적 측면

한국은 독립 이후의 역사가 다른 나라보다 짧기도 하거니와, 그 와중에도 민주주의가 뿌리내리지 못하고 발전국가적 속성, 개발 독재식 경제 정책의 유지, 정부 주도의 국정 운영현상이 기형적으로 존재하였다. 또한 유교의 관존민비 사상의 잔존하여 국민을 피동적, 수동적 객체로 인식하곤 하였다.

[2] 구조적 측면

정부 부문은 구조적으로 독점성을 지녀서 서비스 품질에 대한 개선을 할 유인이 부족하였다. 이는 관료제의 경직성, 무사안일 등의 행태를 불러와서 폐쇄적 정책결정의 구조를 가져오게 만들었다. 즉, 담배연기 자욱한 방(smoke-filled room)에서 DAD식 의사결정(Decide-Announce-Defense)을 습관처럼 유지하였다.

[3] 인적 측면

행정인은 국민을 위한 봉사자라는 소명 의식이 부족하여 국민의 질적 만족에 대한 행정인의 사명감 및 책임 의식이 빈약하였다. 최근 <하남시 광역화장장 도입>과 관련하여 김문수 경기지사, 김황식 하남시장 등의 일방적 의사결정은 국민에 대한 섬김의 자세없이 행한 결과로 이를 통해 엄청난 집행비용을 초래하기도 하였다.

Ⅲ. 고객으로서 시민 개념에 대한 평가

1. 긍정적 시사점

시민을 "고객"으로 파악한다는 점은 기존의 공급자 위주의 행정 체제에 대한 비판과 개선을 의미한다. 이는 수요자 만족의 행정을 추구하는 것을 의미한다. 즉, 차별화되고 다양한 형태의 서비스 제공이 가능하다는 것인데, VIP 행정서비스는 행정서비스의 다양화(Variety), 즉시화(Instant), 안정화(Peace)를 의미하기도 한다. 서울시가 2007년 4월부터 운영해온 <다산플라자>와 <다산콜센터>는 이용고객 95%의 만족도를 얻어내기도 하였다.

2. 부정적 시사점

[1] 개념상의 문제점

실제의 행정에서 "고객"의 개념이란 모호하다. 또, 행정의 대상은 전 국민인데도 불구하고 고객주의에 따르면 수익자 부담 원칙 등이 지나치게 강조되고 이는 결국 소비 능력을 갖추지 못한 계층의 주민들에 대한 형평성 문제를 야기할 우려가 있다. 신공공서비스론(New Public Service)에 의하면, 고객 만족(customer's satisfaction)만이 아니라, 고객 주권(customer's sovereignty)이 더 중요하다.

[2] 거래 관계의 특징에 따른 문제점

고객은 사적재(private goods)의 거래에서 생기는 개념이다. 그러나 공공 서비스의 거래는 이윤 및 효율성의 관점에서만 볼 수 없다. 정부의 능력은 한계가 있어서 무한정하게 고객의 권리를 채워줄 수는 없다. 그러므로 정부-개인의 거래 관계를 공급자-고객의 관계로만 파악하기는 어렵다.

Ⅳ. 결론: 고객(customer) 지향에서 시민(citizen) 지향으로

비록 고객지향이 형평성, 수동성 측면에서 문제가 있기는 하지만, 진정한 고객 지향 행정이란 고객 만족이라는 소극적인 의미 이외에도 정책 형성 국면에서 시민의 적극적인 참여까지를 포함하는 것으로 해석할 필요가 있다. 따라서 과거 관 주도의 권위주의적 행정을 청산하고 행정의 진정한 목표를 구현하기 위해서는 단순한 고객이 아니라 주인으로서의 시민 관념을 정립해야 한다. 나아가 행정의 바람직한 봉사 대상도 고객보다는 주권자인 시민이어야 한다.

강 평

1. 총평

이 문제의 단초는 H.G. Frederickson의 말, 곧 시민은 주권자이지 고객이 아니라는 주장이다. 이 때문에 일응 고객주의를 강조함은 행정개혁의 바람직한 방향인 듯이 보이지만 사실 이와같은 근본적인 문제를 내포하고 있다. 고객은 나쁜 공공서비스에 대해 다른 '발에 의한 투표' 등의 기제를 통해, 마치 소비자가 자신의 선호에 맞는 제품을 파는 가게로 옮아가듯이, 다른 정부로 가 버린다. 그러나 고객이 아니라 주인(주권자)인 시민이라면 나쁜 제품을 바로 잡아 좋은 제품으로 만드는 정부로 만들려고 노력할 것이다. 문제는 오늘날 각종의 정부개혁들이 전제로 하는 시민이 고객인가 주권자인가 라는 점이다. 상당 부분 까지는 양자는 일치한다. 그러나 A. O. Hirschman의 exit 기제의 활용에 이르러 큰 차이를 보인다. 이와 관련하여 새로이 주목해야 할 국면은 고객이든, 소비자이든 결국 정부가 좋은 공공서비스를 공급하게 만드는 능력이 중요하다는 점이다. 다만 국가를 개인이 필요로 하는 특정한 재화(공공재)를 공급하는 주체로 보는 입장에서는 개인을 소비자로 보는 것과 주권자로 보는 것의 차이가 중요하지 않다.

2. 보완해야 할 부문

Ⅱ 부분에서의 논의는 좀 더 체계적으로 구성하라. 고객지향적 행정이 한국에서 발달하지 못한 이유의 서술들이 충분히 대표적이지 못하다. 본래 국민의 관념이 통치의 대상(객체)로부터 소비자 주권을 가진 고객(소비자)으로, 더 나아가 통치 작용 및 공공서비스 생산을 결정하는 주권자인 시민으로 바뀌어 왔음을 지적하라.

3. 추가해야 할 부문

고객주의의 내용은 광의의 시장주의에 포함됨을 염두에 두라. 따라서 고객주의에 대한 문제점 지적은 곧 시장주의에 대한 비판이 되기도 한다. 고객헌장, 고객조사 의 내용도 기억해 두고 아예 고객주의를 작은 테마로 따로 하나 정리해 두면 좋다. 진정한 소비자 주권의 경험이 일천한 한국에서 국민을 고객으로 바꾸겠다는 것은 무리라는 지적도 필요하다.

4. 기타 사항

좁은 의미의 시장주의는 고객주의를 강조하고, 시민의 참여를 강조하는 입장에서는 시민참여 및 시민주권론을 강조한다. 이것이 시장과 공동체의 상호작용 국면에서 일관되면 공공선택론과 뉴거버넌스론으로 갈려지게 되는데 바로 우파적 입장과 좌파적 입장이다.

10. 뉴거버넌스(민영화, 시장주의)

최근 정부관료제에 의한 독점적 공공서비스 공급방식의 한계를 극복하기 위한 새로운 공급방식이 도입되고 있다. 그 대표적 사례로 민영화, 민간위탁, 공동생산, 공사협력(public-private partnership) 등이 있다. (총 40점)

[1] 최근 정부가 공공서비스 공급방식을 다원화하고 있는 배경과 목적을 구체적으로 설명하시오. (10점)

[2] 새로운 공공서비스 공급방식이 도입되면, 공공서비스 공급을 위한 정부(공공)부문과 민간부문 간 역할분담체계가 변하게 된다. 현재 우리나라에서 활용되고 있는 수익형 민자사업(BTO)과 임대형 민자사업(BTL)을 대상으로 정부(공공)부문과 민간부문의 역할분담체계를 비교하고, 그 차이점을 설명하시오. (16점)

[3] 공공서비스 공급방식의 다원화에 따른 책임성 확보 방안을, 위에서 예시한 새로운 공공서비스 공급방식 중 하나를 선택하여 이를 중심으로 제시하시오. (14점)

[2011 5급(행정)공채 제2문]

예시 답안

Ⅰ. 서: 공공서비스의 다원화

과거 공공서비스의 직접 공급체제였던 행정국가가 관료제의 독점과 비효율성으로 인한 정부실패를 야기함에 따라 이를 극복하기 위한 행정개혁의 일환으로 공공서비스의 다원화가 전세계적 동형화(isomorphism) 현상을 보이고 있다. 신공공관리론, 거버넌스론에 근거한 이러한 대리정부화 현상은 공공서비스 공급방식의 근본적인 변화를 의미한다.

우리나라 역시 이러한 변화에 동참하고 있으나 공공서비스 공급방식의 다원화가 충분한 성공의 전제조건을 갖추지 못할 경우 행정의 효율성 향상 및 공공서비스의 질 향상이라는 목적과는 정 반대로 재정낭비와 행정서비스의 질 저하로 인하여 공공성에 심각한 도전을 야기할 수 있으므로 책임성의 확보 방안이 필수적으로 준비되어야 할 것이다.

Ⅱ. 공공서비스 공급방식의 다원화의 배경 및 목적

1. 공공서비스의 공급방식 다양화의 배경

1) 정부실패와 행정개혁

과거 행정국가 하에서 공공서비스의 직접 생산자였던 정부는 Wolf의 지적처럼 비용과 수익의 절연, X 비효율성, 자원배분의 왜곡 등의 정부실패를 야기한 바 있다. 따라서 이러한 정부실패에 대응하여 행정개혁의 지향점으로서 신공공관리(New Public Management; NPM)가 대두되었으며 이러한 NPM적 개혁의 주된 수단 중 하나로서 공공서비스의 다원화가 나타났다.

2) 포스트모더니즘 사회의 출현

과거 행정국가에서의 국민의 행정 수요가 획일적이고 표준화되어 있었다고 본다면, 최근 포스트모더니즘 하에서의 수요는 해방주의, 구성주의, 다원주의에 입각하여 다양하고 차별화된 양상을 보이고 있다. 따라서 더 이상 과거의 정부 단일의 행정서비스 생산체제는 국민의 수요를 만족시키기 어렵게 되었으며, 이에 대응하여 공공서비스의 공급방식도 다양한 변화를 맞이하게 되었다.

3) 초경쟁사회에의 대응

공공서비스는 시민의 일상생활에 필요한 소비재의 성격 외에도 세계화와 국가간 경쟁이 치열한 상황에서 국가 경쟁력의 기반인 경제재로서의 성격도 강조되고 있다. 따라서 과거의 통제 및 관리 지향적인 방식으로는 이러한 초경쟁사회에 적절히 대응하기 어렵다. 따라서 효율적이면서도 품질이 높고, 민간 경제를 뒷받침할 수 있는 경제 지향적 공공서비스를 공급하기 위해 공공서비스 공급이 다원화되고 있다.

2. 공공서비스의 공급방식 다양화의 목적

공공서비스의 생산과 공급을 둘러싼 위와 같은 배경의 변화는 공공서비스의 공급의 준거가 종전과 같이 '형평적' 분배 중심에서 시장 가격 체계를 준용하는 '효율적' 배분에 대한 비중 강화로 해석해 볼 수 있다. 따라서 신행정국가 하에서 공공서비스의 공급은 최종 산출물의 사회경제적 성과에 관심이 있으며, 그 형태 역시 다양한 선호에 부응하기 위한 차별화된 공급이 이루어지게 된다.

결국은 공공서비스의 공급방식 다양화는 과거의 정부 독점적 공급방식의 폐해인 정부실패를 극복하고 효율성을 확보하면서도 형평성, 서비스의 질 등 공공성도 확보하는 것을 목적으로 하고 있다.

Ⅲ. 정부 · 민간 간 역할분담체계: BTO와 BTL을 중심으로

1. 수익형 민자사업(BTO)

수익형 민자사업은 민간이 시설을 건설하고 직접 운영하는 사업을 뜻한다. 건설(Build), 이전(Transfer), 운영(Operate)순으로 이루어진다고 하여 BTO 사업이라고도 불린다. 일반적으로 자체적인 수입 창출이 가능한 시설을 대상으로 정부가 민간에게 위탁하는 방식으로 이루어지며, 위탁한 사업을 일정 기간 동안 민간 사업자가 사업에서 수익을 직접 거두게 된다. 때문에 이러한 방식은 민간 사업자가 해당 사업을 진행, 운영하는 데 있어서 어느 정도 자율성이 보장되지만, 사업으로 거둔 수익을 토대로 운영해야 하기 때문에 수익 변동이 잦은 것이 특징이다.

2. 임대형 민자사업(BTL)

임대형 민자사업은 민간이 시설을 건설하되 운영권은 정부가 소유하는 형태의 사업을 뜻한다. 건설(Build), 이전(Transfer), 임대(Lease)순으로 이루어진다고 하여 BTL 사업이라고도 불린다. 자체적으로 수입 창출이 힘든 시설을 대상으로 이루어지며, 민간 사업자에겐 건설권은 주어지지만 운영권은 주어지지 않는다. 운영권은 정부에게 건설 시설물을 기부 채납하는 형식으로 정부가 소유하게 되며, 대신 정부는 시설물을 시공한 민간사업자에게 임대료를 지불하게 된다. 때문에 수익형 민자사업에 비해서는 민간 사업자의 사업 자율성이 다소 떨어지지만, 정부로부터 지급받는 임대료를 통해 수익형 민자사업에 비해 일정한 수익을 올릴 수 있다는 장점을 가지고 있는 것이 특징이다.

3. 역할 분담체계의 차이: 운영권의 소재

양자의 차이는 결국 운영권의 소재에 있다. BTO 방식의 경우 민간 부문에서 운영까지 맡아 자율성이 부여되지만, BTL 방식의 경우에는 운영권이 정부에게 있다는 점이 다르다. 이러한 차이는 대상 사업의 차이에서 기인하는 바가 큰데, BTO의 경우 자체적인 수입 창출이 가능한 사업을 정부가 민간에 위탁하는 방식으로 이루어지는 반면, BTL의 경우 자체적으로 수입 창출이 어려운 시설에 대해 정부가 직접 운영하면서 민간에게는 임대료를 지급하는 것이다.

이러한 차이는 결국 공공성에 대한 고려와 관련하여 책임성 확보 여부에도 차이를 불러일으킨다. BTO의 경우 민자 사업의 초기 형태로서 도로, 철도, 항만 등 큰 규모의 민자사업을 대상으로 하였는데 이러한 사회기반시설(SOC)의 경우 설치 자체에서 어느 정도 공공성이 확보되고 지속적인 이용료 수입이 예상된다. 반면 BTL은 비교적 나중에 나온 방식으로서 학교, 병원, 기숙사, 군 시설 등 설치 이후의 운영 과정에서 공공성 확보가 중요한 시설들을 대상으로 하며, 민간이 운영해서는 수익의 흐름이나 크기가 불투명한 경우가 많다. 두 방식 모두 공공서비스 공급에 민간의 자금을 활용하지만 운영에서의 공공성 확보 필요성에 따라 그 방식이 달라진다는 것이다.

Ⅳ. 공공서비스 공급의 책임성 확보 방안: 공동생산을 중심으로

1. 공동 생산의 의의

공동 생산(co-production)은 공공부문과 민간부문의 협력적 분업관계를 형성하여 공공서비스를 필요로 하는 활동의 목표를 달성하는 것을 의미한다. 공공서비스를 민간부문과 공동으로 생산하면 민간 부문의 인력과 재원을 활용할 수 있어 정부의 인력과 재정규모 팽창을 억제할 수 있으며, 민간 부문의 전문성과 다양한 생산기법을 활용함으로써 양질의 서비스를 제공할 수 있다. 특히 주민 참여의 원리를 바탕으로 행정의 성과를 제고 할 수 있는 전략이라는 측면에서 중요성이 인정되고 있으며, Denhardt의 신공공서비스론(New Public Service; NPS)의 공공서비스 공급 방식이기도 하다. 이러한 공동 생산 방식은 책임이 중첩적이고 다면적으로 지워지게 되므로 '모두의 책임은 어느 누구의 책임도 아니다'라는 말과 같이 문제가 제기될 수 있다.

2. 공동 생산의 책임성 확보 방안

1) 공공부문의 책임성 확보 방안: 통제의 내재화

공동 생산은 시민의 참여를 필수 요소로 하고 있으므로 기존의 외부적인 정부에 대한 통제가 내재화된다는 측면에서 책임성의 확보가 용이할 수 있다. 그러나 정부가 지는 책임은 헌법, 법률, 공동체 가치, 정치규범, 전문직업적 기준, 시민들의 이해에 대한 책임 등 다원적인 것이므로 모든 기준들이 일련의 기준 체계를 구성하면서 상호 모순이 없어야 할 것이다. 이러한 체계를 구축하는 일은 공공부문이 참여를 통한 '담론'에 따라 공유된 가치와 공익을 추구하여 고객이 아닌 '시민'에 대해 봉사하려는 자세를 가지는 것에서부터 시작될 수 있다. 또한 공동체 사회 구축을 위해 상호 신뢰와 협력을 이끌어 내는 역할을 수행하여야 한다.

2) 민간부문의 책임성 확보 방안: 시민 재창조

공동 생산의 특징은 민간부문 역시 공공서비스 생산 · 공급에 책임이 있다는 점이다. 따라서 민간 부문이 공공 부문과 공유하는 가치가 공익 지향적이어야 한다. 또한 민간의 참여가 의사의 결정과 집행을 지연시키기만 하는 비효율성을 유발하지 않도록 문제 해결 능력의 제고도 필요할 것이다. 이렇듯 민주적이고 전문적인 시민이 되도록 스스로 재창조(reinventing)하고 교육하려는 노력이 필요하다.

Ⅴ. 결: 한국적 적실성

공공서비스의 공급, 나아가 행정이 추구해야할 가치는 '얼마나 효율적으로 기능을 수행하는가'가 아니라 '어떻게 시민의 삶의 질 향상에 기여하느냐'가 되어야 한다는 점에서 신공공서비스론은 이상적인 모습이 아닐 수 없다. 좋은 공공서비스라는 것이 무엇인지에 대해 시대적 · 사회적 환경에 따라 다양한 견해가 혼재 될 수 있으므로 공익에 대한 인식, 시민 참여를 통한 민주적 행정, 고객이 아닌 시민에 대한 봉사, 공동체 거버넌스 과정을 통한 시민의식의 증진과 공익의 실현을 강조함으로써 민주행정의 규범적 모델이 되고 있다.

그러나 한국정부에게 이러한 신공공서비스론을 적용하기에는 실천적인 측면에서 문제가 있을 것으로 보인다. 아직도 정치와 행정문화의 토양 속에 민주적인 전통이 부족한 현실에서 공유된 가치체계를 도출할 수 있는가가 그것이다. 따라서 현재 역량을 결집해 시민정신에 기초한 담론과 공익을 기반으로 시민들에게 민주적인 공공서비스를 제공해 나가야할 필요가 있다.

강 평

1. 총평

공공서비스의 공급방식에 대한 3개의 세부 사항을 묻는 40점짜리 사례문제이다. 앞의 문제와 마찬가지로 지문이 요구하고 있는 내용을 정확히 파악하여 목차와 내용을 구성해야 한다. 즉 최근 정부가 공공서비스 공급방식을 다원화하고 있는 배경과 목적을 구체적으로 설명하고, BTO, BTL을 중심으로 정부와 민간부문의 역할분담체계를 비교하고, 공공서비스 공급방식의 다원화에 따른 책임성 확보방안을 사례를 중심으로 서술해야 한다. 제시된 답안은 지문의 요구에 어느 정도 충실하게 작성된 답안으로 중간 또는 중상 수준으로 평가된다.

2. 보완해야 할 부문

첫째, 공공서비스 공급방식의 다원화 배경으로 포스트모더니즘, 초경쟁사회에의 대등 등을 소제목으로 뽑은 것은 다소 부적절해 보인다. 민간부문의 역량이 향상됨에 따라, 정책결정은 정부가 지속적으로 하되, 공급방식은 민간부문을 활용함으로써 정부관료제에 의한 독점적 공급방식의 한계를 극복하는 것이 주된 배경과 목적이다. 따라서 정부독점적 공급방식의 문제점을 부각시키는 것이 필요하다고 본다. 둘째, 사례로 선택한 공동생산의 구체적인 내용을 언급하는 가운데 책임성 확보방안이 검토될 필요가 있다. 셋째, 사례문제에서 답안과 같이 긴 결론은 불필요하다. 각 문항별로 점수가 배정되어 있으므로, 지문이 요구하는 내용에 초점을 맞추고, 결론은 보다 간략하게 정리하든지, 없어도 무관하다.

3. 추가해야 할 부문

첫째, 공공서비스의 공급방식을 결정하는 문제에서 정책결정과 정책집행을 구분하여 정부와 민간부문의 역할분담체계를 설명할 필요가 있다. 책임성이라는 측면에서 정책권한은 지속적으로 정부가 지니되, 효율성을 확보하기 위해 정책집행, 즉 공공서비스의 공급방식은 다양한 방안이 검토될 수 있는 것이다. 둘째, 역사적으로 민간부문의 역량이 크게 향상됨에 따라 공공서비스의 공급에도 민간의 역량을 활용하는 것이 바람직하게 되었다는 점을 추가할 필요가 있다. 셋째, 공동생산의 구체적인 사례와 함께 책임성 확보방안을 제시할 필요가 있다.

4. 기타

첫 번째 사례에서 BTO, BTL, 공동생산에 대한 구체적인 내용을 서술해준 것은 강점이다. 그러나 두 번째 사례에서 구체성이 떨어지는 것이 문제다.

11. 시장주의적 행정개혁

정부실패 이후 행정 개혁의 방향은 크게 영국식과 미국식으로 나누어 볼 수 있다. 양자는 추구하는 가치는 비슷하지만 그 구체적인 개혁 방안이 다르다. 각 방식의 문제점과 이를 극복할 발전 방향을 대표적인 예를 들어 논하시오.

예시 답안

Ⅰ. 서; 공공 서비스 생산 주체의 다원화

정부실패 이후 행정개혁은 전 세계적으로 정부구조개혁 및 민영화를 핵심으로 하는 영국형 방식과, 관료행태변화와 분권화의 정부재창조를 핵심으로 하는 미국형 방식의 두 갈래로 진행되어 왔다. 그러나 양자의 방식에 근본적 차이가 있는 것은 아니며, 오히려 이들은 모두 행정영역에서의 시장기제 활용을 그 핵심개혁 요소로 하는 바, 그에 따라 공공서비스공급방식 및 공급주체의 다양화 일환으로 민간위탁 방식이 널리 활용되고 있다. 우리나라 역시 임대형 민자사업(BTL, BTO) 제도 및 쓰레기 위탁처리 등과 같이 민간위탁에 의한 행정서비스 제공방식을 여러 분야에 걸쳐 시행중이나, 오히려 행정의 형평성 가치를 훼손한다는 지적이 있는 바, 그 한계에 대한 보완책의 모색이 필요한 시점이다.

Ⅱ. 민간위탁의 의의

1. 개념

민간위탁이란 서비스공급의 3요소인 ⅰ) 서비스 생산여부의 결정 ⅱ) 재정부담 ⅲ) 서비스의 생산 중에서 생산결정 및 재정부담은 정부가 담당하고, 생산과정만 민간에 위탁하여 계약을 체결하는 공공서비스 공급방식을 의미한다.

2. 장점

1) 능률성 측면

우선 민간의 기존 시설을 활용하여 생산함에 따르는 비용절감의 이득이 존재하며, 나아가 민간의 전문성을 활용하여 서비스의 품질 향상을 기대할 수 있다는 점이 장점으로 꼽힌다.

2) 민주성 측면

또한 행정수요에 대해 반응적으로 적시적 서비스를 제공할 수 있어 행정의 대응성을 향상시키고, 고객주의적 행정의 구현을 가능케 한다.

3. 민간위탁의 방식과 대상

1) 방식

민간위탁의 방식은 E. Savas에 의하면 ⅰ) 협의의 위탁계약(contract-out) ⅱ) 공공서비스 공급허가 ⅲ) 구매권의 지급(voucher) ⅳ) 정부의 보조금 지급방식 ⅴ) 자조적 생산으로 나뉘며, 대부분 협의의 계약방식으로 수행되나, 최근에는 전자바우쳐제도의 도입이 확대되는 추세이다.

2) 대상

민간위탁이 가능한 업무가 되려면 ⅰ) 효율성증대 여지가 큰 업무이어야 하고 ⅱ) 해당업무수행관련 민간영역에서의 시장이 형성되고 있어 경쟁이 가능한 분야이어야 하며 ⅲ) 상대적으로 공공성이 낮고 성과측정이 용이한 사무이어야 한다.

Ⅲ. 민간위탁 방식의 문제점과 그 발전방향

1. 민간위탁 방식의 문제점

1) 독점의 민간 이전

업무 선정과정에서의 합리성이 충족되지 못하여 오히려 정부업무의 독점성이 민간으로 이전되는 결과가 유발될 수 있으며, 이는 오히려 시장실패의 문제를 유발할 뿐이다.

2) 역대리인 문제, 수익자 민주주의

또한 민간위탁업체의 감시를 위한 거래비용이 정부생산방식에 비해 더 커서 비효율성을 유발할 수 있다는 역대리인의 문제가 존재한다. 나아가 공공성이 강한 업무에 대한 민간위탁으로 인해 저소득층은 혜택을 받지 못하는 수익자민주주의의 문제가 초래될 수 있다.

3) 행정서비스의 단절과 누수

미국 캘리포니아주의 전력공급 민영화로 인한 단전 사례와 같이 민간위탁업체의 도덕적 해이와 담합 등에 의한 공공서비스의 단절과 누수현상이 일어날 수 있으며, 공공서비스 품질저하로 인한 행정책임성의 저하 문제도 상존한다.

2. 규제 완화의 필요성

1) 이론적 측면; 주인-대리인의 문제

주인-대리인간 정보의 비대칭성과 복잡한 이해관계, 그리고 공익 개념의 모호성으로 인해 규제는 실패할 수밖에 없으며, 당초 의도한 목적은 달성하지 못한 채 규제를 위한 규제가 시행되는 역설적 현상만을 초래하며 민간의 행위를 제약한다.

2) 현실적 측면

① 관료부패의 수단, 국가발전의 걸림돌

규제는 피규제자에 의한 포획(capture)을 통해 관료부패를 유발하는 대표적 수단이다. 또한 각종 규제로 인해 민간의 활동이 제약됨에 따라 규제와 부패가 국가성장의 걸림돌로 작용하고 있다.

② 규제의 확대재생산과 악순환

Bardach & Kagan이 주장한 규제의 속성상 관료이익과 맞물려 확대 재생산되는 악순환이 발생하고, 이에 대한 해결책으로 규제완화와 규제합리화 등의 대안이 논의되고 있다.

Ⅳ. 규제완화의 어려움과 향후 규제개혁의 발전방향

1. 규제완화의 어려움

규제는 현실적으로 시장의 실패를 보완하는 순기능도 존재하기 때문에 규제의 폐지는 바람직하지 않으며, 규제완화와 관련한 관료들의 저항으로 규제개혁의 시도가 무산되는 등 개혁이 어려움을 겪고 있다.

2. 향후 규제 개혁의 발전과제

1) 기본적 방향; 규제 거버넌스 체제의 구축

종래 정부 고유의 개입수단으로 여겨졌던 규제정책에 대해, 시민사회를 비롯한 다양한 주체의 참여를 통해 책임 있고 자율적인 선택을 조장하는 합리적 규제정책의 수립을 위한 정책 네트워크로서 규제 거버넌스 체제를 구축할 필요가 있다.

2) 구체적 방향

① 형식·절차적 측면

개혁을 담당하는 공무원에 대한 교육훈련을 통해 규제정책이 합리적으로 수립되는 한편, 독립적 개혁추진주체로서 독립규제위원회의 행정조직을 설립할 필요가 있다. 나아가 행정정보의 적극적 공개노력과 개혁과정에서의 지속적 모니터링을 통해 규제개혁을 완성시켜야 한다.

② 내용적 측면

향후 규제개혁의 방향은 규제완화도 규제강화도 아닌 합리적 규제인바, OECD가 규제 합리화의 3단계로 제시한 i) 총량규제 ii) 규제수단의 다양화 iii) 규제품질 제고를 차례로 수행하여 결과적으로는 큰 비용 없이 규제의 당초 의도를 달성할 수 있는 고품질 규제(high-quality reg)로 나아가야 할 것이다.

Ⅴ. 결; 규제개혁에 대한 합리적 인식을 바탕으로

최근 법제처는 국민불편법령개폐센터의 운영을 통해 훈련·고시의 사전심사제 및 각종규제의 원칙이 처방적 규제에서 금지적 규제로 행해져야 함을 천명한 바 있다. 이에 부합하여 규제는 시장원리와 기업가정신의 고취수단이자 민간의 자율과 책임의 한계를 명확히 하는 과정이라는 인식하에 규제개혁이 진행되어야 하겠다.

강 평

1. 총평

시장주의 행정개혁, 다시 말해 신공공관리론은 항상 대비를 해야 할 주제이다. 그런데 이 문제는 전형적인 신공공관리론을 묻는 문제가 아니라 시장주의 행정개혁을 영국식과 미국식으로 나누어 설명하라는 것이다. 그렇다면 답안도 '영국식'과 '미국식'으로 나누어 설명해야 하는데, 예시답안은 이를 민간위탁과 규제완화로 나누어 설명하고 있다. 즉, 출제자의 의도와는 전혀 관계없이 본인이 아는 것을 써놓고 있다. 통계학에서 말하는 '제3종 오류'를 범하고 있는 것이다. 물론 Pierson 교수가 적절하게 지적하고 있듯이, 영국은 정치제도의 속성이 권력이 집중되어 있기 때문에 민영화나 민간위탁과 같은 정치적 현시성(political salience)이 높은 개혁을 채택할 수 있었던 반면, 정치제도의 분절화(fragmentation)를 특징으로 하는 미국에서는 규제완화와 같은 정치적 현시성이 낮은 개혁을 채택할 수밖에 없었다는 것은 역사적 사실이다. 그러나 거시적으로는 그렇게 개혁을 양분할 수 있지만, 미시적으로는 많은 다양한 요소들을 포함하고 있는데, 그런 것을 무시하고 영국식 개혁은 민간위탁이고 미국식 개혁은 규제완화라고 하는 문제가 많다. 그리고 결정적으로 서론에서 영국식 개혁과 미국식 개혁이 어떻게 다른가에 대한 논의도 하지 않고 본론에서 민간위탁과 규제완화를 얘기하는 것은 앞뒤가 맞지 않다. 한마디로 예시답안은 과락답안의 전형을 보여주고 있다.

2. 보완해야 할 사항

먼저 문제에서는 시장주의 행정개혁을 영국식과 미국식으로 나누어서 서술하라고 했는데, 무엇이 영국식이고 무엇이 미국식인지 구분이 전혀 되어 있지 않다. 서론에서도 그에 대한 언급이 없고 본론에서도 목차를 그런 식으로 구성하지 않았다. 이는 출제자의 의도를 간과한 것으로 큰 감점요인이 될 수 있다. 물론 전후 맥락으로 보아 답안작성자는 영국식은 민간위탁을 주로 하고, 미국식은 규제완화를 주로 한다고 서술한 것으로 보이지만, 본질적으로 핵심적인 논점을 명시적으로 나타내지 않으면 그것은 결코 좋은 답안이라고 할 수 없다.

그리고 2장부터 5장의 목차도 1. 의의, 2. 효용과 한계, 3. 발전방향과 같이 통일성을 가질 필요가 있는데, 답안은 목차의 순서나 내용 등이 다르게 서술되어 있어 논리적 연관성이 떨어진다. 그리고 3장과 5장은 2장과 4장에 포함시켜 서술하든지 아니면 두 개 장을 합쳐 하나의 독립된 장으로 서술할 필요가 있다.

3. 추가해야 할 사항

민간위탁의 경우에는 민간위탁의 한계에 대한 설명이 있는데, 규제완화의 경우 그 한계에 대한 설명이 빠져 있고 규제완화 추진의 현실적 어려움에 대한 설명만 있다. 규제완화 같은 경우에도 사회적 규제는 이를 완화하면 국민의 '삶의 질(quality of life)'이 떨어지는 문제가 있다. 또한 진입규제를 완화하며 시장의 독과점화 현상이 가속화되는 문제도 있다. 또 규제완화의 현실적 추진과정에서 나타나는 한계도 보다 풍부한 서술이 필요하다. 규제완화를 포함한 개혁을 추진하는 과정에서 나타나는 '공동행동의 복잡성' 문제나 '조정의 문제' 등이 모두 그러한 현상을 설명하는 이론적 틀이다.

4. 기타 사항

추가로 지적할 사항은 예시답안 3장 2-2) 규제완화의 필요성 ② 규제의 확대재생산과 악순환은 이른바 'tar-baby 효과'라고도 불리는 정부규제의 누증적 증가 현상이다. 이러한 이론적 개념들을 지적하는 것 또한 득점에 도움이 된다.

12. 공공서비스 민간위탁 추진 시 고려사항

최근 여러 국가에서 공공부문 개혁의 일환으로 공공서비스(public service)의 민간위탁을 추진하고 있다. 경제적 효율성과 공공책임성을 동시에 확보할 수 있는 효과적인 민간위탁체계를 설계함에 있어 반드시 고려해야 할 요인들을 논하라. 또한 현재 정부가 생산하고 있는 서비스 중 민간위탁이 가능한 업무를 예로 들어 설명하라. [1999년 서울대학교 행정대학원 입학시험 문제]

예시 답안

Ⅰ. 서 론

80년대를 전후하여 미국이나 영국 등 주요 선진국에서 정부의 비효과성과 비능률성을 지적하는 "관료 때리기(Bureaucrat Bashing)" 현상은 이후 행정개혁의 모멘텀(momentum)으로 작용하여 각국은 보다 효과적이고 효율적인 행정관리를 위한 길고 꾸불꾸불한(long and tortuous) 여정을 시작하게 되었다. 우리나라도 예외는 아니어서, 김대중 정부, 노무현 정부, 이명박 정부에 이른 현 시점까지 정부 경영화 운동을 지속적으로 시행해 오고 있다. 이 가운데 특히 정부 업무의 배분과 관련한 "민간위탁"은 행정의 주요 이념인 능률성(효율성)과 민주성(책임성)이라는 양날의 사이에서 우리에게 숙제를 던져주고 있다.

Ⅱ. 민간위탁의 의의: 개념과 도입배경을 중심으로

1. 민간위탁의 개념

민간위탁은 좁은 의미에서 계약(contracting-out)을 의미한다. 즉, 정부와 민간사이의 계약에 의하여 민간이 서비스의 생산 및 공급을 담당하고, 정부는 이에 대한 규제 및 비용을 부담하는 방식을 의미한다. 하지만, 이를 보다 넓은 의미로 파악한다면, 계약(contracting-out)을 포함한 다양한 의미로 사용된다. 즉, 구매하는 기능 또는 서비스의 내용과 성격을 막론하고 정부가 행정기관을 통해 직접 수행하던 것을 해당사무나 서비스의 관할 책임만을 유지한 채, 민간기업 등 특정한 외부기관을 선정하여 대신 수행토록 하고 그 댓가를 지불하는 방식을 의미한다.

2. 민간위탁의 도입배경

1) 이론적 측면

(1) 사소유화이론(privatization theory)

일반적으로 민영화와 민간위탁은 정부개혁과 감축 및 조세부담의 완화 등을 목적으로 추진되고 있다. 민간위탁은 정부가 민간의 효율성을 활용하기 위한 장치로 간주되고 있고, 민영화론자들은 시장의 논리가 결여되어 독점적이고 관료적으로 운영되는 상황에서 민영화가 과도해진 정부규모를 교정할 수 있는 유력한 대안이라고 주장한다.

(2) 민간위탁에 관한 시장모형(market model of contracting)

시장모형은 경쟁(competition)을 통해서 효율성이 제고될 수 있을 것으로 가정하고 있다. 즉, 계약에 기초한 시스템이 가진 가장 큰 장점은 민간공급자들 사이에 경쟁을 유도할 수 있다는 것이다.

2) 현실적 배경

세계적으로 보자면, 자원난 시대 이후 정부실패(government failure)를 극복하기 위해서 영국의 Thatcherism, 미국의 Reaganomics 등의 패러다임이 등장하였고, 우리나라의 경우 IMF 국가위기를 겪으면서 정부 업무의 효율화를 위해 정부 기능 재배분의 논리(시장성 테스트)에 대한 심각한 고민이 있었다. 이 과정에서 비교우위(comparative advantage)의 입장에 있는 공급주체를 중심으로 행정서비스를 공급하고자 하는 움직임이 있었고, 이 과정에서 민간위탁이 주목을 받게 되었다.

3) 이념적 배경: 합리성(rationality)

행정의 본질 및 목적이 "국민의 삶의 질 향상"이라고 본다면 이를 집행하는 공무원의 입장에서 목적 달성을 위한 수단의 적절성을 찾는 것은 일견 타당하다. 이를 합리성의 입장에서 보면, 민간위탁을 통해 ① 행정기관의 운영 및 업무수행에 있어서 효율성 향상 ② 행정서비스의 질 향상 ③ 민간분야의 활성화와 자율성 신장 등의 세부적 지표를 추구할 수 있다.

Ⅲ. 민간위탁 체계의 설계

1. 민간위탁 체계: 시간적 흐름을 중심으로

1) 위탁사업자 선정과정에서의 경쟁

정부가 배열자로서 수탁사업자를 지정하게 되는데, 이러한 지정은 수탁가능사업자들간의 경쟁을 기반으로 한다.

2) 위탁업무를 둘러싼 위탁자와 수탁자간의 계약

정부는 특정 기능(서비스)에 대한 위탁자로서 위탁업무를 둘러싸고 수탁사업자와의 관계에서 상호간의 권리와 의무를 규정하는 계약을 체결한다. 즉 위탁업무를 둘러싼 위탁자로서의 정부와 수탁자로서의 기업간의 관계는 기본적으로 이러한 계약에 근거하고 있으며, 그것에 한정된다.

3) 계약조건 이행여부에 대한 Monitoring

대국민과의 관계에서 해당기능에 대한 책임을 여전히 지고 있는 정부는 계약에 입각한 서비스가 제공될 수 있도록 이를 감시하고 관리해야 한다. 만약 이들 계약조건이 위배될시 정부는 그에 상응하는 조치를 취함으로써 대국민과의 관계에서의 책무를 다해야 한다.

2. 민간위탁 체계 설계시 고려사항

1) 위탁기관 선정과정에서의 경쟁: 경쟁입찰에 의해야 함

정부가 직접 서비스를 제공하던 방식에서 민간에게 위탁하여 수행하는 민간위탁의 이점은 기본적으로 경쟁에 기초하고 있다. 즉 정부가 직접 서비스를 제공하는 경우 독점적으로 이루어짐으로 인해 각종 폐단이 나타나지만, 다수의 잠재적인 공급업자들간 경쟁을 통해 공급업자를 선정하는 경우 공급과정에서는 비록 경쟁이 존재하지 않더라도 선정과정에서 경쟁이 개입됨으로써 효율성과 효과성 상승을 위한 요인이 발생한다는 것이다. 아울러 위탁대상기관 선정과정에서의 경쟁은 신규 위탁사업자 선정과정에서만 확보되는 것으로는 부족하며, 위탁계약이 종료되어 재계약을 실시하는 과정에서도 동일하게 확보되어야 한다.

2) 위탁업무를 둘러싼 위탁자와 수탁자간의 계약: 위탁조건의 명확화

특정한 정부기능 즉 행정서비스를 민간기업에 위탁하여 수행하는 경우 위탁기능의 수행을 둘러싼 위탁기관인 정부와 수탁기관인 민간기업과의 관계는 기본적으로 양자간에 합의한 계약에 근거하여 형성된다. 비록 위탁에 의해 서비스를 제공할 지라도 서비스에 대한 수요자로서의 주민의 선택권은 허용되지 않고 수탁업체에 의한 일방적이고 독점적인 서비스 공급이 이루어진다. 이러한 상태에서 일정한 수준의 서비스를 공급하기 위해서는 정부는 위탁기관으로서 수탁기관이제공해야 할 구체적인 서비스, 즉 정부가 수탁기관에 요구하는 내용(양적 질적 측면에서)이 구체적으로 명시되어야 한다. 아울러 계약준수를 담보하기 위해서는 계약위반 여부에 대한 판정과 함께 위반에 따른 책임을 물을 수 있는 장치가 확보되어야 한다.

3) 계약조건 이행여부에 대한 Monitoring: 분석 명확화 및 감시 결과에 대한 구속력 확보

정부는 특정기능에 대한 민간위탁을 실시함에 있어 사전에 정부가 해당 기능을 수행하던 내용, 특히 비용과 서비스 규모 및 질(수준)에 대한 정보가 파악되어 있어야 한다. 또한 계약조건의 실행을 담보하기 위해서는 수탁업자의 업무수행 실태에 대한 모니터링과 모니터링 결과에 따른 재계약 체결등의 조치가 수반되어야 한다.

Ⅳ. 민간위탁이 가능한 업무: 현 정부의 BTL사업과 관련하여

BTL 사업이란 민간이 자금을 투자해서 공공시설을 건설(build)하고, 시설완공시점에 소유권을 정부에 이전(transfer)하는 대신 정부는 이를 일정기간 동안 임대(lease)해서 쓰는 투자방식이다.

1. 효율성의 증대 여지가 가능한 업무이어야 한다.

효율성 증대효과가 크게 기대되는 기능이나 사업이 민간위탁의 대상으로 선정될 경우 기관관리자나 외부로부터 지원을 얻기가 용이하여 위탁의 당위성에 대한 공감을 쉽게 얻을 수 있으며, 아울러 위탁에 대한 내외적인 반발을 최소화할 수 있다. 또한 이러한 기능에 대한 우선적인 위탁을 통해 행정에 있어서의 생산성을 향상시킬 수 있을 것이다.

BTL 제도의 경우 정부가 당장 투자하기에는 예산의 집행이 어렵고, 민간의 입장에서는 사업성이 낮은 공공시설들을 대상으로, 민간이 건설하고 정부가 이를 임대하여 임대료를 지급하게 된다. 이 경우, 사업자금의 확보 및 민간의 창의성을 활용할 수 있다는 점에서 투자효율을 가질 수 있다.

2. 민간분야에 있어서의 활성화 정도가 커야 한다.

민간위탁이 전제하는 시장에서의 경쟁성을 충족시키기 위해서는 과연 위탁대상이 되고 있는 업무(서비스)분야에 있어 시장이 활성화되어 있어야 한다. 즉, 동일한 업종에 있어 다양한 기업들이 존재하여 이들간에 시장내에서 경쟁이 있는 경우 기업들의 전문성 역시 높아, 정부는 위탁과정에서 이들간의 경쟁을 활용하고 전문성에 기초하여 서비스를 향상시킴으로써 위탁에 대한 분신과 반발을 줄일 수 있다.

BTL 제도는 민간의 유휴자금을 장기 공공투자로 전환한다는 장점을 가진다. 이는 부동자금화 되고 있는 금융자금과 저수익의 연기금 등에게 매력적이고 안정적인 투자처를 제공한다는 의미를 가지며, 금융권에서만 맴돌고 있는 자금을 실물 공공투자로 유치함으로써 국민경제의 선순환(virtuous circle)을 유도할 수 있다는 장점이 있다.

3. 서비스의 성격은 공공성이 낮고 성과수준 규명이 용이한 것이어야 한다.

정부가 민간기업을 통해 특정한 서비스를 주민에게 제공할 때 정부가 아닌 민간

기업이 공급주체가 됨으로써 책임성이나 공정성 등의 문제가 발생할 여지가 있다. 이러한 문제가 발생하거나 발생할 소지가 큰 경우 위탁에 대한 반발은 커질 수밖에 없다. 따라서 성공적인 민간위탁을 추진하기 위해서는 위탁대상으로 논의되고 있는 기능 또는 서비스가 잠재적으로 이러한 문제를 내재하고 있는가, 또는 문제가 발생할 경우 이를 용이하게 해소할 수 있는가 여부가 고려되어야 한다.

BTL 제도는 그 자체의 성격이 공공성이 강하지만, 정부가 이를 임대하는 방식이므로, 책임성은 일차적으로 정부가 지게 된다. 또한 공공시설의 건설과 관련하여 주민의 만족도를 측정해서 시설물에 대한 성과 평가가 가능하게 된다.

V. 결론

민간위탁의 기본 취지는 정부 업무의 능률화를 위한 제도이다. 하지만 우리나라의 제도적 유산(institutional legacy)과 충돌로 인하여 본래의 취지와는 반대의 결과를 가져올 수도 있다는 점을 유의해야 할 것이다. 특히 위탁자의 선정, 계약, 책임 등과 관련하여 제도들을 더욱 정비하고 공무원들의 전문성 제고를 통해 policy paradox나 파생적 외부효과(derived externality)가 발생하지 않도록 유의해야 할 것이다.

강 평

1. 총평

이명박정부 하에서는 공공부문에 신공공관리론(NPM; New Public Management)을 반영한 사례의 문제가 다수 출제될 가능성이 높다. 문제는 신공공관리론을 적용하는 구체적인 사례로서 민간위탁을 추진할 경우에 반드시 짚고 넘어가야 할 주요 요인들이 무엇이며, 어떻게 추진체계를 설계하는 것이 좋을 것인가를 묻고 있다. 답안은 민간위탁의 개념을 이론적으로 잘 설명하고 있고, BTL 사례를 통해 가능한 분야를 설명하고 있다. 답안은 전반적으로 필요한 내용을 포함하고 있으나, 사례분석에 보다 많은 분량을 할애하여 서술할 필요가 있다고 본다.

2. 수정 · 보완해야 할 부분

첫째, 보다 역동적인 답안이 되려면 사례를 4장으로 돌리기보다는 3장과 통합할 필요가 있다. 사례를 분리하고자 한다면 사례분석의 분량을 늘려서 앞에서 논의한 내용을 사례에 충실히 적용하는 답안으로 구성할 필요가 있다고 본다. 둘째, 민간위탁의 문제는 기본적으로 공공서비스 공급에 대한 정부와 민간 사이의 기능분담과 관련된 문제이므로 이론적 부문에서 이러한 언급이 있을 필요가 있다. 셋째, 민간위탁의 가능성은 민간부문의 역량이 어느 정도냐에 따라 달라질 수 있다는 점도 서론이나 본문 가운데 언급될 필요가 있다고 본다.

3. 추가해야 할 부분

BTL, BTO 등이 적용되는 SOC 영역뿐만 아니라, 사회복지서비스 영역에서도 공공서비스의 민간위탁이 활발히 논의되고 있다. 따라서 가능하면 사례부문에 SOC와 함께 사회복지서비스를 추가하여 논의하는 것이 위험을 줄일 수 있다고 본다. 특히 각 공공서비스의 특징에 따라 공급체계의 설계 시 유의해야 할 사항이 다르므로 이에 대한 내용을 추가할 필요가 있다.

4. 기타 사항

민간위탁의 일종으로서 교육, 복지서비스에 대한 바우처(voucher)제도의 적용이 활발히 논의되고 있으므로 충실히 학습해 둘 필요가 있다. 향후 테마행정학(수정판)에서 민간위탁과 바우처제도에 대한 내용을 추가하여 최근에 신공공관리론이 적용되고 있는 분야를 보완하도록 하겠다.

13. 공공서비스 공급과 바우처제도

아래 사례를 읽고 다음 물음에 답하시오.

[2007 전기 서울대학교 행정대학원 입학시험 문제]

[사례 1: 문화분야]

문화적 차별을 받는 사회계층이 선택권을 가지고 문화 콘텐츠를 이용할 수 있는 제도인 '문화 바우처'사업이 수요자인 장애인들에게 비판받고 있다. 장애인 단체 연합인 한국장애인단체총연맹(장총)는 최근 성명에서 "2006년 문화바우처는 이름만 남았을 뿐 형태는 단체관람과 정해진 관람시간만 가능하고 자신이 살고 있는 지역을 벗어나서는 관람 신청도 불가능하게 돼 있다"며 "장애인의 욕구를 무시한 채 운영자의 편리성에만 초점이 맞춰져 있다"고 말했다고 10일 밝혔다.

장총에 따르면 2006년 문화바우처 사업은 △개인의 선택권 보장 △콘텐츠 다양화 △장애특성에 적합한 지원 △이동편의수단 지원 △청각장애인을 위한 수화통역사 △자막지원 및 시작장애인을 위한 화면해설지원 등이 빠져있다는 것이다. 이들 항목은 사업비 예산에 포함돼 있지 않아 문화바우처가 본래 취지를 제대로 살리지 못하고 있다는 게 장애인들의 지적이다. 올해 사업은 또 영화나 콘서트를 선택할 수 있는 기회는 마련돼 있지 않고 한국문화예술위원회에서 관할하고 있는 연극 뮤지컬 음악 미술 위주로 돼 있다. 이는 저소득장애인 문화차별 해소라는 애초 취지를 무색하게 한 채 '제식구 챙기기에 장애인을 동원하는 모습'이라는 비판이 일고 있다.(내일신문, 2006년 7월 10일 17면 인용)

[사례 2: 교육분야]

올해 최대 10만명의 저소득층 자녀들에게 방과후학교 자유수강권이 지급돼 원하는 프로그램을 무료로 수강할 수 있게 된다. 교육인적자원부는 교육격차 해소를 위해 10월부터 12월까지 전국 1,600여개 학교에 30억원을 지원해 방과후학교 바우처제도를 시범 운영한다고 10일 밝혔다.

이번 시범 운영은 전국 280개 방과후학교 시범학교와 시 · 도교육청에서 정하는 학교의 저소득층 자녀 10만명을 대상으로 실시된다. 해당 학생들은 시·도 교육청에서 발행하는 방과후학교 자유수강권으로 본교뿐만 아니라 인근 학교 및 비영리단체에서 운영하는 프로그램을 1인당 2강좌(1강좌당 3만원 기준)씩 자유롭게 선택해 수강할 수 있다.

무료수강권으로 수강할 수 있는 강좌는 방과후보육프로그램·특기적성프로그램·교과프로그램 등이다. 자유수강권으로 수강이 어려운 고가 강좌의 경우 학교 자체 예산으로 지원할 방침이다. 교육부는 이를 위해 특별교부금 30억원에 시·도교육청의 대응투자를 포함해 50억원 가량의 재원을 마련했다. 교육부는 시범운영 결과를 반영해 내년부터 방과후학교 자유수강권 지급 대상을 기초생활수급자 자녀 30만명으로 확대할 계획이다.

심은석 교육부 학교정책추진단장은 "방과후학교가 수익자 부담으로 운영돼 교육격 차가 커질 것이라는 우려가 있기 때문에 무료수강권 제도를 통해 농산어촌 및 저소득층 학생에 대한 본격적인 지원에 나서게 됐다"고 말했다. (서울경제신문, 2006년 10월 10일자 인용)

[1] 공공서비스(public service) 제공방식에 대한 최근 동향을 요약해 보시오. (20점)

[2] 사례 1 (문화분야)에서 공공서비스 선택권이 어떤 요인으로 어떻게 왜곡되는지 설명해 보시오. (10점)

[3] 사례 2 (교육분야)에서 공공서비스 선택 제도가 성공하기 위한 조건을 ① 효율성, ② 형평성, ③ 실현가능성의 측면에서 설명해 보시오. (20점)

예시 답안

Ⅰ. 서론: 수요자 중심의 공공서비스 제공의 필요성

최근 유가 상승과 미국 경기 침체에 따른 세계 경제의 불황이 우려되면서, 우리나라에서도 새 정부 출범 이후 경제위기를 극복하기 위한 정부부문의 역할 재조정 논의가 이루어지고 있다. 특히 공공서비스의 제공을 민간에 맡겨 효율성을 높이자는 목소리가 어느 때보다 높다. 그러나 공공서비스는 상품 평등주의에 입각하여 모든 국민에게 형평성 있게 제공되어야 하는 바, 바람직한 공공서비스 제공방식을 모색하기 위하여 최근 동향과 공공서비스 선택권의 왜곡사례를 살펴보고 그 성공조건을 논의해본다.

Ⅱ. 공공서비스 제공방식에 대한 최근 동향

1. 공공서비스(public service)의 의의

1) 개념

공공서비스(public service)란 공공의 복지를 위하여 제공되는 서비스를 의미한다. 즉, 공공성의 관점에서 누구나 쉽게 접근할 수 있어야 하고 공익과 관련된 교육, 예술, 교통 등의 서비스를 의미한다.

2) 공공서비스의 특징과 제공 방식의 문제

개념에서 보듯, 공공서비스는 차별 없이 제공되어야 하며 행정이 지향하는 궁극적인 가치인 공익과 관련된 것이기 때문에 정부가 '형평성' 있게 제공해야 할 필요성이 있다. 그러나 한편으로는 배제가능성과 경합성에 따라 시장에서 공급되는 것이 바람직한 사적재(private goods)의 성질도 있기 때문에 시장기능을 활용하여 '효율적'인 공급을 위한 다양한 방식이 시도되고 있다. 이하에서는 정부가 직접 공급하는 방식 외에 최근 논의되는 공공서비스 제공방식을 요약한다.

2. 계약을 통한 공공서비스 공급: 민영화와 민간위탁

1) 개념

전통적인 방식인 민영화와 민간위탁은 공공부문의 사업을 민간부문에 계약을 통해 위탁하거나 매각하는 것을 의미한다. 경쟁부재, 독점 등으로 인한 정부부문의 비효율성을 시정하기 위한 신공공관리(New Public Management) 개혁의 일환으로 국민의 정부에서 집중적으로 추진되었다.

2) 특징

민영화와 민간위탁은 공공서비스의 시장기능을 활용하여 비효율성을 제거하고 민간 경제를 활성화시킬 수 있다. 그러나 민간독점으로의 전환 시 더 큰 사회적 비용이 발생할 수 있고 수익자 민주주의로 사회적 형평성이 저해되거나 미국 California 사례처럼 공공서비스 공급의 불안정성이 야기될 수 있다.

3. 민자유치사업(BTL)을 통한 공공서비스 공급

1) 개념

민자유치사업(Built-Transfer-Lease)이란 민간투자로 공공시설을 건설하고 소유권을 정부에 이전한 후 정부가 일정기간 임대료를 지급하는 방식으로 운영하는 공공사업을 의미한다. 최근 생활체육시설, 폴리텍대학, 문화·복지시설 등에서 활발히 진행되고 있다.

2) 특징

정부가 임대료를 지급하므로 민간사업자는 안정적인 수익을 올릴 수 있으며 공공서비스 공급의 안정성이 제고된다. 또한 민간의 방식을 도입하므로 공공서비스의 질이 향상된다. 한편 사업의 타당성 조사과정에서 사업자 선정의 시비가 발생할 우려가 있고, 선심성 사업이 펼쳐질 경우 미래세대로 비용부담이 이전될 수 있다는 우려가 있다.

4. 바우처(voucher)를 통한 공공서비스 공급

1) 바우처의 개념

바우처(voucher)란, 정부가 특정 수혜자에게 복지 서비스 구매의 비용을 보조해주기 위하여 지불을 보증하는 상품권을 의미한다. 우리나라에서는 최근 서대문구의 문화 바우처, 국토해양부가 검토 중인 주택 바우처 등이 있다.

2) 특징

바우처는 공급자 간의 경쟁을 촉발하여 서비스 가격을 하락시키고 수혜계층의 소비를 촉진시키는 효과가 있다. 또한 품질경쟁을 통해 소비자의 선택권이 확대될 수 있다. 그러나 특정 공급자의 보호수단으로 작용하거나 바우처의 전매를 통한 시장 왜곡 가능성이 존재한다.

5. 공공서비스 제공 방식의 다변화

이상의 흐름에서 보듯 최근 공공서비스 제공 방식에서는 민간의 효율적 관리기법을 활용하면서도 공공성을 유지하려는 여러 가지 시도가 이루어지고 있다. 특히 최근 정부규모의 축소에 따른 양극화 심화 우려 속에서 국민의 실생활과 가장 밀접하게 관련 있는 바우처 제도의 실효성이 중요한 바 이를 중심으로 논의한다.

Ⅲ. 문화분야에서 공공서비스 선택권의 왜곡 요인과 양상

1. 효율성 측면: 특정 공급자의 보호에 따른 폐해

설문의 사업의 경우 대중적인 수요가 많을 것으로 예상되는 영화나 콘서트에 대한 지원이 없고, 한국문화예술위원회에서 관할하는 연극, 뮤지컬, 음악, 미술 등 한정된 서비스만 제공되고 있다. 이는 독점적 사업자의 혁신 유인 부재와 독점적 지위의 유지를 위한 부정부패 가능성을 유발하고 결국 공공서비스 전달체계의 효율성을 저하시킨다.

2. 형평성 측면: 경쟁 제한에 따른 개인의 선택권의 침해

바우처 제도의 핵심은 공급자 간의 경쟁을 통해 수혜자에게 양질의 서비스가 다양하게 제공될 수 있다는 것이다. 그러나 설문의 경우 한국문화예술위원회에서 제공하는 서비스로 바우처 대상이 한정됨으로써 경쟁의 효과가 미비하여 개인은 원하지 않는 문화서비스만을 강요받게 되어 선택권이 제약된다. 또한 특정 사업자를 선정하기 위한 부당거래의 의혹이 제기될 수 있으며 다른 사업자와의 형평성 문제를 가져와 문화산업의 공급체계를 왜곡시키고 있다.

3. 실현 가능성 측면: 문화 산업의 수요자에 대한 인식의 부족

문화콘텐츠는 본질적으로 시각, 청각효과를 복합적으로 내재하고 있다. 따라서 바우처 사업의 수혜대상자인 장애인들의 성격에 따라서 수화와 자막, 화면해설 등의 보조지원이 맞춤형으로 제공되어야 서비스의 본질을 제공할 수 있다. 그러나 설문의 사업은 이러한 보조지원이 계획되어 있지 않아 예산만 낭비하고 제대로 된 양질의 서비스를 제공하지 못하게 되었다.

Ⅳ. 교육분야에서 공공서비스 선택 제도가 성공하기 위한 조건

1. 교육분야의 공공서비스의 특징

교육분야의 공공서비스는 거버넌스 하의 주요 참여자인 시민의 역량 강화를 위하여 전국민이 일정 수준 이상의 서비스를 평등하게 누려야 한다. 한편 교육서비스는 사적 재화의 성격을 가지기 때문에 정부는 효율성과 형평성을 고려하면서 적절한 공급방식을 선택하기가 어렵다. 따라서 교육분야에서 공공서비스 선택 제도가 성공하기 위한 조건을 고민해보는 것이 필요하다.

2. 효율성 측면의 성공조건: 경쟁을 위한 시장환경의 조성

교육분야에서 바우처 제도가 실효성 있게 작동하려면 우선 바우처가 적용되는 서비스 공급자의 다양성을 보장하여 경쟁을 촉진시켜야 한다. 바우처가 적용되는 방과후 학교 프로그램에 우수한 사업자들을 유치하여 불리한 선택(adverse selection)을 막기 위해서는 시장가격을 보상해줄 만큼의 충분한 예산지원이 필요하다.

3. 형평성 측면의 성공조건: 소비자 선택권의 원활한 행사 보장

방과후학교는 학생들에게 과외로 특별한 맞춤형 교육서비스를 제공한다는 측면에서 학생들의 선택권을 최대한 보장하는 것이 중요하다. 사례1에서와 같이 특정 사업자에 한정된 생색내기 식의 서비스 제공은 실패할 확률이 높다. 특히 교육은 인적자본의 축적을 통해 사회 양극화 해소의 기초가 될 수 있으므로, 소외계층일수록 최상의 서비스를 제공하는 공급자를 공정하게 선정하여 학생들에게 수강의 기회를 부여하여야 한다.

4. 실현가능성 측면의 성공조건: 사업 평가와 재원 마련의 문제

교육서비스 바우처제도의 가장 큰 장애요인은 사업자의 성과를 측정하는 것과 학생들이 원하는 품질의 교육서비스 제공을 위한 재원확보가 용이하지 않다는 것이다.

우선 사업 평가와 관련하여 기존 수강 학생들의 후기 등의 정보교류를 활발히 하기 위한 네트워크를 활성화시키고 수강 만족도의 객관적인 평가요소를 마련한다. 이를 통해 학생들의 수요를 구체적으로 파악하고, 서비스의 질적 향상을 위한 환류(feedback)가 적극적으로 이루어지게 하는 것이 중요하다.

재원확보와 관련하여 기업과의 연계가 필요하다. 기업이 중등교육 바우처에 투자를 기업의 사회적 책임과 관련하여 사회적 합의를 통해 법제화할 경우 재원의 확보가 용이해질 것이다. 이 경우 기업의 대외적 이미지가 제고될 수 있고 자신들에게 필요한 산업인력을 육성할 수 있는 기회도 될 수 있기 때문에 투자유인이 있다. 다만 기업과의 부당한 결탁의 기제로 작용하지 않도록 유의해야 할 것이다.

Ⅴ. 결론: 주민 맞춤형 서비스를 통한 행정의 만족도 제고

국정운영의 주체로서 시민사회의 역량 강화를 위해서는 양질의 공공서비스를 모든 국민이 평등하게 향유하는 것이 필요하다. 정부는 공공성을 훼손하지 않는 노력하에 민간의 노하우를 활용할 수 있는 바우처 제도의 성공조건을 염두에 두고 사업을 추진하여야 할 것이다.

강 평

1. 총평

최근 사회복지, 교육분야에 전면적으로 도입되고 있는 바우처제도에 대한 문제인데, 답안은 전반적으로 양호하게 작성되었으나 문화바우처의 왜곡현상을 설명하는 부문은 수정이 필요할 것으로 판단된다.

2. 보완해야 할 부문

문화바우처의 왜곡요인에 대한 설명을 효율성, 형평성, 실현가능성을 기준으로 시도한 것은 잘못되었다고 본다. 문화바우처가 본래 의도와는 달리 실제 수요자에게 혜택을 주는 것이 아니라 공급자들이나 중간업자들에게 이익을 주는 현상을 간략히 서술하고, 그 원인을 밝히는 내용이 되었어야 한다고 본다.

3. 추가해야 할 부문

첫째, 바우처제도를 설명하는 부문을 좀 더 부각시킬 필요가 있으며, 바우처의 유형(명시형, 묵시형, 환급형), 장단점, 성공요인 등을 언급해줄 필요가 있다. 둘째, 형평성 측면에서 바우처제도의 성공요인으로 '낙인효과(stigma effect)'를 추가적으로 언급해 줄 필요가 있다.

4. 기타 사항

바우처제도는 이명박정부 하에서 사회복지부문에 더욱 확대될 것으로 보인다. 동 제도의 장점, 한계, 성공요건 등을 현행 제도와 함께 충실히 학습해둘 것을 권한다.

14. 행정문화

정부혁신에서는 조직구조 차원의 변화 외에도 권위주의 조직문화의 개선을 강조하고 있다. 이와 관련하여 인사행정 분야에서는 학습동아리, 역량기반 교육훈련 등의 교육훈련제도를 활용해 왔다. (총 20점)

[1] 정부 내에서 권위주의 조직문화를 초래하는 요인을 인사행정의 맥락에서 설명하시오. (8점)

[2] 위에 제시된 교육훈련제도가 조직문화 개선에 미치는 영향을 설명하시오. (12점)

[2011 5급(행정)공채 제3문]

예시 답안

Ⅰ. 서: 권위주의의 경로의존성

권위주의는 Hofstede의 권력 격차가 큰 사회, Douglas와 Wildavsky의 위계주의에서 찾아볼 수 있는 행정 문화로서, 위계질서와 지배, 복종의 관계를 중요시하는 문화이다. 문민정부가 들어서고 겉으로는 민주주의가 정착한 것 같아보이지만, 행정 조직의 내·외에서 이러한 권위주의의 경로의존성(path dependency)을 쉽게 발견할 수 있다. 이러한 권위주의적 문화를 극복하는 것은 민주화 시대의 행정에 있어서 필수적인 과제라 할 수 있다. 따라서 이러한 권위주의의 잔재를 극복하기 위해서 권위주의적인 문화가 어떤 맥락에서 발생하는지를 인사행정의 관점에서 고찰해본 뒤, 극복 방안으로서의 교육훈련제도의 효과에 대해서 검토해 보기로 하겠다.

Ⅱ. 정부 내 권위주의 문화의 초래 원인

1. 계급제에 따른 조직문화

우리의 공직분류체계는 계급제를 근간으로 하고 있다. 인적 특성을 중심으로 신분상의 격차인 계급을 기준으로 공무원의 상대적 지위, 자격 능력에 차등을 두고 상이한 대우와 직책을 부여하게 된다. 그 운영을 보면, 계급군 간 수직적인 폐쇄성 하에서 연공서열에 따라 계급이 정해지고 있다. 이러한 공직구조 하에서 형성되는 인간관계는 자연히 수직적인 형태가 되고, 계층 간 상호배타적 긴장이 조성되게 된다.

또한 계급제 하에서 조직 구조는 상당히 고층구조가 되는데, 이러한 구조 하에서는 상급자와 하급자 간의 격의 없는 토론을 하는 것은 의사 결정을 지연시키고, 보고·전달 체계를 복잡하게 만들게 되므로 상명하복 식의 일방향적인 의사결정구조가 형성되기 쉽다. 따라서 계급제가 권위주의적 문화를 초래했다고 할 수 있다.

2. 상급자 위주의 평가 방법

공무원에 대한 성과 평가는 인사행정의 기준 즉, 공무원의 보수, 승진 등에 큰 영향을 미친다. 이러한 평가가 소극적이고 통제적인 목적에서 상급자로부터 하급자로의 일방적인 방향으로 이루어져왔기 때문에 권위주의적 문화가 이어져 오고 있다고 볼 수 있다. 즉, 근무성적평정 등의 평정 방법과 기준이 명확하지 않은 상황에서 직근 상관의 평가는 하급자의 보수와 승진여부를 절대적으로 좌우하게 되므로 하급자는 상급자에게 복종하게 된다는 것이다. 즉, 보수나 승진에 불리할까봐 활발한 의견개진을 하지 못하고 상관의 명령에만 충실한 복지부동의 행태를 보이게 된다는 면에서 상급자 위주의 평가 권위주의 문화를 초래한 측면이 있다.

Ⅲ. 교육훈련이 조직문화 개선에 미치는 영향

1. 행태 변화를 통한 문화개선

단순한 지식의 축적보다는 가치함양 및 행태변화 중심의 교육훈련을 설계할 필요가 있다. 즉, 교육훈련을 통해 권위주의적 문화를 개선해 나가려는 노력이 필요하다. 예를 들어 역량기반 교육훈련제도(Competency Based Curriculum; CBC)에서 권위주의적 문화를 타파하고자 하는 목표를 토대로 핵심직무역량모델(core job capacity model)을 정립하고 이에 따라 교육훈련을 실시한다면, 상명하달에 의존하지 않고 토의와 협의를 통해 업무를 수행하는 스킬을 습득할 수 있다. 이러한 훈련을 겪은 후에 상급자는 과거에 비해 하급자의 의견을 경청하고 의견의 수렴을 중시하는 태도를 보일 수 있으며, 하급자 또한 자신의 의견을 적극적으로 개진하려는 행태 개선을 이룰 수 있을 것으로 보인다.

2. 리더십 변화를 통한 문화개선

리더십이란 지도자가 조직 목적 달성을 위해 부하의 자발적 복종을 이끌어 내는 능력을 의미한다. 따라서 권위주의 문화를 변혁시키기 위해서는 리더가 문제해결과정에서 많은 사람들과의 협력을 포함하는 민주적인 과정으로 전환하기 위한 '변화의 담당자'가 되어야 한다. 구체적으로는 의사소통능력과 갈등조정능력을 지닌 공유적 리더십, 부하나 동료가 자신의 잠재력을 최대한 발휘하도록 도와주는 셀프 리더십, 사람들의 셀프 리더십을 자극하고 활성화할 수 있는 슈퍼리더십, 관리자가 아닌 섬기는 자로서의 서번트 리더십 등의 권위주의를 타파할 수 있는 형태의 리더십을 함양할 수 있도록 교육훈련이 설계되어야 할 것이다.

Ⅳ. 결: 다각도적 노력

문화의 본질적인 요체는 무의식적・비가시적이지만, 문화의 개혁 과정은 의식적이고 계획적인 노력에 의해 추진될 수 있다. Huntington 등의 단선적인 역사관의 결정론적 역사 의식을 극복하고 위와 같은 교육훈련을 통한 행태 개선과 리더십 함양을 통해 권위주의적 조직 문화의 경로의존성에서 벗어나기 위한 노력이 필요하다. 교육훈련 등 인사절차를 활용하는 것 외에도 문화 변동 개입은 여러 측면에서 시도되어야 한다. 수평적 조직구조로의 개혁, 직위 분류제적 요소의 적극적 도입, 개방형 임용의 활용, 다면평가제의 부분적 도입 등의 제도 개선, 인센티브 도입, 'calling name'제도와 같은 문화적 상징의 개조 등의 다각도적 접근을 통해 권위주의적 문화에서 벗어나 진정한 민주 행정으로 거듭나야 할 것이다.

강 평

1. 총평

정부 내에서 권위주의 조직문화를 초래하는 원인을 인사행정의 맥락에서 설명하고, 학습동아리, 역량기반 교육훈련 등의 교육훈련제도가 조직문화 개선에 미치는 영향을 서술하는 20점짜리 작은 문제이다. 작은 사례문제인 만큼 배점을 고려하여 필요한 내용만 간략하게 서술하는 답안이 필요하다. 제시된 답안은 지문의 요구에 어느 정도 충실하게 작성된 답안으로 중간 수준으로 평가된다.

2. 보완해야 할 부문

첫째, 권위주의 조직문화를 초래하는 원인을 인사행정의 맥락에서 설명하도록 요구하고 있으므로, 인사행정 전반에 걸친 내용을 포함하여 원인을 도출할 필요가 있다. 즉 모집, 채용, 승진, 근무성적평정, 보수, 퇴직 등을 포함하여 풍성한 내용으로 구성할 필요가 있다. 둘째, 학습동아리, 역량기반 교육훈련 등의 교육훈련제도가 조직문화 개선에 미치는 구체적인 영향을 서술하는 답안이 되어야 한다. 제시된 답안에는 학습동아리가 조직문화 개선에 미치는 영향은 서술되지 않고 있다. 셋째, 본 문제에서 결론 부문은 불필요한 것으로 판단된다.

3. 추가해야 할 부문

첫째, 인사행정의 맥락을 반영하여 권위주의 조직문화를 초래하는 원인을 체계적으로 재구성할 필요가 있다. 둘째, 권위주의적 조직문화의 원인을 구조적 차원(계급제, 폐쇄형인사제도, 직업공무원제도 등)과 역사적 차원(유교, 군사정권의 영향 등)으로 구분하여 서술할 필요가 있다. 셋째, 지문에서 교육훈련제도의 하나로서 제시한 학습동아리가 조직문화개선에 미치는 구체적인 내용을 추가하여야 한다.

4. 기타

20점짜리 작은 문제에서 결론은 사실상 무의미하다. 제시된 지문에 충실한 내용을 구성하는 것이 요점이다.

15. 정부 신뢰성

미국의 신용평가기관 S&P(Standard&Poor's)사가 미국의 신용등급을 '트리플 에이(AAA)'에서 '더블에이플러스(AA+)'로 한 단계 강등하면서 전 세계 경제가 요동쳤다. 미국이 '기침'하면 '독감'에 걸리는 우리나라 경제 역시 예외는 아니었다. 현재와 같은 경제 위기의 배경으로 하버드 대학의 케네스 로고프 교수는 "'재정적자'(financial deficit)에서 비롯된 위기가 아니라 선진국 지도자들의 '신뢰성의 결핍'(credibility deficit)과 그에 따른 불확실성에서 기인한다" 는 주장을 편다. 즉, 자본주의 경제체제가 갖는 불안정성 그 자체에서 나오기 보다는 이를 운용하는 사람, 특히 정책의사 결정권자들에게 위기의 요인이 잉태되어 있다는 분석이다.

이처럼 신뢰성, 특히 정부 신뢰는 실물 경제와 국가 경쟁력에까지 영향을 미칠 수 있는 가치이지만, 한국은 특히 정부 신뢰가 낮은 것으로 평가되고 있다. 우리의 정부 신뢰 저하의 원인과 제고 방안에 대해 논하라.

예시 답안

Ⅰ. 서(序): 반(反)정부 시대에서 신뢰의 중요성

후쿠야마(Francis Fukuyama)는 사회적 자본으로서의 신뢰와 관련하여 "불신은 사회 내 모든 경제활동에 일종의 조세를 부과하는 것과 같다."고 하여 신뢰의 중요성을 강조한 바 있다. 최근 뉴거버넌스(New Governance)행정 패러다임이 확산되면서 네트워크를 유지시켜 주는 전제조건으로서 '신뢰'의 중요성이 증가하고 있으나 한국 사회의 경우 사적 신뢰도는 매우 높으나 공적 신뢰는 낮은 이른바 반(反)정부 사회라 할 수 있다. 민간 의식에는 이미 정부 정책과 반대로 행동하는 것이 유리하다는 인식이 자리 잡고 있을 정도로 정부 불신의 정도가 높은 수준이다. 그러나 정부 신뢰의 확보 없이는 국가발전도 불가능한 바, 정부에 대한 신뢰 저하의 원인을 살펴보고, 이에 대한 해결방안을 모색해 볼 필요가 있다.

Ⅱ. 정부 신뢰의 의의

1. 개념

일반적으로 '신뢰'(Trust)라 함은 다른 사람이 미치는 영향력에 관계 없이 그 사람이 하는 행동 등을 적극적으로 수용하려는 심리적 상태를 말한다. 특히 정부 신뢰와 관련해 Mayer, Davis & Schoorman은 "불확정적 상황에서 정부가 정책을 추진하거나 행정적 조치를 취할 때, 시민사회나 시장이 취하는 긍정적 기대나 심리적 지지"가 바로 정부신뢰라고 한 바 있다.

2. 정부 신뢰의 중요성

1) 민주성 측면: 사회자본 축적, 민주주의의 토대

정부 신뢰는 정부 정책에 대한 지지를 통해 정책이 결정되는 과정에서 정부에 대해서 뿐 아니라 사회 구성원들에 대해서도 신뢰가 증가하게 만드는 이른바 도덕적 선순환(virtuous circle)의 기능을 한다. 또한 의사소통적 합리성의 전제 조건으로서 시민사회의 형성을 촉진하며, 이는 A.Tocqueville이 강조하였듯 민주주의의 토대로 작용하게 된다.

2) 효율성 측면: 거래비용 감소, 정책 전문성 증가

또한 효율성 측면에서도 R. Coase가 말한 거래비용(trans-action cost)을 감소시키는 역할을 하며, 특히 정책 집행과 관련하여 정책 순응비용(policy compliance cost)을 낮춰주는 역할을 한다. 나아가 정부 신뢰를 바탕으로 시민이 의사결정과정에 적극적으로 참여하는 경우 민간의 전문성이 더해져 정책의 지적 전문성이 향상될 수 있다.

Ⅲ. 한국에서 정부 신뢰가 낮은 이유

1. 행정 인의 행태적 측면

1) 미약한 공복의식과 형식주의적 태도

전통 사회에서의 관존민비 의식의 잔재와 발전행정 패러다임 하에서의 관 우월 의식의 여파로 국민을 위한 공익의 봉사자(public servant)라는 공복 의식이 매우 미약하다. 국민에 대해 언제나 고압적이고 형식적인 태도로 일관하는 관료의 행태는 정부 불신을 유발하며 행정에 대한 부정적 인식을 형성한다.

2) 관직 사유(私有)관으로 인한 부정부패의 문제

관직을 사소유물로 인식하는 태도로 인해 지위를 활용한 부패가 종종 발생하고 있으며, 생계형 부패보다 권력형 비리, 즉 각종 게이트 사건들의 연이은 발생은 정부에 대한 불신의 가장 큰 원인으로 자리 잡고 있다.

최근의 '박연차 리스트'등과 같이 주기적으로 터져 나오는 비리 문제에 더하여 경찰의 조직적인 뇌물 상납 수수행위 등은 국민으로 하여금 정부를 처음 만나는 낯선 사람보다도 더 믿지 못하게 만드는 것이다(KDI의 사회자본 실태조사).

2. 행정 구조 · 제도적 측면

1) 폐쇄적, 비밀주의적 의사결정 과정

최근의 한미 쇠고기 수입과 관련하여 보여지듯이 정부의 정책 결정과정이 국민에게 공개되어 있지 않은 경우가 대부분이며, 국민적 합의를 사전에 얻으려는 노력도 부족하다. 이른바 DAD(Decide-Announce-Defense)식이라 불리는 비밀주의적 의사결정과정은 조직 외부뿐만 아니라 조직 내 구성원들의 지지도 얻지 못하게 하며, Bachrach & Baratz가 주장한 일부 엘리트 집단에 불리한 정책의제가 아예 제기조차 되지 못하는 무의사 결정(non-decision making)영역이 상존하고 있다.

2) 정책 능력의 미약 및 정책 일관성 부족

또한 한·일 어업협상이나 한·중 마늘 분쟁 등에서 보여지듯 외국과의 협상과정에서 보여지는 정부의 전문성 부족 역시 정부에 대한 신뢰를 낮추는 원인이 된다. 나아가 이라크에서의 김선일씨 피랍사건 등에 대한 소극적인 정부 대처 역시 신뢰저하의 요인이며, 나아가 국내에서도 부동산 정책을 둘러싼 정부의 결정 번복 등 일관성 없는 정책은 정부가 하는 것과 반대로만 하면 된다는 생각을 만들어 내는 것이다.

3. 행정 환경적 측면

1) 시민사회 미성숙, 시민의식 부재

민주화 과정이 서구에 비해 짧았던 관계로 여전히 일반다수의 이익과 관련된 이슈에 대해서는 시민의 관심이 부족하며, 정책 결정 단계에서는 관심을 보이지 않다가 집행과정에서 그 이익이나 비용이 가시화되는 순간에만 폭발적인 반응을 보이는 신민형 정치 문화 역시 문제이다. 또한 시민과 정부 사이의 의사소통 기제로서 존재하는 NGO 역시 재원확보과정에서 정부에 의해 포획되는 등 참여정부 하 참여연대 고위간부출신의 임명 행위에서 보여지듯, 시민 사회의 진정한 대표로서의 의미를 상실하고 있는 것 역시 정부 신뢰 저하의 원인이다.

2) 권력 분립의 미확립

나아가 정부를 견제하고 비판해야 하는 기능을 담당해야 할 사법부는 정권의 눈치보기에 급급해 권력의 시녀로 전락하였다는 비판이 일고 있으며, 최근 대법관의 재판 개입 등과 관련해서도 정부 불신의 한 원인으로 작용하고 있다. 또한 국회 역시 정치싸움에만 휘둘려 여당은 정부의 정책통과 수단으로 활용된 지 오래이다.

Ⅳ. 정부에 대한 신뢰 제고 방안

1. 장기적 측면: 불신의 제도화를 통한 권력 분립 원칙의 확립

서구에서 신뢰를 강조한 배경은 한국과 달리 철저히 이기적인 불신의 사회에서 유대감 증가를 위한 것이었다면, 한국은 오히려 이와 반대의 경우로서 사적 신뢰가 이미 깊게 형성된 상태였는 바, 견제와 균형(check and balance)을 위해 향후 불신의 제도화 과정이 요구된다. 이를 대표적으로 보장하는 것이 바로 대의 민주제 하 삼권분립의 원칙이며, 따라서 장기적으로는 행정-사법-입법, 나아가 시민사회까지 상호 견제기능을 통하여 민주주의의 정치 원리를 확립하려는 노력이 필요하다.

2. 단기적 측면

1) 정부 외적 처방: 시민사회와 지방정부 역할 강화

우선 시민사회의 대표로서 NGO(비정부기구)는 국민과 정부 간 의사소통 기제로서 제 역할을 다해야 하며, 시민 역시 정부의 역할에 대한 과도한 기대나 이중의 모순적 기대에서 벗어나 네트워크적 국정 운영의 동반자로서 정부에 대한 지지와 비판기능을 적절히 수행할 필요가 있다.

나아가 지방정부 역시 중앙정부와 시민사회 간의 매개체로서 로컬거버넌스 차원에서 국민의 정책 참여를 유도함과 동시에 정책 품질과 대응성을 높이기 위한 노력이 필요하다. "We Start"운동 등이 실제 잘 수행되는지, 또는 경원대 한의대 자원봉사단체와 중랑구간의 협정을 통해 구내 독거노인 무료 진료의 사례와 같이 대민 행정의 첩정으로서 지방정부 역할도 중요하다.

2) 정부 내적 처방

① 행정인의 윤리의식 확립

정부 내적으로는 부정부패의 순환 고리를 끊기 위해 행정인의 책임성을 확보하는 것이 중요하며, 이를 위해 제도적으로 처벌규정을 강화하는 한편 의식차원에서도 윤리의식의 확보를 위한 노력이 요구된다. 서울시의 청렴사직서약서(Integrity Pact)제도나 (구)국가청렴위원회의 클린웨이브(Clean Wave)캠페인 등을 잘 활용할 필요가 있다.

② 행정 능력의 제고

정부가 대외적으로 보여주는 무능력함을 해소시키기 위하여 지나친 순환보직을 막고 경력개발제도(CDP)등의 시행을 통해 해당 업무분야에 대한 정책 전문가를 확보하려는 노력이 요구된다. 한일어업협정에서 한국 측 협상대표의 평균 재임기간은 1년 정도였음에 비해 일본은 10년 이상 된 전문 관료를 내세웠듯 행정의 정책 능력 향상이 필요하다.

③ 정책의 일관성 확보와 투명성 제고

나아가 정부 정책이 정책 다발(policy bundle)의 형태로 일관되고 체계적으로 추진되어야 하며, 정보공개법의 예외조항 감소 및 각종 온라인 공시제도(publicity)등을 통해 국민에게 수시로 정보를 공개하는 "적극적" 태도가 요구된다. 최근 공공기록물 관리와 관련해 비공개 정보의 주기적 재분류가 의무화 된 것과 같이 소극적 태도에서 적극적 정보 공개를 위한 획기적 변화 자세가 요구된다.

Ⅴ. 결: 시장-시민사회-정부간 긴장관계의 유지

정부 전문성 확보가 중요하긴 하지만 Cigler(1990)가 주장하였듯이 정부가 전문성이 증가할수록 정책에 대한 국민의 불신, 비판이 증가한다는 전문화의 역설(paradox of professionalization)도 경계할 필요가 있다. 또한 정부에 대한 지나친 신뢰는 과거 역사를 통해 경험하였듯 오히려 정부의 국민 장악과 통제라는 부정적 결과를 초래할 수도 있는 바, 정부와 시민사회 그리고 시장 간의 긴장관계를 유지함으로써 신뢰받는 정부를 구축해야 한다. 즉, 정부는 내부적 문제를 해결함과 동시에 외부적으로도 시장·시민사회의 관계에서 정부의 영향력을 축소시키는 등 기능, 역할을 재구조화시키려는 노력이 수반되어야 한다.

강 평

1. 총평

이 문제를 접한 수험생들 중 많은 수는 이를 '사회적 자본(social capital)'의 관점에서 풀 것으로 예상된다. 물론 신뢰는 사회적 자본의 가장 중요한 요소이지만, 신뢰로 사회적 자본의 모든 것을 설명할 수 있는 것은 아니다. 신뢰는 많은 사회적 자본의 '스톡(stock)' 중 하나라는 사실을 명심해야 한다. 예시답안은 그러한 오류에 빠지지 않고 정부신뢰의 관점에서 문제를 풀고 있다는 점은 긍정적으로 평가할 수 있다. 또

답안의 내용도 적절한 예시를 하면서 관련되는 논점을 빠짐없이 서술하고 있어 높은 점수를 받을 수 있을 것으로 보인다.

2. 보완해야 할 사항

답안이 균형 있게 잘 서술되어 있어 특별히 지적할 사항은 없다. 다만, 2장의 2-2)에서 신뢰가 정책 전문성을 제고시킬 수 있다는 주장은 타당하지 않을 수 있다. 비전문가의 광범위한 참여는 오히려 시간소비적 의사결정과 타협안의 초래가능성으로 인해 전문성이 떨어질 수 있다.

3. 추가해야 할 사항

4장에서 신뢰를 제고할 수 있는 방법으로 정부가 국민들에게 신뢰할 수 있는 약속, 다시 말해 '불가항력적 공약'을 제시하는 것을 생각해볼 수 있다. 한국에서 정부불신의 가장 큰 원인은 '공약(公約)'이 '공약(空約)'이 되는 현실 때문이다. 이명박 정부 들어서서도 과학비즈니스벨트, 행정수도 이전, 동남권 신공항건설 등 선거과정에서 약속했던 사항들을 지키지 않아 사회적으로 큰 논란을 일으킨 적이 있다. 따라서 정부가 정책 추진에 대한 재량의 여지를 최소화하여 정책을 불가항력적 공약이 되도록 하는 노력이 필요하다.

4. 기타 사항

세계은행의 보고서에 따르면 사회적 자본의 국부창출 기여도는 선진국 클럽인 경제개발협력기구(OECD) 국가의 경우 81%에 달했던 반면, 후진국과 중진국은 각각 50%와 68%에 불과했다. 그만큼 신뢰를 포함한 사회적 자본이 국부 창출에서 중요한 역할을 하는 것이다. 그러나 우리나라의 사회적 자본의 축적 정도는 경제력에 걸맞지 않게 낮다. 우리나라를 저신뢰 사회로 분류한 F. Fukuyama의 예를 들지 않더라도, 각종 조사의 결과가 그러하다. 세계은행이 조사한 국민 1인당 사회적 자본 순위에서 한국은 세계 118개국 중 26위에 머물렀다. OECD 국가 평균 사회적 자본의 크기는 1인당 35만 3339달러인 데 비해 우리는 10만 7864달러로 선진국의 3분의 1에 그치고 있다. 서울대 국제대학원 문휘창 교수가 조사한 바에 따르면 한국은 선진화 지수에서 OECD 30개 국가를 포함한 세계 주요 40개국 중 종합 30위에 머물렀다. 한국의 낮은 사회적 자본의 축적 정도가 한국의 발전을 가로막는 장애물이 될 수 있다는 것이다. 그런 의미에서 신뢰나 사회적 자본에 관련된 문제는 출제 가능성이 아주 높다. 예시답안은 그런 문제를 대비하는데 중요한 참고자료가 될 수 있을 것으로 보인다.

16. 관료제가 정부신뢰에 미치는 효과

최근 정부 기능의 중요성이 커지고 있는 반면, 정부에 대한 신뢰는 오히려 낮아지고 있다는 주장이 있다. 관료제와 정부신뢰의 긍정적 관계와 부정적 관계를 설명하고, 정부신뢰의 확보방안을 서술하시오. (40점)

[2011 5급(행정)공채 제1문]

예시 답안

Ⅰ. 서: 불신(不信)의 시대

새로운 시대, 급변하는 행정 환경 하에서 뉴 거버넌스(New Governance)에 대한 관심이 높아지고 있으며, 다양한 주체의 참여를 바탕으로 한 국정운영을 추구하려는 움직임이 일고 있다. 이러한 국정운영을 통해 국가 경쟁력을 높이기 위한 필요조건으로서 신뢰는 매우 중요한 의미를 갖는다 하겠다. 그러나 한국 사회와 행정에 있어 불신의 골은 깊다고 보여 진다. 국민은 아직도 정부의 정책을 신뢰하지 못하고 있으며, FTA 협상 과정에서도 이러한 불신은 여실히 나타난 바 있다. Fukuyama가 '내부 신뢰가 없으면 선진국으로 도약하기 어렵다'고 지적한 바처럼 신뢰의 확보는 정부 및 국가 경쟁력 향상에 필수적인 과제라고 할 수 있다. 이러한 문제의식 하에서 우리의 정부 조직 구조인 관료제와 신뢰 간의 상관관계를 바탕으로 신뢰의 확보 방안에 대해 고찰해 보겠다.

Ⅱ 관료제와 정부 신뢰의 의의

1. 관료제의 의의: 이념형과 역기능의 조화 필요

관료제(bureaucracy)는 Max Weber가 조직 구조적인 측면에 초점을 두고 합리적·합법적 지배에 근거한 이상형으로서 제시한 모형이다. 관료제는 다양하게 정의될 수 있지만, 일반적으로는 대규모 조직의 많은 업무를 신속하고 효율적으로 수행하기 위하여 미리 정해진 규정과 절차에 의하여 처리하는 권위 구조로 정의할 수 있다. Weber가 제시한 이념형(ideal type) 관료제의 특징은 법규성, 계층제, 문서주의, 비정의성 · 몰개인성, 관료의 전문화 · 전임화, 총칙에 의한 사무관리 등으로 표현될 수 있다.

이러한 관료제는 객관적이고 전문적이며 책임성 확보가 쉽고 집행이 효율적이라는 순기능과 함께, 법규만능주의 및 비인격화 초래, 형식주의와 부처이기주의, 훈련된 무능과 각종 계층제의 폐해라는 역기능도 동시에 가지고 있어 역기능을 억제하면서 관료제를 효과적으로 활용할 방안이 강구되어야 한다.

2. 정부 신뢰의 의의

정부 신뢰란 정부의 정책이나 각종 행태가 국민에게 믿을 만한 것으로 비쳐 행정의 예측 가능성을 높이고 정부와 국민간의 일체감을 이루는 것을 의미한다. 오늘날처럼 국민의 행정의존도가 커지고 있는 상황에서 정부신뢰는 행정의 민주화 · 인간화를 이룩하고 아울러 진정한 능률성과 효과성을 가져올 수 있는 중요한 행정이념으로 인식되고 있다.

이러한 정부신뢰는 문화적 · 도덕적 자원으로서 비형식적인 조정 장치로서 사회생활의 기본적 전제이면서 도덕적 행동의 기본이다. 일찍이 공자도 "나라를 잘 살게 하려면 식(食), 병(兵), 신(信)이 필요한데, 그 중 먹을 것과 병사는 버릴 수 있으나 믿음만을 버릴 수 없다" 고 하여, 신뢰의 중요성을 강조한 바 있다. 특히, 정부신뢰는 사회적 자본의 하나로서 집합 행동의 논리(logic of collective action)와 공유지의 비극(tragedy of commons)을 극복할 수 있는 가치이며 뉴거버넌스(New governance)의 기반이 되므로 그 축적이 중요하지 않을 수 없다.

Ⅲ. 관료제와 정부신뢰 간 관계

1. 긍정적 관계

1) 비정의성 · 몰개인성

관료제의 비정의성은 지위 · 권한에 따라 최선을 다해야 하며 반드시 법규에 따라 행동하여야 하고 임의적이거나 자의적인 행동은 배제된다는 성질을 말한다. 이러한 비정의성은 고객 또는 시민과의 관계에서 공평무사, 비정의적이라는 것을 말하므로 정해진 법규나 절차로부터 자의적으로 벗어나지 않을 것이라는 신뢰가 형성되게 한다. 즉, 관료제의 비정의성이 정실에 의한 행정을 막기 위한 장치로 작용하므로 재량이 크게 주어지지 않은 일정한 영역에서는 신뢰가 확보되기에 유리하다.

2) 책임성

관료제에서는 업무와 권한이 명확히 분할되고 분배되어 업무추진에 있어 명확한 책임확보가 가능하게 된다. 즉, 어떠한 업무에 책임을 지는 자가 특정되므로 주어진 업무에 대해서 책임을 지게 되는 관료가 책임의 한도 내에서는 최선을 다할 것이 예상된다는 측면에서 정부신뢰가 형성될 수 있다. 업무 수행이 잘못되었을 때 내부에서나 시민이 책임을 물을 소재가 명확하다는 점이 이를 뒷받침한다.

3) 효율성

임무수행에 필요한 전문적 능력을 보유한 사람들이 관료로 채용되고 일생동안 종사하는 직업으로서의 전임화 하므로, 이러한 기초 및 의사 결정 및 집행의 신속성, 표준화된 절차를 통해 정해진 목표에 대해 신속한 수행이 가능하게 된다. 따라서 주어진 목표 하에서는 관료제가 매우 효율적인 체계이므로 이에 대한 신뢰가 형성될 수 있다.

2. 부정적 관계

1) 법규만능 주의 및 경직화

관료제는 모든 사안에 대하여 법과 규정에 따르게 되어 있으므로 경직화 경향을 보이며, 이러한 법규만능주의로 인해 수단과 목표가 바뀌는 과잉동조(overconformity), 혹은 목표대치 현상을 가져오는 경우가 많다. 즉, 전문화, 위계 서열화, 규약과 절차 중시는 목표 달성을 위한 수단에 불과한데도, 그것들을 지나치게 강조한 나머지 본래의 목표보다 수단들을 지키는 데 주력하게 된다는 것이다. 또한 구조의 경직성 및 법규와 절차 준수의 강조가 불필요하거나 번거로운 문서처리가 늘어나는 번문욕례

(red tape)를 악화시키는 측면도 존재한다. 이러한 현상들은 정부 관료제가 국민의 신뢰를 받는 데 걸림돌로 작용하게 된다.

2) 부처이기주의와 전문화된 무능

분업화와 전문화로 인해 관료들의 할거주의와 부처이기주의 등의 문제가 발생할 수 있다. 관료들은 자기의 전문성을 과신하고 부처의 이익을 추구하는 과정에서 누구와도 타협하려 하지 않는 태도를 보이기도 하며, 이로 인하여 조정이 곤란하게 된다. 또한 지나친 전문화는 시야의 협소와 단편적 사고로 자신의 업무와 소속단위만 생각하고 타조직과 타 업무에 대해서는 무지하게 되는 '전문화된 무능'을 초래하기도 한다. 한 가지 분야에 여러 부처가 중복된 사업을 경쟁적으로 시행하는 등의 이러한 행태는 무능하면서 세금만 낭비하는 것으로 비춰져 정부신뢰를 낮추는 원인이 된다.

3) 권위주의적 행태의 조장

권한과 능력의 괴리, 상위직으로 갈수록 모호해지는 평가기준, 조직의 공식적 규범을 엄격히 준수해야 한다는 압박감 등으로 인해 관료는 불안해하고, 한층 더 권위주의적 행태를 유발한다. 규칙과 절차를 더욱 엄격하게 적용하고 통제를 강화함으로써 자기의 안전에 대한 위협을 배제하고 자기의 지위를 향상시키려 한다. Toffler도 현대 행정에서의 관료제를 권력은 막강하면서도 행정에 대해 책임은 지지 않는 '보이지 않는 정당(invisible party)'으로 표현 하고 있을 정도로 권위주의적이고 권력 집단화된 정부에 대한 신뢰는 실추될 수밖에 없다.

Ⅳ. 정부 신뢰의 확보방안

1. 기본적 방향: 동전의 양면

결국 정부 신뢰의 확보방안은 위에서 살펴본 긍정적 관계를 더욱 강화하고 부정적 관계를 약화시키는 것이다. 그러나 양 방향의 관계의 원인이 따로 있지 아니하고 관료제의 특징이 동전의 양면처럼 정부신뢰에 상이한 영향을 끼치고 있으므로 관료제의 폐해를 극복하면서도 그 효율성을 살릴 수 있는 방안이 모색되어야 할 것이다.

2. 관료제의 개혁

1) 성과 중심의 평가 확립

과거의 과도한 절차와 번문욕례로부터 벗어나 일정한 자율을 허용하되 그 성과에 대해서 책임을 묻는 형태로의 변화가 필요하다. 성과 중심의 평가가 확립된다면 관료가 무사안일과 복지부동적 행태를 보이기보다는 성과를 창출하여 보수와 인사 측면에서 보상을 받기를 원하게 될 것이다. 이 때 성과를 측정할 지표가 시민이 원하는 바를 적절히 반영하고 있다면 정부신뢰가 축적될 수 있는 기반이 마련 될 수 있다.

2) 행정 능력의 향상

행정 능력의 향상은 지적, 정치적, 실행 능력을 포함하는 개념이다. 그간의 전문화된 무능과 부처이기주의, 경직성을 벗어나 문제해결능력 있는 정부가 될 때 정부신뢰의 확보가 용이해진다. 따라서 첫째, 지적 능력 향상을 위해 조직 차원의 정보 축적, 개방형 임용, 학습조직으로의 변화 등이 필요하다. 둘째, 정치적 능력 향상을 위해 시민참여와 관료의 적극적인 시민 협약, 신공동체주의, 담론적 정책결정이 요구된다. 셋째, 실행 능력 향상을 위해 리더십 개선과 불필요한 절차 간소화 등이 필요하다.

3) 분권적 정부운영

행정구조 측면에서 정부에 대한 신뢰를 확보하기 위해서는 집권적인 행정 구조를 분권적인 행정구조로 변화시켜야 할 필요가 있다. 수평 조직 등으로 탈관료제적 개혁을 추진하는 것도 고려해 볼 만한 일이지만 더욱 중요한 것은 국민에게 불편을 주고 행정효율을 저해하는 경로의존적인 기존 제도의 개혁이다. 즉, 권위주의적 행태 탈피와 대민관계의 개선, 개방된 정책공동체의 활성화, 정책 실명제의 도입, 내부고발자와 NGO등 내・외적 통제의 강화 등이 있다. 특히 참여적 정책결정과 투명성 확보는 정부 신뢰를 축적하기 위한 기본 요건이다.

3. 관료의 행태개선

공직의 개념을 종래와 같이 권력적인 개념으로 파악하는 것이 아니라, 공공에 대한 봉사라는 측면으로 재정의해야 하며, 행정은 국민을 위한 것이라는 시민 중심의 공익관을 확립해야 한다. 또한 정부, 시장, 시민사회의 협력적 노력 하에 부패 척결을 위한 부패방지 거버넌스를 구축하고 활성화하여야 할 것이다.

Ⅴ. 결: 국민의 지지와 시민의식 개선

관료제는 정부신뢰와 긍정적인 상관관계를 보이기도 하고 부정적인 상관관계를 보이기도 하지만, 격동의 장(turbulent field)으로 표현되는 현대의 행정 환경 속에서 과거의 관료제 그대로를 유지한다면 정부신뢰의 손실을 경험할 수밖에 없다. 따라서 그간 깊어져 온 불신의 골에 일차적인 책임이 있는 정부 관료제의 개혁과 관료의 행태개선은 정부신뢰의 회복에 필요불가결하다고 할 수 있다. 그러나 정부신뢰는 일방 당사자인 정부의 노력만으로는 증진에 한계가 있으며 시민의 노력도 필요하다. 즉, 시민사회의 활성화와 참여의식 강화는 민주적 통제의 기초이면서 정부신뢰를 확보하는 보루로서 작용하므로 시민교육의 활성화, 정보기술을 활용한 정보의 공개와 감시, 공론장의 조성 등의 노력이 함께 이루어져야 할 것이다.

강 평

1. 총평

관료제와 정부신뢰의 긍정적/부정적 관계를 설명하고, 정부신뢰의 확보방안을 서술하도록 요구하는 40점짜리 문제이다. 문제의 요구대로 정부신뢰가 무엇을 의미하며, 정부신뢰에 영향을 미치는 요인과 관료제의 특성을 검토하고, 두 요소의 긍정적/부정적 관계를 설명하고, 이에 기초하여 정부신뢰의 확보방안을 서술해야 할 것이다. 제시된 답안은 나름대로 관료제의 특성과 정부신뢰의 관계를 검토하고, 정부신뢰의 확보방안을 제시하고 있으나, 정부신뢰의 영향요인에 대한 체계적인 분석이 없고, 내용도 다소 불충실하여 중간 수준으로 평가된다.

2. 보완해야 할 부문

첫째, 서론에서 정부신뢰의 중요성과 함께 국제적으로 우리나라 국민의 정부신뢰가 낮은 수준이라는 점을 가능하면 지표(투명성 지수 등)를 예시하는 가운데 문제로서 제기할 필요가 있다. 둘째, 정부신뢰의 의의를 밝히는 부분에서 정부신뢰의 중요성과 함께 영향요인에 대한 검토가 이루어질 필요가 있다. 영향요인은 정부신뢰의 형성에 긍정적인 영향을 미치는 요인, 부정적인 영향을 미치는 요인으로 구분하면 더 유익할 것이다. 셋째, 정부신뢰의 확보방안은 정부신뢰에 영향을 미치는 요인으로서 관료제와의 관계에 기초하여 서술될 필요가 있다. 더불어 구조적 측면과 함께 문화행태적 측면도 균형있게 포함되어야 할 것이다,

3. 추가해야 할 부문

첫째, 정부신뢰의 의의를 밝히는 부분에서 정부신뢰(불신)에 영향을 미치는 요인을 추가할 필요가 있다. 둘째, 정부신뢰가 낮아지고 있는 원인에 대한 분석이 관료제의 특성을 중심으로 추가될 필요가 있다. 셋째, 정부신뢰를 확보하기 위해 필요한 문화행태적 측면의 내용을 더 추가할 필요가 있다.

4. 기타

답안의 구성이 다소 평면적이다. 정부신뢰를 종속변수로 보고, 관료제를 독립변수로 보는 관점에서 정부신뢰의 영향요인을 검토하고, 개선방안을 제시하는 입체적이고, 논리적인 서술이 이루어진다면 더 좋은 답안이 될 것이다.

17. 행정환경의 변화(세계화, 지방화)와 대응

격심한 국제경쟁에서 국가가 생존발전하기 위해서는 국내외 환경변화에 적절히 대응할 것이 요구된다. 오늘날 국가가 처한 환경변화 추세 중 중요한 것으로서 세계화와 지방화를 빼놓기 어렵다. 양자는 변화의 방향이 상이한 측면도 있지만 밀접하게 연관되는 측면도 있다. 따라서 일각에서는 양자를 합하여 세방화(glocalization)라 부르기도 한다. 다음 질문에 답하시오.

[2007 후기 서울대학교 행정대학원 입학시험 문제]

[1] 세계화와 지방화란 무엇이며 양자간의 관계는 어떠한지에 대하여 설명하시오. (15점)

[2] 세계화, 지방화가 국가발전 전략에 미치는 영향, 그것이 요구하는 대응전략의 방향에 대하여 논하시오. (20점)

[3] 세계화, 지방화에 대한 현 정부의 대응전략을 논평하시오. (15점)

예시 답안

Ⅰ. 서: 행정은 사회적 구성물이다.

행정은 공익실현을 목표로 사회 문제를 해결하고 공공서비스를 제공하는 정부의 제반활동이다. 따라서 환경이 바뀌면 정부가 다루어야할 문제가 바뀌고 요구되어지는 서비스의 내용과 품질수준도 변화하게 된다. 즉 행정은 사회적 구성물이라고 할 수 있다.

행정의 핵심적 과제는 사회적 환경 변화에 적절히 대응하여 "국가경쟁력을 제고하고 삶의 질을 높이는" 좋은 정부(good government)를 구축하는 것이다. 최근 행정은 세계화와 지방화로 대표되는 행정 환경의 문명사적 대전환기를 맞이하고 있으며 이러한 대전환기에 있어 한국의 행정은 과거 발전행정 패러다임을 극복하는 새로운 대응이 필요한 시점이라고 하겠다.

Ⅱ. 세계화와 지방화의 의의와 그 관계: 설문 (1)의 해결

1. 개념

(1) 세계화: moving up

경제적 측면에서 개방에 의해 국가 간 상호 교류와 의존이 증대되고, 생존 경쟁이 치열해지는 일련의 사회적 흐름을 세계화라고 한다. 이러한 세계화의 흐름 속에서 개별 국가는 독자적인 문제해결능력에 한계점을 보이게 되면서 IMF, WTO 등의 국제기구의 역할이 증대되었고 다양한 비정부조직(INGO: International Non-Government Organization)과 Global network의 형성이 촉진되고 있다.

(2) 지방화: moving down

기존의 중앙집권적인 정부 운영에서 각 지방정부로의 권한이 이양되는 일련의 사회적 행정환경의 변화를 지방화라고 한다. 정부 기능의 팽창에도 불구하고 기존의 관료화된 중앙정부가 다양하고 복잡해진 행정수요를 충족시키지 못할 뿐만 아니라(효율성 측면), 대의민주주의의 제도적 피로 현상을 야기(민주성 측면)함으로써 지방화가 요구되고 있다.

2. 양자 간의 관계: 행정의 위아래로의 동시누수현상

세계화는 행정의 위로의 누수현상, 지방화는 행정의 아래로의 누수현상을 의미한다. 따라서 공통적으로 이들은 전통적 의미의 국민국가 중심의 중앙집권적 정부의 개념을 약화시키고 새로운 환경 변화에 적합한 정부 구조와 기능, 활동의 재설정을 요구하고 있다.

Ⅲ. 세계화, 지방화에 따른 국가의 대응 전략: 설문 (2)의 해결

1. 세계화, 지방화가 국가 발전 전략에 미치는 영향

(1) 사회 문제해결 측면: 행정이 다루어야 할 문제의 범위와 내용 변화

세계화로 인하여 국가 간 상호의존과 상호경쟁이 심화되었고 이로 인해 하나의 국가의 범위를 넘어서는 global issue가 등장하여 행정이 해결해야 할 문제의 범위가 확대되었다. 또한 지방화는 풀뿌리 민주주의를 확대함으로써 문제해결 과정에 대한 국민의 직접 참여 욕구를 증대시켰으며, 지방정부 간의 목표함수의 차이로 인한 갈등을 야기함으로써 이러한 갈등의 원활한 해결을 요구하고 있다.

(2) 공공서비스 공급 측면: 행정수요의 기대 수준과 내용 변화

세계화로 인한 국가 간 교류의 확대는 국민들로 하여금 공공서비스 수준에 있어서 global standard를 요구하게 하였다. 또한 지방화로 인하여 지방의 특성에 맞는 다양한 수준과 범위의 공공서비스 제공이 필요하게 되었다.

2. 대응전략의 방향

(1) 성과지향적 정부

”투입과 절차 중심의 정부가 아닌 산출, 결과, 성과를 중시하는 정부”를 의미한다. 세계화가 국가 간의 경쟁을 더욱 촉진시킴에 따라 투입을 줄이고 결과를 극대화하는 “성과”가 국정운영의 핵심이 되고 있다.

(2) 민주적인 정부

”정부의 운영을 정부의 실질적인 주인인 국민위주로 수행하는 정부”이다. 과거 한국은 권위주의 행정이 이루어져 왔으나 민주화와 지방화의 진전으로 정부의 실질적인 주인이 국민이라는 인식이 확고해지고 있다.

(3) 문제해결능력을 지닌 정부

”불확실성의 행정환경 속에서 문제를 인지, 정의하고 문제에 대한 대안을 탐색해서 최적의 대안을 도출해내는 정부”이다. 최근의 국가 간 경쟁이 치열해지고 있다는 점에서 국가의 당면 문제를 빠르고도 정확하게 해결할 수 있는 정부의 능력은 어느 때보다 중요해지고 있다.

(4) 지방분권적인 정부

”지방에게 실질적인 권한을 부여함으로써 행정의 효율성과 민주성을 함양하는 정부”이다. 세계적으로 생각하고 지방적으로 행동해야 하며 지방이 세계와 직접 대면하는 지방화 시대에는 지방분권적인 정부가 이루어져야 한다.

Ⅳ. 세계화, 지방화에 대한 정부의 대응 전략 평가: 설문 (3)의 해결

1. 과거 행정의 문제점

과거의 우리나라의 행정은 안정적인 산업화시대에 적합한 모습을 보였으며 이는 그동안의 급속한 경제발전을 가능하게 하는 원동력으로 작용하기도 하였다. 그러나 정부의 기능 중복으로 인한 배분적 비효율성, 정부활동에 있어서의 행정만능주의와 권위주의의 일상화, 비효율적이고 비민주적인 내부관리 등의 문제는 현재의 세계화, 지방화의 환경에서 부정합성을 나타낸 바 이러한 환경에 적합한 행정으로의 변화가 요구된다.

2. 환경변화에 대한 정부의 대응

(1) 대응 현황

① 성과지향적 정부를 구축하기 위하여 민간에 대한 규제를 합리화하려는 규제개혁을 시도하였다. 또한 행정조직 내부관리 측면에서는 조직에서는 팀제를 도입, 인사에서는 개방형임용의 확대, 재무에서는 성과중심적 예산 운영의 내실화 등을 추구하였다.

② 민주적인 정부 구축을 위하여 정보공개의 범위와 수준을 확대하고 주민투표와 주민소송을 법제화하는 등 주민의 의사를 수렴하기 위한 방안을 제도화하려고 노력하였다.

③ 문제해결능력을 지닌 정부 구축을 위하여 전문화된 행정인이 필요하다는 인식 하에 고위공무원단제도의 도입, 경력개발제도(CDP)의 실시 등의 제도개혁을 시도하였다.

④ 지방분권적인 정부를 구축하기 위하여 지방정부의 역량 강화와 재정의 자립도 개선을 위해 균형발전 특별회계를 설립하였고, 중앙정부의 권한 일부를 지방정부에게 이양함으로써 지방민의 수요에 맞는 행정을 수행할 수 있도록 지원하였다.

(2) 정부의 대응에 대한 긍정적인 평가

① 효율성과 민주성의 조화 노력

그동안의 정부의 개혁이 효율성만을 강조하며 경쟁과 개방, 성과의 극대화를 추구하는 방향으로 진행되었고, 이러한 시장주의적 개혁은 그 추진 과정에서 대내적으로 공무원을, 대외적으로 국민의 참여를 등한시하였다는 문제점이 있었다. 그러나 참여정부의 행정환경에 대한 대응방안은 효율성을 강조하는 시장주의적, 신관리주의적 태도를 견지하면서도 민주성을 강조하는 참여주의적 태도를 보였다는 점에 있어서 긍정적이라고 할 수 있다.

② 확실한 청사진의 제공

무분별하게 개혁 정책을 남발하던 그동안의 행태와는 달리 <행정개혁 로드맵>을 제시하여 세계화, 지방화 시대에 적합한 행정의 바람직한 변화 방향에 대한 청사진을 제공하였다는 점에서 긍정적이라고 평가할 수 있다.

(3) 정부의 대응에서 나타난 문제점

① 부분적인 기능재조정

효율적이고 경쟁적인 행정 업무 수행을 위해 민간에서 수행하는 것이 우월한 사업에 대해 민영화나 민간위탁이 이루어졌으나 이 과정이 합리적인 판단에 의해서라기보다는 행정 편의주의적으로 가시적 성과만을 위해 이루어진 경향이 있다.

또한 지방분권적 정부를 위한 중앙정부의 지방정부로의 권한 이양이 형식적으로 이루어졌으며 중앙과 지방과의 재정력 격차에 의해 여전히 지방정부 사업에 대해 중앙정부의 입김이 많이 작용하고 있는 등 기능 재배분에 있어 한계를 노정하였다.

② 사회적 합의의 부족

시장과 시민사회와의 협의와 참여를 강조하였지만 여전히 정부 주도의 발전국가 사고방식이 내재화되어 있어서 높은 국가 자율성의 행태를 보였다. 개혁적인 제도 도입에 있어 국민의 참여와 제도에 대한 홍보가 선행되어야 하는데 이러한 과정의 부족으로 정부의 개혁에 대한 국민의 인지도나 만족도가 낮은 수준으로 나타났다.

③ 제도간의 정합성 부족

다양한 제도들은 서로 결합하여 효과를 발생시키는데 제도 간의 상호보완성이 존재하여야 그 효과가 극대화된다. 그러나 정부의 대응과정에서 제도들의 정합성에 대한 고려가 부족하여 각 제도들이 의도된 효과를 나타내는데 제한적이었다.

3. 바람직한 대응 방향: for the better governance

(1) 정부기능 측면: 합리적 기능재조정

적절한 market testing을 통하여 기능 우월적 관점에서 행정의 기능을 재배분하여야 한다. 즉, 시장이나 시민사회에서 수행하는 것이 더 효율적이고 민주적인 사업에 대해서는 민영화나 NGO 사업 수행 등의 방식을 통해 그 기능을 이행하여야 할 것이다. 또한 정부 내에서도 지방정부가 수행하는 것이 적합한 업무에 대해서는 지방정부로의 실질적인 권한 이양이 이루어져야 할 것이다.

(2) 정부활동 측면: new governance구축

정부활동에 있어 시장과 시민사회에 대하여 실질적으로 동반자로 인식하는 자세가 필요하다. 시장에 대한 과도한 규제를 합리적으로 재조정하고, NGO의 자율성을 인정하는 등 시장과 시민사회와 건전한 network를 구축하여야 한다.

또한 정부의 전문성 강화를 통하여 정책 실패와 정책 비일관성을 줄임으로써 정부 신뢰성 하에서 network가 효율적이고 민주적으로 운영될 수 있도록 노력할 필요가 있다.

(3) 내부관리 측면: 제도의 내실화

제도는 도입하는 것보다 제도를 안정적으로 운영하여 그 효과를 극대화하는 것이 어려우면서도 중요한 과정이라고 할 수 있다. 그동안 도입한 제도간의 정합성을 고려하면서 이를 내실화하는 노력이 필요하다.

Ⅴ. 결: 속도측정기를 준비하라.

A.Toffler는 그의 저서 <부의 미래>에서 기업은 시속 100마일, 시민단체는 시속 90마일로 달리는 반면에 정부관료조직과 규제기관은 시속 25마일의 속도로 달리고 있을 뿐만 아니라 시장과 시민단체의 속도까지 늦추고 있다고 비판하였다.

세계화, 지방화는 행정환경을 급속도로 변화시키고 있으며 더 빠른 속도로 달릴 것을 요구하고 있다. 앞으로 정부는 시대환경의 변화에 뒤쳐지지 않도록 끊임없는 혁신을 통해 환경에 적응하여야 하며 이를 바탕으로 사회적 담론의 활성화와 정부-시장-시민사회 간의 협력 증진에 노력하여 효율성과 민주성을 동시에 만족시키는 better governance를 구축하여야 할 것이다.

강 평

1. 총평

문제는 세계화와 지방화라는 환경변화가 국가경쟁력에 어떠한 영향을 미치며, 정부는 어떻게 대응해야 하는가를 묻고 있다. 그러나 답안은 세계화·지방화의 근본적인 원인과 영향, 정부의 대응방안에 대한 적절한 내용을 포함하지 못하고 있다.

2. 보완해야 할 부문

단순히 세계화와 지방화라는 현상을 설명하는데 그칠 것이 아니라 무엇이 그러한 변화를 유발하고 있는지 원인을 분석하여 제시할 필요가 있다. 세계화는 교통통신의 발달, 국제교역의 증대 등으로 인해 개방화가 진전되고, 국가 경계가 점차 사라지고 있는 것을 의미하며, 지방화는 지역주민의 자치수요 증대, 지역의 경제발전기반 구축 등으로 지역을 단위로 한 국제경쟁이 확대되고 있음을 의미한다. 이러한 환경변화에 따라 정부는 대외적으로는 개방을 확대하고, 대내적으로는 지방분권을 강화함으로써 국제경쟁력을 높이기 위해 노력하고 있다고 볼 수 있다.

3. 추가해야 할 부문

첫째, 세계화와 지방화가 진전되는 실제적인 원인을 제시하고, 우리나라의 특성상 어떠한 대응전략이 필요한지 검토하는 내용이 추가될 필요가 있다. 둘째, 세계화, 지방화에 대한 정부의 대응전략을 구체적으로 제시하고 이에 대한 평가를 할 필요가 있다. 세계화에 대응하여 FTA 등을 추진하고 있고, 지방화에 따라서는 지방분권, 지역균형발전정책 등을 추진하고 있는 바 이들 정책을 소개하고, 국가경쟁력 제고라는 관점에서 평가하는 내용을 추가할 필요가 있다.

4. 기타 사항

본 답안은 전반적으로 문제에서 요구하는 수준에 매우 못 미칠 정도로 내용이 빈약하다고 볼 수 있다. 특히 정부의 대응전략에 대한 내용과 평가는 초점과 많이 벗어나 있다고 본다. 결론도 불필요한 내용으로 구성되어 있어 감점요인이 될 수 있다. 답안은 문제의 요구에 따라 논리적이고, 체계적으로 구성하되 꼭 필요한 내용을 포함하고 있어야 한다.

18. 큰 정부와 작은 정부

정부규모에 대한 논쟁이 가열되고 있다. 차기 정부의 국정과제 가운데서도 정부규모는 가장 핵심적인 이슈로 등장하고 있다. 그런데 현재 진행되고 있는 정부규모에 대한 논쟁은 주로 규모의 크기 그 자체에 집중되고 있다. 우리 정부가 큰 정부인지 아니면 작은 정부인지가 핵심 쟁점이다. 그러나 정부규모는 이 규모의 측정 자체가 안고 있는 문제점 외에도 많은 논쟁 꺼리를 제공하고 있다. 정부규모와 관련한 다음 이슈에 대해서 논술하시오.

[2008 전기 서울대학교 행정대학원 입학시험 문제]

[1] 정부규모를 측정하는 기준으로 보통 세 가지를 들고 있다. 공무원수, 재정지출, 영향력(규제포함)이 그것이다. 그런데 이 세 가지 기준들의 관계에 관하여 가령 공무원 수가 증가하면 규제가 늘어난다는 식으로 많은 사람들은 주장하고 있다. 귀하는 이 주장을 어떻게 생각하는가? 세 가지 기준들 간의 상호관계에 대해 논술하시오. (15점)

[2] 정부규모를 줄이려면 우선적으로 정부의 팽창원인을 살펴보아야 하는데, 수요요인론은 정부에 대한 사회의 수요가 증가하기 때문에 규모가 커지게 된다고 한다. '국민의 수요에 반응하는 고객 지향적 정부'를 지향하면서 동시에 '작은 정부'를 구축하는 것이 가능한가? 가능한 경우와 어려운 경우를 나누어 예를 들어 설명하고, 반응적 정부(responsive government)와 작은 정부(small govern- ment)의 관계에 대하여 논술하시오. (15점)

[3] 정부규모의 팽창과 관련하여 공급요인론은 사회적 수요와 무관하게 또는 그 이상으로 정부 관료제가 스스로의 필요에 의해서 규모를 팽창시킨다고 한다. 정부 관료제의 자율성을 제고하면서 동시에 작은 정부를 구축하는 것이 가능한가? 가능한 경우와 어려운 경우를 나누어 예를 들어 설명하고, 자율성과 작은 정부의 관계에 대하여 논술하시오. (20점)

예시 답안

Ⅰ. 서: '발전 이후의 발전'을 위한 정부규모 논의의 필요성

한국의 발전국가 패러다임이 1980년 중반 이후 민주화와 세계화의 진전으로 인해 외적 환경과의 부정합성을 노출함에 따라 '발전 이후의 발전'의 문제를 고민하지 않을 수 없게 되었다. 이러한 문제 인식 하에 우리 행정 체제에 배태된 정부 과잉 현상과 민간의 자율성 침해를 극복하고, 그리고 세계화 시대에 걸맞은 국가 경쟁력을 제고하기 위해 정부 규모 축소에 대한 지속적인 노력을 경주하였다.

그러나 이러한 노력은 정부 관료제의 구조적 특징, 한국 행정 문화의 특성, 행정에 대한 수요와 공급의 변화 등 여러 가지 요인으로 인해 어려움에 봉착하기도 하였다. 최적화된 정부의 규모는 획일적으로 결정되어 있는 것이 아니라 시간의 흐름에 따른 시대환경과 공간으로서의 해당국가, 그리고 행정에 대한 국민의 수요, 정부의 행정서비스 공급 능력 등에 의해 결정되는 것이다. 이러한 인식을 바탕으로 정부 규모에 대한 옳고 정확한 진단과 적절한 대처가 요망되는 시점이라고 하겠다.

Ⅱ. 설문 (1)의 해결: 정부 규모의 평가

1. 정부 규모의 평가기준

정부는 광의로 입법부, 사법부, 행정부를 모두 포함한 총체적인 정부기관을 지칭한다. 그러나 협의의 정부는 입법부와 사법부에 대한 행정부를 의미하며 이러한 행정부의 조직과 작용을 의미한다.

(1) 공무원 수

공무원의 수는 정부 규모를 평가함에 있어서의 양적 기준이다. 인구 대비 공무원의 수가 많을수록 국가 인력 중 정부에서 사용하는 인력이 많으므로 큰 정부라고 할 수 있다. 우리나라의 공무원 수는 2007년 현재 인구 1000명 당 27.8명으로 OECD 평균인 75.2명의 1/3 수준이라고 할 수 있다.

(2) 재정지출

재정지출 역시 정부의 규모를 평가하는 양적 기준으로서 GDP대비 정부총지출의 규모가 클수록 국가총생산에서 정부가 차지하는 비중이 크므로 큰 정부라고 할 수 있다. 우리나라의 재정규모는 GDP대비 정부총지출 비율이 28.1%로서 OECD평균인 40.8%에 미치지 못하는 것으로 나타난다.

(3) 영향력

영향력은 정부의 민간에 대한 규제 및 개입의 정도를 의미하는 지표로서 정부 규모를 평가하는 질적 기준이다. 규제의 수가 많고 시장이나 시민사회에 대한 정부의 영향력이 클수록 큰 정부라고 할 수 있다. 우리나라의 규제 수는 2006년 현재 8029건으로 지속적인 규제 개혁이 시도되고 있으나 아직 그 수가 많고, 민간에 대한 규제의 영향력이 큰 수준이라고 할 수 있다.

2. 세 가지 기준의 상호관계

(1) 공무원 수와 재정지출

공무원 수가 증가하는 경우 정부의 재정지출은 증가하게 된다. 공무원의 수가 증가하면 직접적으로 공무원에 대한 총인건비와 공무원 연금 부담이 증가하게 되며, 간접적으로 불필요한 공무원의 증원으로 인한 파생적인 행정업무의 증가와 업무 처리 속도의 지연 등으로 인해 업무처리 비용이 증가하게 될 것이다.

참여정부에서 공무원은 총 8만명이 증가하였으며, 이에 따라 국가 공무원 총인건비는 2007년 약 21조로 1997년에 비해 2배 가량 증가하였다. 또한 공무원 연금 적자를 보전하기 위해 정부가 부담해야할 금액도 2008년 약 1조 2000억원에서 2020년 10조 5000억원으로 급증할 전망이다.

(2) 공무원 수/재정지출과 영향력

공무원 수/재정지출의 양적 지표와 영향력의 질적지표는 반드시 정(+)의 상관관계에 있다고 할 수 없다.

정부가 정부조직법이나 직제에 명시된 정부 조직이 아니면서도 공공부문에 해당하는 기능을 수행하는 준정부조직 등 감추어진 공공영역을 통해 민간에 대해 영향력을 행사하는 경우 양적지표는 작더라도 질적지표는 크게 측정될 수 있다.

또한 국가 권력이 규제를 통해 시장 영역에 적극적으로 개입한다거나 NGO에 대한 재정 지원을 통해 시민 사회 영역의 자율성을 제한하는 경우 공무원 수나 재정지출은 증가하지 않지만 영향력과 권력의 가시성은 증가할 것이다.

3. 우리나라의 정부규모 평가

앞서 살펴본 바와 같이 우리나라는 공무원 수나 정부 재정지출 측면에서 다른 국가들에 비해 크지 않은 것으로 보인다. 그러나 이러한 양적 지표 측정시 인력 통계에 군인, 공익, 의경 등이 제외되어 있으며 재정지출의 기회비용이 포함되어 있지 않다는 문제점이 있다. 또한 다른 나라에 비해 산하기관, 공기업 등의 준공공영역이 발달되어 있음을 비추어 볼 때 Light가 언급했듯이 "작은 정부에 감추어진 그림자 부문을 정확히 파악"하는 작업 역시 선행되어야 한다.

반면 질적 측면에서 발전국가 패러다임의 경로의존성(path dependency)에 의해 규제의 수가 상대적으로 많고, 시장과 시민사회에 대한 정부의 자율성이 강하며 행정에 대한 입법부와 사법부의 통제가 부족한 것으로 보이는 바 큰 정부라고 할 수 있다.

Ⅲ. 설문 (2)의 해결: 수요요인론

1. 수요요인론

(1) 이론적: Brown & Jackson 이론

공공서비스에 대한 중위투표자 수요의 소득탄력성이 매우 크다면 경제 전체의 소득 수준이 상승하여 중위투표자의 소득이 올라갔을 때 중위투표자가가 원하는 공공서비스의 양은 증가하게 되고, 이로 인해 정부의 규모는 커지게 된다.

(2) 현실적

민주화와 더불어 국민이 공공서비스를 일방적으로 제공받던 위치에서 정부에 대해 적극적으로 요구하는 위치로 변화하게 되면서 행정에 대한 수요가 양적으로 팽창되었다. 뿐만 아니라 세계화 추세는 질적으로 행정서비스의 global standard를 요구한다. 이에 대한 정부의 대응과정에서 정부규모가 커지게 된다는 주장이다.

2. 반응적 정부(responsive government)와 작은 정부(small government)

(1) 반응적 정부의 의미

반응적 정부란 고객인 국민의 입장에서 최적의 방법으로 높은 질의 행정서비스를 제공하고, 국민의 요구에 민감하게 반응함으로써 고객만족(customer satisfaction)을 극대화시키기 위해 노력하는 정부이다.

(2) 반응적 정부와 작은 정부의 동시 구축의 가능한 경우

market testing을 통해 검토했을 때 국민의 수요가 증가하는 기능이 반드시 정부가 수행하지 않아도 되고, 정부보다 민간이 더 효율적으로 수행할 수 있는 기능이라면 민영화, 민간 위탁 등의 방법을 사용할 수 있으며 이 경우에는 행정 수요에 대해서 적극적으로 대응하면서도 정부의 규모는 확대되지 않을 수 있다. 강남구는 아웃소싱과 인터넷을 활용함으로써 구민의 행정 수요에 적극적으로 대응하면서도 10년간 공무원수를 1/3감축하고, 경비도 20% 줄일 수 있었다.

(3) 반응적 정부와 작은 정부의 동시 구축이 어려운 경우

증가하는 행정 수요의 특성상 반드시 정부가 수행해야 하는 경우 반응적 정부의 지향과 작은 정부의 동시 구축이 어려울 수 있다. 오늘날 우리 사회에는 '보이지 않는 손'으로 해결이 불가능한 저소득층, 중소기업, 장애인 등의 문제와 관련하여 정부의 역할이 요구되고 있다. 특히 우리나라의 경우 사회복지 분야 공무원 한명이 담당하는 국민 수가 영국에 비해 13.7배에 해당하는 등 복지서비스 분야에 대한 공급이 부족한 반면 국민적 수요는 확대되고 있어 이로 인해 정부 규모가 증가하고 있다.

(4) 소결: 반응적 정부와 작은 정부의 관계

행정의 주인은 국민이므로 국민의 행정수요에 적극적으로 반응하는 반응적 정부를 지향하여야 한다. 하지만 이러한 국민 수요에 대한 대응이 반드시 정부 규모의 확대를 요구하는 것은 아니다. 정부와 시장, 그리고 시민사회가 기능의 우월성 관점에서 적절하게 기능을 재배분하는 경우 반응적 정부와 작은 정부의 동시 구축이 가능하다.

또한 반드시 정부가 수행해야 하는 기능이더라도 업무 처리 과정에 있어서의 불필요한 red-tape을 제거와 IT기술을 활용한 효율적인 대민서비스 제공을 통해 정부규모의 확대를 최소화 할 수 있다.

Ⅳ. 설문 (3)의 해결: 공급요인론

1. 공급요인론

(1) 이론적: Parkinson의 법칙, Niskanen 모형

Parkinson의 법칙은 부하배증의 법칙과 업무배증의 법칙에 의해 공무원의 수는 해야 할 업무의 경중이나 그 유무에 관계없이 일정비율로 증가한다는 법칙을 말한다.

Niskanen은 관료들이 자신이 속한 부서의 예산을 극대화하는 목표를 추구한다고 가정하고 그 결과 관료적 생산이 극대화되고 정부규모가 증가한다고 하였다.

(2) 현실적

정부관료들이 자신들의 지대와 특권을 유지하기 위한 수단으로 정부 산하기관과 공기업을 이용하며, 시장과 시민 사회에 대한 영향력을 확대하기 위해 불필요한 규제를 지속시키는 과정에서 정부의 규모가 커진다.

2. 관료제의 자율성(Autonomy of Bureaucracy)과 작은 정부(small government)

(1) 관료제의 자율성의 의미

관료제의 자율성이란 관료제가 정치권력에 의해 자신에게 집행이 요구된 정책을 무능과 부패로 무산시키거나 좀 더 적극적으로 관료제의 제도화된 자기이익을 유지하기 위해 자기 이익 실현에 유리하도록 정책을 집행하는 현상을 말한다.

(2) 관료제의 자율성과 작은 정부의 동시 지향이 가능한 경우

합리적인 고위 관료들은 반복적이고 일상적이며 자율성이 낮고, 시민의 눈에 잘 노출되어 있는 계선기능보다는 자율성이 높으며 시민의 눈에 잘 띄지 않는 참모기능을 더 선호하는 경향이 강하다. 이로 인해 골치 아픈 업무나 책임과 통제가 수반되는 업무 등 고위관료의 선호에 맞지 않는 기능은 민영화를 하거나 지방정부, 준정부기관, 책임운영기관 등으로 떠넘기게 된다. 이 경우에는 관료제 자율성 추구의 결과 작은 정부가 달성된다고 할 수 있을 것이다.

(3) 관료제의 자율성과 작은 정부의 동시 지향이 어려운 경우

관료들이 자기이익을 추구하는 과정에서 자기 부처의 예산을 극대화하여 공공서비스를 비효율적인 수준에서 생산한다거나 자기 부처의 몸집 부풀리기를 시도하는 경우 양적 측면에서 정부 재정지출이 증가하고 공무원의 수가 증가하는 등 정부의 규모는 커지게 될 것이다.

또한 관료들이 정부규제를 하나의 재화로 보고 효용 극대화 관점에서 정부규제를 공급한다거나 공익목적에서 일탈하여 피규제기관의 대리인으로 전락하여 규제를 하는 경우 정부의 시장, 시민사회에 대한 영향력이 증가하면서 질적으로도 정부의 규모가 커진다.

(4) 소결: 관료제 자율성과 작은 정부의 관계

정부 관료의 이익 추구 과정의 결과 정부의 규모가 결정되는 것이므로 관료제의 자율성과 작은 정부의 관계는 일률적으로 말할 수 없다. 그러나 이 경우 단순히 정부의 규모가 작은 것이 중요한 것이 아니라 관료제의 자율성에 대해 적절히 통제함으로써 관료제의 민주성을 확보하는 것이 중요한 과제라고 할 것이다.

관료제에 대한 내적 통제 측면에서는 공무원에 대한 교육을 통해 공직윤리를 강화하고 대표관료제나 내부고발자 제도 등을 도입, 확대할 필요가 있다. 또한 외적 통제 측면에서는 행정 정보 공개를 확대하고 입법부와 사법부에 의한 통제를 내실화하는 동시에 정책 네트워크를 통한 시민들의 참여를 활성화하는 방안이 있다.

Ⅴ. 결: downsizing이 아닌 right sizing

정부 규모의 결정은 행정 환경 변화에 대한 객관적인 인식 하에 적정 수준에 대한 사회적 합의(consensus)를 바탕으로 이루어져야 한다. 이러한 합의를 위해서는 국민의 요구를 정확하게 파악할 수 있는 메커니즘의 규율이 만들어져야 한다.

특히 현재의 행정 환경은 정부 주도적인 "성장의 시대"에서 정부-시장-시민사회 간 신뢰와 협력을 통한 "성숙의 시대"로 이전하였다. 우리나라의 역사적, 시대적 상황을 고려하면서 정부, 시장, 시민사회 3자의 상호보완과 상호견제의 원리를 극대화할 수 있는 수준의 정부규모의 제도화가 필요하다.

강 평

1. 총평

전반적으로 문제의 요구에 충실하게 작성된 답안이라 할 수 있다. 다만 정부규모를 판단하는 기준인 공무원수, 재정지출, 영향력 사이의 관계에 대한 설명이 다소 미흡하였다고 본다.

2. 보완해야 할 부문

정부규모를 판단하는 기준인 공무원수, 재정지출, 영향력 사이의 관계에 대한 설명에 3가지 상관관계를 모두 언급할 필요가 있다고 본다.

3. 추가해야 할 부문

특별히 추가해야 할 부분은 없는 것으로 보인다.

4. 기타 사항

문제에서 구체적인 목차까지 제시하고 있는 경우에는 목차에 합당한 내용을 보다 충실히 서술하는데 집중할 필요가 있다. 본 답안은 이러한 측면에서 잘 작성된 것으로 판단된다.

19. 한국의 행정윤리

최근 행정환경의 변화와 더불어 행정윤리에 대한 중요성이 다시 부각되고 있다. [대학모의고사]

[1] 행정윤리의 의의와 중요성을 논의하고, 행정윤리의 판단기준을 논의하라.(15점)

[2] 한국의 윤리상황과 문제점, 개선방안을 모색하라. (25점)

예시 답안

Ⅰ. 서론

행정관료는 능력 외에도 도덕성을 겸비해야 한다. 다운즈(A. Downs)는 관료를 상승형(climber), 보존형(conservative), 열성형(zealot), 창도형(advocate), 경세가형(statesman)으로 분류하고서, 이 중에서 능력과 도덕성을 겸비한 경세가형의 관료를 가장 바람직한 유형이라고 지적하였다. 또 H.G. Frederickson이 현대를 행정윤리의 시대라고 명명한 의미에서 볼 때, 최근의 행정은 행정윤리를 몸소 실천하는 관료를 요구하는 바, 이 시점에서 정부의 신뢰 제고에 필요한 행정윤리를 검토해 볼 필요가 있다.

Ⅱ. 행정윤리의 의의, 중요성 및 판단 기준: 설문 (1)과 관련

1. 행정 윤리의 의의

행정윤리란 공무원이 행정업무를 수행할 때 국민 전체에 대한 봉사자로서 행정이 추구하는 공공목적을 달성하기 위해 준수해야 할 행동 규범이다. 행정윤리는 행정상의 관리적 책임, 정치적 책임, 법적 책임 등 여러 가지 행정책임들 및 가치들 간의 우선순위를 제시하며, 나아가 특정한 행정책임의 범위 내에서 세부적인 행동 선택들 간의 우선 순위를 우선순위를 제시한다.

2. 행정 윤리의 중요성

행정 관료가 정책 형성·집행 과정에는 관료 자신의 가치 판단 및 윤리 의식이 크게 영향을 미친다. 따라서 국민은 행정 관료가 올바른 윤리 바탕 하에서 공무를 수행해 줄 것을 요구하게 되었다. 또 과거의 국민은 정부가 제공하는 재화와 서비스에만 초점을 두었지만 이제는 이를 제공하는 정부가 바른 윤리를 지닐 것까지 요구하게 되었다. 행정 윤리의 확보를 통해 행정 부패를 발생하지 않게 한다면 이는 정부에 대한 국민의 신뢰도를 높이고, 정책의 실효성 향상으로 이어지므로 행정 윤리는 매우 중요하다.

3. 윤리가치의 재인식의 배경: 행정수요의 급증과 이에 대한 대응성(responsiveness)

[1] 정부의 실질적 영향력 증대

행정 국가화 이후에 정부의 시민사회나 시장에 대한 영향력은 확대되었으며 이로 인해 정부 정책에 의해 시민생활이 개입 받는 정도도 확대되었다. 그 결과 정부 활동이 갖는 정당성에 대한 요구가 증가되었으며 정당한 정부 활동에 대한 가장 기초적 평가 근거가 되는 행정 윤리가 자연스럽게 부각되었다.

[2] 뉴거버넌스 패러다임하의 궁극적 책임자로서의 정부

뉴거버넌스 체제 하에서 정부-시장-시민간의 상호의존성이 심화되어 정부의 공동화 현상이 심화되고 있다. 그러나 여전히 공공부문에 대한 궁극적 책임자는 정부이므로 행정 윤리의 확보는 뉴거버넌스 하에서도 매우 중요한 전제 조건이 된다.

4. 행정 윤리의 판단 기준: 이론적 검토 및 지향방향

[1] 목적론적 가치관의 행정 윤리: 공리주의

목적론적 윤리관은 공리주의 및 그것이 행정이론에서 표현된 양식인 공익주의에서 그 연원을 찾을 수 있다. 즉 행정 행위로 인한 '결과'가 그 사회에 좋기만 하다면(good), 그 행위의 동기와 관계없이 윤리적으로 인정되는 행위로 간주하는 입장이다. 하지만 이 견해는 자칫 결과를 정당화하기 위해 모든 수단의 동원이 가능하다는 사고로 빠질 한계점도 내포하고 있다.

[2] 절대론적 윤리관: Kant주의

이 견해는 근원적이고 집단적 수준에서의 윤리 의식을 중시하는 것으로 결과와는 상관없이 행동 그 자체가 정당한가를 중시하는 입장이다. 따라서 판단 기준은 행위의 원인, 곧 의도가 된다. 절대론적 윤리관에 입각할 경우 자유, 평등, 공익 등 변하지 않는 절대적 가치 기준이 존재하게 된다. 하지만 이 입장 역시 상대적인 상황 고려 등을 소홀히 해 경직적 가치판단이 될 수 있다는 한계점이 있다.

[3] 상대주의적 윤리관 및 이기주의적 윤리관

상대주의적 윤리관에 의하면, 보편타당한 윤리 가치란 존재할 수 없으며 따라서 그 당시의 상황이나 중요시되는 가치에 따라서 윤리적 판단이 이루어 져야 한다고 주장한다. 이 입장의 경우 윤리적 허무주의(nihilism)에 빠질 수 있으며 윤리적 해이를 정당화 할 수 있다는 한계가 있다.

또 이기주의적 윤리관에 의하면, 이타주의의 허구성을 지적하고 인간의 본성인 이기주의에 입각하여 윤리적 행위를 접근하기도 한다.

[4] 윤리원칙론의 문제점과 덕성윤리론의 목적

근원주의는 하나의 기본원리로부터 윤리원칙들을 도출하려는 의도를 지녔으나, 여러 가지 문제점을 지니고 있다. 또 반근원주의로서의 상대주의는 허무주의적 방임을 초래하며, 이기주의적 윤리관은 이기적 개인들의 윤리가 공공부문의 바람직한 윤리의식으로 어떻게 연결되는지를 충분히 설명하지 못한다. 결국, 윤리론의 어느 것도 만족할 만한 객관적인 윤리기준을 제시하지 못한다.

덕성윤리론은 일상적인 윤리들간의 갈등에 있을 때, 상황적 맥락에서 가장 윤리적인 판단을 할 수 있도록 덕성있는 인간을 육성하자는 이론이다. 이를 통해 각 상황을 정확하게 판단할 수 있는 공무원의 육성이 보다 중요하다는 의미를 알게 된다.

Ⅲ. 한국의 행정 윤리: 설문 (2) 관련

1. 한국 행정 윤리의 상황: 행정 윤리의 실종

2007년 국제투명성위원회(TI: Transparency International)가 제시하는 한국의 부패지수는 180개국 중 43위를 기록*하고 있으며, 정부에 대한 신뢰도 역시 일반 NGO의 신뢰 수준의 2/3 수준에 그치고 있다. 이러한 원인의 근본을 살펴보면 한국 정부가 만성적으로 윤리에 대한 결함을 보여 왔기 때문이라고 볼 수 있다. 이는 곧 정부 정책에 대한 신뢰 형성이나 사회적 신뢰구축 문제와 직결되므로 행정 윤리의 제고가 급히 요구되고 있다.

2. 한국 행정 윤리의 저해 요인

[1] 인적 측면: 관료주의의 내재화

유교문화에서 유래하는 권위주의적 사고, 관존민비의 사상, 관직의 사유물화 경향이 그것이다. 예컨대 예산실장이 자신의 고향에 도로를 건설하려는 의도가 바로 이러한 전근대적인 관직의 사유물화에서 출발한다.

[2] 조직 및 구조적 측면: 조직 내부의 부패의 제도화

행정 윤리와 가장 밀접한 관련이 있는 것이 바로 부패일 것이다. 부패란, 공직자가 자신의 공적 권력을 이용하여 시적 이득을 취하고자 도모하는 행위이므로 행정 윤리 저해의 큰 요인이다. 이러한 구조적 토양 하에서 부패가 오랜 관행으로 거의 제도화되어 잇다. 그 결과 흑색 부패가 백색 부패화되어 행정 윤리 확보에 어려움

---

* 부패지수 [腐敗指數, corruption perceptions index]
국제적인 부패감시 민간단체인 국제투명성기구(TI: Transparency International)가 1995년부터 매년 1회씩 발표하는 국가별 부패인식지수로, 영문 머리글자를 따서 'CPI'로 약칭하기도 한다. 세계은행(IBRD) 등 7개 독립기구가 실시한 국가별 공직자의 부패 정도에 관한 설문조사를 종합 분석해 평가한다.

부패인식지수 순위 (연말 발표)	2006년	2007년
	42 / 163	43 / 180

을 주고 있다.

또한 최근 이명박 정부의 조직 개편에 의하면 참여정부의 국가청렴위원회와 국민고충처리위원회를 일방적으로 <국민권익위원회>라는 이름으로 둔갑시켜 이에 대한 책임성이 부재되어 있는 현실이다.

[3] 환경적 측면: 행정 윤리 확보 필요성에 대한 낮은 시민 의식 수준

부패의 제도화로 인해 부패 인식 수준의 균형점이 높게 달성되어 있어 행정 윤리 확보에 장애가 된다. 즉 시민사회의 압력이 상대적으로 낮게 작용되므로 공직 내부의 윤리 확보의 책임성도 저하된다.

3. 한국 행정 윤리 확보 방안

[1] 개인적 측면에서의 방안: 공직 윤리의 제고

현재 공직자의 청렴에 대한 인식, 사회적 사명감의 인식이 낮은데서 행정 윤리 저하의 원인이 있다고 볼 수 있다. 따라서 공직 윤리를 제고하기 위해 '공익의 실현자'로서 사명감을 갖도록 인식 전환이 요구된다. 또한 '공무원 행동강령'의 내면화를 통한 노력도 요구된다고 볼 것이다. 또한 윤리평가 시스템, 윤리 위험성(ethics risk) 테스트, 윤리관리 시스템 인증제 등을 통하여 행정 윤리에 대한 조직 구성원들의 기본 마인드를 바꿀 필요가 있다.

[2] 조직 및 구조 측면에서의 방안: 관료에 대한 해방 및 학습조직 구축

윤리적인 측면에서 과도한 내부 규제는 관료로 하여금 부패를 양산하게 하는 원인이 될 수 있는 바, 이에 대한 완화가 필요하다. 또한 윤리의 인식과 내재화가 재생산 될 수 있도록 하여 이를 선순환(virtuous circle)적 의미로 재생산시키는 학습조직을 구축할 필요가 있다.

[3] 환경 측면에서의 행정 윤리 확보 방안: 시민의식의 제고와 윤리 선진국 벤치마킹

행정은 환경 속에 존재하는 것이고 행정의 토양이라 할 수 있는 시민 사회의 윤리 수준은 그만큼 중요하다고 할 수 있다. 따라서 시민 사회의 덕성 제고를 위한 노력으로 그에 상응하는 행정 윤리가 달성될 수 있도록 해야 한다.

또한, 정부가 시민들로부터 정책에 대해 신뢰성을 성공적으로 확보한 스웨덴 같은 행정 선진국의 사례를 벤치마킹하고 사회적 자본으로서의 신뢰가 전반에 구축된 사례를 한국적 특수성에 맞도록 도입해야 할 것이다.

Ⅳ. 결론: 윤리적 행정 국가로의 도약

'윤리적 행정부'는 공익이라는 공동 목적을 실현하는 행정의 궁극적인 목적 상, 모든 행정 행위의 기본이 되어야 할 정치적 표어(political catchword)가 되었다. 특히 공직자의 윤리는 모든 공적 판단의 기초가 되고 올바른 윤리의식의 함양은 궁극적으로 국가 경쟁력과 직결 되는 바 간과되어서는 안 될 가치이다. 한국 정부도 능률성 향상을 위한 각종 개혁 하에 상대적으로 소홀히 여겨질 수 있는 행정 윤리의 확보가 시급한 실정이다. 따라서 사회 전반의 연계적인 개혁으로 선진적인 윤리정부로 도약해야 할 것이다.

강 평

1. 총평

사회 문제로서는 심각한 문제이지만 이론적으로 쟁점이 될만한 부분이 적기 때문에 출제 대상으로는 잘 주목되지 못하는 주제이다. 핵심은 몇몇 윤리이론을 정확히 이해하고 있어야 하며(이기적 윤리이론 추가 필수), 한국 현실에 맞추어 적절한 처방책을 정리해 두어야 한다. 그 처방의 제시에서는 너무 뻔한 말로 방안을 제시하지 않도록 하라. "(행정)부패" 관련 처방안을 몇 개 준거해도 좋다.

2. 보완해야 할 부문

한국의 행정 윤리 확보 방안에서 특히 (2)"조직 및 구조 측면에서의 방안"이 내용이 더 보충되어야 한다. 여러 가지 제도적 방안들이 풍부히 제시되어야 한다. 부패를 방지하기 위한 제도와 어느 정도 중복될 수 있다. 근본적으로는 (1), (2), (3) 세가지 다 새로 풍부히 재구성할 것을 권한다.

3. 추가해야 할 부문

근원주의든 반근원주의든 전통적인 윤리이론을 가지고서는 이기적 개인이 자신의 이익을 위해 행정윤리를 무시하는 행동을 하는 것을 막기에는 역부족이다. 그런 윤리이론에 의해서는 너무나 지당한 방안들 밖에 제시되지 못한다. 공공에게 선한 결과만을 낳는 행동만을 하도록 요구하거나(목적론적 윤리론), 그 자체로 선한 행동만을 하도록 요구하는(의무론적 윤리론) 정도일 뿐이다. 이런 것이 한국의 행정 윤리 확보에 어느 정도 유효한지는 매우 의문스럽다. 그런 행동 처방을 받아들일만한 공무원들이라면 아예 처음부터 올바른 윤리 상태에서 일탈하지도 않을 것이다. 결국 행정 윤리의 관건은 현실의 공무원의 행정 윤리를 설명하는 윤리관이 비현실적이었음을 명증하는데 이에 따라 이기적 윤리관이 매우 새로운 이론으로 부각될 수 있다. 따라서 행정 윤리 확보의 처방에서도 이러한 이기적 윤리관 및 이에 의거한 이기주의적 관료들을 인정하고, 이를 토대로 이기주의적 공무원들로 하여금 행정윤리를 지키는 것이 오히려 자신들의 이기적 타산에 의거하더라도 더 유리한 결과를 가져온다고 판단하도록 유인 및 처벌 기제를 조정하는 방안이 더 구체적으로 제시되어야 한다.

4. 기타 사항

행정 윤리가 최근 대두된 배경에는 미국의 워터게이트 사건(미국의 행정학 문헌의 정부윤리 부분에서는 으레 이것이 등장한다), 한국의 5,6 공 대통령 비리와 같은 주요 사건을 언급하면 좋을 것이다. 그리고 행정 윤리를 준수하는 것이 곧 우리 사회의 국민-정부간 신뢰 및 국제적 신뢰를 높여서 결국에는 국가경쟁력에도 크게 기여하는 것임을 언급할 필요가 있다.

20. 행정 부패

OECD가 추진하는 반부패 규약 가입과 더불어 부패가 국제적 관심사가 된바 있다. 그러나 한국의 반부패지수는 OECD 국가 중 최 하위권을 기록하는 등 부패가 지속되고 있는 것으로 보인다. 한국 행정에서 부패가 지속되는 원인을 밝히고 이를 해결하기 위한 반부패 정책의 방향을 제시해 보라.

예시 답안

Ⅰ. 서: 일상화된 부패의 척결 필요성

OECD의 공공관리 위원회(DUMA)는 성과관리, 책임성, 규제개혁과 더불어 '부패척결'을 품질 높은 정부의 핵심요소로 꼽은바 있다.

부패문제가 국제적인 관심사가 되고 1999년 해외뇌물방지법을 핵심으로 탄생한 반부패라운드에 한국이 참여함에 따라, 우리나라 역시 2001년 부패방지법 제정, 공직자 주식 백지 신탁제 등을 시행중이다. 그러나 최근 잇달아 터진 권력형 비리문제, 경찰들의 뇌물수수 문제는 여전히 일상화된 부패가 한국사회에 자리 잡고 있음을 보여주는바 향후 정부신뢰를 제고하고 청정국가로 나아가기 위한 부패문제의 해결방안 모색이 요구된다.

Ⅱ. 행정 부패의 의의

1. 개념

공직 부패란 공직자가 직무와 관련해 지위・권한을 남용하거나 법령에 위반하여 특정 개인의 이익을 도모하는 행위를 말한다. 소극적으로는 복지부동 등의 행위만을 의미하기도 하나, 대개 적극적 의미로서 뇌물수수, 연고주의 등 공익에 반하는 모든 행위를 포괄하는 의미로 사용된다.

2. 부패의 문제점과 지속되는 이유

1) 부패의 역기능

J. Nye(1967)는 부패의 순기능으로 발전도상국의 경제 발전을 들기도 하였으나, 그보다는 부정적 측면이 더 크다.

① 정치 · 행정적으로 민주주의에 반하는 권력형 비리의 경우 건전한 공무원의 사기를 저하시킬뿐더러, 행정 능력의 손상을 가져오고, 형평성의 문제를 야기한다. 또한 ② 경제적으로도 특혜와 뇌물의 교환이라는 현대적 양태의 수탈로 건전한 시장질서형성을 파괴하며 ③ 사회 · 문화적으로도 정부 불신을 야기하고 사회적 자본으로서의 윤리규범, 신뢰의 파괴를 촉진한다.

2) 부패의 지속성의 원인

① 낮은 공복의식 : 공무원 개인 측면

공직윤리의 미확립, 공복의식의 부족으로 여전히 권한, 지위를 자신에게 주어진 특권으로 인식하는 공무원이 많다. 또한 낮은 보수 수준으로 인해 포획(capture)될 가능성이 높다.

② 행정 통제 기능의 미흡 : 제도적 측면

부패행위가 적발되더라도 처벌 수위는 견책, 감봉 등 솜방망이식 처벌이라는 비판이 존재하며, 사정기관으로서 감사원의 비독립성 역시 부패 통제가 미약한 요인이 된다. 또한 정책 규제의 형태로 온존하는 규제는 개혁의 대상이 되지 못하고 여전히 규제포획의 여지를 남기고 있다.

③ 사회적으로 부패를 용인하는 관행 : 사회 · 문화적 측면

국민 역시 낮은 시민참여 수준으로 적극적으로 부패 등에 대한 통제자의 역할을 하기에는 부족한 측면이 있으며, 부패를 당연시 하는 조직 문화, 관 우위의 전통적 가치관의 존재 역시 부패가 근절되지 못하는 이유이다.

Ⅲ. 향후 반부패 정책의 시행 방향

1. 기본적 방향 : 의식의 개선

Werner(1983)는 “부패를 막는 가장 훌륭한 장치는 감시와 법이 아닌 공동체 그 자체다.”라고 한 바 있다. 즉, 아무리 제도, 법이 존재하더라도 이를 준수하려는 의식이 확보되지 못하면 부패척결은 요원한 문제이다.

따라서 2007년부터 국가청렴위원회가 전개했던 ‘클린웨이브 캠페인’ 등의 지속적 추진을 통해 부패가 당연시 되는 인식을 개선하고, 국민, 시민단체 모두의 적극적 협조가 필요함을 홍보해야 한다.

2. 구체적 방안

1) 공직윤리의 향상

공무원에 대한 윤리교육의 지속적 실시, 그리고 청렴사직서약서(Integrity Pact) 등을 통해 공무원의 윤리의식을 제고시켜야 한다. 형식적 윤리강령이 아닌 실질적 구속력을 발휘하는 공무원 행동강령의 제정도 요구된다.

2) 행정처리 절차의 공개, 내부고발자 보호

서울시가 시행중인 <OPEN 시스템>, 국토해양부의 인허가과정공시제도 <세움터>, 환경부의 <올바로> 시스템과 같은 행정처리과정 공개제도를 통해 부패유발 소지를 줄여야 한다. 또한 국민권익위원회의 조사결과, 내부고발자에 의한 비리신고 적발률이 전체 평균보다 높으며, 추징액의 70%이상이 내부고발에 의하였다는 보고가 있는 바, 확실한 통제기제로 내부고발자에 대한 보호를 통해 부패를 척결해야 하겠다.

3) 최고 지도자의 강력한 의지

싱가폴 리콴유 전 총리는 보수를 높이는 대신 강력한 처벌규정을 통해 싱가폴을 부패 없는 국가로 만든바 있다. 즉, 최고 지도자의 강력한 부패척결의지와 더불어, 공무원에 대한 권한부여와 통제의 조화를 통해 부패를 금기시 여기는 행정문화를 조성해 나가야 한다.

Ⅳ. 결: 규제 강화가 아닌, 시민 참여로

부패는 국가 신뢰를 저하시켜 결국 국가경쟁력을 저해하는 요인이 되는 바, 향후 지속적 발전을 위해서는 부패척결이 핵심 과제이다. 반부패정책은 그동안의 단발적 시행에서 탈피해, 범국민적 차원에서의 의식개선과 행정 내부의 강력한 제재조치 마련의 방향으로 행해져야 하며, 국제 투명성기구(TI)가 반부패시스템의 성공적 작동은 시민참여에서 시작된다고 하였는바 적극적 시민의 역할이 요구된다.

강 평

1. 총평

전형적인 교과서적인 문제이다. 실제 시험에서 이런 문제를 놓쳐서는 안 된다. 이런 종류의 문제는 실제로 천편일률적인 답안이 작성되는데 예시답안도 그 중 하나가 될 것이다. 즉, 예시답안도 그저 평균적인 답안이라고 할 수 있다. 논점을 문제에서 다 주고 있기 때문에 논점을 빠트릴 가능성은 거의 없고 결국 승패는 논점의 내용을 얼마나 충실하게 서술하는가에 있다.

2. 보완해야 할 사항

서론에서 한국의 부패지수에 대한 언급이 필요하다. 문제에서도 OECD에 대한 언급이 있으니 한국의 부패지수가 얼마이며, 이는 OECD 국가 중 어디에 해당하는가에 대한 구체적인 언급이 있어야 한다. 따라서 한국의 부패지수 같은 문제에서 자주 인용되는 수치는 인터넷 등을 통해 숙지하고 있어야 한다.

2장의 2-1)에서 부패의 역기능에 대한 서술을 목차로 나눈 다음 설명을 보완할 필요가 있다. 부패의 역기능은 부패와 관련하여 중요한 논점 중 하나인데 이것을 목차 없이 서술하는 것은 바람직하지 않다.

또 2장과 3장을 연결시킬 필요가 있다. 예시답안은 한국에서 부패가 지속되는 원인과 개선방안은 큰 연관성 없이 서술되고 있는데, 이 둘은 동전의 양면과 같이 밀접한 관계에 있다. 따라서 3장의 목차를 기본적 방향, 구체적 방향으로 나눌 것이 아니

2. 대두 배경

1) 이론적 배경; 담론이론, 참여주의

시민의 정책과정에의 참여를 주장하는 참여민주주의 이론과, 정부의 적극적 정보공개를 바탕으로 의사소통적 합리성이 구현되는 생활세계로서의 시민사회 형성을 주장하는 담론 이론 등, 높아진 시민의 권리의식을 반영하는 이론들이 투명성 개념의 강조 배경이다.

2) 현실적 배경

제3의 민주화 물결과 함께 더 이상 정책과정이 정부의 성역(聖域)으로 남을 수 없게 되어, 시민의 참여가 증대됨에 따라 적극적 행정정보 공개의 필요성이 대두되었다. 나아가 분권과 자율이 강조되는 시대에서 행정의 책임성을 담보하고, 공직부패를 사전적으로 예방하는 차원에서 행정투명성의 요구가 증가하고 있다. 특히 한국의 경우, 전통적 관직사유관에 입각한 권력형 비리가 비일비재하며, 정부의 비밀주의식 독단적 정책결정이 행해졌던 발전국가의 유산을 청산하기 위해서도 행정의 투명성이 강조되고 있다.

3. 관련개념에 대한 논의

1) 행정윤리와 청렴성

청렴성(integrity)이란 공무원이 사적 이익을 배제하고, 공직자에게 요구되는 높은 수준의 윤리적 가치를 준수하고 실천해야 함을 의미하는 개념으로서, 행정윤리를 확보하고 공직자의 청렴성을 담보하기 위해서는 투명성이 필수적 전제가 되어야 한다.

2) 행정부패와 이해 충돌의 회피

이해 충돌(conflict of interest)의 회피란, 공무원의 사적 이익과 공직수행과정이 충돌하는 경우에 있어 이를 미연에 방지하기 위해 사전적으로 그 충돌의 가능성이 투명하게 공개되고 회피되어야 하는 것을 말한다. 따라서 행정부패를 방지하고 이해

충돌 가능성을 회피하기 위해서는 공무원의 이해충돌가능성에 대한 투명성 확보가 전제되어야 한다.

Ⅲ. 행정 투명성의 중요성과 그 확보방안

1. 행정투명성의 중요성

1) 민주성 측면

① 사회자본(social capital)의 축적과 정부신뢰

행정정보가 막힘 없이 공개되는 경우 더 이상 정부의 비밀주의적 정책결정은 불가능하며, 그 과정에서 신뢰(trust)라는 사회적 자본이 공고해 진다. 이는 정부신뢰로 이어져 궁극적으로는 국가발전의 토대가 된다.

② 절차적 민주성과 행정책임의 확보

정보가 공개된 상태에서 다양한 시민의견을 수렴하는 정책과정의 수행은 과정적 합리성으로서 절차적 민주주의를 구현할 수 있다. 최근 국군기무사의 과천이전과 관련해 9차례에 걸친 시민의견 수렴과 정보의 공개를 통해 갈등 없이 원만한 해결이 가능하였다는 사례는 행정의 민주성 구현을 보여준다. 또한 정책시행에 있어 최종책임이 누구에게 귀속되는지를 알 수 있어 행정책임 확보수단으로 기능한다.

2) 효율성 측면

① 정책순응비용의 감소

투명한 정보공개 하에서 행해진 정책결정은 그 집행과정에서 시민의 저항을 줄여 정책비용을 절감시킨다.

② 대리인 비용의 최소화

정부의 정보에 대한 정보비대칭의 상황으로 대리인 문제가 발생하였던 것을 행정투명성이 증대되면 다소 감소시켜줄 것으로 기대된다.

2. 한국행정의 투명성 현황과 구체적 확보방안

1) 한국행정의 투명성 현황

〈정보완전성과 정보접근성 분류에 따른 행정유형 분류〉

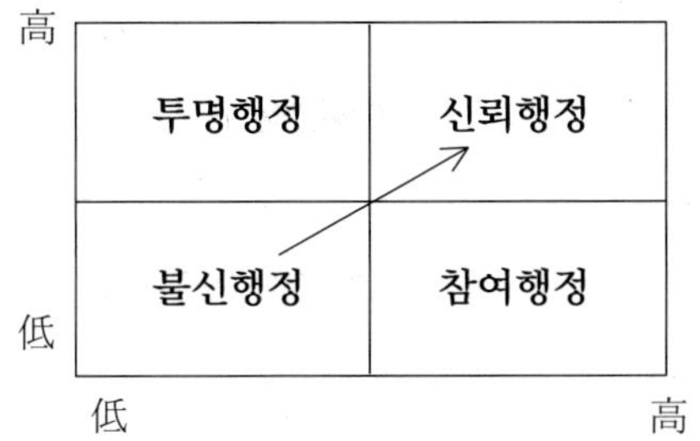

ⅰ) 정보의 접근성, 즉 정보를 얼마나 손쉽게 얻을 수 있는가와 ⅱ) 정보완정성, 즉 정보의 내용이 얼마나 적시성, 타당성이 있는가에 따라 4가지 유형으로 나눌 수 있다.

한국의 행정을 위에서 보면, 국제 투명성기구(T/I)에서의 부패인식지수(CPI) 순위는 2007년 43/180으로 낮은 수준이며, 최근의 T/I 조사에 의하면, 정부의 반부패정책에 대한 국민의 불신정도는 82%로 조사되어 전세계 평균 56%에 훨씬 미치지 못하는 것으로 나타나 <불신행정>에 속하는 상태이다.

2) '신뢰행정'으로 가는 방안

① 인적차원 ; 행정윤리의 확립과 청지기관료로의 변모

공무원의 무사안일주의, 형식주의적 태도를 극복하고, 공직윤리의 확립을 위해 지속적 윤리교육을 통한 가치관의 변화를 유도해야 한다. 또한 서울시, 경찰청 등에서 시행중인 <청렴사직서약서>(Integrity Pact)제도 등을 통해 청지기적 관료로의 변화를 꾀해야 한다.

② 제도적 차원 ; 정책실명제와 정보공개법의 내실화

제도적으로는 정책실명제 실시를 통해 책임소재를 명확히 하고, 환경부 폐기물시스템<올바로>, 공공기관 경영정보 공시 포털<알리오> 등에 등재된 정보의 완전성을 확보하기 위한 노력이 필요하다. 나아가 정보공개법의 내실화를 통해 국민에게 필요한 정보가 적시에 (timely), 타당성 있는 내용으로 제공되어야 한다.

③ 환경적 차원; 주민감사청구권 보장 및 시민옴부즈만

행정 외적 측면에서 민주적 통제과정의 확보와 시민의식의 성숙이 필요하며, 전자정부(e-gov)를 활용해 정보접근성을 높이고 주민참여 등의 외부통제기제를 확대해야 한다. 구체적으로 주민감사청구 발의요건의 완화 및 시민옴부즈만의 확대시행이 요구된다.

Ⅳ. 결; 실천적 가치로서의 투명성 확보

공무원의 부패는 대개 정부권력의 독점성과 자의적 재량권행사의 결합에서 유발된다. 따라서 정부권력의 사용과정을 외부에 공개하게 만드는 투명성은 정부의 재량권행사가 국민의 이익에 부합하도록 만드는 역할을 수행하는 것으로 기대된다. 나아가 단지 소망성에 그치지 않고 IT기술과 결합하여 구체적 실천성의 확보가 가능한 바, 적극적 민주행정 구현의 전제로서 투명성에 대한 지속적 관심과 노력이 필요하다.

강 평

1. 총평

전형적인 교과서적인 문제로 이런 문제에서 고득점을 하려면 다른 사람의 답안과 다른 차별성이 있어야 한다. 그런 점에서 예시답안은 교과서적인 서술에 얽매이지 않고 다양한 내용들을 검토하고 있고, 특히, 행정의 투명성을 제고하기 위한 방안에 대한 설명은 비교적 구체적이고 현실의 한국의 행정사례와 연관시켜 서술하고 있어 돋보이는 부분이다. 다만, 틀린 서술과 모호한 서술이 있어 좋은 점수를 주기는 어렵다.

2. 보완할 사항

2장의 3. 관련 개념에 대한 논의는 사실상 불필요한 부분이다. 문제에서도 이에 대해서 묻고 있지 않고 있는데다가, 굳이 행정학 답안이 아니더라도 상식적으로 알 수 있는 내용들을 나열하고 있어 자칫 답안의 수준을 떨어뜨릴 수 있다. 그리고 2) 이해충돌의 회피란 개념은 답안 서술 내용으로만 보면 모호한 개념이고 행정학에서 많이 사용하는 표현도 아니다.

또한 3장 2. 한국 행정의 투명성 현황을 보면 왜 한국이 불신행정에 해당하는지에 대한 명쾌한 설명이 되어 있지 않다. 국제투명성 기구의 통계수치와 답안작성자가 제시하고 있는 두 변수, 즉 정보의 접근성과 정보의 완전성은 상관관계가 없는 것이다. 답안작성자는 한국의 행정이 '불신행정'이라는 것을 강조하기 위해 권위 있는 기관과 연구에 의존하고 있지만, 정확하게 내용을 알고 서술을 해야지, 자칫 '긁어 부스럼 내는' 상황이 초래될 수 있다.

3. 추가할 사항

먼저 투명성은 행정윤리 및 행정통제와 밀접하게 관련되는데, 행정윤리에 대한 언급은 있는 반면, 행정통제와 관련된 언급은 없다. 2장에서 이를 추가하든지 따로 장을 나누어 서술할 필요가 있다. 또 문제에서 제시하고 있듯이, 3장의 1. 행정투명성의 중요성은 핵심적인 논점인데, 서술 자체가 서브노트식으로 간략하게 되어 있다는 점도 보충해야 할 부분이다.

4. 기타 사항

이런 교과서적인 문제가 나오면 대부분의 학생들이 잘 적기 때문에 답안 차별화를 위해 무리하게 알지도 못하는 내용을 집어넣기도 한다. 예시답안도 그러했는데, 앞서 말했듯이 한국을 불신행정으로 범주화하는 논거가 타당하지 않다. 이럴 경우 고득점을 위해 서술한 것이 오히려 감점의 요인이 될 수 있다. 고시답안은 논문이 아니라는 점을 명심해야 한다. 다른 사람이 모르는 것에 너무 집착할 필요는 없다. 다른 사람이 잘 모르지만 부정확하게 알고 있는 것을 서술하기보다는 다른 사람에게 잘 알려져 있지만 정확하게 알고 있는 것을 서술하는 것이 득점에 도움이 된다.

22. 정보의 비대칭과 행정부패

'정보의 비대칭(information asymmetry)'이 초래한 행정부패의 구체적 사례를 제시하고 그 극복방안을 서술하시오. (20점)

[2010 행정고시 제3문]

예시 답안

Ⅰ. 정보의 비대칭(information asymmetry)의 의의

정보의 비대칭이란 어떤 행위자가 다른 행위자들이 가지고 있는 정보와 다른 정보를 가지고 있는 상황을 의미한다. 보통은 어떤 행위자의 행동이나 특성에 대한 정보를 스스로는 가지게 되지만 다른 행위자는 이를 관찰할 수 없으므로 정보를 가지지 못하는 상황을 의미한다. 이러한 상황에서 야기되는 문제로는 도덕적 해이와 역선택 문제를 들 수 있다.

도덕적 해이(moral hazard)는 특정 행위자의 행동에 대한 정보가 비대칭적인 상황에서 나타나는 문제이다. 특히 주인-대리인(principal-agent) 관계에서 대리인의 행동을 주인이 관찰하기 어려우므로 대리인은 주인의 목표에 맞게 행동해야 한다는 본연에서 벗어나 개인적인 목표를 추구하게 된다.

역선택(adverse selection) 문제는 특정 행위자의 특성에 대한 정보가 비대칭적인 상황에서 나타난다. 자신이나 자신이 보유한 물건이 어떠한 특성을 가지고 있는지는 알지만, 상대방은 이를 관찰하기 어려우므로 결과적으로는 바람직하지 못한 특성을 가진 행위자나 물건만 남게 되는 현상이다.

Ⅱ. 정보의 비대칭과 행정부패

1. 행정부패의 의의

행정부패란 협의적으로는 행정 관료가 지위를 이용하거나 지위 상의 권한을 이용하여 개인적 이익을 추구하는 행위를 의미하며, 광의적으로는 법규의 잘못된 해석, 무능, 무사안일 등의 소극적 행위까지 포함하는 개념이다.

2. 행정부패의 발생 원인: 정보의 비대칭과 관련하여

1) 도덕적 해이와 행정 부패

행정 관료는 국민이라는 주인과 대리인 관계를 맺고 있으며, 정치인을 매개로 복대리 관계를 맺고 있다. 문제는 행정 관료가 어떠한 행동을 하는 지에 대해 국민이나 정치인이 관찰하고 일일이 감시하기 힘들다는 점에 있다. 따라서 행정 관료는 로비 등에 의해 포획되거나 개인의 이익을 추구하는 적극적 부패에 가담할 유인이 있다. 남양주시 세무담당 공무원이 지방세를 횡령한 일이나, 경찰 공무원들이 뇌물을 받고 불법 업소 단속 정보를 알려 주었던 일 등이 바로 그 예이다. 니스카넨(Niskanen)이 주장하듯이 사회 후생이 아닌 예산을 극대화하려고 하는 것도 광의의 부패에 해당한다. 무사안일, 복지부동, 번문욕례(red-tape) 역시 도덕적 해이의 한 유형이라고 볼 수 있다.

2) 역선택과 행정 부패

각종 발주 사업의 경우에 관찰할 수 있는 것이 업체들이 입찰한 가액뿐이라면 양심적이고 성실한 업체들은 응찰하지 않고 저질의 업체들만 남는 역선택 상황이 발생할 것이다. 이런 상황에서 저질의 업체들 간에 각종 로비와 증수뢰 등 입찰 비리가 나타나게 된다. 모 신도시 턴키(turn-key)방식 공사 입찰비리 사건의 경우도 이와 같이 분석해 볼 수 있다. 입찰 비리에 연루된 업체나 공무원들의 행태도 문제이지만 그 배경에는 감추어진 특성이라는 정보의 비대칭 상황도 관련되어 있는 것이다.

Ⅲ. 극복 방안

1. 도덕적 해이로 인한 부패의 극복 방안: 투명성 제고와 유인 설계

도덕적 해이 문제를 해결하기 위해서 '감추어진' 행동을 드러나도록 할 수 있다. 그러나 이를 위해서 행정 조직 내부에서 모든 공무원의 일거수일투족을 감시하는 것은 가능하지도 않고 천문학적인 인력과 예산의 소요를 생각한다면 바람직하지도 않다. 또한 이러한 감시 자체가 오히려 공무원의 복지부동을 조장하는 등 광의의 부패가 증가할 수 있다. 따라서 도덕적 해이를 예방하기 위해 행정의 제 과정에 대한 투명성 강화를 통해 시민들이 이를 통제할 수 있도록 하여야 한다. 서울시의 민원처리 온라인공개시스템(OPEN)이 효과적인 부패 방지 시스템으로 국외에 소개된 것도 이러한 이유에서이다.

더불어 공무원의 행동이 주인(principal)인 국민의 이익과 일치하도록 할 수 있는 유인체계(incentive)를 설계하여 적용하는 것도 좋은 방안이다. 이를 위해서 국민의 이익과 연결되도록 공무원의 성과를 평가하고 이에 따라 보수 및 인사가 반영될 수 있는 시스템을 구축해야 한다.

2. 역선택으로 인한 부패의 극복 방안: 선별과 신호 발송 시스템 구축

역선택의 문제 역시 비대칭 적인 정보로 인한 것이므로 감추어진 특성을 드러나도록 할 필요가 있다. 이를 위해서 정보를 보유하지 못한 정부가 선별(selection)의 노력을 하는 방안과 정보를 보유하고 있는 업체 등이 스스로 정보 공시 강화 등 신호를 발송(signaling)하는 방안이 모두 고려되어야 한다. 입찰비리의 경우에 정부는 입찰 가격 뿐만 아니라 영국의 BV(Best value)방식이 시사 하듯이 업체들의 평판이나 건전성을 모두 파악할 수 있는 입찰 시스템을 구축할 필요가 있다.

Ⅳ. 결: 부패방지 거버넌스의 구축

결국 정보의 비대칭이 초래한 부패는 행정 스스로의 노력만으로는 해결 될 수 없으며 투명성 강화와 시민의 참여, 그리고 이에 대한 제도적인 뒷받침이 있어야 한다. Werner는 '부패를 막는 가장 훌륭한 장치는 감시나 법이 아니라 공동체 그 자체' 라고 하였다. 즉 정부와 시민, 그리고 시장 모두가 관심과 협력을 통해 반부패 사회를 만들기 위한 부패방지 거버넌스를 구축해야 한다. 이렇게 형성된 부패방지 거버넌스는 네트워크 구성원 간의 정보의 신속한 공유를 가능하게 함으로써 정보의 비대칭 상황을 상당부분 완화시킬 수 있을 것으로 기대된다.

강 평

1. 총평

문제는 정보의 비대칭성이 초래한 행정부패의 구체적 사례를 제시하고, 그 극복방안을 서술하라고 하고 있다. 기본적으로 공공선택론의 관점에서 관료를 사익을 추구하는 이기적 존재로 상정하고, 정보의 비대칭성을 통해 사익을 추구하는 과정에서 나타나는 행정부패를 구체적인 사례를 통하여 제시하고, 극복방안을 제시하여야 할 것이다. 제시된 답안은 정보의 비대칭성 문제와 행정부패를 나름대로 사례를 동원하여 제시하고 있으나, 이론적 논의가 부족하고, 구체적 사례를 집중적으로 동원하지 못했다는 점에서 다소 미흡한 수준이라 할 수 있다.

2. 보완해야 할 부문

첫째, 구체적인 사례 1개를 집중적으로 분석하는 방향으로 답안이 구성되고 서술될 필요가 있다. 최근의 문제는 구체적 사례를 제시하도록 요구하고 있는 경우가 많은데, 수험자 입장에서는 미리 주제별로 사례를 준비해두는 지혜가 필요하다고 본다. 둘째, 결론은 본문에서 서술한 내용을 집약하고, 향후 과제를 언급하는 방향으로 서술될 필요가 있다.

3. 추가해야 할 부문

정보의 비대칭성이 행정부패를 유발하는 이론적 근거를 미시경제학 또는 공공선택론적 관점에서 체계적으로 정리할 필요가 있다. 특히 행정을 담당하는 공무원을 공익이 아닌 사익을 추구하는 존재로 보는 기본 가정에 대한 언급이 반드시 포함되어야 할 것이다.

4. 기타 사항

구체적인 사례를 들어 설명하도록 하는 문제의 경우에는 먼저 이론적 틀을 체계적으로 제시하고, 제시한 틀을 적용하여 사례를 분석하고, 여기에서 도출된 시사점을 중심으로 개선방안을 제시하는 방식으로 답안을 구성하는 연습이 필요하다고 본다.

23. 행정개혁의 성패

우리나라 행정혁신의 성공요인과 실패요인을 사례를 들어 논하시오.

[2005 행정고시]

예시 답안

Ⅰ. 서: 진화(evolution)하는 행정을 위한 행정혁신

J. Rifkin이 말한 엔트로피(entropy)의 개념을 차용하였을 때, 행정 혁신이란 부의 엔트로피(negative entropy) 즉 환경의 변화를 수용하면서 외부로부터 새로운 에너지를 계속 주입받아 체제를 유지함은 물론, 국가 경쟁력과 삶의 질을 개선시키려는 인위적인 노력이라고 할 수 있다.

한국 역시 새로운 환경의 변화에 대처하는 과정에서 정부가 일방적으로 강제, 명령하던 발전국가 행정 패러다임을 지나 87년 민주화와 97년 외환위기 사태라는 개혁의 창이 열린 후 시장주의적 행정혁신과 참여적 행정혁신을 시도하여 왔다.

이러한 혁신 과정에서 주창되었던 바람직한 행정의 모습은 어떤 경우에는 성공적으로 달성되기도 한 반면, 어떤 경우에는 실천이 뒤따르지 않는 구호로 끝나버리기도 하였다. 새로운 정부가 들어선지 얼마 되지 않는 현 시점에서 진화하는 행정을 위한 행정혁신 전략을 모색하는 것이 중요하다고 할 수 있는바 이를 위해서는 먼저 지금까지의 행정혁신의 성공과 실패요인을 검토해야 한다.

Ⅱ. 행정혁신의 의의

1. 개념: for better government

행정혁신이란 행정을 의도적으로 개선하는 일련의 활동이나 과정을 의미하며 하드웨어로서의 조직혁신과 소프트웨어로서의 관리기술, 가치관 및 태도의 개선 등을 포함한다. Berry는 행정혁신을 “정부 정책 및 행정 관련 문제를 인지하고 정보 또는 지식을 발굴, 생산하여 새로운 행정 프로그램이나 정책을 채택하는 것" 이라고 하였다.

2. 행정혁신의 필요성: 혁신 없는 정부는 소멸하는 정부

Ingraham이 "행정에서 변하지 않는 상수는 변화의 탐색이다."라고 했듯이 변화하는 행정환경에 맞추어 정부는 끊임없이 혁신을 해야 한다. 특히 세계화와 지방화, 민주화, 지식정보화로 대표되는 현재의 급격한 행정환경의 변화는 정부가 해결해야 할 사회문제를 복잡하게 만들었을 뿐만 아니라 행정에 대한 수요를 급속하게 증가시켰고 이에 대응하기 위한 정부의 혁신 노력은 가속화되고 있는 추세이다.

Ⅲ. 행정혁신의 성공요인과 실패요인: Caiden모형을 기준으로.

1. 인지단계

혁신에 대한 필요성을 인식한 후 행정 혁신의 기대 수준을 설정하고 달성방법에 대해 연구하는 단계이다.

(1) 성공요인: 현재의 문제점과 앞으로의 지향점에 대한 확고한 인식

현재의 위기 상황을 정확하게 인식하고 행정이 나아가야 할 방향에 대해 확실히 이해하고 이를 강력하게 추진하고자 하는 의지를 가지고 있는 경우 혁신은 성공하게 된다. 우리나라는 경제 위기 상황에서 제 2의 도약을 위해 'IT 강국으로의 선언'을 하였으며 대통령의 강력한 의지 아래 국가 전반에 걸쳐 전자적 망(network)을 구축하는 작업을 실시하였다. 그 결과 2006년 UN 경제사회국 전자정부평가지수 5위, 온라인 참여지수 4위를 기록하는 등 전자정부로의 혁신을 성공적으로 수행할 수 있었다.

(2) 실패요인: 국민 참여의 부재

행정의 주인은 국민이고, 따라서 행정 혁신을 추구하는데 있어서는 그 목적이 국민을 향하고 있어야 한다. 혁신을 함에 있어 국민의 참여가 제한되고 국민의 요구

사항을 적극적으로 인지하려는 자세가 부족한 경우 혁신은 성공할 수 없다. 처음 행정서비스 헌장제를 구축함에 있어 고객인 국민의 의견 수렴 노력이 부족하였고 이로 인해 서비스 이행 기준의 구체성 결여, 실질적 보상 체계의 미비 등의 문제가 나타났다.

2. 입안단계

구체적으로 혁신의 목표를 설정하고, 혁신의 내용과 방식 등의 계획을 수립하는 단계이다.

(1) 성공요인: 특성에 맞는 맞춤형 혁신

정부의 모든 기관은 획일적인 집단이 아니라 조직별로 업무의 특수성이 있고 문화가 다르기 때문에 동일한 혁신 모형으로 모든 조직의 문제를 해결하기는 불가능하다. 혁신을 위한 계획의 입안 과정에서는 조직의 특성에 적합한 맞춤형 혁신 모형 설계 노력이 필요하다. 특허청과 특허심판원은 조직의 특성에 맞는 맞춤형 조직 설계를 통하여 효율적인 조직으로의 혁신을 이루는데 성공하였다. 즉 특허청은 비교적 자율성이 많아서 점진적 대안과 합의 형성을 강조하는 조직을 구성하는 반면, 특허심판원은 비교적 자율성이 적어서 합리적 기획과 신속한 제도화가 적합한 조직을 구성한 것이다.

(2) 실패요인: 제도적 정합성(congruence)에 대한 고려 부족

각각의 제도가 아무리 뛰어난 것이라고 하여도 제도 간 조화 가능성이 없고 부정합성이 나타난다면 제도의 성공적 정착이 어렵다고 할 수 있다. 팀제, 총액인건비제는 신축성과 융통성에 무게를 두고 도입한 제도인 반면 고위공무원단과 CDP는 전문성에 초점을 둔 제도이므로 제도들 간의 상충가능성이 존재하며 이는 제도 도입으로 의도하는 혁신의 효과를 약화시키게 된다.

3. 시행단계

앞서 입안단계에서 수립한 계획을 본격적으로 실천하는 단계이다.

(1) 성공요인: 행정 문화에 대한 고려

각 국의 행정은 특유의 행정문화를 가지고 있고 따라서 행정 혁신 효과는 행정 문화에 대한 고려가 뒷받침될 때 기대할 수 있다. 우리나라의 행정문화는 서구에 비해 위계주의적이고 집단주의적이라고 할 수 있다. 운전면허시험관리공단은 위계주의 문화의 바탕 하에서 별동대 조직으로 하여금 change agent 역할을 담당하게 하는 등 조직 문화를 개방, 경쟁적으로 변동시키려는 노력을 병행한 결과 운전면허증 발급 소요시간 단축 등의 혁신을 달성할 수 있었다.

(2) 실패요인: 공무원의 저항

행정의 운영 주체인 공무원은 혁신의 대상이기도 하지만 혁신을 이끌어나가는 주체이기도 하다. 따라서 공무원의 행태와 유인체계에 대한 이해가 부족하고, 공무원을 혁신의 객체로만 인식하는 경우 혁신을 실패하게 된다. NPM에 의거한 일련의 시장주의적 개혁의 시도가 공무원을 변화의 객체로만 바라보고 혁신의 과정에서 공무원의 참여를 유도하지 못하였고 그 결과 공무원의 저항에 부딪쳐 제도의 형식화를 야기하였다.

4. 평가단계

혁신의 진행상황과 성과 등을 분석하고 이를 다시 새로운 혁신 과정에 환류하는 단계이다.

(1) 성공요인: 지속적 학습

혁신의 과정에서 창출된 지식을 저장, 공유, 확산함으로써 새로운 혁신 과정에 환류할 수 있게 된다. 특허청은 업무처리 절차와 그 과정에서 획득한 노하우(know-how)를 집적하고 표준화된 자료를 데이터베이스로 구축하여 공유함으로써 노웨어

(know-where)를 동시에 충족시키는 총체적 학습조직의 구축으로 특허 심사 기간 단축 및 서비스 질 제고라는 혁신에 성공할 수 있었다.

(2) 실패요인: 성과평가와 지속적 관리 부족

아무리 좋은 의도를 가지는 혁신이라고 하더라도 이에 대한 성과평가가 부실하고 지속적인 관리가 부족한 경우 실패하게 된다. 고객지향적 행정을 추구하기 위한 공공부문 e-CRM 도입의 일환으로 청와대가 정책고객서비스 대상자에게 e-mail서비스를 제공하는 혁신을 단행하였다. 오피니언 리더를 망라하여 14만 명에 이르는 정책고객서비스 대상자에게 메일을 보내 정책을 홍보하고 고객의 의견을 수렴하고자 하는 의도로 시작하였으나 컨텐츠와 서비스 질에 대한 지속적 관리의 부족으로 e-mail 평균 개봉률이 26%에 머무는 등 혁신이 실패하였다.

Ⅴ. 결: 성공적 행정 혁신을 위한 제언

한국 행정 혁신에 단 하나의 최고의 길(one best way)은 존재하지 않는다. 보다 바람직한 혁신을 위해서는 혁신의 기본 방향(direction)과 순서 및 타이밍(sequence & timing), 그리고 전략, 내용, 과정(strategy & content & process)에 대한 면밀한 진단이 요구된다. 현 상황에 대한 심도있는 고찰을 바탕으로 혁신을 위한 전제조건이 갖추어져 있는지를 조명하고 지금까지의 혁신 과정에서의 성공요인과 실패요인에 대한 검토를 바탕으로 제도적 측면과 문화적 측면을 모두 고민하는 자세가 필요하다.

강 평

1. 총평

본 문제는 우리나라 행정혁신의 성공요인과 실패요인을 '사례'를 통해 서술하도록 주문하고 있다. 그러나 답안은 행정혁신의 일반적인 내용을 서술하고, 중간에 사례를 간략하게 넣어 작성되었다. 행정혁신의 일반론과 함께 우리나라에서 나타나는 행정혁신의 성공요인과 실패요인을 구체적인 사례를 통해 적절히 제시하지 못하고 있다는 점에서 좋은 점수를 받기 어려운 답안이다.

2. 보완해야 할 부문

첫째, 행정혁신의 개념, 성공요인과 실패요인에 대한 일반론을 제시한 후에 특정한 행정혁신 사례를 중심으로 하나의 장(chapter)을 할애하여 성공요인과 실패요인이 어떻게 영향을 미쳤는지 분석하는 전개가 필요했다. 예를 들어 참여정부가 실시했던 혁신평가정책 등을 사례로 하여 성공요인과 실패요인이 어떻게 영향을 미쳤는지 검토하면 좋은 답안이 될 수 있을 것이다. 둘째, 성공요인과 실패요인을 논함에 있어서 모든 국가에 적용되는 일반적인 내용과 우리나라에만 적용되는 특수한 내용이 있다면 둘을 구분하여 서술하면 더 좋은 점수를 얻을 것이다. 답안에서 제시하고 있는 일반론과 특수론이 혼재되어 있어 한국적 특수성을 제대로 부각시키지 못하고 있다.

3. 추가해야 할 부문

행정혁신의 성공요인과 실패요인을 구체적인 사례를 통해 체계적으로 제시할 필요가 있다. 예를 들어, 참여정부가 행정을 혁신하기 위해 추진했던 혁신평가정책을 개괄적으로 살펴본 후, 행정혁신의 성공요인과 실패요인이 동 정책에 어떠한 영향을 미쳤는지 검토하는 부분을 추가할 필요가 있다.

4. 기타 사항

답안을 작성하기 전에 문제를 꼼꼼히 읽어보고 답안의 목차를 작성한 후에 실제 서술 작업에 들어가는 연습을 할 필요가 있다. 위 문제의 경우 어떤 사례를 선택할 것인가를 좀 더 고민하고, 채택한 사례를 중심으로 성공요인과 실패요인을 검증하는 답안이 되어야 했다고 본다.

24. 행정개혁과 NGO

우리나라의 행정개혁 과정에서 시장지향적인 개혁 모형과 비정부기구(NGO)가 끼친 영향은 크다. 이에 따라 행정개혁 모형으로서 시장지향적인 개혁방식이 지니는 장단점에 대한 논란과 개혁과정에 참여하게 된 비정부기구(NGO)의 역할에 대한 논쟁이 제기되고 있다. [2006 행정고시]

[1] 시장지향적 행정개혁이 지닐 수 있는 한계점에 대해 설명하시오. (10점)

[2] 우리나라의 행정개혁 과정에서 비정부기구(NGO)의 참여에 따른 긍정적 측면과 부정적 측면에 관해 설명하시오. (20점)

[3] 우리나라의 행정개혁이 의도한 효과를 달성하는데 있어, 비정부기구(NGO)의 바람직한 역할에 대해 설명하시오. (20점)

예시 답안

Ⅰ. 서론: 행정개혁의 동반자로 인식되는 비정부기구(NGO)

Ingraham은 "미국 행정에서 변하지 않는 상수(constant)는 변화의 탐색"이라고 하였다. 이는 행정에 있어서 개혁, 혁신, 변화, 개선 등 여러 용어로 나타나고 있는 변화에 대한 추구를 비유적으로 표현하고자 한 것이다. 우리나라의 경우도 예외는 아니어서, 최근 이명박 정부의 도입과 아울러 신발전체제를 구축하고자 하는 행정개혁의 움직임이 나타나고 있다. 하지만, 시장지향적인 개혁의 성공여부는 비단 정부만의 것이 아닌, 국민과 함께 호흡하는 과정에서 나타나는 바, 이에는 특히 비정부기구(NGO)의 역할이 상당히 크다고 하겠다. 따라서 행정개혁의 성패와 관련한 NGO의 바람직한 역할을 탐색하는 것은 중요한 의미가 있다고 볼 수 있다.

Ⅱ. 시장지향적 행정개혁의 한계점: 설문(1)

1. 시장지향적 행정개혁

시장지향적 행정개혁이란, 이론적으로 신공공관리론(NPM)을 배경으로 하고 있고, 현실적으로는 자원난 시대를 탈피하고자 하는 각국의 움직임을 배경으로 하고 있으며, 이념적으로는 능률성의 추구를 배경으로 하고 있다.

특히 신공공관리론(NPM)은 신관리주의와 시장주의를 바탕으로 조직 내적으로는 경쟁주의의 도입, 조직 분권화의 추구를 목표로 하고, 조직 외적으로는 고객 지향적 행정, 규제의 합리화 등을 추구한다. 이러한 신공공관리론에 입각한 행정개혁으로는 1979년 영국의 수상이 된 Thatcher의 행정개혁, 1980년 미국의 Reaganomics, 우리나라 김대중 정부의 행정개혁, 이명박 정부의 신발전체제 구축 등이 있다.

2. 시장지향적 행정개혁의 한계점

Gordon이 강조하는 "언제나 성공하는 문화(winning culture)"는 존재하지 않듯이 시장지향적 행정개혁 역시 그 한계점을 지닐 수밖에 없다.

이를 제도주의적 측면에서 본다면, 역사적 제도주의의 측면에서는 한국의 제도유산(institutional legacy)이 존재하므로 경로의존성(path dependency)이 작용하여 제도개혁을 통해 의도하지 않은 결과가 발생할 가능성이 있으며, 사회학적 제도주의의 측면에서는 모방적 동형화(mimic isomorphism)로 인한 문화충돌이 우려된다.

또한 능률성의 지나친 추구로 인하여 민주성(행정의 기능을 지나치게 민간으로 이양하는 경우 空洞化된 국가 초래), 형평성(계층간의 빈부 격차 심화, 민영화 등으로 인한 수익자 부담의 원칙), 가외성(한국 정부는 복지부문에 있어서 여전히 작은 정부인 바 이에 대해 퇴행적 능률성이 발생)이 훼손될 우려가 있다.

또한 능률화의 추구는 가치에 대한 세심한 판단을 회피하는 바, 이른바 "<잘못 정의된 문제>의 문제(wrong-problems problem)"를 야기할 수 있다. 즉, 진정한 공공문제를 다루는데 필요한 매우 어려운 정치적 선택을 의도적으로 무시하고, '좋은 관리'를 모든 공공문제를 해결할 수 있는 보편적인 해결책으로 강조하는 오류를 범하게 된다는 것이다.

Ⅲ. 우리나라의 행정개혁과 NGO의 참여: 설문(2)

1. 비정부기구(NGO)의 정의

거버넌스의 일원으로서 활동하는 단체는 NGO, NPO(Non-Profit Organization), 제3섹터(the third sector), CSO(Civil Society Organization), VO(Voluntary Organization), 민간단체, 사회단체, 공익단체, 시민단체 등 여러가지로 부르고 있다. 이와 같이 NGO라는 용어는 정부나 정부간 협정에 의해 설립되지 않은 모든 비영리 사적조직들을 포괄하는 광범위한 의미로 사용되어서 그 조작적 정의를 한 마디로 하는 것은 상당히 어려운 일이지만, 정부운영기관이나 영리단체를 제외한 기구나 단체로서, 자발적 결사성을 가지고, 공익을 위해 일을 하는 집단으로 범위를 좁히기로 한다.

2. 행정개혁과정과 NGO

행정개혁(administrative reform)이란 행정의 기구, 관리기법, 기술, 행정인의 태도 등을 의도적, 계획적으로 변화시켜나가는 활동이나 과정이다. Caiden의 분류에 의하면, 행정개혁은 인지-입안-시행-평가의 단계로 나뉘는데, 각 과정에서 NGO가 참여할 가능성은 크다.

(1) 문제 인지단계

행정개혁은 행정체제의 현재 상태와 바람직한 수준과의 격차를 인식함으로써 비롯되는데 이 인식이 일어나는 것이 인지단계이다. 이 단계에서 가장 중요한 것은 개혁필요성에 대한 인식 및 이에 대한 적시성(timeliness)이 중요한 초점이 된다.

가. 긍정적 측면: 기업가적 정치(entrepreneurial politics)

James Q. Wilson의 규제정치이론에 의하면, 감지된 편익이 넓게 분산되고, 감지된 비용이 좁게 집중되는 경우에는 기업가적 정치(entrepreneurial politics)가 형성된다. 환경규제와 같이 잘 동원된 반대와 약한 수준의 지지를 특징으로 하므로. Downs가 분류하는 경세가형(statesman)의 공무원이 있는 경우에는 개혁에 대한 인식이 쉽게 되겠지만, 현실적으로는 어려운 상황이다. 이러한 경우에 NGO가 개혁에 대한 인지를 시키는 과정에서 일반 시민은 고려하지 못하는 긍정적인 측면을 찾을 수 있다.

나. 부정적 측면: 고객정치(client politics)

역시 James Q. Wilson의 규제정치이론을 중심으로 보면, 감지된 편익은 좁게 집중되고, 감지된 비용은 넓게 분산된 경우 고객정치(client politics)가 이루어지게 된다. 이 경우 잘 동원된 지지에 비해 약한 반대가 특징이므로 편익의 수혜자는 편익의 제도화를 위해 정치적으로 지지나 압력을 가하며, 정치가들은 규제정책의 지지자들에게 신속하게 편익을 부여한다. NGO는 Salamon의 "NGO 실패"에 의하면 박애적 온정주의(philanthropic paternalism)를 지닐 수 있다.

(2) 입안단계

가. 긍정적 측면: 파트너십 거버넌스의 달성

행정개혁의 기본방향, 방식을 보다 구체화시키는 단계에서는 정부의 일방향적 개혁이 중요한 것이 아니라, 국민과 함께 하는 행정개혁이 보다 중요하게 된다. 이 과정에서 국민의 뜻을 올바르게 전달할 수 있는 일종의 "전달자"가 필요한데, 일반국민의 경우 행정개혁의 구체적인 방안 제시에 대해서는 많은 거래비용(transaction cost)을 부담해야 하므로, 실질적인 영향을 행사하기 어렵다. 이 과정에서 NGO는 정부와 국민간의 연결고리 역할을 해 주어 보다 바람직한 방향의 행정개혁 방안이 입안될 수 있도록 한다.

나. 부정적 측면: 무분별한 참여로 인한 전문성 저해

하지만, 포스트 모더니즘의 함의에서 알 수 있듯이 다수담론(many talk)이 이루어지는 경우 최종적인 결론을 내리기가 어렵고 자칫 파벌의 해악(mischief of faction)이 발생할 수 있다. 또한 전문성이 부족한 시민단체가 단지 국민의 권리라고 하는 motto만 주장하면서 개혁안에 일방적인 반대를 보내는 경우 합의점에 도달하기 어려워지고, 적정수 담론(some talk)을 통한 심의민주주의는 달성하지 못하게 된다. NGO는 Salamon의 "NGO 실패"에 의하면 박애적 아마추어리즘(philanthropic amateurism)를 지닐 수 있다.

(3) 시행단계

가. 긍정적 측면: 개혁 반대 세력에 대한 저지

행정개혁은 서로 다른 이해관계와 구조적 변화를 의도적으로 수반하기 때문에 필연적으로 저항이 수반되며, 공적상황 내지 정치적 상황 하에서 이루어진다. 그렇기 때문에 올바른 행정개혁이라고 할 지라도 반대세력의 저지에 부딪혀 쉽게 나아가기가 어렵다. 이 과정에서 NGO는 정부의 지지자가 될 수 있다. 과거 <참여연대의 소액주주운동>이 이와 같은 맥락에 있다고 볼 수 있다. 이는 IMF 경제위기로 시작된 김대중 정부의 재벌개혁이 정치적 세력관계를 중심으로 한 조건, 즉 재벌과 야당을 중심으로 한 기득권세력의 반발과 그에 따른 소수정권의 한계로 인해 시행에 차질이 빚어졌어나, 참여연대가 정부 등에 대한 강한 압박을 가함으로써 부분적이나마 성공시킨 사례이다.

나. 부정적 측면: 집행비용의 증대

하지만, NGO가 언제나 정부의 행정개혁과 같은 맥락에 있는 것은 아니다. 정부의 개혁이 바람직하지 못하다고 평가하는 경우(비록 진정 바람직한 것인지는 각각의 입장에 따라 다르겠지만), 정부의 개혁은 커다란 집행비용의 증가를 맞게 된다. 이는 Buchanan & Tullock의 참여자수 결정 모형에서 집행비용의 증가로 인한 총비용의 증가를 의미하는데, <한미 FTA 반대운동>, <이라크 파병 반대운동> 등이 이에 해당한다고 볼 수 있다.

(4) 평가단계

가. 긍정적 측면: 정부개혁에 대한 공정한 평가에 도움

개혁이 이루어진 뒤에는 이에 대한 평가가 뒤따른다. 물론 국민도 현재와 같은 열린 언론이 있는 시대에서는 정부개혁의 성공과 실패를 파악할 수 있지만, 그와 더불어 NGO의 개혁평가도 중요한 의미를 지닌다. 특히 <참여연대>나 <경실련>과 같은 거대 규모의 시민단체는 시민운동을 촉발시킬 힘도 강하고, 여론의 형성에도 큰 영향을 미치는 바, 이러한 NGO 들의 행정개혁에 대한 평가는 행정개혁이 성공적인 경우 국민의 신뢰성을 제고할 수 있고, 실패적인 경우에는 학습효과를 남기기

에 충분하다.

나. 부정적 측면: 책임회피

만약 NGO와 깊게 관련된 행정개혁이 실패했다고 하더라도, 이에 대한 책임을 NGO에게 묻기는 쉽지 않다. NGO는 형식적으로 정부의 소속기관이 아니므로, 이에 대한 법적 책임을 지지는 않는다. 이는 그림자 정부(shadow government), 제3자적 정부(third party government) 등이 지니는 특성들이다. 다만, 이에 대해 국민에 의한 통제는 가능하다고 볼 것이다.

Ⅳ. NGO의 바람직한 역할: 설문(3)

1. 행정개혁의 의도하는 효과

행정개혁은 현재의 상태보다 더 나은 상태를 추구한다. 즉, 행정의 본질에 조금 더 가까이 가고자 하는 것이다. 이명박 정부의 국가 비전은 "선진화를 통한 세계 일류국가"이다. 이를 위한 행동규범으로는 創造的 實用主義 (Creative Pragmatism)를 채택하여, 신발전체제를 구축하고자 한다. 이는 결국 21세기 세계 속의 한국이 나아가야 할 방향을 언급한 것으로서, 정부 출범 초기의 5대 국정목표, 190여개의 국정지표 등은 모두 행정개혁의 일환으로 볼 수 있다.

2. 효과 달성을 위한 NGO의 바람직한 역할

(1) NGO의 자체적인 개혁의 필요성

행정개혁의 효과를 증진시키고자 한다면, NGO도 스스로 가지고 있는 한계점을 극복하려는 노력이 필요하다. Salamon이 지적하는 NGO의 한계는 자원확보능력의 부족인 박애적 불충분성(philanthropic insufficiency), 제한적 서비스제공의 박애적 배타주의(philanthropic particularism), 후원자의 영향력에 좌우되는 박애적 온정주의(philanthropic paternalism), 전문성 부족의 박애적 아마추어리즘(philanthropic amateurism)이다. 이를 극복하기 위해서는 일반시민에 대한 대중적인 지지를 확보하여 자원조달에 어려움이 없어야 할 것이고, 조직 자체의 개방성을 확대하여 외부의 관심

있는 전문가를 영입하려는 노력 등을 충분히 가져야 할 것으로 보인다.

(2) 행정개혁의 과정상 역할

가. 문제인지단계

편향된 집단의 이익만을 추구하지 않도록, 일반 공익을 위한 문제의 인지에 노력을 기울여야 할 것이다. 이는 결국 Kingdon의 정책흐름모형에서 정책창도가(policy entrepreneur) 역할을 해야 한다는 것을 의미한다. 다시 말해서 일반 국민이 정부의 행정개혁 방향을 잘 인식할 수 있도록, 또한 정부의 입장에서는 그릇된 방향으로 문제를 인지하지 않도록 일종의 변혁적 리더십(transformational leadership)을 가진 지도자의 역할을 해야 한다는 것을 의미한다.

나. 입안단계

정책공동체(policy network)에 참여한 하나의 주체로서, 불필요한 개혁에 대한 조언을 하고, 국민의 이익을 대표하는 역할을 해야 한다. 이는 NGO의 입장에서 "전문성을 바탕으로 한 공익의 추구자"가 되어야 한다는 것을 의미한다. 과거 김영삼 정부 시기 <경실련>의 "금융실명제 촉구운동"은 꼭 필요한 개혁을 위해서 정부와 협력한 경우로써, 바람직한 NGO의 활동방향으로 일컬어진다.

다. 시행단계

행정개혁의 실행은 앞에서도 언급하였듯이 반대에 부딪히기 쉽다. Lowi의 <이익집단 자유주의>가 현실적으로 나타나는 시기이기 때문이다. 이 시기에는 상대적으로 정부의 문제해결능력이 낮을 수도 있다. 이익집단간의 견해가 첨예하게 대립하는 상황에서 정부는 최종적 문제해결자(final arbiter)가 되지 못할 수도 있다. 이 경우에는 NGO가 문제해결의 주체가 되어야 한다. 예를 들어 <의약분업사례>에서는 NGO가 높은 전문성 또는 신망이라는 자원을 보유하여 상대적으로 낮은 신뢰를 얻고 있는 정부에 대신하여 이익집단간의 의견을 조정하였다.

라. 평가단계

"칭찬은 고래도 춤추게 한다."는 말이 있다. 이는 사람이건 조직이건 자신에 대한 긍정적 평가를 통해 상당히 고무적인 성향을 띠게 될 수 있다는 것을 의미한다.

NGO나 국민들이 정부의 과(過)에만 집착하고 공(功)에는 인색하지 않았는지 생각해 보아야 한다. 결국 정부의 행정개혁이 잘못된 경우에는 질타가 뒤따라야 할 것이지만, 성공적인 경우에는 그에 합당한 긍정적인 평가를 내려줄 수 있는 NGO의 역할이 필요하다 할 것이다. 이는 결국 조직의 학습으로 이루어져 더 나은 행정을 펼칠 수 있는 선순환(virtuous circle) 구조를 가질 것임에 틀림없다.

Ⅴ. 결론

이미 시장실패와 정부실패를 경험한 상황에서 정부, 민간만으로는 사회문제의 해결이 될 수 없음을 우리는 인식하고 있다. 이러한 상황에서 NGO의 역할은 더욱 커지게 된다. 더군다나 행정개혁과 같이 사회의 저변 기제를 바꾸는 경우에는 각 계층의 이익구조가 변화하게 되어 타협의 접점을 더욱 찾기 힘들어진다. 이러한 상황에서 우리나라의 NGO가 가져야 할 자세 및 역할을 탐색해 보는 것은 행정학을 연구하는 우리 모두가 함께 생각해 보아야 할 중요한 문제일 것이다.

강 평

1. 총평

문제는 행정개혁과 NGO의 바람직한 역할에 대해 묻고 있다. 답안은 문제가 요구한 대로 시장지향적 행정개혁의 한계, 행정개혁과정에서 NGO의 긍정적/부정적 역할, 향후 NGO의 바람직한 역할을 무난하게 서술하고 있다. 행정개혁의 과정별로 NGO의 역할을 서술한 것은 돋보이나, 시장지향적 행정개혁의 한계에 대한 서술은 내용이 다소 빈약한 것으로 보인다.

2. 보완해야 할 부문

문제와 답안에서 지적하고 있는 바와 같이 행정개혁에서 NGO의 역할은 긍정적 측면과 부정적 측면이 있다. 그러나 기본적으로 행정개혁의 주체는 정부가 되어야 하며, NGO의 역할은 보완적, 보조적 역할을 적절히 수행할 필요가 있다. 즉 행정개혁에서 정부와 NGO의 기능분담이 어떻게 이루어지는 것이 바람직한가에 대한 논의를 정리해 줄 필요가 있다고 본다. 특히 행정개혁의 주체인 정부가 스스로 수행할 수 없는 문제를 NGO가 효과적으로 해결하는데 도움을 줄 수 있는지를 부각시킴으로서 긍정적인 측면을 서술하고, 부정적인 측면은 가능한 한 줄이는 방법을 구체적으로 제시할 필요가 있다고 본다.

3. 추가해야 할 부문

첫째, 시장지향적 행정개혁이 갖는 문제점을 보다 이론적인 측면에서 구체적으로 서술할 필요가 있다. 특히 공공부문에 대한 시장주의(경쟁, 성과주의)의 도입이 가져오는 한계를 민간부문과 비교하고, 이에 대한 대안으로서 NGO를 통한 행정개혁의 필요성을 제시했으면 더 좋은 답안이 되었을 것으로 생각한다. 둘째, 행정개혁에 대한 NGO의 참여가 근본적으로 민주주의제도 하에서 어떠한 의미를 지니고 있는지 지적해줄 필요가 있다. 대의민주주의제도 하에서 행정개혁의 주체는 정부라 할 수 있지만, 근원적인 정부권력은 국민으로부터 나온다는 측면에서 정부가 대리인으로서 자체적으로 수행할 수 없는 행정개혁에 대해 주인인 국민이 NGO를 결성하여 참여하는 것이 어떤 의미를 지니고 있는지 적절히 서술할 수 있었으면 좋았으리라 생각한다.

25. 행정개혁의 특성과 과제

한국의 행정 환경은 급변해 왔고 그 변화는 아직도 현재 진행형이다. 이에 발맞추어 한국 정부 역시 혁신의 노력을 늦추지 않고 있다. 수많은 혁신들 중에서는 비교적 성공적으로 진행된 것들도 있지만 실패로 간주되는 것들도 있다. 이러한 차이는 어디에서 오는 것이며, 성공적인 행정 혁신의 요건은 무엇일까.

(1) 정부 혁신의 계기와 원인은 무엇인가?

(2) 한국의 정부 혁신은 어떠한 접근 방법에 근거하고 있다고 볼 수 있는가?

(3) 한국의 정부 혁신의 특징은 어떠한가? 정부 역할의 변화와 관련하여 설명하라.

(4) 한국의 정부 혁신 과정에서의 문제점과 과제는 무엇인가?

예시 답안

Ⅰ. 서(序); 행정 개혁의 어려움과 필요성

S. Huntington은 행정 개혁을 달리는 자동차의 바퀴를 갈아 끼우는 것에 비유하여 그 어려움을 토로한 바 있다. 행정개혁은 단순한 적응을 넘어서 인위적인 변화를 필요로 하는 작업이기에 구성원의 저항을 유발할 수밖에 없음을 빗댄 말이다. 그러나 지속적인 국가경쟁력의 향상을 위하여 행정혁신은 이제 시대적 과업이 되었다. 한국은 참여정부 시설 UN으로부터 정부혁신부분 특별공공행정상(Special public service award)을 수상하는 등 세계적인 혁신선도국으로 부상하고 있는 바, 이제는 행정혁신 현상을 다각적 관점에서 검토해 봄으로써 향후 지속적인 개혁의 추동력을 확보할 수 있는 방안에 대한 모색이 필요한 시점이다.

Ⅱ. 정부 혁신의 의의

1. 개념과 성격; 고통 분담의 예술이자 가치의 전쟁

Caiden은 "혁신, 그것은 조직의 자기조절적 적응과 구별되는 개념이다"고 하였다. 이는 곧 환경변화에 대한 평균적 적응을 넘어 일종의 저항을 극복하고 인위적인 변화를 유도해 가는 작업이 곧 정부혁신임을 의미하며, 따라서 필연적으로 가치의 갈등을 수반할 수밖에 없음을 시사한다. 즉, 정부혁신은 개혁보다 광범위하고 긍정적인 개념으로 이해되며, 새로움(New)과 생산성(Productivity)의 핵심적 특징으로 요약된다.

2. 정부 혁신의 계기 · 원인

1) 국가 발전의 필요성

세계화로 인해 모든 지식 · 자본 · 노동의 국가간 이동이 가능해졌으나, '정부'만은 수입 · 대체가 불가능하다. 정부 혁신은 국가경쟁력과 비례하는 경향이 있는 바, 국가 경쟁력 순위에 비해 공공부문의 경쟁력이 현저히 낮은 한국의 경우 지속적 국가발전을 위해 정부혁신은 필수적이다.

2) 행정환경의 변화

세계화 · 민주화 · 정보화로 대표되는 행정환경의 변화는 정부로 하여금 기존과는 다른 역할을 수행할 것은 종용하고 있으며, 특히 시민사회의 성숙과 전 세계적 감축관리의 유행은 가장 중요한 정부혁신의 원인으로 자리 잡게 되었다.

3) 대외적 수사(rhetoric)와 인기주의(populism)의 표방

위와 같은 경우 외에도, 정권이 교체되거나 대중의 지지를 획득하여 정권의 민주적 정당성을 확보하고자 하는 필요가 생긴 경우에 있어서도 정부개혁이 유발될 수 있다.

Ⅲ. 정부 혁신을 보는 세 가지 접근방법; Thomas. Whisler의 분류를 기준으로

1. 합리적 · 관료제적 방법; '구조' 측면

행정의 3대 변수 중 '구조'적 요인의 변화를 통해 개혁이 가능하다고 보는 입장이다. 이는 조직의 개편, 절차, 기술의 변화와 같이 외형적 조직 구조의 변화에 치중하나, 국민의 지지나 행정인의 수용을 고려하지 않는 한계로 개혁이 형식화되어 행정 구조와 실제 활동간 괴리를 유발할 우려가 있다.

2. 참여 · 인간관계적 방법; '인' 측면

행정인의 변화가 구조의 변화보다 중요하다고 보는 접근 방식으로 행정개혁은 행정인의 참여와 욕구의 충족을 통해 조직목표와 개인목표를 일치시킴으로써 성공할 수 있다고 본다. 그러나 '인간'에 초점을 두기 때문에 많은 시간이 소요되며, 개혁의 대상과 주체가 동일하다는 점에서 그 변화 정도의 한계가 있다.

3. 통합적 접근방법 '인 · 구조 · 환경'의 동시접근

이는 행정구조 · 인 · 환경을 모두 중시하는 체제적 접근 방식으로, 행정개혁이 이루어지려면 우선적으로 정치권 및 일반국민의 지지가 있어야 하고 이에 더해 행정인의 이해와 참여가 추가되고, 그 다음으로 조직 구조의 변화가 행해져야 한다고 본다.

4. 한국의 정부 혁신방법에 대한 평가; 구조적 개혁에 치중

그동안 정부 개혁방법은 주로 물량주의적 감축과 조직구조의 개편에 치우친 합리적 · 관료제적 방법이었던 것으로 평가된다.

참여정부의 팀제 등도 변형된 Part Leader의 존재로 실패하였고, 최근의 실용정부의 대부대국주의 역시 행정인의 수용도를 고려하지 않은 물리적 부처 결합을 추구하고 있다. 이는 2000년 전 Petronius가 "조직개편은 발전하는 환상을 심어주기에 충분하나, 결국 비능률과 사기저하를 유발한다."고 하였던 것에서도 그 문제를 발견할 수 있다.

Ⅳ. 정부역할의 변화와 한국정부혁신의 특징

1. 시장과 정부; 시장으로의 기능 재분배와 규제완화

비대해진 정부부문에 대한 감축관리의 세계적 유행으로 한국 역시 정부의 개입 축소를 지향하는 행정개혁이 지속되고 있다. 국민의 정부시절 시작된 공기업 민영화에서부터 최근 실용정부에서의 각종 경제적 규제 완화 정책이 그 예이며, 금산분리의 폐지정책 등은 시장의 자생력을 키우고 정부의 개입영역을 축소하려는 의도로 해석된다.

2. 집권과 분권; 권한의 위임과 내부규제 완화

상위층에 의한 하향식·집권적 관리는 거래비용이론이 시사하듯이 행정의 하부 첩정에서의 비용증대를 유발하는 바, 향후 정부의 관리방식은 권한의 위임(empowerment)과 조직 내부의 불필요한 규칙·통제의 완화이어야 한다. 최근 도입된 프로그램 예산제도 및 총액인건비 제도는 예산활동에 있어 하위관리자의 권한을 확대시켜 주었으며, 인사행정에 있어 직급간 수를 축소함으로써 불필요한 결제 단계를 축소시키는 등 내부규제 완화도 활발하다.

3. 자율과 책임; 성과관리제도의 보편적 적용

최근의 정부개혁의 핵심은 자율의 부여와 성과를 통한 책임의 확보에 있다. 즉, 기존에 투입을 사전적으로 통제하던 관리방식에서 벗어나, J. Galbraith가 불확실한 환경 하에서는 하부조직 구성원 스스로의 목표설정과 수뇌부는 그 결과를 통제하는 방식이 유효하다고 한 것처럼 자율을 부여하는 대신 결과에 대한 책임을 확보하는 방식으로 변화하고 있다. 직무성과 계약제나 총액배분자율편성 예산제도의 도입 등이 그 예이다.

4. 시민과 고객; 고객지향 행정

신자유주의적 행정 개혁의 핵심은 국민을 '고객'으로 인식하여 고객만족행정을 실현하는 것인 바, 행정의 수요자, 소비자인 고객의 편의를 최우선시 하고 있다. 서초구의 'OK민원 서비스 제도'는 맞벌이 부부를 위한 주말근무를 시행중이며, non-stop 행정서비스 구현으로 한국생산성본부의 iso9001 인증을 받았으며, 법무부의 출입국 심사관리제도(KISS)는 대기시간을 40%나 절감시켰다.

Ⅴ. 한국정부혁신 과정에서의 문제점과 향후 과제

1. 시장과 정부; 섣부른 민영과 경계와 규제 합리화

실용정부의 상수도 민영화 등과 관련해 공공요금의 인상가능성이 점쳐지면서 시민생활의 안정성이 위협받고 있다. 정부기능의 민간이양은 능률성을 제고시키는 측면도 있지만, 17년 전 행해진 라틴아메리카의 공기업 민영화 결과 초국가기업에 의한 기간산업 잠식과 민간업자의 불합리한 요금체제 등의 문제가 발생했다는 사실도 되새겨볼 필요가 있다.

시장으로의 정부기능 이양이 타당하기 위해서는 해당분야에서 경쟁성이 확립된 경우이어야 하며, 미국의 경우 민간으로의 정부기능이 이양될수록 정부의 반독점규제(anti-trust regulation)는 강화된다는 사실은 현재 우리 정부의 규제정책과 관련해 시사하는 바가 크다.

2. 집권과 분권; 부패의 척결과 실질적 권한 위임의 조화

한국행정은 실적관료제가 확립된 서구와 달리 발전행정의 경로의존성을 지니고 있는 바, 내부적 규칙 · 통제의 완화에 앞서 행정부패의 통제장치에 대한 합리적 고려가 요청된다.

즉, R. Behn이 '책임성의 딜레마'를 통해 지적하듯 내부규제완화와 정치적 책임성 확보는 상충관계에 있는 바, 한국의 경우 관료제의 부패라는 의도하지 않은 효과를 고려한 개혁이 요구된다. 또한 Ingraham과 Johnson은 개혁의 성과를 좌우하는 핵심은 구성원의 수용도 라고 하였듯, 형식적 권한 위임이 아니라 행정과 국민이 만나는 첩정에서의 일선관료(Street-level bureaucracy)에 대한 실질적 권한 위임을 통해 행정개혁을 완성시켜야 한다.

3. 자율과 책임; 합리적이고 공정한 평가 및 분배

지나친 성과지향적 개혁은 책임지기를 두려워 하는 관료제의 속성상 오히려 미온적이고 소극적인 복지부동적 태도의 행정인으로 변모시킬 가능성이 크다. 기본적으로 현상유지적 편향(status quo bias)이 강한 공조직의 속성을 고려해 성과지향적 개혁에 앞서 실질적인 자율관 부여가 이루어져야 하며, 성과에 대한 공정하고 합리적 평가와 배분을 통해 구성원의 적극적 태도변화를 유발해야 할 것이다.

4. 시민과 고객; 시민대표적 관료제로의 변모

'고객'으로서의 시민개념은 행정서비스의 적극적 향유능력 없는 사회적 약자를 소외시키고 행정의 공익성과 형평성 가치를 훼손시킬 우려가 있다. 따라서 수익자 민주주의나 복지의 사각지대가 발생하지 않도록 행정의 주인(owner) 시민을 대하는 태도가 요구되며, Chandler가 말하는 시민대표적 관료제로의 변모가 필요하다.

Ⅵ. 결; 자동혁신장치의 구축을 위하여

20세기 후반, 그리고 21세기의 시작과 더불어 공공관리의 특징을 한 단어로 표현하면 그것은 '변화'라고 하였던 H. Frederickson의 말처럼 현재 한국 행정 역시 각종 혁신시책들로 인해 "혁신의 기업화" 현상을 경험하고 있다. 그러나 정책들 간의 연계성 · 정합성 미확보와 조직구성원의 개혁에 대한 지지도 확보하지 못한 채 행해지는 행정개혁은 오히려 행정의 공익성을 훼손시키고, 조직 내 개혁의 피로감만 쌓이게 한 채 단발적 시책으로 끝날 가능성이 크다. 따라서 차후 정부혁신은 보다 체계적인 정책 방안의 토대 위에서 일순간의 변화가 아닌 지속적이고 총체적인 변화를 유도할 필요가 있는 바, 이를 위해 자동혁신장치의 구축방향모색이 필요한 시점이다.

강 평

1. 총평

행정개혁에 관한 거시적인 문제로, 실제로 이런 식의 문제가 나오면 목차를 구성하거나 논점 잡기가 쉽지 않지만 문제에서 이미 중요한 논점을 제시하고 있기 때문에 답안 작성이 크게 어렵지는 않다. 그리고 실제 예시답안도 무난하게 서술되어 있는 것으로 보인다. 다만, 고득점을 위해서는 이 정도의 서술만으로는 부족하고 좀 더 내용을 풍부하게 할 필요가 있다.

2. 보완해야 할 사항

2장의 2. 정부혁신의 계기 원인의 목차를 1) 객관적 동기와 2) 주관적 동기로 나누는 것이 좋다. 객관적 동기는 기능주의 이론에 입각하여 정부혁신이 어떤 기능적 필요에서 이루어지는 것인 반면, 주관적 동기는 정부혁신이 개혁추진세력들의 사적인 이해관계 내지 정치적 이유에서 이루어지는 것을 말한다.

3장의 행정개혁의 접근방법에 대한 서술은 행정의 3대 변수인 구조, 인간, 환경으로 나누어 무난하게 서술하고 있다. 다만, 설명이 너무 간략한데 이 부분에 대한 보완이 필요하다. 4장은 정부의 역할과 관련하여 한국의 정부 혁신 과정을 설명하는 부분인데, 3. 자율과 책임은 내부관리의 문제로 정부의 역할과 기능과는 직접적인 관계가 없다. 이 부분은 생략하는 것이 바람직하다. 그리고 2. 집권과 분권도 내부 관리상의 집권과 분권으로 이해하고 있는데, 이것도 중앙정부와 지방정부 사이의 관계로 바꿔야 한다. 정부의 역할과 기능은 정부가 다른 주체들 또는 환경과 어떤 관계를 맺는가라는 정부 밖의 문제이기 때문에 정부 내부의 관리문제는 여기에 포함되는 것이 아니다. 따라서 5장의 내용도 4장의 내용에 맞게 바꿔야 할 필요가 있다. 특히, 5장의 1과 2는 한국의 사례에 맞춰 문제점을 지적하고 있는데, 3과 4는 한국의 사례와는 관계없는 일반론을 서술하고 있다. 이 부분의 서술도 4장의 제목과 같이 한국 정부혁신 과정에서의 문제점을 중심으로 재구성해야 할 것이다.

3. 추가해야 할 사항

전술한 바와 같이, 집권과 분권도 중앙정부와 지방정부 사이의 관계로 이해해야 하며, 따라서 4장의 2. 집권과 분권에서의 서술도 최근 노무현 정부와 이명박 정부가 추진하고 있는 분권 개혁에 대한 평가를 포함해야 한다. 특히, 지방자치의 실질적 보장이라는 관점에서 지방재정의 자립도를 높이기 위한 제도개혁이 이루어져야 한다는 점을 명시할 필요가 있다.

4. 기타 사항

이런 거시적인 문제는 고시 문제 중 가장 쉬운 문제에 해당한다. 특정 분야나 이론에 대한 구체적이고 정확한 지식이 없다고 하더라도 일반적인 논의로 쉽게 넘어갈 수 있기 때문이다. 그래서 이런 유형의 문제는 답안의 우열이 크게 나타나지 않는다. 즉, 매우 잘 쓴 답안도 매우 못 쓴 답안도 없이 대부분의 답안이 평균 수준을 보이는 것이 보통이다. 따라서 이런 유형의 문제에 대해 지나치게 잘 쓰려고 하다가 분량이 초과되든지 시간이 부족해질 수 있으므로, 다른 사람이 받는 만큼만 받겠다는 생각을 가지고 답안을 작성하는 것이 중요하다.

26. 행정개혁과 신공공관리

다음 지문을 읽고 물음에 답하시오. [2009 행정고시 제1문]

〈지문 1〉

'작은 정부'의 정책 기조도 유지돼 올해 국가공무원 정원은 지난해 말 60만 7,628명 수준으로 동결된다. 하지만 중앙정부 기능에 대한 '아웃소싱' 형태인 법인화와 지방이양이 이루어질 경우 국가공무원 정원은 상당 부분 줄어들 수 있다. --- 우선 ○○의료원, ○○병원, ○○청 등을 법인화 우선추진 대상기관으로 선정했고, ○○부 산하 ○○본부와 ○○대학교 등에 대해서도 법인화 추진방안을 논의하기로 했다.

- oo신문, 2009.1.21. -

〈지문 2〉

최근에 중앙정부와 각 지방자치단체가 도입하고 있는 균형성과관리제도(BSC)는 기존 성과평가 방식에서 벗어나 고객관점 등 비재무적 활동을 평가한다는 점에서 새로운 평가시스템으로 주목되고 있다. 특히 지방자치단체의 체계적인 성과관리를 위해서는 '성과'와 '과제'를 통합 관리하는 시스템이 필요하다는 의견이 제시됐다. --- ○○시는 통합 성과관리시트템을 통해 조직의 발전전략과 성과지표를 개발하고 부서 및 개인별로 목표를 설정한 뒤 달성정도를 체계적으로 관리하고 평가해 인사와 성과급 지급에 반영할 계획이다.

- ○○신문, 2009.2.5. -

[1] 신공공관리론의 관점에서 위 두 지문의 사례가 갖는 공통점과 차이점을 논하시오. (30점)

[2] 위 두 지문에서 제시된 행정개혁 사례의 적실성과 한계에 관하여 다음 주장에 유의하면서 논하시오. (20점)

"2008년 이후 세계적인 금융 및 경제위기로 인해 사회과학 전반 그리고 행정학에서도 정부와 시장의 역할 및 가치가 새롭게 조명되고 있다."

예시 답안

Ⅰ. 서: 신공공관리론의 등장과 위기

사회문제의 실효적인 해결을 위해 대두되었던 복지국가가 정부의 지나친 비대화, 행정 비효율성 등의 한계를 보임에 따라 1980년대 이후 새로운 행정개혁의 패러다임으로 신공공관리론이 대두되었다. 서구에서는 이에 따른 다양한 행정개혁들이 시도되었고 그 결과 신공공관리론은 행정의 새로운 지향점으로서 전세계적인 동형화(isomorphism) 현상을 보였다.

우리나라에서도 정부의 기능 재조정, 성과 평가 제도의 확립 등 다양한 개혁 노력들이 있어왔다. 한편, 2008년 발생했었던 미국 발 금융위기를 통해 시장의 한계와 정부의 역할이 강조되면서 신공공관리론의 주요한 이론적 근거들이 공격받고 있는 상황이다. 이러한 시점에서 정부기관 법인화, 균형성과관리제도 도입 등 현 정부의 신공공관리론적 행정개혁의 적실성에 대하여 논하는 것은 꼭 필요한 과정이라고 할 것이다.

Ⅱ. 설문 1): 신공공관리론에 입각한 사례의 분석

1. 신공공관리론(New Public Management: NPM)

1) 의의

신공공관리론(New Public Management: NPM)이란 행정의 효율성을 증진시키는 것을 목표로 하여 시장 기능을 활용한 작고 효율적인 정부의 구축과 그 과정에서 성과관리체계를 구축하고자 하는 서구 행정개혁의 한 흐름을 의미한다.

2) 대두배경

(1) 이론적 배경

신공공관리론은 행정에 민간 기업의 경영기법을 도입하여 효율적인 행정을 추구하고자 하는 신관리주의와 시장의 우월성을 주장하며 엄격한 시장성 테스트를 통해 정부의 기능을 민간에 이양하고자 하는 시장주의를 그 이론적 기반으로 한다.

(2) 현실적 배경

복지국가의 정부 실패(Government Failure)에 대한 민간의 인식 확산으로 인한 정부 불신 누적, 1980년대 영국의 대처, 미국의 레이건 등이 주축이 된 신보수주의 정권의 등장 등이 신공공관리론의 현실적인 등장 배경이 되었다.

(3) 내용

신공공관리론은 ①정부기능의 재조정을 통한 작고 효율적인 정부 구축 ②민간경영 기법의 도입을 통한 성과 관리 체제 구축 ③기존 관료 중심의 행정에서 탈피한 고객 중심의 행정 구축 등을 그 내용으로 한다.

2. 각 사례 분석

1) 지문 1: 법인화를 통한 정부 기능의 재조정

<지문 1>은 기존에 정부의 영역에 속해있던 각종 공공기관들에 대한 법인화를 통해 정부의 조직을 축소하려는 노력을 보여주고 있다. 공공기관이 법인화 될 경우 기관에 봉사하고 있던 공무원들은 자연히 공무원의 지위를 상실하고 법인의 직원이 될 뿐만 아니라, 법리적·현실적으로도 정부의 영향력이 줄어들게 되므로 정부 규모 감축에 기여하게 된다.

2) 지문 2: 균형성과관리제도(BSC)

<지문 2>는 균형성과표(Balanced Score Card)의 공공부문 도입에 대한 글이다. Kaplan, Norton 등에 의해 제안된 BSC는 조직의 비전 및 전략에 근거하여 도출되는 재무, 고객, 내부 프로세스, 성장과 학습 등 네 관점의 핵심성공요소를 핵심지표로서 평가하는 전략적 성과평가 제도이다. BSC는 상호 관련된 네 관점에서 조직과 사업을 평가함으로써 균형있는 성과평가를 가능하게 하고, 성과지표들 간의 관계를 인과관계로 명확히 하여 핵심 성공요인에 대한 이해를 증진시킨다.

3. 신공공관리론의 관점에서의 두 사례 비교

1) 공통점

(1) 행정의 효율성 중시

두 사례는 모두 보다 효율적인 행정을 위한 노력으로 행정의 효율성을 그 이념적 지향점으로 삼는다. 법인화의 경우 지나친 정부 조직의 비대화로 인한 통제 불가능성에 따른 도덕적 해이(moral hazard)와 조직 내 비능률을 경계하고자 하는 시도이다. BSC의 도입은 합리적인 성과 평가 체제를 구축함으로써 행정에 민간의 경쟁메커니즘을 도입하여 보다 효율적인 행정을 추구하고자 한다. 이는 신공공관리론의 지향점과 상통하는 점이다.

(2) 경쟁메커니즘의 도입

법인화의 경우 기존 정부가 가지고 있던 공공서비스의 기능을 민간과의 경쟁에 노출시킴으로써 경쟁 압력을 통해 서비스의 질을 향상시키고자 한다. BSC의 도입 역시 성과 평가 체제를 합리화하고 그를 성과급, 인사 등에 반영함으로써 행정의 내부시장화를 도모한다. 신공공관리론의 내용이 반영되어 있는 시도라고 평가된다.

2) 차이점

(1) 이론적 배경

<지문 1>의 법인화는 정부의 규모를 축소하고 정부의 기능을 시장에 이양하고자 하는 시장주의를 그 이론적 배경으로 한다. 반면 <지문 2>의 BSC의 공공부문 도입은 민간의 각종 경영 관리 기법을 행정에 도입함으로써 행정이 효율화될 수 있음을 신뢰하는 신관리주의를 그 이론적 기반으로 한다. 두 이론이 모두 신공공관리의 이론적 기반을 형성하고 있으나 구체적인 지향점과 내용에 있어서는 차이가 있다.

(2) 개혁의 목표

<지문 1>의 법인화는 정부 기능을 재조정하여 민간이 보다 효율적으로 수행할 수 있는 기능은 민간에 이양함으로써 정부 규모를 축소하고자 하는 작은 정부로의 개혁을 그 목표로 한다. 반면 <지문 2>의 BSC의 공공부문 도입은 정부 부문에도 경

쟁원리를 도입하여 성과 관리 체제를 구축하고 성과에 따른 통제를 도모하는 것이 그 목표이다. 두 사례의 목표가 모두 신공공관리론이 추구하는 바이나 구체적인 내용에 있어서는 차이가 있다.

Ⅲ. 설문 2): 사례의 적실성과 한계

1. 〈지문 1〉의 사례: 공공기관 법인화의 평가

1) 시장주의적 행정개혁과 그 한계

(1) 시장주의적 행정개혁의 의의

복지국가 내지는 발전국가의 큰 정부를 배척하고, 정부 기능과 역할을 축소하고 경쟁적 시장의 역할을 확대할 것을 추구하는 행정개혁으로, 신자유주의와 그 맥락을 같이한다. 규제의 최소화와 복지 프로그램의 축소를 주장하며 정부가 사회문제의 해결자가 아닌 사회문제 그 자체라고 인식하고 정부의 규모를 최소화 할 것을 주장한다. Guy Peters의 국정관리 유형중 시장모형(market government)을 지향하는 개혁이다.

(2) 시장주의적 행정개혁의 한계

①시장은 사회적 약자에 대해 무자비한 성격을 지니고 있어 사회적 배려가 부족한 행정이 될 수 있고 ②경제적 효율성을 단일한 기준으로 사용함으로써 가외적 장치가 필요한 경우 그와 같은 장치의 부재를 초래하여 행정의 안정성을 위협할 수 있고 ③지나친 분권화로 인한 통제와 조정의 어려움이 발생한다. ④공공서비스를 검증되지 못한 민간주체가 공급함으로써 전반적인 서비스의 질 저하도 나타날 수 있다.

2) 적실성

신자유주의적 행정개혁의 동형화로 정부 규모를 감축하는 조직개편이 지속적으로 추구되어 왔다. 정부의 비효율성을 야기하는 공무원에 대한 인력감축은 필요한 것이지만 무분별한 단기적인 감축 성과만을 지향하는 법인화는 지양되어야 할 것이다. 특히 우리나라의 경우 경찰, 교육, 사회복지 등 민간 생활과 직결되는 공공서비스 부문의 공무원 수가 다른 선진국들에 비해 많이 부족한 것이 현실이다. 따라서 공공기관을 일률적으로 법인화하는 것은 그 적실성에 문제가 있다. 시장의 한계와 정부 역할의 중요성이 새로이 주목받고 있는 작금의 상황은 무조건적인 정부 규모의 감축이 오히려 사회 전반적으로 비효율적인 결과를 낼 수 있음을 시사하고 있는바, 엄격한 평가와 검증을 통해 대상 기관을 가려내는 노력이 요구된다.

2. 〈지문 2〉의 사례: BSC의 공공부문 도입에 대한 평가

1) 한계

(1) 성과평가체제 도입의 한계

BSC 등을 위시한 성과평가체제는 ①행정의 책임성을 저하시킬 우려가 있다. 특히 회계적(accountability) 책임이 반응적(responsibility) 책임을 구축할 우려를 낳는다. ②지나친 행정의 내부시장화는 공무원의 사기를 저하시킬 우려가 있다. ③더불어 공공부문의 생산물은 대부분 무형이고, 화폐가치 등으로 측정되기가 어렵기 때문에 성과 평가의 전제인 성과의 관찰 가능성이 낮다는 것도 지적할 수 있다.

(2) BSC 자체의 한계

①행정서비스는 화폐 가치로 평가할 수 없는 요소가 많은데도 불구하고 BSC는 재무의 관점을 인과관계의 최상에 두고 있어 문제가 발생할 수 있다. ②수많은 성과 관리 시스템이 이미 존재하고 있는 상황에서 BSC의 새로운 도입은 행정 사무의 과도한 증가와 성과 관리 체계의 혼란 등 새로운 비용을 유발할 수 있다.

2) 적실성

신관리주의의 이념 아래 민간의 다양한 성과 평가 제도를 도입하고자 하는 노력은 직무성과계약제도, 근무평정제도 등에 이미 상당히 반영되어 왔다. 하지만 이와 같은 노력에도 불구하고 정부 내 성과 평가와 그에 따른 보상체계의 문제점은 계속해서 노출되고 있고, 정부 내 성과주의(meritocracy)적인 문화는 정착되지 못하고 있는 것이 현실이다. 기존 제도들에 대한 비판과 문제점들의 원인에 대한 체계적인 분석이 우선 선행되어야 할 것이고, BSC는 그와 같은 준비 과정이 된 이후에 점진적으로 도입해도 늦지 않다. 기존 성과 평가 제도의 정착 이전에 어떠한 가이드라인도 없이 도입되는 BSC는 그 적실성에 문제가 있다고 할 것이다.

Ⅳ. 결: 적실성을 고려한 행정개혁의 필요성

Hofstede의 지적과 같이 우월한 문화 유형이 특별히 존재하지 않는다면, 각 나라는 그 나라의 문화와 상황에 맞는 제도를 선택하여 도입하는 것이 합리적이다. 지금까지의 행정개혁의 시도가 서구에서 시작된 NPM의 모방적 동형화가 아니었는지 돌아보는 것이 필요하다. 더불어 사례와 같은 작은 정부로의 개혁 등이 행정의 효율성 이외에 정치적인 상징으로 이용되는 면을 부정하기 어려운데, 이와 같은 면은 한국의 행정개혁이 의도한 올바른 성과를 거두는 것을 방해하는 요소들이다. 앞으로 한국의 행정인은 정부가 처한 상황과 현실을 올바르게 파악하여 보다 적실성 있는 제도를 도입하려는 노력을 해야 할 것이다.

강 평

1. 총평

전형적인 사례문제(50점)로 신문의 기사(사설)를 주고, 사례에 기초하여 구체적인 질문에 대해 답을 요구하고 있다. 사례문제는 기존의 서론-본론-결론 방식으로 서술하기보다는 질문에서 요구하고 있는 내용을 정확하고, 풍성하게 기술할 때 높은 점수를 얻을 수 있다. 제시된 답안은 사례문제에 대한 답안으로는 중간 정도의 수준이며, 상당한 개선이 필요한 것으로 판단된다.

2. 보완해야 할 부문

첫째, 전체 답안의 비중 측면에서 질문에서 요구하고 있는 공통점과 차이점(30점)에 대한 내용을 배점에 비례하여 상당한 양으로 채워줄 필요가 있다. 제시된 답안은 지나치게 양이 적다. 제2장에 포함된 사례의 분석내용을 공통점과 차이점이라는 관점에서 새롭게 구성하여 비교분석에 포함시킬 필요가 있다. 둘째, 적실성과 한계 부문은 질문에서 제시한 대로 적실성을 먼저 서술하고, 한계를 뒤에 서술하는 체계로 바뀌어야 한다. 또한 내용은 질문에서 제시한 '정부와 시장의 역할 및 가치'의 새로운 조명과 연계하여 구성할 필요가 있다.

3. 추가해야 할 부문

첫째, 공통점과 차이점을 서술하는 부문을 목표, 역사적 배경, 이론적/논리적 근거, 구체적인 내용, 기대효과 등을 세부목차로 하여 풍성하게 채워줄 필요가 있다. 특히 신공공관리론의 관점에서 동일한 목표를 추구하고 있음에도 어떠한 측면에서 다른 방법론을 제시하고 있는지 구체적으로 서술해줄 필요가 있다. 둘째, 적실성과 한계 부문에서는 반드시 정부와 시장의 기능분담에 대한 역사적 서술이 추가될 필요가 있다. 소위 최소정부론-행정국가화-작은정부 등으로 이어지는 역사적 맥락에서 정부와 시장의 역할과 가치는 어떻게 변화되었으며, 신공공관리론에서는 어떻게 설정하고 있는지 제시해주어야 한다.

4. 기타 사항

지문이 긴 사례문제는 답안에서 서술할 내용을 구체적으로 적시하는 것이 보통이다. 이러한 문제에서 서론, 결론은 사족으로 취급받을 수 있다. 문제에서 요구하는 구체적인 내용을 체계적으로 서술하는 훈련이 필요하다.

27. 행정개혁과 성과관리

현재 우리나라는 정부조직의 업무성과 증진을 위해 개인과 조직차원에서 다양한 성과관리제도를 도입하여 운영하고 있다. 목표관리제(MBO: Management By Objectives), 전략기획(Strategic Planning), 균형성과표(BSC: Balanced Score Card) 등이 그 대표적 예이다. 공공부문 성과관리의 개념과 취지를 설명하고 개인성과, 부서성과, 조직전체성과 간의 연계측면에서 소기의 목표를 달성하는데 나타낼 수 있는 장애요인과 극복방안을 논하시오. (50점)

[2010 행정고시 제1문]

예시 답안

Ⅰ. 서: 행정 개혁의 핵심으로서의 성과관리

대공황 시기의 시장실패의 대안으로 대두되었던 정부의 개입 역시 비효율을 노정하면서 전 세계적으로 신공공관리론(NPM; New Public Management)적인 행정개혁이 이루어지고 있다. 이러한 신공공관리론적인 행정개혁의 핵심은 성과관리에 있다고 해도 과언이 아니다. 이러한 개혁은 우리나라 역시 인사, 조직, 재무 등 제 측면에서 성과관리를 위한 각종 노력을 기울이게 하였다. 특히 조직 분야에서 개인 및 조직 차원에서 목표관리제, 전략기획, 균형성과표 등을 도입하여 운영 중이다.

공공부문의 성과관리가 능률성 및 민주성 측면에서 기대 효과가 큰 것은 사실이나 공공부문 특유의 성질이나 한국 행정의 현실을 고려해볼 때 한계 역시 존재한다. 특히 성과관리가 개인, 부서, 조직 전체의 성과가 충분히 연계되고 있지 못한 상황은 제도의 본래 취지를 달성하기 어렵게 한다. 개인의 목표는 이루었지만 그것이 부서나 조직의 목표와 밀접하게 연관되지 못한다면 주객이 전도될 것이며, 조직의 목표를 개인에게 강요하면 자기 개발의 동기를 잃게 되기 때문이다. 따라서 개인, 부서, 조직 전체의 성과 연계의 장애 요인과 극복 방안을 중심으로 공공부문의 성과관리 개선 방안을 모색해 보겠다.

Ⅱ. 공공부분의 성과관리의 개념과 취지

1. 성과관리의 개념

성과관리란 조직의 비전과 전략을 당성하기 위한 정책목표를 수립·시행하고 그 결과를 평가하여 정책에 환류시킴으로써 조직의 성과를 극대화하기 위한 노력이다. 최근의 성과관리는 투입이 자동으로 산출로 연결된다는 단선적 가정에서 벗어나, 성과는 적극 관리되어야 한다는 인식하에 조직·인사·예산·환류 등 조직영역에만 한정되지 않고 국정전반에 걸쳐 통합적으로 균형적으로 연계하여 추진되고 있다. 이 때 가장 중요한 것은 조직 목표 달성에 필요한 동기부여를 위해 조직 구성원 개인의 성과를 측정, 평가하고 공과에 따른 정당한 보상을 실시하는 것이다. 최근 성과관리는 조직·인사·재정·감사 등 국정 전반에 연계되어 추진되고 있는데 책임운영기관의 도입, 총액인건비제도, 성과급제, 직무성과계약제, 성과관리예산, 정부업무평가 등이 그 예이다.

2. 성과관리의 취지

1) 능률성 측면: 배분적 효율성, 대리인 비용 감소

성과관리는 정부-민간 간, 정부 부처 내에서의 배분적 효율성을 도모하고 민간의 창의성을 도입할 수 있게 하며, 경쟁으로 인한 효율성 제고, 대리인 비용(agent cost)의 감소 등의 효과를 거둘 수 있다. 특히 기존의 정부실패요인으로서 지적되는 바와 같이 적극적으로 성과를 추구할 유인이 부재한 상황에서 성과 관리는 빛을 발한다. 즉, 성과 달성의 유인 기제를 설계, 제공하며 목표 달성 과정에 있어 관료에 재량을 주어 자율성을 높이는 대신 성과 평가를 통해 그에 대한 책임을 물어 궁극적으로 조직의 목표달성을 돕게 한다. 다만 개인, 부서, 조직 간의 연계가 잘 이루어져야 이러한 목표달성이 의도한 바대로 이루어 질 수 있다.

2) 민주성 측면: 대응성 제고, 책임 행정의 구현

대외적 민주성 차원에서 성과관리는 행정의 대응성을 제고할 수 있다. 성과 관리는 최종적인 성과로서 '고객만족지향'을 지향함으로써 고객인 국민에 대한 대응성을 높이려는 능동적이고 적극적인 행정을 실현할 수 있다. 조직원에 대한 성과관리가 조직 차원의 대외적 민주성 제고로 나타나기 위해서는 이들 성과를 효과적으로 연계하는 방안이 필요함은 물론이다. 대내적 민주성 차원에서는 조직 내 참여를 제고하고 책임행정을 구현할 수 있게 된다. 성과관리로 인해 민주적 의사결정체계를 활성화하여 개인과 부서, 조직 간의 목표를 조정하며 구성원의 자발적이고 능동적인 업무처리를 유도할 수 있고, 성과 평가에 대한 환류 과정을 통해 책임 행정을 확보할 수 있다.

Ⅲ. 성과관리에 있어서 장애요인

1. 공공 부문의 특수성: 공익, 형평성의 경시 가능

공공부문의 조직이 추구하는 목표는 민간부문과는 달리 '공익'이라는 모호한 개념에 근거하여 여러 가지 가치를 추구하게 된다. 그런데 이러한 추상적이고 다양한 조직의 목표가 개인단위 또는 부서단위 차원에서 그대로 설정된다면 그 측정과 평가가 어렵게 되고 만다. 따라서 이러한 조직의 목표가 개인이나 부서의 성과 목표로 분배되는 과정에서 성과 지표 자체가 구체화되고 계량화됨에 따라 결국 수단적 목표달성에 치중함으로써 회계적 책임(accountability)의 반응적 책임(responsibility)의 구축이라는 문제가 발생할 수 있다. 이렇듯 국지적 성과에만 너무 치중할 경우 공익, 형평성 등 행정의 중요한 다른 가치들이 훼손될 수 있다는 문제가 발생한다.

2. 성과 목표 배분 방식의 문제: 협의 과정의 부족으로 인한 성과의 연계 문제

개인, 부서, 조직의 성과가 단계적으로 연계되기 위해서는 상향적 목표 설정과 하향적 목표 하달 모두 완벽한 방법이 될 수 없다. 상향적인 접근의 경우 목표관리제(MBO; Management By Objectives)의 경험으로 볼 수 있듯이 부서나 조직의 미션과 개인 목표 간의 관계가 느슨하거나 따로 운영된다는 단점이 있었던 반면, 하향적으로 목표가 정해진다면 개인의 동기 부여가 부족해질 우려가 있기 때문이다.

오히려 궁극적인 목표가 조직 전체, 부서, 개인 수준에서 강하게 연계될 경우 부작용이 나타나기도 한다. 공공부문의 특성상 그 조직의 성과라는 것이 개인의 노력과 필연적인 인과관계에 있지 아니하므로 환경의 변화나 우연에 의해 좌우되는 조직의 성과가 부당하게 개인의 성과 책임으로 연결될 가능성이 있기 때문이다. 이러한 상황에서 개인이나 부서는 최선의 노력을 할 유인이 없게 되므로 도덕적 해이(moral hazard)에 빠지기 쉽게 된다.

3. 개인, 부서 차원의 문제: 사기 저하 및 체계적 사고의 부족

공직 사회는 기본적으로 안정성에 기반하고 있으므로 사기업에 비해 현상유지적이고 보수적인 경향이 강하다 따라서 성과 체제에 의한 신분 보장 불안과 외부 임용 확대 등은 공무원의 사기를 저하시킬 우려가 있다. 이러한 상황에서 개인은 부서나 조직 전체 차원의 목표를 고려하기보다는 자신에게 주어진 성과에만 집중하는 경향을 보일 수 있다.

부서 차원에서도 부서 차원의 성과가 성과급이나 인사이동의 기준이 되므로 다른 부서와 협력하여 조직적 차원의 목표를 달성하기 위해 노력하기보다는 부처이기주의의 행태를 보일 수 있다.

Ⅳ. 성과관리에 있어 장애요인의 극복방안

1. 조직 차원의 목표 정립: 성과 관리의 길잡이

먼저 정책수단으로서의 성과목표가 조직의 임무를 달성하는데 기여하게 하기 위해서는 그 길잡이 역할을 할 전략 목표, 미션, 또는 비전 등이 정립 되어야 한다. 개인의 성과가 부서의 성과를 거쳐 조직의 성과로 이어지기 위해서는 조직의 구성원들이 일련의 사명감을 가질 수 있는 연결 고리가 필요하기 때문이다. 특히 이러한 연결 고리로서의 조직 차원의 목표는 구성원의 참여와 합의에 의한 것일 때 공감대가 확보됨으로써 그 기능이 극대화될 수 있다. 여기에 조직의 고객이자 궁극적인 주인인 시민이 조직 목표 설정에 참여한다면 신뢰성과 대응성을 확보할 수 있을 것이다.

2. 철저한 직무분석(job analysis)의 실시: 업무의 특성을 고려한 성과 목표 배분

조직 차원의 목표가 정립되고 구성원 간에 공감을 얻었더라도 객관적이고 합리적인 직무분석이 이루어지지 않은 상태에서는 조직 목표를 개인과 부서에 적절히 배분하기 어렵다. 조직의 종류, 같은 조직 내에서라도 부서의 종류, 같은 부서 내에서라도 개인이 맡은 직무의 종류에 따라 성과 목표는 다르게 제시되어야 할 것이다. 기획이나 입안을 주로 하는 조직이나 부서의 경우 성과를 분리해서 평가하기 힘든 측면이 있다는 점, 국민을 고객으로서 직접대하는 기관의 경우 개인의 성과를 측정하고 평가하기 용이하다는 점 등이 충분히 고려되어야 한다.

3. 성과 목표 배분 · 설정 방법의 변화: 구성원의 참여

성과 목표는 비전과 전략목표의 달성을 위한 도구로서 구체적인 행동방향을 나타낸다. 가능한 한 해당 분야 혹은 임무와 관련하여 궁극적으로 달성하고자 하는 결과 상태가 제시되어야한다. 이 때 성과 목표 배분과 설정 과정에서도 조직 구성원의 참여는 필수적이다. 그 방식이 상향적이든 하향적이든 개인과 부서가 참여하고 협의하는 과정이 개인의 동기를 유발하면서도 부서 및 조직의 목표와 연계성을 도모할 수 있다.

4. 성과 지표의 개발: SMART, 개인-부서-조직 간 연계성

성과 목표가 잘 배분되었다 하더라도 성과 지표가 개인, 부서, 조직 전체의 성과를 측정하기에 부적절하거나 상호 간에 연계성이 떨어진다면 소용이 없게 되고 만다. 성과 지표는 성과의 달성정도를 측정하는 직접적인 척도이기 때문이다. 따라서 일반적으로 성과 지표가 지녀야 할 구체적이며(Specific), 측정가능하며(Measurable), 달성가능하고(Achievable), 적합하며(Relevant), 시간적 범위(Time-bound)내에서 설정되어야 한다는 요건을 충족시키되, 특히 적합성의 측면에서 개인과 부서, 그리고 조직 전체의 성과가 연계되도록 설계되어야 할 것이다.

5. 개인과 부서의 인식 변화: 이기주의의 극복 및 체계적 사고의 함양

물론, 잘 설계된 성과 목표와 성과 지표는 이기적인 개인과 부서라 할지라도 조직 전체의 목표에 맞도록 행동할 유인을 제공하게 된다. 그러나 결국 개인, 부서, 그리고 조직 전체의 성과라는 것은 조직 구성원의 생각과 행동에서 나오게 되므로 이들의 인식의 전환이 필요하다. 성과관리에서 필연적으로 발생하는 경쟁 역시 자기발전의 계기로 삼아야 하며, 항상 조직 전체의 목표 및 비전을 염두에 두고 체계적인 사고를 할 수 있도록 항상 학습하려는 자세가 필요하다.

Ⅴ. 결: 제도의 내실화

공공부문의 성과관리는 잘만 설계되어 실시된다면 행정의 능률성과 민주성 모두를 제고할 수 있는 제도이다. 그러나 공공부문의 특성상 성과의 측정과 평가 자체가 어려워 행정의 중요한 가치들을 놓치거나 개인, 부서, 조직 전체 간의 연계성이 깨져서 결국 조직 전체의 목표를 달성하지 못하는 경우가 발생하기 쉽다. 따라서 확고하고 공유된 조직 목표 하에서 철저한 직무 분석과 구성원의 참여를 바탕으로 개인, 부서, 조직 간에 적절히 배분된 성과 목표, 그리고 잘 정의된 성과 지표가 개발되어야 성과관리 본연의 순기능을 이끌어낼 수 있을 것이다. 균형성과표(BSC; Balanced Score Card)나 직무성과계약제와 같은 제도들은 특히 개인과 조직의 목표를 긴밀하게 연결시킬 수 있는 제도적 틀을 갖추고 있으나 그 운영 행태에서 집단주의, 연공서열의 경로의존성, 온정주의 등 한국 행정의 현실에 기인한 폐단 역시 발견되고 있으므로 이들 제도를 내실화하면서 다른 성과관리제도들과의 정합성을 확보해야겠다.

강 평

1. 총평

공공부문 성과관리의 개념과 취지를 설명하고, 개인・부서・조직전체의 성과 사이의 연계 측면에서 성과관리의 목표를 달성하는데 나타날 수 있는 장애요인과 극복

방안을 서술하는 50점짜리 큰 문제이다. 답안은 성과관리의 개념과 취지, 장애요인과 극복방안을 나름대로 체계적으로 서술한 좋은 답안에 속한다. 다만 아래와 같은 내용을 보완, 추가함으로써 더 좋은 답안이 될 수 있다고 본다.

2. 보완해야 할 부문

첫째, 성과관리의 장애요인을 분석할 때, 성과측정의 대상이 되는 공익의 모호성과 함께 이에 따른 개인, 부서, 조직전체 사이의 성과목표 배분의 어려움을 심도있게 언급해줄 필요가 있다. 나아가 민간부문(기업조직)과 공공부문의 성과관리의 차이를 비교하면서 공공부문 성과관리에서 개인, 부서, 조직전체 사이의 연계관계를 역동적으로 설명할 필요가 있다. 둘째, 장애의 극복방안을 서술할 때에도 위의 맥락을 적용하여, 성과의 측정이 쉽지 않은 정책부서와 상대적으로 성과의 측정이 용이한 집행부서의 차이를 적용하여 성과목표의 배분 및 지표개발이 달라져야 함으로 서술할 필요가 있다. 여기에서 정책부서의 특징과 집행부서의 성과관리적 특성을 부각시키고, 개인, 부서, 조직전체의 성과연계가 어떻게 달라져야 하는가를 설명할 수 있다면 더욱 좋은 답안이 될 수 있을 것이다.

3. 추가해야 할 부문

첫째, 성과관리의 개념과 취지를 설명하는 부문에서 공공부문 성과관리의 핵심성공요인(CSF, Critical Success Factor)을 정리해주고, 여기서 제시한 요소를 중심으로 장애요인과 극복방안을 서술하면 더욱 훌륭한 답안이 될 수 있을 것이다. 둘째, 극복방안에서 성과관리의 결과에 대한 보상도 논의에 포함될 필요가 있다. 개인, 부서, 조직전체의 관점에서 성과관리의 결과에 대한 보상을 어떻게 하는 것이 합리적인가를 서술해줄 필요가 있는 것이다.

4. 기타 사항

군더더기가 없는 깔끔한 답안이라 할 수 있다. 특히 SMART에 대해 명확히 서술해 준 것은 큰 장점이다. 다만 너무 문장이 건조하지 않도록, 인문학적 서술이 추가되면 더욱 좋은 답안이 될 수 있다.

28. SWOT기법에 기초한 성공적인 행정개혁을 위한 진단과 대응전략

행정개혁을 성공적으로 추진하기 위해서는 정부조직의 내부 및 외부 환경을 고려하여 환경변화에 효과적으로 대응할 수 있는 전략기획(strategic planning)의 수립이 필요하다. 현 정부의 성공적인 행정개혁(지방정부와 공공기관 제외) 추진을 위해, SWOT(Strength-Weakness-Opportunity-Threat)기법을 적용하여 행정환경을 진단하고 대응전략을 논하시오.

[2008년 행정고시 일반행정 제2문]

예시 답안

Ⅰ. 서 론

H.G.Frederickson은 20세기 말미, 그리고 21세기의 시작과 더불어 공공관리의 특징을 한 단어로 표현하자는 그것은 '변화'라고 하였을 정도로 현 시대는 행정 혁신의 시대라 할 수 있다. 그러나 개혁, 또는 혁신 등은 Caiden이 말하였듯 상황변화에 대한 조직의 자기조절적 적응과는 구별되는 개념이며, 일종의 저항을 극복하고 인위적인 발전을 유도하는 작업인 바, 개혁 과정에서 나타나는 각종 비용들을 최소화하기 위해서는 철저한 분석하에 변화가 행해져야 한다. 특히 개혁의 초석이라 할 수 있는 문제진단 및 전략수립 단계에서는 조직이 처하고 있는 내부 및 외부환경에 대한 고려를 통하여 환경의 변화에 효과적으로 대처할 수 있는 방안의 모색이 중요한 과제이므로, 실생활에서도 널리 활용되고 있는 SWOT분석 등을 통해 현재의 행정환경에 대한 진단을 정확히 할 필요가 있다.

Ⅱ. SWOT기법을 이용한 행정 환경 진단

1. SWOT기법의 의의

SWOT기법은 조직의 환경을 내부와 외부 환경으로 나누어 조직 외부 환경의 기회요인(opportunity)과 위협요인(threat)을 파악하고, 조직 내부의 강점(strength)과 약점(weakness)을 분석한 후 이를 바탕으로 전략적 대안을 도출하는 분석방법이다.

2. 현재 한국의 행정환경의 진단

1) 내부 환경으로서 한국 행정의 강점과 약점

(1) 무의사 결정 영역의 상존과 현상유지적 편향(status quo bias): 한국 행정의 약점

P.Bachrach와 M.Baratz가 말하였듯 우리나라의 경우 일부 엘리트 집단이 자신들에게 불리한 혁신 이슈들이 아예 제기조차 되지 못하도록 하는 무의사 결정(non-decision making) 영역이 상존하고 있으며 이는 '방향에는 동의, 실제 정책에는 반대' 또는 '원칙적 찬성, 시기적 부적절성' 등과 같은 태도로 나타나 논쟁을 장기화시키고 혁신을 실패로 몰고 가는 원인으로 작용한다. 또한 관료제의 위험회피전략에 의한 보수적 태도와 변화를 거부하는 인식, 잦은 개혁으로 인한 거부감, 피로감 등은 개혁으로 인한 전환비용을 과도하게 소모시키고 혁신에 대한 기회주의적 태도를 유발하는 요인이 되고 있다.

(2) 관리자의 확고한 개혁의지와 리더십 및 높은 행정정보화 수준: 한국 행정의 강점

반면, 개혁에 대한 관리자의 추진력은 한국 행정의 강점이 될 수 있다. 개혁의 설계단계에서는 혁신의 비전과 과제를 발굴하여 내용적 타당성을 확보하고 혁신의 필요성에 대한 충분한 설명을 통해 저항을 약화시키고 지지를 확대하는 것이 필요하게 되는데, 이 경우 리더의 역할이 중요하게 된다. 위에서부터 집권적으로 행해지는 하향식 행정 개혁의 경우 개혁에 걸리는 시간이 단축될 수 있으며, 그 의지가 강력한 경우 내부적인 강한 추동력으로 작용할 수 있음은 뉴질랜드의 R.Duglas 내각의 개혁사례를 통해서도 쉽게 확인할 수 있을 것이다. 나아가 지속적으로 추진된 행정업무의 전산화 작업 등으로 인해 현재 한국 정부는 미국 Brown대학이 선정한 세계 1위의 전자정부로 평가받고 있는 바, 이는 개혁과정에 있어 조직의 상시적 학습을 유도하고 이음새 없는 행정개혁이 이루어질 수 있도록 하는 강점 요인으로 작용할 수 있을 것이다.

2) 외부 환경으로서 한국 행정의 기회와 위협요인

(1) New Market으로서의 세계화 및 New Rule로서의 민주화: 한국 행정의 기회

세계화는 신자유주의 이념의 확산을 통해 공공 부문 감축과 민간에 대한 정부 개입의 축소 등을 요구하고 있으며 민주화는 사회복지 등의 행정서비스에 대한 수요 증대 및 다양화·고급화로 이어지고 있는 바 이들은 중앙 정부로 하여금 개혁을 시도하게 하는 좋은 기회로 작용하고 있다. 따라서 세계 속의 한국으로 발돋움하기 위한 행정개혁의 필요성이 더욱 강하게 요청되고 있으며 이에 따라 행정 효율성을 향상시키고 재정의 민주성을 극대화시키기 위한 각종 '성과평가제도' 및 '예비타당성평가' 제도 등과 같은 혁신 시책 등이 시행되고 있기도 하다.

(2) New Player로서 지방정부의 참여 및 New Tool을 통한 이익집단의 개입 확대: 한국 행정에 대한 위협

지방자치제도의 실시 및 중앙으로부터 지방으로의 분권화로 인해 지방정부는 과거 중앙정부 보조자 역할에서 벗어나 오히려 행정서비스의 공급자 중 하나가 되어 중앙 정부와 경쟁하고 있는 것이 현실이다. 이는 중앙과 지방의 경쟁으로 인한 중복적 행정 서비스 제공 등의 문제를 나을 수 있어 오히려 행정 효율성을 저해시킬 수 있으며, 과거 단양의 한 마을은 '정보화 시범마을 사업'과 '녹색농촌 체험마을 사업'이 중복적으로 적용되었던 적이 있다. 나아가 높은 컴퓨터 보급률을 기반으로 한 IT기술의 발달은 행정정보 등에 대한 국민들의 접근을 용이하게 하는 한편 행정 개혁에 있어 이익집단의 영향력을 확대시키는 위협요인으로 작용하고 있기도 하다.

Ⅲ. SWOT분석을 통한 한국 행정의 대응전략

1. 강점을 가지고 기회를 살리는 전략

리더의 개혁에 대한 확고한 의지와 높은 행정정보화 수준을 바탕으로 보다 민주적인 정부로 나아가기 위한 행정 개혁의 필요성에 대해 국민의 공감대를 얻는 전략이 필요하다. A.Hirschman이 혁신이 실패하는 원인은 바로 무지(ignorance)라고 하였듯 문제에 대한 정확한 이해가 부족한 상황에서 행해지는 혁신시책들은 실패로 귀결될 수밖에 없다. 따라서 발달된 정보통신기술을 바탕으로 인트라넷을 구축하고

업무를 재설계하여 혁신의 학습화를 유도하는 반면 세계시장에서의 국가 경쟁력 확보를 위한 지속적 개혁 노력이 요구된다. 또한 민간에 대한 경제적 규제를 완화하고 사회적 규제는 강화하는 등의 규제합리화 노력을 통해 무한 경쟁의 세계시장속에서도 여전히 국민국가로서 중앙정부의 위상을 확보하며 나아가 세계 유수의 기업과 인재들을 유치함으로써 Brain Gain(두뇌유입)현상을 통한 미래 성장 동력의 확보에 중앙 정부가 큰 몫을 할 수 있을 것이다.

2. 강점을 가지고 위협을 회피하거나 최소화하는 전략

국민들의 행정 정보에 대한 접근을 차단하기 보다는 오히려 행정 정보의 적극적 공개를 통하여 행정의 투명성을 확보하고 정부의 신뢰성을 향상시킬 수 있게 되는 경우, 정부는 지속적인 개혁의 추동력을 확보할 수 있다. 2007년 공공기록물 관리에 관한 법률제정으로 행정 기관의 비공개 기록물의 주기적 재분류가 의무화 되었는바, 이는 적극적 정보공개 서비스의 획기적 전환점이라 할 정도로 신선한 개혁이며 향후 이러한 개혁 정책의 지속적 추진을 통하여 상대적으로 정보에 대한 접근이 용이한 집단뿐만 아니라 일반 국민들에게까지도 정보를 적극적으로 공개함으로써 개혁의 민주성을 확보하려는 노력이 필요하다. 나아가 Osborne과 Plastrik이 중앙정부의 혁신 전략으로 제시한 5C전략 중 Control Strategy를 활용하여 중앙은 핵심적 기능만을 담당하고 지방정부로 권한을 위임함으로써 국민의 행정 수요에 보다 반응적으로 대응하는 고객 지향적 행정 개혁을 추진하는 것 역시 위협을 기회로 바꾸는 대응전략이 될 수 있을 것이다.

3. 약점을 보완하여 기회를 살리는 전략

한국 행정 개혁의 큰 문제점이 개혁의 주체가 되어야 할 내부 관료제 집단의 거부로 인한 개혁실패였음을 고려하여 각종 개혁의 필요성에 대한 공무원의 수용도를 제고시키는 전략이 마련되어야 한다. 즉, 참여정부 하에서 각종 정책들이 지나치게 자주 행해져 '혁신 피로도'라는 말을 낳았던 것과 같이 관료제 내부의 의견수렴을 통한 민주적 과정 없이 행해지는 하향식 · 집권적 행정개혁은 단기적이고 가시적인 효과만을 가져올 뿐 근본적인 조직문화의 변화를 유도하는 것이 불가능하다. 따라서 기존의 인사·재정평가 등의 조직 관리 과정과 혁신 프로그램이 밀접히 연동되게 하고 평가와 교육훈련을 통한 학습기능의 형성을 통해 관료제 조직 내부의 근본적 조직문화를 '고객지향적' '대응적' 정부로 변화시키려는 노력이 필요하며 이는 행정서비스의 수요 증대라는 기회요인을 적절히 살리는 방안이 될 수 있을 것이다.

4. 약점을 보완하면서 동시에 위협을 회피하거나 최소화하는 전략

공무원의 현상 유지적 편향으로 인한 관료제의 이익(interest)과 관성(inertia) 그리고 일반 국민들의 다원적 무지(ignorance)가 개혁을 좌절시키는 요인이었다면 공무원들의 공익관을 향상시키기 위한 윤리 교육의 실시 등을 통하여 내부적인 변화가 일어나도록 유도하고 나아가 일반 국민들로 하여금 행정에 대한 참여의식을 제고시키고 참여기술(participatory skill)을 향상시키기 위한 교육을 통하여 근본적인 개혁의 추동력을 확보하는 전략이 구상될 수 있겠다.

Ⅳ. 결론: 위기는 혁신을 촉발시킬 수 있는 가장 좋은 기회의 창(window of opportunity)

행정개혁이 성공하기 위한 선결조건은 종합적인 문제 진단과 명확한 개혁목표의 정립이라는 측면에서 본다면 조직이 처한 환경을 분석하는 도구인 SWOT기법을 통하여 행정 개혁은 보다 적은 비용을 들이고서도 올바른 방향(on the right way)으로 진행될 수 있다. 한국 행정의 경우 내적으로는 관료제의 개혁에 대한 거부감, 외적으로는 지방정부와의 경쟁으로 인한 예산의 중복적 사용 및 개혁 참여 집단의 특권화 등이 개혁의 위협요인으로 작용할 수 있겠으나, 이는 오히려 근본적 변혁을 유도하기 위한 좋은 기회로도 활용될 수 있다. 즉, 개혁의 일환으로 시행되는 각종 정책들의 경우 공정한 성과평가와 합리적 보상 등을 통하여 이러한 것들이 공무원의 능력 제고를 위한 것임을 주지시키고, 발달된 행정 정보 시스템의 활용을 통하여 행정 조직을 상시학습조직으로 탈바꿈하기 위한 시도를 하는 경우 이는 최고 관리자의 강력한 추진력과 맞물려서 세계화 민주화 시대를 살아가는 한국 정부의 경쟁력을 강화시켜줄 수 있을 것이다.

강 평

1. 총평

문제는 중앙정부 행정개혁을 위한 전략적 방향을 SWOT분석을 기초로 하여 도출해보도록 요구하고 있다. 답안은 기존 행정학 교과서에서 SWOT 분석기법에 대한 설명이 자세히 나와 있지 않음에도 불구하고, 어느 정도 충실하게 작성되었다고 볼 수 있다. 다만, 성공적인 행정개혁을 위한 지향점에 해당하는 비전(vision)에 대한 내용을 포함한 대응전략을 제시하지 못한 점이 아쉽다.

2. 보완 및 추가해야 할 부문

첫째, SWOT분석에서 외부환경분석에 해당하는 기회와 위협을 먼저 배치하고, 내부역량분석에 해당하는 강점과 약점을 뒤에 배치하는 편이 논리적으로 더 좋았다고 본다. 내부역량분석은 기본적으로 외부환경에 대응하기 위한 역량을 분석하는 내용이기 때문이다. 둘째, 기회, 위협, 강점, 약점에 대한 내용이 다소 빈약하다. 기회요인에는 정보화, 정권교체 등을, 위협요인에는 경제위기, 인구고령화 등을, 강점에는 성공의 경험, 유능한 인재 풀 등을, 약점에는 연고주의, 부처이기주의 등 다양한 요인을 추가하여 답안을 보다 풍성하게 작성할 필요가 있다.

3. 기타 사항

최근의 행정개혁은 신공공관리론(NPM, New Public Management)의 입장에서 기업경영혁신에서 논의된 내용을 공공부문에 적용하는 경향을 보이고 있다. 이에 따라 테마행정학에서 신공공관리론의 내용을 충실히 숙지하여 관련 문제에 적극적으로 활용할 필요가 있다. SWOT분석은 기업의 경영분석에서 흔히 사용되고 있는 기법으로 최근 공공부문 조직진단에 자주 활용되고 있다. 행정안전부에도 조직진단을 전문으로 담당하는 행정진단센터가 있는 만큼 SWOT분석 뿐만 아니라 조직진단과 관련된 BSC 등 새로운 분야에 대해서도 대비할 필요가 있다고 본다.

29. 행정과 시민참여

최근 거버넌스 패러다임은 시민의 지위에 근본적인 변화를 가져오고 있다. 시민의 적극적인 참여가 국정운영과정에서 지속적으로 증가하고 있다. 왜 이러한 시민 참여가 필요한가? 우리나라의 행정 참여의 수준은 어떠한가? 시민참여는 그동안 행정이 겪어 못한 또 다른 사회문제를 야기할 수도 있다. 시민참여의 부정적 요인을 극복하고 시민참여의 활성화를 위한 방안을 다각도에서 살펴보라.

예시 답안

Ⅰ. 序: 민주행정의 시금석(試金石)으로서 시민참여

2001년 OECD 보고서는 시민을 국정운영의 파트너(citizen as partner)로 보고 있으며, 전 세계적인 민주화의 영향으로 시민의 지위가 신민(subject)에서 주인(owner)으로 격상됨에 따라 국정운영에서의 시민참여가 활발히 일어나고 있다. 한국의 경우도 모든 작품의 제작과정에서부터 미술인이 아닌 일반시민 중심으로 기획되고 일반시민이 직접 참여하고 만들어가는 과정을 중시한 시민참여형 모델로서 광주비엔날레가 개최되는 등 시민참여를 통한 민주행정 구현가능성이 높아지고 있다. 특히 최근의 시민참여는 행정의 민주화뿐만 아니라 공동생산(Co-Production)을 통한 행정효율화에도 기여하는 등 바람직한 국정운영의 필수요소가 되어가고 있는 바, 향후 시민참여의 확대 및 발전을 위한 구체적 논의가 필요하다.

Ⅱ. 시민참여의 의의

1. 개념

Zimmerman에 의하면, 시민참여(citizen participation)란, 일반 시민이 정책 결정과정에 영향을 미치거나 미치고자 하는 행위 및 자신의 선호와 가치를 행정 서비스결정에 반영하도록 하여 보다 나은 국정관리를 지향하는 모든 행동을 말한다.

2. 등장배경

시민참여는 정책 결정과정에서 공론 영역의 비판적 잠재력 확대 및 제도화와 연대를 통한 의사소통적 권력을 중시하여 생활세계로서의 시민사회 형성을 강조하였던 J. Habermas 등의 포스트모더니즘 이론을 그 배경으로 하고 있다. 또한 현실적으로는 정보통신기술(ICT)의 발달로 인해 행정참여 기제가 확보되고, 시민사회 수준의 성장 및 정부능력의 약화로 인해 참여의 정도가 급격히 심화되게 되었다.

3. 행정국가와 숙의 민주주의 하에서 시민참여의 차이

1) 참여의 자발성: 수동 vs 능동

행정국가 시대에서 시민의 참여는 일종의 정책결정의 정당성을 확보하기 위해 정부가 강제적으로 시민을 참여시키는 방식으로 이루어 졌다. 그러나 숙의 민주주의 하에서의 시민참여는 시민의 자발적이고 적극적인 참여의식 하에서 이루어진다는데 차이가 있다.

2) 참여기제: loyalty vs voice

행정국가 시대에서 시민이 국가권력에 저항하는 것은 용납되지 않았으며, 국가에 대한 퇴장(exit) 기제는 현실적으로 사용이 불가능한 바, 실질적으로는 국가정책에 순응(loyalty)하는 것만이 가능하였다. 그러나 숙의 민주주의 하에서 시민은 적극적으로 자신들의 선호를 반영하기 위해 목소리(voice)를 내기 시작하였고, 이를 통해 정책의 내용을 변화시키고 있다.

Ⅲ. 시민참여의 필요성

1. 정부측 차원: 행정관리상의 능률성 강화

1) 정책 순응비용 감소

시민참여를 통해 결정된 정책은 의사결정비용은 다소 증가하더라도 정책의 집행과정에서의 저항을 줄여 순응비용(compliance cost)을 감소시킨다. 9차례에 걸친 다자간 협의체 회의를 통해 국방부 · 과천시청 · 지역주민들이 서로 양보함으로써 원만히 타결되었던 국군기무사 과천이전 사례가 그 예이다.

2) 정책 내용의 합리성 제고

시민참여를 통해 결정된 정책은 과정적 합리성으로서 대응성 뿐만 아니라 민간의 전문성을 활용하여 정책 내용의 결과적 합리성까지도 향상시킬 수 있으며, 이는 행정능력의 향상을 통한 서비스 품질제고를 가져온다.

3) 행정 신뢰 강화 및 국가경쟁력 제고

또한 한국개발연구원(KDI)의 연구 결과에 의하면, 법적 대표성 없는 시민배심원제도나 공론조사의 경우, 정책결정으로 곧장 연결될 수는 없지만 정책당국이 시민의 의견을 직접 들을 수 있는 기회가 되고 나아가 정책결정이 일반시민의 참여과정에서 이루어진다는 점을 인식시켜 사회신뢰를 높인다고 한다. 즉, 시민 참여를 통하여 행정에 대한 신뢰가 향상되며, 이는 도덕적 선순환(virtuous circle) 과정을 통해 사회 내의 사회적 자본(social capital)을 축적시킴으로서 결국 국가 경쟁력을 강화시키는 요인이 된다.

2. 시민측 차원: 대리 실패의 해결

1) 대의제 보완 및 대리비용 절감

간접 민주주의 제도 하에서 시민의사와 의회의사의 불일치로 인한 문제를 보완하기 위한 직접 민주제적 요소로 시민참여가 활용될 수 있다. 또한 주인-대리인 이론에서 말하는 대리인 감시・통제 비용(agent loss)을 시민의 직접참여를 통해 감소시킬 수 있다.

2) 시민 이해의 자발적 조정 및 사회 신뢰 강화

또한 시민들간 이해관계의 자발적인 조정을 통하여 법이나 제도 등을 통한 공식적 조정기제 활용에서 오는 낭비를 줄일 수 있으며, 이러한 자발적 조정을 거치는 과정에서 시민사회 내의 상호 신뢰 수준이 향상된다.

Ⅳ. 우리나라에서의 행정참여; 참여수준을 기준으로

1. 정보제공의 일방향적 참여

시민참여의 가장 초기 단계로서 행정이 일방적으로 시민에게 정보를 제공하는 수준의 참여가 있다. 시민은 소극적 청취자로서 행동하며, 현실행정에서의 온라인을 통한 행정정보의 제공 및 각종 정책홍보자료의 배부 등이 이 수준에서의 시민참여 제도에 해당한다.

2. 협의 수준의 제한적 쌍방향 참여

시민의 의견 제안이 가능한 쌍방향적 참여이기는 하지만 의견반영의 구속정도가 크지 않은 수준의 참여이다. 각종 공청회에서 시민의견을 제안하는 제도, 또는 위원회의 참석을 통한 참여제도, 온라인상의 정책 평가제도 등이 이에 해당한다.

3. 능동적 수준의 쌍방향 참여

적극적으로 시민의 의견이 정책에 반영되도록 하는 참여로서, 주민투표제도나 주민소환제도, 정책 네트워크(policy network), 공동생산(co-production), NGO의 정책참여 등이 이에 해당한다. 이 수준에서는 단지 시민 의견을 개진하는 것에서 나아가 시민의 의견대로 정책이 결정되고, 내용이 변경되기도 하다.

Ⅴ. 한국에서의 행정참여 문제 및 개선방안

1. 거버넌스 구조 측면

1) 문제점

한국에서 행정참여에 있어 아직도 국민·시민에 대한 권한 부여(empowerment)가 미약하다는 것이 가장 큰 문제이다. 여전히 거버넌스적 국정운영의 주도자는 정부이며, 시민은 형식적 참여자의 모습을 하고 있어, 영국이나 미국의 근린단체(neighborhood association) 수준의 참여와 비교해 한참 뒤쳐진 수준이다.

2) 개선방안

따라서 향후 시민참여는 시민사회에 대한 힘 실어주기가 핵심이 되어야 하며, 구체적으로는 시민의 행정참여의 1차적 장(場)으로서 지방자치가 활성화되어야 한다. 즉, 지방사무에 대한 중앙정부의 간섭을 축소시켜, 지방정부 역시 중요한 국정운영의 주체로서 자율권을 행사하며, 나아가 재정권한의 위임을 통해 재정지출이 지역주민의 세금으로 직접 충당되게 하여 절약과 능률의 유인을 부여해야 한다. 또한 시민참여의 궁극적 목적을 고려하여 '주민자체센터' 등의 활성화를 통해 정책 결정 및 집행 권한의 실질적 부여가 요구된다.

2. 정책 및 행정과정 측면

1) 문제점

주민소환·주민투표·주민발의의 3대 참여민주주의 요소 도입의 외형상 진전에도 불구하고, 요건의 까다로움으로 인해 실질적인 제약이 많다. 또한 전자정부(e-government)를 통한 행정참여 역시 민원처리 및 단편적 정보제공에 중점을 두고 있어 국민이 직접 참여하는 양방향 상호작용 서비스 기제는 상대적으로 미흡하다.

2) 개선방안

따라서 현행 주민조례개폐청구 및 주민감사청구 등의 발의요건을 다소 완화하고,

청구대상을 확대하여 형식적 공청회 · 위원회 수준에서 벗어나 진정으로 시민의견을 반영하기 위한 제도구비가 요구된다. 나아가 전자적 시민참여에 있어 생활 곳곳에서의 전자적 참여를 통한 ubiquitous 행정구현의 기반을 구축하는 한편, 참여의 조작가능성 정보 격차의 문제를 해결하기 위한 제도적 노력이 요구된다.

3. 행태 및 문화차원

1) 문제점

정부 관료들은 아직도 시민의 행정 참여를 인정하지 않고 권위적 태도로 시민들을 대하는 경우가 많으며, 시민사회 역시 여론을 수렴하는 정책투입과정에서는 별 반응을 보이지 않다가 산출이 가시화되는 순간 자기이익에 민감하게 반응하는 신민형 정치문화의 한계를 노정 중이다. 또한 실질 생활에서 일부 시민들만의 참여로 끝나는 경우가 많아 침묵하는 다수(silent majority)의 문제도 존재한다.

2) 개선방안

R. Putnam이 강조한 사회적 자본은 사익만을 추구하는 이기적 개인을 공동의 이익과 공동선을 지향하는 시민공동체의 구성원으로 탈바꿈시켜 사회를 하나로 묶어주는 접착제(glee) 역할을 한다. 따라서 시민참여의 활성화를 위한 공동체 · 연대의식의 강화가 요구되며, 정부 역시 시민사회를 독자적 국정운영주체로 인식함과 동시에 참여확대를 위해 브라질의 '자원봉사크레딧'제도 등을 마련하려는 노력이 요구된다. 또한 지속적 시민교육을 통해 적극적 참여의식과 전문성까지 겸비한 시민의 양성이 필요하며, H. Schachter가 주장하였듯 시민의 공공문제 영역에 대한 능동적 참여를 통한 진정한 개혁이 가능할 것이다.

Ⅵ. 결

G. Majone은 정책 분석은 문제해결의 기술이 아니라 주장의 과정(process of argument)이라 하였다. 즉, 정책의 합리성은 경쟁적 토론과정에서 정당성을 얻는 주장에서 찾아야 하며, 바람직한 정책은 '발상의 경쟁'과 '다양한 시각의 교배'를 통해

이루어질 수 있는 것이다. 따라서 아무리 전문적 지식과 권위를 갖춘 정책 결정권자의 결정이 행해진다 하더라도 정책 담론 등을 거치지 않은 정책은 국민들에게 제대로 수용되지 않을 것이다. 우리나라에서 시민의 행정 참여를 통한 정책 담론을 시도하는 과정이 조금은 비능률적으로 보일지라도, 진정한 의미의 고객 중심적 행정과 민주적 통제의 동시 구현을 위해서 지속적으로 시행될 필요가 있다.

강 평

1. 총평

'정부(government)' 시대와 달리 '거버넌스(governance)' 시대에는 국정운영의 방향도 '하향적 통치'가 아니라 '상향적 파트너십 내지 네트워크 관계'로 바뀌고 있다. 따라서 행정은 정부가 독점적으로 하는 것이 아니라 광범위한 시민의 참여 하에서 이루어진다. 이 문제에서 묻고 있는 시민참여는 이미 오래 전부터 행정학의 중요한 주제 중 하나였지만, 최근 거버넌스 시대에 다시금 재조명을 받는 주제이고 출제가능성이 높은 부분이다. 이런 주제는 수험생들이 충분한 대비를 하기 때문에 목차 구성에서부터 내용까지 꼼꼼하게 서술을 할 필요가 있다. 예시답안의 경우 내용을 풍부하게 서술을 하고 있지만, 문제와 관련된 중요 논점을 빠트린 경우도 있고 틀린 서술을 한 부분도 있어 높은 점수를 주기는 어렵다. 누구나 예상할 수 있는 '평범한' 문제는 작은 실수도 용납이 되지 않는다는 점을 유념해야 한다.

2. 보완해야 할 사항

먼저 서론의 내용을 보완할 필요가 있다. 이 문제 같이 큰 문제의 경우 서론의 중요성을 아무리 강조해도 지나치지 않다. 문제에서도 지적하고 있듯이, 이 문제는 거버넌스 시대의 시민참여에 대해 묻는 문제이다. 그렇다면 서론에서 지금 행정학뿐만 아니라 사회과학 전반에 걸쳐 활발하게 논의되고 있는 거버넌스가 무엇을 의미하며 전통적인 국정운영방식과 어떻게 다른지에 대해 간략하게나마 서술하는 것이 필요하다.

2장의 3에서 답안작성자는 거버넌스적 시민참여가 전통적인 행정국가 내지 숙의민주주의 하에서의 시민참여와 다른 이유에 대해 서술하고 있는데, 이 부분은 틀린 서술이다. 답안작성자가 말하는 숙의민주주의 내지 심의민주주의(deliberative democracy)

는 대의제 민주주의의 한계에 대한 대응으로 나온 것으로 정부가 정책을 결정함에 있어서 광범위한 시민의 참여와 그들 사이의 활발한 토론을 전제로 한다는 것이다. 즉, 심의민주주의에서 말하는 시민참여와 거버넌스에서 말하는 시민참여는 같은 맥락이다. 예를 들어, 행정학계에서 거버넌스의 대표적인 제도 양태로 설명하고 있는 '주민참여예산제도'의 경우 정치학계에서는 심의민주주의의 한 양태로 이해하고 있다. 따라서 그 부분에 대한 서술도 숙의민주주의는 제외하고 행정국가만 논의하는 것이 타당하다.

3장의 1에서 답안작성자는 시민참여가 행정 능률성을 제고할 수 있다고 했는데, 오히려 결정과정의 지연이나 타협안의 초래 가능성 등으로 인해 능률성이나 전문성이 떨어질 수 있다는 점을 간과하고 있다. 시민참여의 역기능에 대해 서술하지 않은 상황에서 시민참여가 능률성을 제고시킬 수 있다고 한다면 채점하는 사람의 입장에서는 답안작성자가 한 면밖에 보지 못한다고 인식하게 만들 수 있다. 따라서 시민참여가 행정의 능률성이나 전문성을 떨어뜨릴 수 있다는 사실을 첨언하는 것이 바람직하다고 생각한다.

5장에서도 목차가 기계적으로 문제점, 개선방안 이런 식으로 서술을 하면 좋은 점수를 받기 어렵다. 문제점이나 개선방안을 압축적으로 표현할 수 있는 제목을 현출하려는 노력이 필요하다.

3. 추가해야 할 사항

먼저 2장에서 전통적인 시민참여와의 차이점을 설명하면서 다원주의적 참여와 지금의 거버넌스적 참여를 비교ㆍ설명하는 부분이 빠져 있는데, 이를 2장의 관련 부분에서 서술을 할 필요가 있다. 정정길 교수의 책 등에서 자세하게 지적하고 있듯이, 다원주의적 참여는 이해관계자들의 참여를 전제로 하고 있다면, 거버넌스적 참여는 이해관계자뿐만 아니라 이해관계가 없는 사람들까지도 광범위하게 참여하는 것을 전제로 한다는 점에서 차이가 있다. 문제에서도 묻고 있지만, 시민참여는 순기능만 있는 것이 아니라 역기능도 있다. 그리고 이는 교과서에서도 자세하게 언급하고 있는 사항이다. 그런데 답안작성자는 3장에서는 필요성, 즉 순기능만 언급하고 역기능에 대해서는 언급하고 있지 않다. 따라서 3장의 제목을 "시민참여의 순기능과 역기능"이라고 한 다음 세부목차로 나눠 시민참여의 역기능에 대해서도 서술할 필요가 있다.

그리고 4장에서 한국의 시민참여의 현주소에 대해 묻고 있는데, 정작 한국에서 시행 중에 있는 시민참여를 위한 제도적 장치에 대한 설명은 제대로 이루어지지 않고 있다. 거버넌스적 시민참여의 가장 대표적인 제도개혁으로 불리는 주민참여예산제도에 대해서도 언급하고 있지 않다. 그러면서 예시답안에서는 몇 개의 제도만 피상적으로 나열하고 있는데, 이는 논점을 흐리게 만들 수 있다. 차라리 어떤 특정한 제도를 대상으로 한국의 시민참여의 수준을 분석하는 것이 논점을 명확하게 하는데 도움이 될 것으로 보인다.

4. 기타 사항

시험은 상대평가이기 때문에, 누구나 예상할 수 있는 '평범한 문제'는 정말 잘 적어야 한다. 예시답안에서처럼 중요한 논점을 빠트리거나 틀린 서술을 한다면 엄청난 감점을 감수해야 한다. 쉬운 문제라고 절대 방심하면 안 되는 것이다.

30. 지식관리

지식정보화 사회의 핵심 자산으로서의 지식의 중요성에 대한 인식이 늘어남에 따라 조직의 문제해결능력 증진을 위해 지식관리가 중요한 과제로 대두되고 있다. 그러나 한국 행정에서는 지식관리가 실패하고 있다는 진단이 나오고 있다. 한국 행정의 실패요인을 분석하고, 향후 지식관리 체계의 수립 방안을 모색해 보라.

예시 답안

Ⅰ. 서; 21세기 일등 국가를 위한 핵심 과제

OECD는 '지식기반 경제에서의 사업 경쟁력' 이란 보고서에서 전 세계 선진국은 부가가치 창출의 50%이상이 '지식'에서 나오고 있음을 밝힌바 있다. Booze Allen 한국 보고서에 따르면 한국이 선진국과의 기술 격차를 해소하고 21세기 일등국가로 나아가려면 지식의 창출확산의 병목현상(bottle neck)을 극복하는 것이 최우선의 과제라고 지적하였는바, 향후 국가 발전을 위한 지식관리의 합리화에 대한 논의가 필요하다.

Ⅱ. 지식관리의 의의

1. 개념

지식관리란 체계적으로 지식을 관리하는 것을 말하며, 지식정부란 사회문제를 해결하고 가치창출 능력을 제고하기 위해 지식의 창출. 확산, 획득, 공유의 전 과정을 관리하여 지식 배양을 촉진하는 정부를 의미한다.

2. 지식관리의 중요성

1) 정보그레샴의 법칙과 지식의 암묵지성

악화가 양화를 구축한다는 그레샴의 법칙은 지식이라는 재화에 대해서도 성립할 수 있어 체계적으로 질 좋은 정보를 관리하기 위한 노력이 필요하다. 또한 지식은 암묵지의 형태를 띠는 경우가 대부분이어서 형식적 관리 없이는 선순환적(virtuous circle) 효과를 내기 어렵다.

2) 국가 발전의 요체

IMD에서 조사하는 두뇌유출지수(Brain Drain Index)를 보면 세계적 선진국으로 평가받는 핀란드, 룩셈부르크 등이 2점대에 있는 것과 비교해 우리나라의 경우 8점에 가까운 두뇌유출지수를 기록해, 향후 국가발전의 핵심 요체인 지식에 대한 체계적 관리가 미흡한 것으로 조사되고 있다. 국가 경쟁력 향상을 위해 지식관리는 시대적 과업이 되었다.

Ⅲ. 지식관리의 실패 요인

1. 지식관리의 과정

I. Nonaka에 따르면 지식관리는 ① 사회화(socialization)를 통한 암묵지의 획득 ② 외부화(externalization)를 통한 암묵지의 형식지화 ③ 종합화(combination)를 통한 형식지의 확산 ④ 내부화(internalization)를 통한 형식지의 암묵지로의 체화라는 4단계에 걸쳐 이루어지며 이것이 지속, 반복되는 선순환적 과정을 통해 지식이 확산, 창출된다고 하였다.

2. 한국 행정에 있어 지식관리의 실패요인; 지식관리 과정과 연계하여

1) 소통문화의 부재: <사회화>의 미흡

구성원간 상호 의견 교환의 문화가 부족하며, 전통적인 계층제적 조직에 기반한 위계문화로 인해 상·하 구성원간 소통은 거의 전무하다.

2) 체계적 지식관리 시스템 부재: <외부화, 내부화>의 미흡

단일의 기관 차원에서 지식관리를 행하는 체계적 시스템이 마련되지 못하고 산발적으로 개별조직별로 업무관리 매뉴얼만이 존재할 뿐이다. 즉, 개인지의 조직지화를 위한 제도적 여건이 미흡한 실정이다.

3) 순환보직으로 인한 업무인수 인계 부실: <종합화>의 미흡

보직관리로서 행해지는 순환보직 자체가 업무의 단절을 유발할뿐더러, 후임자의 업무 성과 향상 시 자신의 무능력을 드러낼 수 있다는 인식하에 업무인수인계가 부실하게 이루어지고 있다는 것 역시 지식관리를 실패하게 만든다.

Ⅳ. 향후 지식관리 체계의 수립 방안

1. 인적 측면; '신지식인'의 육성

기존에 조직 구성원을 비용(cost)으로 인식했던 것에서 벗어나, 인적 자원(human resource)으로 관리하려는 노력이 필요하며, 적절하고 체계적인 교육훈련을 통해 지식노동자, 신지식인을 양성하는 것이 필요하다.

2. 조직 측면; 학습조직의 구축과 업무처리 절차 재설계

조직 차원에서는 지식의 공유·확산을 촉진하기 위한 방안으로 법제처 학습 동아리(CoP)같은 조직을 육성함으로써 학습조직으로 변모하기 위한 노력이 요구된다. 나아가 행정업무처리 재설계(PAPR)를 통해 업무의 흐름이 단절되지 않고 시작부터 종료에 이르기까지 행해질 수 있는 제도적 개선이 필요하다. 이는 조직지의 형성을 촉진시켜 체계적 지식관리의 단초가 될 수 있을 것이다.

3. 정보체제적 측면; 인트라넷 구축, 정보책임관제도

지식의 체계적 관리의 핵심은 바로 정보통신기술의 활용에 있는바, 조직 내 인트라넷의 구축을 통해 행정 업무 및 지식을 구성원간 실시간 공유하도록 하며, 나아가 이를 체계적으로 관리하는 정보책임관(CKO; Chief Knowledgement officer)제도를 도입해 지식관리가 하나의 독립적 정부업무로 수행되도록 하려는 노력이 필요하다.

Ⅴ. 결; 전국가적 지식관리를 통한 Brain Grain을 위하여

정부 내 구성원에 대한 교육 및 정부지식관리체계(GKMS)구축 외에도 일반 민간과의 산·학·관 통합적 지식지도의 형성을 통해 전국가적 지식관리로 발전해야 한다. 발달된 IT기술을 바탕으로 21세기 두뇌 강국으로서의 한국이 되길 기대해 본다.

강 평

1. 총평

지식관리는 기존 교과서에서는 충분한 서술이 되어 있지 않아 출제되면 당황할 가능성이 많은 문제이다. 그러나 오히려 이런 문제일수록 간략한 서술로도 충분히 고득점이 가능하기 때문에 차근차근 접근할 필요가 있다. 예시답안은 대체로 주요 논점들을 폭넓게 서술하고 있어 충분히 고득점이 가능할 것으로 보인다. 다만 다음과 같은 점은 보완할 필요가 있다.

2. 보완할 사항

3장에서 Nonaka의 논의를 중심으로 지식관리의 문제점을 서술하는 것은 적절해 보인다. 다만, 그가 말한 네 가지 지식관리 유형과 한국의 지식관리의 문제점을 연계시키는 부분에 대한 서술이 너무 간략하여 그것이 왜 문제가 되는지에 대한 설명이 부족하다.

3. 추가할 사항

4장에서 발전방향을 논의하기 이전에 관련되는 외국의 사례나 민간기업의 사례를 간략하게나마 언급하는 것도 답안의 차별성을 위해 필요하다고 생각한다. 이는 답안 작성자의 주장을 뒷받침할 수 있는 근거가 되기 때문이다. 대부분의 제도개혁은 성공한 사례에 대한 벤치마킹에서 처음 출발한다는 사실을 명심할 필요가 있다.

4. 기타 사항

고시에서 제일 어려운 문제는 지엽적인 주제에 대해 묻는 문제이다. 이 경우 그 주제에 대해 알지 못한다면 답안지에 쓸 내용이 없기 때문이다. 최근 고시의 출제경향이 지엽적인 문제보다는 좀 더 포괄적인 문제를 묻는 식으로 바뀌어 가고 있지만, 그렇다고 안심하고 있으면 안 된다. 지엽적인 문제에 대해 전혀 준비가 되어 있지 않다고 하더라도, 그것이 우리가 주로 공부한 교과서 내의 주제와 어떤 관련이 있는지 차근차근 생각한 다음 이 둘을 연결시킬 수 있는 연결고리를 찾는 것이 중요하다.

제 2 장

행정조직론

1. 관료제와 민주주의

다음의 글을 읽고 물음에 답하시오. [서울대 행정대학원 석사 논자시 2008.3.14]

> 지난 2월 대통령직 인수위원회 업무보고에서 국정홍보처의 한 공무원이 "우리는 영혼이 없는 공무원들"이라고 발언해 많은 논란을 야기하였다. 후일 이 공무원은 자신의 발언이 Max Weber를 인용한 것으로서 "관료는 어느 정부에서나 그 정부의 철학에 따라 일할 수밖에 없다는 의미"라고 해명하였다.

[1] 민주주의와 관료제의 관계에 관한 다양한 행정이론을 원용하여 이 공무원의 견해에 대한 찬성 혹은 반대논리를 전개하시오. (20점)

[2] 본인의 논리를 따를 경우 증진되는 행정 가치와 침해되는 행정 가치를 서술하시오. (15점)

[3] 본인의 논리를 구현하기 위하여 필요한 행정개혁 방안을 서술하시오. (15점)

예시 답안

Ⅰ. 서론: 관료제와 민주주의, 그리고 신공공관리론

행정학적으로 관료제와 민주주의는 상호간의 조화 혹은 대립을 각 기점으로 하여 부침(浮沈)을 거듭해 왔다. 특히 신공공관리론이 유행한 이후 행정학은 도구적 합리성을 추구하는 1차원적인 학문으로 스스로 자리매김하였다. 신공공관리론과 가장 깊은 관련이 있는 행정현상은 행정개혁이라고 볼 수 있는데, 행정개혁을 통한 정책집행과 서비스 공급방식의 변화는 당연히 민주주의에 대한 논쟁으로 확장된다. 즉, 행정개혁은 결국 행정부의 존재이유에 대한 가장 근본적인 질문-민주주의를 위해 존재하는 행정부인가 아니면 시장의 가치를 이루기 위한 행정부인가-에 대한 원론적인 질문과 깊은 관련이 있다. 이는 이명박 정부의 기본 모토인 창조적 실용주의(Creative Pragmatism)의 일환인 신공공관리론적 행정개혁이 우리나라의 관료제, 민주주의와 어떠한 연관성을 갖는지 탐색하는 것과 크게 다르지 않을 것이다.

Ⅱ. 해당 공무원의 견해에 대한 논리: 설문(1)과 관련

1. 민주주의와 관료제의 관계에 대한 이론

[1] 민주주의와 관료제에 대한 개념적 정의

민주주의와 관료제에 대한 간략한 정의는 사실상 불가능하다. 하지만, 어느 정도의 조작적 정의를 기반으로 논의를 전개하는 것이 타당하다고 보여지므로 간략한 언급만 하도록 한다. 민주주의의 이념은 링컨의 Gettysburg 연설에서 가장 잘 드러난다. 즉, 국민의(of, 국민주권), 국민에 의한(by, 참여), 국민을 위한(for, 봉사정신 구현) 행정실현의 이념이 민주주의이다. 또한 관료제는 Weber의 입장에 의하면, 대규모 조직의 많은 업무를 신속하고 효율적으로 수행하기 위해서 미리 정해진 규칙과 절차에 의해 처리하는 권위 구조를 의미한다.

[2] 관료제가 민주주의의 형성에 도움이 된다고 보는 입장

(1) 지적 기원으로서의 웨버

관료제 이론의 초석을 마련한 웨버(Max Weber)는 관료제를 통한 경쟁적 엘리트 민주주의 및 다원민주주의에 많은 관심을 가졌다. 그는 관료권의 팽배와 여기서 비롯되는 관료제의 자율성(autonomy of bureaucracy)에 대해 심각한 우려를 표명했다. 그의 관료제의 이념형은 이후 적지 않은 논쟁과 비판의 대상이 되었고, 이러한 논쟁 과정에서 다양한 모습의 현대적 탈관료제 이론들이 전개되었다. 따라서 웨버 이후 관료제 이론 및 탈관료제 이론의 대부분은 관료제의 기원이었던 웨버 이론의 극복 과정에서 등장한 셈이다.

(2) 윌슨(W. Wilson)의 관료제 이론

윌슨은 19세기 후반 정치에 의해 행정이 훼손되는 문제를 바로 잡기 위해 "행정의 연구"(The study of administration)를 제시하였다. 민주적인 정치와 비민주적인 행정이 함께 결합될 수 있는 것은 정치와 행정이란 분리되어 질 수 있고, 또 분리되어져야 하기 때문이다. 성격상 이질적인 정치와 행정 간의 갈등 여지는 정치행정이원론의 논리에 의하면 문제되지 않는다.

윌슨의 초점은 미국 행정은 유럽에 비하여 낙후되어 있으므로, 민주주의와 정치에 대하여서만 관심을 갖지 말고 행정에 대하여서도 관심을 기울임으로써 미국의 행정을 발전시키자는 것이다. 관료제는 민주주의와 양립 가능한데 이는 관료제가 민주주의와 효율성을 극대화시켜주기 때문이라고 본다.

(3) 신행정론자들의 견해

'신행정론'에서 제시한 블랙스버그(Blacksburg)선언은 관료의 전문직업주의(professionalism)를 강조한다. 행정가란 삼권분립의 체제에서 균형 바퀴(balance wheel) 역할을 한다고 비유된다. 즉 행정가는 공공선의 수탁자로서 장기적인 시각으로 공익을 추구하며 행정의 대응성을 높이는 역할을 한다. 관료제란 편협된 집단이익에 휩쓸리지 않은 채 공익을 위한 가치 판단을 스스로 할 수 있으며 민주주의의 발전을 위한 기제라는 것이다.

(4) 에치오니-할레비(Etzioni-Halevy)의 견해

웨버의 입장을 현대에 맞게 전수한 에치오니-할레비(Etzioni-Halevy)는 관료제를 민주주의의 딜레마로, 또 민주주의를 관료제에 대한 딜레마로 파악한다. 이러한 딜레마는 정치의 장(場)에 긴장과 권력투쟁을 야기시킨다고 본다. 관료제는 민주주의를 위해 불가피한 존재이면서, 아울러 위협적인 존재이다. 관료제는 선출된 정치인들의 통제 하에 있어야 하며, 또 그러한 통제로부터 벗어나야 한다. 정책형성에 참여하면서도 정치적으로 중립을 지켜야 한다. 즉 관료제는 정치적이어야 하는 동시에 비정치적이어야 한다는 것이다.

(5) 슐레이만(Suleiman)의 견해

슐레이만은 웨버의 입장에서 민주주의 건설에서의 관료제의 필요성을 강조한다. 유능하고, 전문적이며, 정치적으로 중립성인 견지하는 공복인 웨버식의 관료제의 존립은 민주주의의 초기 단계 및 공고화 과정에서 매우 중요하다. 따라서 슐레이만은 관료제의 쇄신을 위해 어느 정도의 시장 이론을 원용함은 인정하지만 최근에 크게 대두되는 정부재창조 내지 신공공관리론이 관료제를 근본적으로 위협함은 바람직하지 않다고 본다. 그것은 민주국가의 필수 조건인 전문적 관료제 및 국가능력의 약화로 이어질 수 있기 때문이다.

[3] 관료제는 민주주의를 저해한다고 보는 입장

(1) 파킨슨의 법칙, 피터의 원리

파킨슨의 법칙(Parkinson's law)에 의하면 정부 관료제는 업무량과는 관계없이 비대해지고, 피터의 원리(Peter's principle)에 의하면 관료는 무능한 수준까지 승진하고자 한다. 이와 같은 현상이 반복되면 관료제는 이른바 camelephant, 보이지 않는 정당(invisible party)과 같은 권위적인 집단으로 굳어지고 이 과정에서 대내적인 민주성, 대외적인 민주성은 저해된다. 따라서 민주주의 확보를 위해서는 관료제에 일정한 통제를 가해야 한다고 본다.

(2) 신공공관리론

신공공관리론은 관료제에 대한 철저한 회의에서 출발하여 효율과 경쟁, 기업주의와 고객정향 등을 강조하며, 공적 영역의 지속적 감소와 공적 기능의 사적 영역으로의 이관을 주장한다. 즉, 신공공관리론은 해방관리론(liberation management)의 입장에서, 정부는 기업과 같이 운영되어야 하며, 관료는 공공 기업가(public entrepreneur)가 되어야 한다고 주장한다.

신공공관리론의 핵심 개념은 '관리주의'(managerialism)이다. 신공공관리론은 공익을 추구하는 집합적 규범을 시장적 규범으로 대체하고, 공적 영역의 축소 및 그 기능들을 사적 영역으로 이관하고자 하며, 시민의 고객화, 원자화를 지향한다. 신공공관리론은 이와 같이 웨버식 관료제에 대해 '관료제 부수기'(dismantling bureaucracy)를 지속적으로 강력히 주장한다.

(3) 관료제의 병리 이론

관료제의 병리적 국면을 강조하는 입장에서는 관료제란 권력집단화하는 속성이 있고, 인간 소외의 야기하며(Franz Kafka), 으레 과두제화되기 쉽고(Robert Michels), 비민주적 정권의 전위 도구로 작용하고 국민의 요구에 귀기울이지 않는다. 이러한 입장에서는 관료제란 민주제와 양립하기 어렵고 오히려 민주제를 저해하는 주된 원인이다.

2. 해당 공무원의 견해에 대한 찬반 입장: 1차적인 의미에서는 찬성하지만, 2차적인 의미에서는 반대한다.

"영혼이 없는 공무원"이란 관료제의 전문직업주의 및 비정치성과 관련이 있다. 즉, 행정은 기본적으로 정치(선거직인 대통령, 국회의원)와의 관계를 생각하지 않을 수 없는데, 해당 공무원의 경우 대통령의 철학에 따라 자신의 입지가 좁아지고(국정홍보처는 이명박 정부의 조직 개편과 더불어 해체되었다.) 그에 따라 공복으로 존재했던 자신의 처지에 대한 한탄을 Max Weber를 인용하여 말한 것으로 해석할 수 있다.

하지만, 이것이 지니는 이 그 말의 의미는 복합적인 차원을 함유하고 있다. 즉, 1차적인 의미는 관료제의 비정치성, 전문직업주의(professionalism)를 지적한 것이다. 그러나 또 다른 국면에서 보면 그것은 관료제가 민주국가의 적극적 실현 책임을 지닌 공적 주체로서의 책임을 포기하고 수동적인 도구로 몰락함을 함의한다. 슐레이만이 지적하였듯이, 국가가 민주적 권위를 지키며 국민적 신뢰를 바탕으로 국정 소임을 다하기 위해서는 유능하고, 전문적이며, 비정의적(非情誼的) 관료제의 존재는 매우 필요하다. 공무원의 전문직업주의와 비정치성은 매우 필요하지만, 이는 수동적인 주체로서의 의미가 아니라 균형자로서의 능동적 의미로 보아야 하는 것이다. 결국, 공무원이 정치적 중립과 전문직업주의를 견지해야 하지만, 그것이 민주적 가치를 실현하는 공공정책의 주체로서의 책임을 포기하는 것을 정당화하는 논리가 될 수는 없다.

Ⅲ. 행정가치의 증진 혹은 침해의 측면: 설문(2)와 관련하여

Gordon이 강조하는 언제나 성공하는 문화(winning culture)는 존재하지 않듯이, 관료제에 대한 한쪽 측면의 견해는 일응 명(明)과 암(暗)을 지닐 수밖에 없다. 이는 관료제를 통해 행정가치가 증진될 수도 있고, 침해될 수도 있다는 측면에서 더욱 명확하게 부각된다.

1. 행정가치와 관료제의 정당성

행정의 본질은 "국민의 삶의 질 향상과 국가경쟁력의 제고"이다. 이는 행정이 지니는 일련의 가치들을 달성함으로써 이룰 수 있는데, 행정이 지니는 가치는 <공익>, <능률성>, <민주성>, <형평성>, <가외성>, <합법성>, <합리성> 등의 이념을 의미한다. 그렇다면, 이제는 관료제가 정치, 사법, 국민과의 관계에서 스스로의 정당성을 가진 균형바퀴(balance wheel)의 역할을 하는 경우 다양한 행정가치가 증진 혹은 침해될 수도 있는 바, 이에 대해 검토해 보기로 한다.

2. 증진되는 행정가치와 침해되는 행정가치

관료제는 그 균형바퀴(balance wheel)의 역할을 어떠한 방식으로 수행하느냐에 따라, 일련의 행정가치를 증진시킬 수도 있고, 침해시킬 수도 있다. 이는 관료제 자율성(Autonomy of Bureaucracy)이 어떤 방향으로 발현되느냐에 따라 달려 있다.

[1] 공익

관료제가 주어진 국민 일반의 공유된 가치(shared values)를 충실하게 이행하여, 국민에 대한 공복을 자처하고, 사회 내의 다양한 행정주체에 대한 서번트 리더십(servent leadership)을 행한다면, 공익이 증진할 것이지만, "공익"이란 이름으로 가장된 편협한 집단이기주의의 횡포에 휘둘리고, 규제의 사익이론에서와 같이 포획(capture)된다면, 이는 실질적으로 공익을 저해하는 상황이 된다.

[2] 능률성

능률성은 행정업무의 투입(input)에 대한 산출(output)과 관련된 개념이다. 만약 관료제가 정부 업무의 할거주의(sectionalism)를 지양하고 각종 거래비용(transaction cost)을 낮추며, 긍정적 의미의 고객 지향적 정부를 구축하고자 한다면, 능률성이 증진될 것이지만, Merton이 강조하는 목표-수단의 대치현상(goal displacement), 권위적 관료로서의 군림을 일삼는다면, 이는 "산출없는 투입"에 불과하여 능률성을 침해시키게 될 것이다.

[3] 민주성

관료제와 관련하여 가장 주목받는 개념이기도 하다. 만약 관료제가 <공직에 대한 기회균등>의 측면을 제공하고 <민주적으로 설정된 목표를 구체적으로 수행>하는 경우라면 민주성이 증진되겠지만, 국민과 격리된 탁상행정, 담배연기 자욱한 방(smoke-filled room)에서의 일방적 의사결정(DAD: Decide-Announce-Defense)만을 일삼는다면, 국민에 대한 대응성(responsiveness) 혹은 민주성이 저해될 것이다.

[4] 형평성

형평성은 대상에 따라서 "같은 것은 같게, 다른 것은 다르게" 대한다는 행정이념이다. 권위주의적인 관료제는 사회적 약자로서의 국민에 대한 정보격차(Digital Divided) 유지, 수익자 부담원칙의 명확한 적용를 통해 형평성을 저해시킬 수도 있지만, 신공공서비스론(new public service)의 함의처럼 주인중심적 접근(owner centered orientation)을 통해 국민을 섬기는 정부로 거듭날 수도 있을 것이다.

Ⅳ. 행정개혁의 방안: 설문(3)과 관련하여

그렇다면, 우리는 관료제 자율성(Autonomy of Bureaucracy)이 올바르게 나타날 수 있는 행정의 여건을 조성해야 하는 바, 현재의 여건이 그렇지 못하다면, 행정개혁을 통해서 그와 같은 기반을 다져야 할 것으로 생각된다. 다만, 이에는 우리나라가 처해있는 상황을 검토할 수 있는 성찰력(reflexive power)이 필요할 것으로 보인다.

1. 우리나라 민주주의의 특성: 짧은 민주주의 역사, 형식적 민주주의

민주주의가 이미 확립된 국가들에서는 관료제 축소 및 시장메커니즘의 강조가 개혁의 바람직한 방향일지도 모른다. 그러나 아직 민주주의 성립 초기 단계에 있는 중립성과 합리성을 강조하는 관료제의 권한 강화가 오히려 민주주의 확립에 긍정적인 영향을 미칠 수 있다. 우리나라의 민주주의가 1987년 이후 20년 정도에 불과하고, 그 20년의 기간 역시도 과거 독재, 군사정부의 아류가 잔존하여 형식적인 민주주의에 그친다는 점을 감안할 때, 서구의 행정개혁을 단지 모방적으로 동형화

(mimic isomorphism)함은 바람직한 행정 개혁 방향이 아니다.

2. 형식적 민주주의와 신공공관리론과의 만남

실질적 민주주의가 요원한 상황에서 단지 관료에 대한 개혁으로 일관하는 자세를 가진다면, 이는 사회학적 제도주의가 의미하는 바와 같이 적절성의 논리(The logic of social legitimacy)를 가지지 않은 것과 동일하다. 즉, 관료제의 전문직업주의(professionalism)와 정치적 중립성을 무력화시켜서 관료제가 민주주의에 기여할 수 있는 가능성을 닫아버리고, 궁극적으로는 관료제의 무능력화, 국가 경쟁력의 약화를 초래할 가능성이 크다는 것이다.

3. 바람직한 행정개혁의 방향

[1] 기본방향: 경쟁적 엘리트주의(진정한 관료민주주의)의 지향

Max Weber에 의하면, 새로운 민주주의 모델은 '경쟁적 엘리트주의(Competitive elitism)'라고 일컬어지는 것이다. Weber는 직접 민주주의의 목표는 권력의 강점적 현상을 감소시키는데 있지만, 사회가 이질적일수록 직접 민주주의는 행정을 비효과적으로 만들고, 효율성을 낮추며, 정치적 무능력을 야기한다는 것이다. 따라서 엘리트간들간에 경쟁이 있는 한 민주주의를 확보하는 것이 필요하다. 즉, 경쟁적 엘리트 민주주의(competitive elitist democracy)란 입법·행정적 결정을 담당하는 능력 있는 엘리트를 선별하는 수단으로서 정치적 리더십의 과도화를 제한하는 기능을 가진다.

[2] 세부적 방향

(1) 국가의 권위회복: 강한 국가

관료제를 정치의 자의적인 권력에서 보호함으로써 관료제가 사회의 법질서를 확립시키는데 중점을 두도록 장려해야 한다. 예컨대 경찰권을 충분히 확보해 주어 불법시위나 '떼법'이 성행하고 공공의 이익을 반함에도 불구하고 손을 놓고 있는 상황이 되어서는 안 된다. 관료적 민주주의를 통해 국가의 역할이 더 공고화되어야 한다.

(2) 시장원리의 제한적 활용

민영화의 문제도 자의적 정치로부터 보호문제를 먼저 생각해야 한다. 현재 공기업들은 청와대에서 낙점한 정치인들이 기업운영을 좌지우지하는 모순에 있다. 한국 공기업의 비효율성을 비판하기 전에 이들이 정치권력의 자의적 행사로부터 보호되고, 경영진 수준에서 책임과 권한의 일치원칙이 확보되었는가를 논해야 한다.

또한 관료제가 가진 비효율성부분과 민간 기업이 추구하는 이윤부분과 부패부분을 비교해서 어느 쪽이 큰가를 비교해야 할 문제이다. 예컨대 민간 부문에서는 경쟁입찰 여부는 자유선택의 문제이지만 공공부문에서는 의무사항이다. 따라서 영국의 QUANGOS나 프랑스의 다양한 공공기관의 유형을 참조할 필요가 있다. BTL, 민간위탁, 민영화 실시에는 반드시 민간기업의 책임을 어떻게 담보하느냐가 고려되어야 한다.

(3) 부처 간 과도한 경쟁의 방지

정부기관 간에도 책임과 권한일치의 원칙을 확립해야 한다. 책임을 지지 않는 힘센 부처를 통해 관료제 내 경쟁을 강화시키는 개혁은 잘못된 것이다. 예컨대, 관료권 교란의 주역인 행정안전부의 폐지를 포함한 근본적 대책이 필요하다. 그리고 권력에 의한 통제에서 '돈'에 의한 통제로 바뀌는 시장원리에 의한 개혁이 될수록 강해지는 기획재정부처, 금감원, 감사원, 공정거래위 등 권력부처도 약화되거나 거꾸로 그에 걸맞는 통제장치가 강화되어야 한다. 이런 개혁의 핵심방향은 고질적인 병폐인 부처이기주의의 약화라는 점이다. 즉, 타부처에 비해 더 힘이 커지려고 경쟁하고, 국가전체의 차원에서 정책을 보지 않고 자기부처의 위상만 제고시키려고 억지를 부리는 부처이기주의를 잠재우는 것이 가장 중요하다.

(4) 고위관료권의 강화

권위적인 정부 아래에 있을수록 관료제는 정치적 중립성과 그 도구적 합리성이 훼손될 가능성이 높기 때문에 고위관료들의 역할이 중요하다. 관료들은 정치화로부터 보호되어야 한다. 합리적인 절차에 의한 상위직으로 올라가도록 하고 이들이 그동안 축적한 경륜을 발휘할 수 있는 여건을 만들어 줘야 한다. 이런 의미에서 경쟁성만 강조하고 관료의 불안감을 제고하는 고위공무원단제도는 재고되어야 한다.

고위 관료들이 일 잘하는 부하를 선별하여 관리하도록 충분한 권한을 주고, 그 기관의 성과에 따라 확실한 책임도 물어야 한다. 무분별한 공사간 인력교류 등 시장원리강화는 자제되어야 한다. 계서제의 질서도 다시 회복해야 하고, 상관이 권위를 가지고 무능한 관료들을 적법한 절차에 의해 엄중히 처리하도록 해야 한다.

(5) 현장밀착형 행정

고위 관료의 권위를 확보해주면, 이들의 탁상행정과 권력남용이 우려된다. 정치인은 물론이고 고위직 관료들은 일선의 목소리에 귀를 기울여야 한다. 현장행정은 아무리 강조되어도 부족함이 없다. 해가 갈수록 현실은 복잡해진다. 따라서 일선현실에 귀를 기울이는 것은 매우 중요하다. 지식인들을 비롯한 엘리트들의 위기는 현실을 모르고 자아도취에 빠지는 데에서 비롯된다. 경쟁적 민주주의와 관료민주주의의 함정은 이것이다. 그러나 진정한 경쟁에 의한 엘리트의 충원과 관료의 윤리의식 함양으로 극복될 수 있는 것이다. 국민들에게 필요한 서비스를 즉시 제공하는 즉각적 민주주의가 필요하다.

V. 결론: 민주화의 선행없이 능률화가 이룩되기 어렵다.

한국의 행정개혁은 으레 관료제를 철밥통으로 비하하면서 가학적(masochistic)인 공격을 가함으로써 대통령의 자의적인 권력 행사의 일환으로 추진되는 경향이 있다. 민주화가 착근되지 못한 상황에서 신공공관리론으로 관료를 동네북으로 몰아붙이면, 관료는 전문 기술을 확대하기 보다는 생존과 승진을 위해 눈치보게 만들고 '정치화'되게 만든다. 그 결과 신공공관리론이 지향했던 능률성은 요원하고 오히려 무소신화를 지향하며, 전문적이고 책임있게 정책을 개발하기 보다는 외부 전문가에게 업무를 맡기고 자신은 무색무취함 가운데 행정개혁의 외풍을 넘어 가려는 경향이 심화된다. 관료가 자신을 영혼이 없는 공무원이라고 자평함에는 이런 의미가 함축되어 있다.

선진국의 경우 성숙한 민주주의와 복지국가를 바탕으로 민주주의가 내적 가치로 내면화한 이후에 신자유주의와 관련된 행정개혁을 고려했기 때문에 이를 제한적, 선별적으로 수용하는 여유가 있었다. 그러나 우리나라의 경우 민주화의 역사가 짧기 때문에 다른 국가의 제도를 성찰적으로 수용(reflexive acceptance)할 수 있는 역량을 갖추지 못한 경우가 대부분이다. 관료제가 행정의 근본가치인 민주주의를 발현시킬 수 있는지, 혹은 침해하는지에 대한 근본적인 탐구도 이루어지지 못한 채, 단지 선진국의 변화를 일방적으로 검토하는 것은 아직 형식적 민주주의 단계에 불과한 우리나라에서 자칫 의도하지 않은 결과(unintended consequence)를 가져올 수 있다. 어떤 방식의 행정개혁이든 간에 적어도 그것이 민주성을 제고하는데 기여하지 못한다면 의미가 없다. 관료제의 중핵인 능률성도 궁극적으로는 민주성의 가치에 기여하는 것이어야 하기 때문이다.

강 평

1. 총평

이 문제의 핵심은 관료(제)가 가치중립적으로 행동함이 과연 민주주의에 어떤 함의를 갖는가? 또 그것이 다양한 행정가치들에 어떤 영향을 주는가? 앞의 두 가지를 감안하면 바람직한 행정개혁 방안은 어떠해야 하는가?를 묻는 문제이다. 쉬운 듯하면서도 상당한 생각을 요구하는 문제이다. 이 답안은 본 답안은 ①안병영 · 정무권(2007). "민주주의, 평등, 그리고 행정- 한국행정 연구를 위한 이론적 · 경험적 함의를 찾아서". 한국행정학보 제41(3), ②임도빈(2007). "관료제, 민주주의, 그리고 시장주의 - 정부개혁의 반성과 과제". 한국행정학보 제41(3)를 토대로 구성되었다. 전문 논문들을 요약해 놓은 이런 식의 서술이 고시답안과 반드시 합치되는 것은 아니다. 그러나 깊이있는 내용을 음미하는 훈련이 될 것이다. 실전을 대비한다면, 좀 더 간결하게 핵심을 요약해야 한다.

2. 보완해야 할 부문

관료제와 민주제의 관계를 두 가지로 규명한 "Ⅱ" 부분은 매우 탁월한 서술이다. 이 정도의 정리는 유관한 다른 문제에서도 유용하게 원용할 수 있다. (1) 문제의 답은 두 가지 단계로 이루어져야 한다. 첫째, 관료제-민주제 간의 상반된 두 입장을 밝히고, 둘째, 서술자가 어느 한 입장을 택하여 밝혀야 한다. 첫 번째 사항은 잘 언급이 되어 있지만, 두 번째 사항을 설명하는 부분(Ⅱ-2)은 좀 모호하니 좀 더 명확히 서술을 해야 할 것이다.

3. 추가해야 할 부문

본인의 바람직한 행정개혁 방향의 방향을 제시하는 부분(Ⅳ)에서 먼저 행정개혁의 바람직한 방향을 선언한 것은 매우 좋은 서술 방식이다. 다만 그 내용은 Weber가 주장하는 사항들과 본질상 같은 것이어서 참신성은 낮아 보인다. 비록 학생들이 어떤 방향을 택하든 그것은 중요하지 않지만 적어도 한국의 현재 상황 현실에 부합되는 것이 좋을 것이다. 특히, 한국의 행정개혁이 관료제가 전문성을 높이고 능력을 발휘하여 일하도록 하기보다는, 소신이 없고 눈치를 보는 기회주의적 관료를 만들고 있는 경향, 이미 고위관료층의 정치화 되는 현재 상황을 언급하고 이런 상황을 극복하는 방향으로 행정개혁을 추구하는 대안을 제시해야 한다.

4. 기타 사항

특정 논문을 준거하여 답안을 작성하면 서술 체제나 내용이 매우 경직적인 문체와 특정 방향만을 지향하는 논의가 되기 쉽다. 단순 요약하기 보다는 이들을 여러 번 읽어 자신의 것으로 충분히 소화한 후에, 필요시 자신의 생각을 가감하여, 자신의 새 문장으로 재구성하지 않으면 안 된다. 물론 특정 논문 그대로를 요구하는 문제가 출제될 가능성은 적다.

2. 관료제의 병리현상과 처방

다음 글을 읽고 물음에 답하시오.

교육인적자원부(이하 "교육부"라 한다)는 2001년부터 "평생학습도시" 사업을 시행하면서 이 분야에 선도적인 자치단체를 선정하여, 프로그램을 관리하는 역할을 수행하고 있다. 평생학습도시 선정 사업에 응모하여 교육부의 평생학습도시로 지정된 지방자치단체는 최초 년도에 2억 원을 지원받고, 재정자립도에 따라 매년 1500만원에서 3천만 원까지 지원 받는다. 2001년도에 3개 도시가 평생학습도시로 지정을 받았고 이후 점차 확대되어 2006년 현재 33개 도시가 동 사업의 지원을 받고 있다.

오늘날 많은 지방자치단체에서는 '평생학습센터'와 같은 조직을 신설하고, 각종 교양강좌, 직업강좌, 취미강좌 등을 주민들에게 제공하고 있다. 물론 어떤 지방자치단체는 교육부의 지원정책시행 이전에 유사한 사업을 시작 하였는가 하면, 33개의 선정도시 이외의 도시들에서도 자체적으로 유사 프로그램을 운영하고 있다.

한편, 2006년 평생학습도시 정책의 실제효과를 평가한 교육개발원의 연구결과를 보면, 동 사업의 수혜를 받고 있는 평생학습 지정도시와 그렇지 않은 비지정 도시간에 대체로 효과면에서 평생학습에 유의미한 차이를 보이지 않는 것으로 나타났다. 동 연구결과를 진실로 받아들인다면, 평생학습 활동에 대해 민간 및 지방자치단체의 자발적 노력이 더 중요하지, 교육부 프로그램에 의한 정부의 지원이 중요한 것은 아니라는 추론이 가능하다. 그럼에도 불구하고 교육부에는 평생학습국(局)이란 조직이, 교육개발연구원에는 평생학습정책팀과 평생학습통계팀이란 조직이 존재하고, 동 연구원에서는 평생학습 활성화 방안을 개발하는 각종 연구프로젝트를 발주하고 있다. 2007년에는 18개 평생학습도시를 지정하려고 공모 중이다. 더욱이 교육부 장관(평생학습 전문가로 알려져 있음)이 '평생학습원'과 같은 별도의 거대한 외부조직을 신설하는 방안도 고려 중인 것으로 알려지고 있다.

관료제 이론에 비추어 위의 현상을 설명하고 개선방안을 논하시오.

[2007 후기 서울대학교 행정대학원 입학시험 문제]

예시 답안

Ⅰ. 서: 두 얼굴(Janus-faced)을 가진 관료제

관료제는 Weber에 의해 고안된 후 대규모의 업무를 신속하고 효율적으로 수행할 수 있다는 장점으로 인해 전세계적인 동형화(isomorphism) 흐름을 타고 민간과 정부조직에 확산되었다.

그러나 관료제는 부처할거주의, 번문욕례, 공무원의 무사안일 등으로 인한 비효율성과 목표대치, 동조과잉으로 인한 비민주성 등의 문제점을 드러냈다. 특히 현재의 세계화, 민주화, 지방화 시대 하에서 문제 해결능력 저하와 과잉관리의 문제점이 심화되고 있는바 효율성과 민주성을 갖춘 관료조직으로의 변모는 시대적 요청이라고 하겠다.

Ⅱ. 관료제 이론을 통한 현상 설명

1. 관료제의 의의

(1) 개념

구조적 개념의 관료제는 대규모 조직에 있어 많은 업무를 신속하고 효율적으로 수행하기 위해 미리 정해진 규정과 절차에 따라 처리하는 계층적 권위구조이다(M. Weber).

반면 기능적 개념의 관료제는 정치 권력을 장악한 통치 집단으로 개념화할 수 있다(H. Laski, H. Finer).

(2) 특징

① 높은 복잡성: 관료제는 분업의 형태를 보이기 때문에 그 구조가 복잡하다. 이러한 분업 구조는 행정의 능률성을 극대화하고 전문성을 향상시키는 장점이 있지만 부처할거주의와 자신의 분야에 대해서만 전문성을 가지는 '훈련된 무능(trained incapacity)'현상을 나타낸다는 단점이 있다.

② 높은 공식성: 관료제는 규칙에 의해 행정업무를 처리하고 합법성과 문서주의

를 강조하기 때문에 높은 공식성의 특성을 지닌다. 이러한 공식성은 행정의 법적 안정성과 예측 가능성을 높인다는 장점이 있으나 red-tape을 양산하고 공무원의 무사안일과 복지부동을 초래할 수 있다는 단점이 있다.

③ **높은 집권성**: 위계질서에 입각한 계층제로서 상명하복의 권한관계가 명확하다는 집권성의 특징을 가진다. 이러한 집권성은 정책 결정에 있어서 효율적일 수 있다는 장점이 있으나 구성원의 참여를 배제하며 행정인의 경직적이고 보수적인 업무태도를 야기할 수 있다는 단점이 있다.

2. 제시문에 나타난 현상의 문제점

(1) 효율성 측면

교육부의 평생학습도시 지정 사업은 유의미한 효과를 가져오지 못할 뿐만 아니라 지방자치단체의 노력으로도 충분한 사업에 대해 이중적인 예산을 투입하는 것이므로 예산의 낭비로 볼 수 있다.

또한 사업의 비효과성에도 불구하고 교육부와 교육개발연구원에 비슷한 사업을 수행하는 조직이 이중적으로 존재하고 그 규모가 오히려 증가되고 있음을 볼 때 불필요한 정부 규모의 확대가 나타나고 있음을 알 수 있다.

(2) 민주성 측면

평생학습의 경우 지방민의 수요를 더 잘 파악할 수 있는 지방자치단체가 사업을 수행할 수 있음에도 불구하고 국민의 요구나 사회적 합의 없이 대응성이 결여된 사업을 수행하는 것은 민주성 측면에서도 문제가 있다.

3. 관료제 이론을 통한 현상 설명

(1) 조직 구조 측면

① 관료제의 높은 복잡성으로 인한 부처할거주의는 다른 조직과의 협조를 약화시키고 있다. 교육부와 교육개발원 그리고 지방정부가 협조를 통해 평생교육이라는 하나의 사업을 통합적으로 수행할 수 있음에도 불구하고 개별적으로 분절화된 업무

를 수행하고 있다.

② 관료제의 높은 공식성은 구체적인 대응성 결여라는 문제점을 초래하였는데, 지방자치단체마다의 특성을 반영하지 못한 획일적인 교육프로그램 지원으로 인해 학습에 있어 효과적인 결과를 나타내지 못한 것으로 보인다.

③ 관료제의 높은 집권성은 권위주의적인 행정과 연결된다. 지방정부가 교육에 대한 권한을 가지고 업무를 수행하는 것이 그 효과 면에서 더 나을 수 있음에도 불구하고 지방정부로의 권한 이양이 이루어지지 않은 채 중앙정부에 의해 집권적으로 수행되고 있다는 문제가 있다.

(2) 조직 행태 측면

관청형성모형의 함의에서 알 수 있는 것처럼 관료의 관료이익 극대화 추구 행태는 불필요한 업무의 수행이나 조직의 확대라는 결과를 가지고 온다. 자신의 조직이익을 극대화하는 방안은 자기 조직에 배당되는 예산을 극대화하거나 조직의 영향력을 확장시키는 방법 등이 있다. 교육개발연구원은 평생학습정책팀과 평생학습통계팀이란 조직을 중복적으로 두어 조직 예산을 극대화하려고 하고, 각종 연구프로젝트를 발주하거나 교육부의 경우 '평생학습원'과 같은 별도의 거대한 외부조직을 신설하는 방안을 통해 조직의 영향력을 넓히려고 시도한다.

Ⅲ. 개선방안

1. 조직 내적 측면

(1) 조직 구조 측면

① 사업 중심의 조직구조 형성

사업이 통합적으로, 효율적으로 수행되기 위해서 현재의 경직적 조직 구조와 부처할거주의에서 벗어나 하나의 사업이나 정책을 기준으로 과업 중심적 조직 구조를 형성해야 한다. '평생교육'이라는 사업을 수행하기 위해 교육부와 교육개발연구원의 사업을 통합적으로 하나의 시각에서 수행하기 위한 태스크포스를 구성하는 방법 등을 생각해 볼 수 있다.

② 분권화와 권한 이양

보다 대응적이고 탄력적으로 행정 수요에 반응하기 위하여 분권화와 권한 이양이 필요하다. 책임성, 효율성, 현지성, 규모의 이익, 기초단체 우선 원칙 등을 고려하여 지역개발과 민원, 현지 참여적 기능에 대해서는 지방정부로의 권한 이양이 필요하다. 이 과정에서 실질적 권한 이양이 되기 위해 지방정부의 재정력을 확충하는 노력이 병행되어야 한다.

(2) 조직 행태 측면

공무원은 자기 부처, 조직의 이익뿐만 아니라 전체적인 행정의 관점에서 행동할 수 있도록 행정윤리와 공복의식을 확보하여야 한다. 이를 위해 공무원에 대한 윤리교육과 더불어 보수제도 개선과 상벌제도의 개편을 통해 공무원이 국민의 행정수요에 적극적으로 대응하도록 하는 유인체계를 확립하려는 노력이 병행되어야 한다.

2. 조직 외적 측면

정부 외적 측면에서는 관료제의 비효율성, 비민주성을 감시, 비판할 수 있는 통제제도가 확보되어야 한다. 이를 위해 정부는 정보 공개의 폭을 확대하고, 국회는 국민의 대표자로서 정부의 비민주적인 행태에 대하여 국정감사 등의 방법으로 적절히 통제할 필요가 있다. 또한 국민의 목소리가 직접 행정에 반영될 수 있도록 국민 참여의 기회를 확대할 수 있는 제도적 장치를 마련하여야 한다.

Ⅳ. 결: 학습하는 제도로서 관료제

국가경쟁력의 제고와 국민 중심적인 행정의 확립을 위해서는 아직도 우리 행정 현실을 지배하고 있는 관료제적 병폐를 극복할 수 있는 행정 조직 모형의 개발과 구축이 필요하다. 이를 위해 구조적 접근뿐만 아니라 행태적, 기술적, 문화적, 프로그램적 접근법 등을 통한 다차원적인 노력이 경주되어야 한다.

강 평

1. 총평

관료제의 병리적 현상을 현실 문제에서 얼마나 정확히 포착해 내느냐를 묻는 기초적 문제이다. 따라서 관료제 이론(특히 관료제의 병리적 현상)을 소개하고 이 현상 중 어떤 국면이 이 사례에 맞는지를 정확히 지적해 나가야 한다. 이때 짜임새 있는 답안이 되기 위해서는 관료제 이론 소개 부분에서 모든 이론 내용을 다 소개하기 보다는 후술할 사례 설명에 적합한 내용 중심으로 집중적으로 제시함이 좋다. 그 점에서 이 답안은 Ⅱ에서 관료제의 특징으로 복잡성, 공식성, 집권성을 제시한 후, 이 속성을 후반부에서 그대로 적용하려는 올바른 서술 체계를 갖추고 있다. 다만 이 때 동원된 관료제 이론의 내용이 좀 더 적실한 내용들이었으면 좋았을 것이다. 관료제에 대한 처방으로 외적 통제까지 언급한 것은 좋은 구상이었다.

2. 보완해야 할 부문

이렇게 거꾸로 생각해 보자. 관료제가 이러한 자기팽창, 행정수요와는 무관하게 자체적으로 조직을 만들고 유지하려는 것이 이 사례의 핵심 문제이다. 이것을 조리 있게 지적할 만한 관료제의 병리적 현상을 지적하는 개념들로 이 답안이 제시한 복잡성, 공식성, 집권성 개념은 정곡을 찌르는 면이 부족하다(공식성 강조가 곧 대응성의 결여와 연결된다고 보기 어렵다). 그 보다는 관료제의 할거주의, 수혜자보다는 자신의 이익을 위해 정책 및 자금을 운용한다는 수단의 목표화, Niskanen의 예산극대화 추구...등이 더 적합한 준거 이론이 되었을 것이다.

3. 추가해야 할 부문

이 사안은 정부 관료제가 민간 및 지방정부에 규제를 가해서 생긴 문제가 아니라 지원(보조금)을 주는 사안이다. 그러므로 통상적인 사례와는 달리 관료제가 간섭이 아니라 지원을 하는(T. Lowi의 이른바 '배분정책') 경우에도 관료제의 문제가 나타남을 언급할 수 있었으면 좋았을 것이다(따라서 이 사안에는 '권한 이양'이란 그리 강력하고도 적실한 개선 방안이 되지 못한다). 정책 성과와는 무관하게 관료제가 자신에게 유리한 특정 정책을 추진할 경우에 대한 개선 방안으로서는 성과관리를 철저히 하는 것도 한 방안임을 보완 지적할 필요가 있고 이는 실제적으로도 유용한 대안이기도 하다.

4. 기타 사항

Ⅰ.서론에서 '관료제는 Weber가 고안한 것'이라는 표현은 잘못된 것이다. Ⅲ. 개선방안-조직내적 측면에서, 사업 중심의 조직구조 형성을 강조하고 있는데 마치 관료제 조직의 대안이 이러한 특정 형태의 조직(사업중심 조직) 형태만 제시되는 것으로 이해될 수 있다(만약 그것이 저자의 의도가 아니었다면 이 표현 방식이 잘못된 것). 다양한 조직 구조의 대안들도 있다. 총론적인 답이 있다면 '관료제 조직 구조에 대한 특정한 대안 조직은 없고 이들 대안 조직들을 그때그때에 상황적합하게 활용한다'는 정도일 뿐임을 명심하자.

3. 관료제 조직의 개혁

다음은 미국의 정부개혁에 관한 보고서 일부를 발췌하여 재구성한 것이다. 아래의 물음에 답하시오. [2007 행정고시 재경 및 기타직렬 제1문]

> 정부는 본질적으로 낭비적인 것인가? 절대 그렇지 않다. 정부는 무능한 공무원들로만 채워져 있는가? 그렇지 않다. 문제는 더 심각한 곳에 있다. 문제는 이 시대에 더 이상 존재하지도 않는 환경에 적합하도록 고안된 정부조직을 가지고 있다는 것이다. 또한 정부조직이 너무 비대하고 낭비가 심해 더 이상 국민들에게 봉사할 수 있는 조직이 되지 못한다는 것이다.
>
> 지금까지의 정부조직은 덩치가 크고 상의하달식 의사소통 구조와 집권적 의사결정 구조를 특징으로 하고 있다. 업무는 세분화되고, 책임과 역할이 분명하게 규정되어 있다. 이렇게 표준화된 업무수행방식이나 수직적인 명령체계 아래에서 조직은 안정적이긴 하지만 경직적이고 업무처리가 지연될 수밖에 없다. 오늘날과 같이 급격히 변화하는 환경과 고도의 정보기술 그리고 국제경쟁의 심화, 나아가 국민의 요구가 복잡 다양화되어가는 시대에 이러한 정부조직은 더 이상 적응하지 못할 것이다.

[1] 위의 정부조직개혁의 주장에 대한 본인의 의견을 찬성과 반대 중 택일하고, 그 논거를 제시하시오. (20점)

[2] 위 1)에서 본인이 선택한 입장에서 우리나라 정부조직개편을 위한 방향 및 구체적인 대안들을 사례를 들어 제시하시오. (30점)

예시 답안

Ⅰ. 서론: 정부개혁으로서 조직변화의 필요성 문제

Emery & Trist가 강조하는 격동의 장(turbulent field)으로서의 행정환경은 2008년 한국행정이 직면하고 있는 현실과 크게 다르지 않다. 국내적으로는 방대한 양의 행정수요가 연일 정부에 대한 변화를 요구하고 있고, 국외적으로는 무한 경쟁(super-competition)시대의 필연적인 産物로서 각국 정부와 미세한 변화를 가지고도 첨예한 대립을 감내해야 하는 것이 현실이다. 이러한 상황에서 기존의 관료제를 기반으로 하는 정부 조직은 변화에 대한 도전을 받고 있고, 이를 수용해야 하는가를 두고 기로에 서 있다고 볼 수 있다.

Ⅱ. 정부조직개혁에 대한 찬반의 입장: 설문 (1)

1. hardware적 행정개혁으로서 정부조직의 개혁

행정개혁(administrative reform)이란 행정의 기구, 관리기법, 기술, 행정인의 태도 등을 의도적, 계획적으로 변화시켜나가는 활동이나 과정이다. 행정과 사회는 상호 의존적이며 共進化(coevolution)하기 때문에 조직과 환경과의 관계에서 행정개혁은 독립변수이면서 종속변수이다.

이러한 행정개혁에는 정부 부처간 하드웨어(hardware)식 정부조직 개편과 정부부처 내에서 업무 프로세스(process)를 재조정하는 기능형 중심의 소프트웨어(software)식 정부혁신이 있는데, hardware적 행정개혁으로서의 정부조직개편은 개혁의 가시성이 큰 바, 정부의 개혁의지 표명이라는 의미를 지닌다.

2. 정부조직개혁의 필요성 여부 – 찬반의 논거 및 본인의 입장

(1) 전통적 정부조직으로서의 관료제

본 문제에서 주요 논점이 되고 있는 정부조직은 M.Weber, W.Wilson 등이 주장하는 전통적 정부조직으로서의 관료제(bureaucracy)를 의미한다. 관료제는 대규모 조직의 많은 업무를 신속하고 효율적으로 수행하기 위해서 미리 정해진 규칙과 절차에 의해 처리하는 권위 구조로서 행정국가화 경향에 따른 업무처리의 거래비용(transaction cost)의 감소를 위해 생겨난 조직이다.

(2) 정부조직 개혁을 주장하는 입장: 기존 관료제에 대한 반대

첫째, 행정환경의 변화와 관료제의 조화 문제에 있어서 더 이상 기대를 하기 어

렵다는 입장이다. 앞에서도 일부 언급하였듯이, 행정환경이 급박하게 변함에 따라 기존의 단순 과업의 처리를 위한 일방향적 정부 관료제는 더 이상의 타당성을 갖기 어렵다는 주장이 많다. 즉, 관료의 보수성으로 인한 조직의 경직성, 변화에 대한 저항은 계층적 조직으로 인해 발생할 수밖에 없는 불가피한 속성이며 형식주의(red tape), 목표수단의 대치현상(goal displacement)은 더 이상의 필요하다고 보기 어렵다는 것이다.

둘째, 관료제의 비능률성 문제로 인해 적응가능성을 부정한다. 관료제는 특히 능률성의 저하로 인해 많은 비판을 받는다. 할거주의(Selznick)와 부처이기주의, 전문화된 무능(trained incapacity), camelephant, invisible party, 시장실패의 초래, X-비효율성(X-inefficiency: by Leibenstein), 파생적 외부효과(derived externalities) 등은 모두 관료제의 비능률성을 비판하는 단어들이다.

(3) 정부조직개혁의 필요성에 대한 본인의 입장: 기본적 찬성, 성급한 개혁에는 반대

정부관료제를 반대하고, 기존의 정부조직을 개혁해야 한다는 입장에서의 위 논거들은 타당성을 지닌다. 하지만, 우리가 간과하지 말아야 할 것은 단점이 있다는 이유만으로 관료제 자체를 부정하고, 더 이상의 존재가능성조차 없다고("더 이상 적응하지 못할 것"이라고) 치부해서는 안된다는 점이다. 정부관료제는 내재하고 있는 문제점을 일부 수정, 보완하여 함께 나아가야 하는 제도이지 아예 폐기시킬 수는 없다고 보여진다.

첫째, 행정환경이 긴박하게 변할수록 정부 업무에서 책임성의 확보는 무엇보다 중요하다. 관료제 타파이론으로서 적응적, 유기적 구조(Bennis), 변증법적 조직이론(White), 탈계층제 이론(Thayer), 후기 관료제 모형(MaCurdy), Ad-hoc 조직(Toffler), 네트워크 조직(Naisbitt) 등이 언급되고 최근에는 팀제 등이 각광을 받고 있기는 하지만, 이들 조직의 가장 큰 문제점으로 지적되는 것은 업무 갈등시의 조정 문제와 책임의 불명확성이다. 즉, 환경이 복잡화되고 업무처리의 다양성이 요구될수록 갈등이나 문제점이 발생했을 때, 최종적으로 책임을 질 수 있는 기관이나 담당자가 존재해야 하지만, 이들 조직은 연성화를 기반으로 하는 수평적 업무처리를 근간으로 하는바, 이에 대한 치명적인 취약점이 존재한다.

둘째, 정부 관료제의 비능률성 문제는 최근의 전자정부, 민영화 및 민간위탁, 학습조직화 등으로 해결이 가능하다. 정부의 업무는 ① 행정절차법의 시행, 전자정부로의 이행으로 인한 투명성의 제고, ② 책임운영기관, 민영화 및 민간위탁 등으로 인한 아웃소싱(outsourcing), 임대형 민간투자사업(Build-Transfer-Lease) 등을 통한 효율성의 제고, ③ 학습조직을 통한 조직 전체의 학습 및 암묵지(tacit knowledge)의 형식지(explicit knowledge)化로 인한 조직의 비효율성 감소로 인해 많은 부분에 있어서 상쇄가 가능하다고 보여진다.

Ⅲ. 정부조직개편을 위한 방향 및 구체적인 대안: 설문 (2)

1. 기본적인 방향

관료제가 내재하고 있는 문제점이 있다고 할 지라도 그 존재 자체를 부인하기는 어렵다고 보여진다. 하지만, 변화의 시대에 걸맞도록 관료제가 가지는 단점 역시 보완할 수 있도록 하는 것이 필요하다. 결국 우리가 지향해야 하는 방향은 기존 관료제의 장점을 유지하면서도 새로운 환경에 적응할 수 있도록 해야 할 것이며, 나아가 비능률성을 치유하는 방안을 생각해야 할 것이다.

이를 위해서는 향후 행정이 나아가야 할 방향(전략)을 명확히 해야 한다. 즉 행정의 本質이 국가경쟁력의 제고 및 국민의 삶의 질 향상이라는 점을 다시 한 번 상기해야 할 것이다. 또한 조직전략을 가장 효과적으로 수행할 수 있는 조직형태로서 실질적인 측면에서 "전략집중형 조직(strategy-focused organization)"으로의 이행이 필요하다고 보여진다.

2. 구체적인 대안

(1) 분권형, 연성형, 상황적응적 조직을 적절하게 가미 - 팀(team)제 예시

팀조직(team organization)이란 상호 보완적인 기능을 가진 소수의 사람들이 공동의 목표달성을 위해, 상호 책임을 공유하고 문제해결을 위해 공동의 접근방법을 사용하는 수평적 조직단위로서 역사적으로는 로마의 100인대, 몽골제국의 아르반 등에 그 기반을 둔다.

우리 나라의 경우 노무현 정부 당시 내각에 분권형 국정운영제(2004년 내각 내

경제, 교육, 통일외교, 사회문화복지, 과학산업기술로 5개의 팀을 설정하고 일부 장관이 팀장을 맡아 각 부문을 조율, 대통령은 국가전략과제를 담당, 총리는 일상적인 국정을 총괄하는 이른바 "분권형 국정운영제")를 도입하였고, 이후 (구)행정자치부(정부조직 57년만의 개편으로서 큰 의미를 지님), (구)정보통신부(2실4국6관 ➜ 5본부 3단 4관), 전라남도 담양군(2006년 지자체 최초로 팀제 도입) 등을 효시로 하여 중앙정부 부처, 지방정부 등에 팀제를 도입하였다.

(2) 시장과 정부의 합리적 역할 배분 (market test): 정부기능재배분의 논리 적용

정부 업무처리에 있어서 기능재배분의 논리는 다음과 같다. 첫째, 정부에 반드시 필요한 기능이 아니면 부서를 폐지하는 것이 바람직하다. 둘째, 반드시 정부가 맡아야 하는 것이 아니면 민영화나 민간위탁을 통한 방법도 효율성을 추구할 수 있는 방안이다. 셋째, 정부가 반드시 맡아야 하는 것이라면 (조직 변화시의 발생 문제점을 미리 예측하여) 기능재조정을 통한 기구통폐합이나 책임운영기관(Executive Agency)화 하는 것이다.

최근 2014년 평창 동계올림픽을 성공적으로 유치·개최할 수 있도록 원주~강릉 철도를 BTL로 전환하여 2013년까지 조기완공토록 한 경우나, 군 장병 복무여건 개선을 위해 기존의 침상형(1인당 0.7평) 내무반을 침대형(1인당 2평)으로 교체해 나가며, 협소하고 노후한 군인 아파트도 BTL을 통해 조기 개선하는 사례가 이에 해당된다고 볼 수 있다.

(3) 다른 부문의 행정개혁과 연계하여 조응성(congruence)을 이루어야 함

조직개편은 반드시 조직에 대한 고려에서 끝나서는 안되며 다른 부문의 변화에도 민감하게 반응할 수 있어야 한다. 특히 최근 인사 및 재무행정에서는 많은 변화가 있어서 이에 대한 제도간의 조화가 중요하다고 보여진다.

예를 들어 직무성과계약제나 총액인건비제도 등과 관련하여 기관장에 대한 책임이 크게 요구되고 있고, 또한 3+1 예산개혁(국가재정운용계획, Top-Down 예산개혁, 재정사업 성과관리제도, 디지털예산회계시스템), 프로그램예산제도 등과 관련하여 최고지도자의 의지 역시 큰 변수로 작용하고 있다.

Ⅳ. 조직개편에 있어서의 유의점

1. 한국 행정문화와의 조화

한국의 행정문화는 수평적 네트워크보다는 수직적 네트워크가 발달한 사회로서, 이로 인한 문제점이 발생하는 것은 사실이나, 조직개편을 통해 이러한 문화를 일시에 동시적으로 제거하기는 어려운 것이 현실이다. 마키아벨리 <군주론>의 "이익 보는 사람은 미온적이고 손해 보는 사람은 극렬히 반대하기 때문에 개혁이 어렵다"는 문구가 있는 것과 같이 기존의 반발 세력의 주장을 논리적으로 최소화시키면서 소기의 목적을 달성할 수 있는 정책 집행력이 중요하다 할 것이다.

2. 퇴행적 능률성에 대한 유의

김대중 정부의 행정개혁에 대한 비판적 입장의 하나로서 흔히 "퇴행적 능률성"을 일컫는다. 이는 "상징적 행위(symbolic action)"로서의 조직개편이 주요 관심사였기 때문으로 물량주의적 감원, 부처간의 특수성을 고려하지 않은 일방향적 조직개편 등이 시행되었기 때문이다.

우리가 추구해야 하는 행정개혁은 "정치적 수사(political rhetoric)"로서의 행정개혁이 아니라, 정부의 업무역량을 향상시킬 수 있는 과정으로서의 행정개혁이 되어야 하는 것이다.

3. software 행정개혁과의 동반적 개혁의 필요성: 규제개혁 및 전자정부로의 이행

정부의 역할 비대에 가장 큰 역할을 하는 것이 바로 규제일 것이다. 국가정책의 70%가 규제와 관련하여 그림자행정의 영역을 형성하고, 지대의 영역이 되고 있으며, "숨겨진 조세(hidden tax)" 로서 공직부패의 원인이 되고 있는 것이 현실이다. 2004년 12월 한 신문기사에 따르면 기업 CEO에 대한 설문조사 결과 응답자의 93%가 우리나라 정부의 기업규제가 여전히 강하다고 응답하였고, 행정규제기본법의 제정(1997), 규제학회의 설립(2001) 등에도 불구하고 규제의 개혁은 아직 미미한 현실이다.

또한 우리나라의 전자정부 현황은 많은 노력에도 불구하고 Gartner Group(2000)의 분류에 의하면 완벽한 조직변환(seamless transformation)에는 이르지 못한 아직 상호작용(interaction) 혹은 거래처리(transaction) 수준에 불과하다.

전체적인 수준의 향상을 위해서는 비단 조직개편에 一喜一悲하기보다는 hardware 행정개혁과 software 행정개혁의 동반이행이 필요하다고 보여진다.

Ⅴ. 결론: 정부조직 개편의 올바른 방향 정립

결론적으로 볼 때, 현재의 행정환경 변화와 기존 관료제의 비효율성은 분명히 정제되어야 할 부분이라고 보여진다. 이를 위해서 정부조직의 개편 역시 반드시 필요하다고 보여지나, 간과하지 말아야 할 것은 조직의 개편이 기존 관료제 패러다임을 완전히 대체하지는 할 수 없다는 것이다. Blacksburg Manifesto의 함의처럼 관료제 역시 국민으로부터 정당성을 확보하고 있으므로, 일부 수정해야 할 부분이 있다면 현대 상황에 적합하게 고려하는 것이 타당하다고 보여진다. 아울러 일부 조직개편을 이행함에 있어서도 다른 부문 및 기존 행정문화와의 조화를 유의해야 할 것으로 보여진다.

강 평

1. 총평

대체로 평이한 구성이다. 정부조직 개혁은 늘 논의의 초점이 되고 있는 주제이며, 이는 행정수반인 대통령이 5년 단임이기 때문에 늘 주기적으로 행정학계에 던져지는 지적, 정책적 과제이기도 하다. 문제의 핵심이 정부조직이 개혁되어야 한다는 원론적인 명제에 대한 찬반인지 혹은 정부조직이 개혁되어야 하되 그 논거에 대한 찬반인지가 약간의 의문의 여지가 있고 이 출제 문제는 이 부분을 더 명확히 했어야 했다. 이런 식의 의문이 있을 경우에는 서두에 문제의 정의를 분명히 하고 출발함이 좋다. 이 문제를 전자(혹은 후자)의 전제에서 시작한다고 하는 서술이 있으면 더 바람직하다. 추상적인 문제이면서도 정부개혁 관련하여 현실 제도에 대해 어느 정도의 적실한 지식을 가지고 있는가를 함께 보여야 하는데 이 글은 대체로 나름대로 요건을 맞추고 있다.

2. 보완해야 할 부문

이런 추상적 논의가 되면 으레 '구호적 표현'이나 서술들이 남용되거나 모호한 표현들이 오용되지 않도록 유의해야 한다. 정부조직의 개혁 필요성에 대한 저자의 입장의 "기본적 찬성, 성급한 개혁에 대한 반대" 중 후자 부분(성급한 개혁 반대)의 의미가 시간적 차원인지, 혹은 개혁의 내용적 범주 차원인지가 불명확하여 답안을 읽어가는 동안 끝까지 모호함을 준다. 아마 통상적인 언어 용례와는 달리 후자의 의미인 것으로 해석되는 데 이런 모호함을 없애야 한다.

그런데 이렇게 과격한 변화는 자제해야 한다는 식의 기본 방향을 제시해 놓고는 구체적인 대안으로 제시한 내용에는 "정부에 반드시 필요한 기능이 아니면 부서를 폐지하며, 반드시 정부가 맡아야 하는 것이 아니면 민영화나 민간위탁을 행하고, 정부가 반드시 맡아야 하는 것이라면 (조직 변화시의 발생 문제점을 미리 예측하여) 기능재조정을 통한 기구통폐합이나 책임운영기관(Executive Agency)화 한다"고 함은 논리적으로 잘 부합되지 않는다. 이 구체적 대안들만으로도 대단한 변화이기 때문이다. 설문에서 기존 정부 조직이 신축성, 분권성, 비능율성, 대응성이 필요함이 암시되어 있었기 때문에, 2)에 대한 답안 부분에서는 이런 것들에 잘 답하는 구체적 대안들이 더 구체적이고도 일목요연하게 제시되었어야 했다. 구체적인 대안으로 제시된 "전략집중형" 이란 개념의 필연성이 약하다.

3. 추가해야 할 부문

분권화의 이해에서 중앙-지방 간의 논의는 빠져 있고 조직 내적 분권화만 염두에 두고 있는 듯하다. Software적 개혁이 동반되어야 함을 지적함은 매주 적절하지만 그 내용을 규제개혁, 전자정부라는 것에 국한해서 이해하고 있는 듯한 인상이 강하니 이를 보완하자.

4. 기타 사항

구체적인 대안으로 제시되는 예들은 대체로 비슷한 분석단위와 수준으로 보여주는 것이 좋다. 거시적인 사안과 미시적인 사안을 혼재해 놓으면 불균형이 되기 쉽다. 또 공진화, 암묵지에서 형식지화, 퇴행적 능률성.... 등의 구호성 표어를 많이 사용하고 있는데 과학적 서술이라고 보기 어렵다.

4. 정부기관간의 갈등

정부정책은 다양한 정부기관들 간의 상호작용에 의해 결정되고 집행되며, 정부기관들은 그 상호작용 속에서 지속적으로 권력게임을 벌이게 된다. 특히 하나의 정책 영역에서 둘 이상의 정부기관이 관련되어 있는 구조에서는 그 정부기관들 간의 갈등이 발생할 개연성이 높다. 정부기관 간 갈등의 원인, 순기능과 역기능을 설명하고 갈등을 완화 · 해소하는 방안에 대하여 설명하시오.

[2007 후기 서울대학교 행정대학원 입학시험 문제]

예시 답안

Ⅰ. 서: Walled thinking에서 System thinking으로

정부의 업무는 상호 긴밀하게 연결되고 통합되어 있으나 현재의 관료제에서는 정부기관별로 좁은 업무범위를 설정하여 분명한 책임관계 하에서 분업적으로 업무를 수행하고 있다. 이로 인하여 하나의 정책 영역에서 둘 이상의 정부기관이 관련되어 있는 경우 정부기관 간 갈등이 발생하여 중복적으로 업무를 처리함으로써 세금의 낭비가 발생하기도 하고, 서로 업무를 떠넘김으로써 행정의 사각지대가 나타나기도 한다.

특히 과거의 산업화시대에는 행정환경이 안정적이었기 때문에 보다 용이하게 명확한 기관별 목표를 설정하고 과제를 수행할 수 있었다. 그러나 현재의 지식정보화시대에는 업무의 범위가 확장되고 모호해지면서 정부기관 간 갈등이 발생할 여지가 증가하였는 바, 정부기관 간 갈등을 완화하고 Walled thinking을 넘어 System thinking으로 나아갈 수 있는 방안에 대해 고민해 보아야 한다.

Ⅱ. 정부기관 간 갈등의 원인

정부기관 간의 갈등은 하나의 정책 영역에 대해 둘 이상의 정부기관이 관련되는 경우 서로 업무를 처리하려고 하는 적극적 갈등과 업무 처리를 서로에게 미루는 소극적 갈등의 양상으로 나타난다. 이러한 정부기관의 갈등의 발생은 공무원의 행태와 조직 구조의 특성에 의해 나타날 뿐만 아니라 갈등을 증폭시키는 제도적 요인에도 기인한다.

1. 공무원 개인의 측면

공무원은 법적, 제도적으로 주어진 자신의 책임 범위 내에 있는 소관 사무 외에는 행정의 사각지대에 개입하여 해결하려고 하는 개입의지와 국민의 요구에 대응하려는 공복의식이 부족하다.

또한 관료이익을 극대화하기 위해 정부 전체적, 사회 전체적인 사고를 하는 것이 아니라 자기 부처나 정부기관에 유리하도록 업무의 범위를 확장시키려고 하기 때문에 다른 조직과의 충돌을 야기하고 있다.

2. 정부조직의 측면

(1) 관할권의 중첩

비슷한 정책의 소재와 관련하여 소관부처가 상이하여 관할권의 중첩이 발생하는 경우 정부기관 간 갈등이 발생할 수 있다. 예를 들어 식품안전분야는 식품의약품안전청(KFDA) 소관이지만, 소금은 '자원'으로 분류되어 산업자원부의 업무 분야에 속하므로 소금과 관련한 정책에 있어 갈등을 야기할 가능성이 크다. 또한 재배되고 있는 콩나물은 농림부 소관이지만 판매용 용기에 담긴 콩나물 식품의약품안전청 소관으로 '농약 콩나물'이 문제가 된 경우 관할기관이 누구인지에 대한 논란이 일어났다.

(2) 부처 할거주의

부처할거주의란 정부부처들이 자신들의 중요성을 강조하고 타 부처에 대항하려는 성향을 말한다. 부처 간의 정책 지향점의 차이, 서로 대표하는 고객 및 수혜집단의 차이, 자신의 업무를 국가적으로 가장 중요한 것으로 인식하는 국지적 합리성 때문에 부처간 갈등이 발생하게 된다. 개발제한구역 해제여부 결정과 관련한 정책에서 환경부의 보전논리와 건설교통부의 개발논리가 상충되면서 부처간 갈등이 발생한 사례가 있다.

(3) 기능중심적 구조

관료제의 부서화 기준이 '하나의 사업이나 정책의 목표'가 아니라 '유사한 기능/업무과정 또는 유사한 지식/기술을 사용하는 구성원'이 됨으로써 하나의 정책이 여러 부서와 관련이 되고 이로 인해 정책의 조정이 어렵고 갈등이 쉽게 발생하는 구조라고 할 수 있다.

3. 제도적 측면

(1) 조정체계의 미비

공식적 대화 채널이 다원화되어있지 않고 그 수가 부족하여 제도적 갈등 해결 메커니즘이 부재한 상황이며 사전적 조정 제도가 미비하고 조정기구의 권한 부족으로 효과적인 갈등 조정이 어렵다. 또한 공식적 대화 채널이 부족한데 비해 권위, 힘, 인맥에 의한 갈등 조정을 시도하는 비공식적 절차는 과잉 현상을 보이고 있다는 문제도 있다.

(2) 정보공유제도의 미비

정부기관 간 정보를 공유하려고 하는 인센티브가 없고 정부 포탈사이트 등의 인프라가 부족한 상황에서 한 부처의 업무에 대해 다른 부처들이 이를 파악하지 못하여 불필요한 중복사업이 발생하고 정부부처 간 갈등이 심화되고 있다.

Ⅲ. 갈등의 순기능과 역기능

1. 순기능

(1) 조직구조의 문제점 인식

정부기관 간 갈등을 통해 현재의 조직구조의 문제점을 인식할 수 있다. 분업화와 전문화로 높은 복잡성을 그 특징으로 하는 현재의 관료제적 조직구조에 대한 문제점을 인식하고 사업이나 정책목표 중심의 새로운 조직체계의 설계를 구상할 수 있게 한다.

(2) 상호 이해 증진

정부기관 간의 갈등은 각 기관의 정책 지향점과 정책 수단의 차이로 인하여 발생하는 경우가 많은데 갈등 표출을 통하여 서로의 정책과 사고방식에 대한 이해의 폭을 넓힐 수 있는 계기가 될 수 있다.

(3) 갈등 해결의 제도화 기회

갈등이 표출되고 해결되는 과정에서 앞으로 발생할 수 있는 새로운 갈등을 미연에 방지하기 위한 제도를 설계하고, 발생한 갈등에 대해서는 보다 효율적으로 완화하고 관리할 수 있는 방안을 마련할 수 있게 한다.

2. 역기능

(1) 효율성 측면: 행정의 불필요한 중복

정부기관 간 갈등으로 인해 같은 사업에 두 개 이상의 정부기관이 비슷한 업무를 중복적으로 수행하거나 통합적으로 수행할 수 있는 사업에 대해서도 각각 사업을 개별적으로 운영함으로서 사업의 효과를 극대화하지 못하게 된다. 단양의 한 마을에서는 정보통신부가 지정하는 정보화 시범마을 사업, 농림부가 지정하는 녹색농촌체험마을 사업이 하나의 지역발전 사업으로 통합되지 못하고 각각 운영됨으로서 홈페이지를 두 개나 운영하는 등 비효율적인 중복 문제가 발생하였다.

(2) 민주성 측면: 행정의 사각지대 발생

책임만이 강조되는 업무에 대해서는 각 정부기관이 다른 기관에 업무를 떠넘기려고 하는 과정에서 갈등이 발생한다. 하지만 이 경우 필요한 행정서비스가 제대로 제공되지 못하고 행정사각지대가 발생하게 된다는 문제점이 있다. 서울시 지하철의 장애인 엘리베이터 설치의 문제에 있어서 건설교통부와 보건복지부가 서로 자기 소관이 아니라고 업무 떠넘기기를 하는 과정에서 엘리베이터 설치가 늦어지기도 하였다.

또한 정부기관 간 갈등의 과정에서 업무가 지연되는 결과가 발생할 수도 있다. 인천경제자유구역 내의 고압 송전로의 지중화 사업을 둘러싼 재정경제부과 토지공사의 갈등으로 인해 사업의 추진이 늦어져 공공서비스 공급에 문제를 야기하였다.

Ⅳ. 갈등의 완화, 해소 방안

1. 기본 방향: 'Deceived Consensus'에서 '갈등의 진화'로

갈등이 발생하지 않는 것은 전제주의적인 국가에서나 가능하다고 할 것이다. 갈등의 완화와 효율적인 관리를 통한 진화하는 행정을 구현하고자 하는 자세가 필요하다. 갈등에는 순기능도 있으므로 갈등의 역기능을 최소화 하고 순기능을 극대화하는 방향으로, 즉 '무갈등의 신화'를 탈피하여 '갈등의 적정 수준 관리'로 갈등관리를 재개념화 하여야 한다.

2. 공무원 개인적 측면

공무원의 의식 개선을 통하여 자기 부처의 좁은 이익에서 벗어나 정부 전체적, 사회 전체적인 관점에서 업무를 수행할 수 있는 자세를 가지도록 해야 한다. 공복의식을 내재화시키는 방향으로 교육훈련을 하고 특히 조직 리더의 책임감 있는 리더십 함양 노력이 필요하다.

3. 조직적 측면

(1) 조직의 유연화

기능중심적 관료제의 틀에서 벗어나 사업중심적으로 조직을 유연화할 필요가 있다. 현재 도입되어 있는 팀제는 특정 목적을 달성하기 위한 과업 중심적 구조로 형성되어 있으므로 팀제에 대한 내실화 노력이 필요하다. 그리고 부처별로 중복 사업이 있는 경우 하나의 통합된 체제 하에서 과업을 수행하는 방법도 있다. 정부 부처별로 추진하던 지역개발 사업을 '살기 좋은 지역 만들기 태스크포스(TF)'를 구성하여 부처별 지역 개발 사업의 현황과 계획에 대한 정보를 공유하고 공동지침을 만들었던 사례가 있다.

(2) 정부기관 간 교류 활성화

부처할거주의를 극복하고 서로의 정책에 대한 이해의 폭을 넓히기 위해서 정부기관 간 교류를 활성화해야 한다. 이를 위해서는 구성원들의 다른 조직에 대한 보다 개방적인 자세가 필요하며 고위공무원단, 직위공모제 등의 인사교류를 내실화하는 방안이 제도적으로 뒷받침 되어야 한다.

4. 제도적 측면

(1) 조정체계의 보완

현재 형해화된 공식적 조정체계를 바로 세우기 위하여 핵심행정부를 개혁하여야 한다. 권력과 인맥에 의한 비공식적 조정체계를 지양하고 행정수반과 정부 총괄기구에 실질적인 조정 권한을 부여하여 갈등의 발생시 이를 완화하고 관리하기 위한 협력적, 의사소통적 체계를 구축하여야 한다.

(2) 정보공개의 활성화

행정 처리 과정과 그 내용에 대한 정보가 공개되고 각 기관이 이를 공유하도록 해야 한다. 이를 위해 각 기관은 정보에 대한 독점적 소유욕을 버릴 필요가 있으며 전정부적인 통합 데이터베이스의 구축으로 이를 제도화하여야 한다. 소방방재청은 자신이 추진하던 '소방방재 DB시스템' 구축 사업을 다른 행정 기관의 DB정보 및 전산 장비를 활용하여 824억원의 예산을 절감하였다.

Ⅴ. 결: 국민의 참여를 통한 갈등관리

정부기관 간의 갈등의 발생으로 인한 피해는 결국 행정서비스의 수요자인 국민에게 돌아간다. 그러므로 국민이 정부기관의 갈등으로 인한 부작용을 감시하고 통제할 수 있도록 국민에 대한 정보 공개 수준을 확대하고 정책 과정에서 국민의 참여를 제도화하는 방안이 요구된다.

강 평

1. 총평

다소 이론적 엄밀성은 떨어지지만 이런 식의 거시적 구성으로도 이 답안은 성립될 수 있다. 또 다른 구성 방식은 갈등 자체에 관한 특정한 이론(ex: H. Simon & March)에 준거하여 보다 치밀하게 구성해 나가는 것이다. 그렇게 하려면 갈등의 개념부터 '의사결정'과 관련하여 다시 규정해 들어가야 하며 갈등의 원인, 갈등의 유형, 갈등의 해결 방안 등에 대해서도 죽 이 이론에 따라야 한다.

사례 서술에는 기본적으로 준거할 명확한 토대 이론이 있다. 앞으로 행정학 문제들이 이와 같은 정확한 이론 토대를 제시하며 구성을 하도록 유도하는 것이 필요하다.

2. 보완해야 할 부문

서문에 붙이는 비과학적 '표어'들은 바람직하지 않다는 것이 필자의 생각이다. 촌철살인의 좋은 지적이 될 수도 있지만, 동시에 그것이 자칫 부적합한 장식으로도 보일 수도 있다. 이 주제의 설문의 본질은 '단일 기관만의 업무 상황에서 상호 연관성이 높은 업무 환경으로 나아간다'는 의미보다는 '무갈등을 전제한 사고로부터 이제 이를 인정하고 적극적으로 대처하고 잘 활용하는 사고로 나아간다'는 것이 핵심일 것이다. 이와는 거리가 좀 있는 서두를 수정하여 이에 꼭 맞는 표현을 찾아보라.

이 답안 구성 외에 총평에서 시사한 대로 다른 방식으로 구성한다면, 예컨대 박동서 교수의 '행정인-행정구조-행정환경'의 틀을 통해 갈등의 원인, 갈등의 해소방안을 일관되게 정리할 수 있었을 것이다. 현재의 구성은 '공무원 개인- 정부조직의 측면-제도적 측면'이라는 틀을 사용하고 있는데 세 기준 간 다소 모호함도 있다. 예컨대 "3.제도적 측면 - (1) 조정체계의 미비"를 갈등의 원인으로 보고 있는데, 이것은 '갈등의 원인'이 아니라 '이 갈등이 어떤 원인으로든 발생한 후 이것이 잘 해결되지 못하는 원인'의 하나이다. 그리고 "제도"라는 제하에 오직 극히 구체적인 두 가지 사항만을 든 것도 짜임새가 부족하다.

3. 추가해야 할 부문

달리 보완해 볼 방안은 바로 Simon, Simon&March의 이론을 준거하는 것이다. 개요식으로만 일관하는 서적보다는 조석준, 오석홍 교수 등의 서적을 통해 이를 새로이 정리해 보라. 본 문제의 모든 물음 내용들이 다 여기에서 유출되었음을 발견할 것이다(갈등의 개념, 유형, 해결방안....). 박동서, 조석준, 오석홍 교수의 책을 통해 재구성해 봄도 좋을 것이다. 문제가 '정부간 갈등'에 주어져 있기 때문에 싸이몬의 이론을 준거할 경우 '개인적 갈등, 특정 조직내 갈등' 부문은 준거 이론에서 배제해야 할 것이다.

4. 기타 사항

본문 Ⅳ의 논의에서 초두에 '오도된 합의'란 용어를 사용함은 매우 적실한 지적이며 Lindblom 이 용어를 사용한 것도 바로 이 상황을 전제로 한 것이다. 다만 그 뒤에 나오는 '갈등의 진화'라는 개념이 모호하다. 진화를 鎭火, 혹은 進化 등으로 해석해 보았는데 여전히 모호하다. 후자라면 그 더욱 모호하다. 구조기능주의자와 대비되는 갈등이론가들의 입장을 간명히 요약해 넣어 보라.

5. 한국 행정에 필요한 새로운 리더십 유형

최근에 진행되고 있는 행정환경의 급격한 변화는 새로운 유형의 리더십의 중요성을 부각시키고 있다. 이러한 맥락에서 여러 리더십의 유형 가운데 한국적 상황에서 공공 조직에 바람직한 리더의 역할, 지식정보화 사회에서의 리더십을 논하시오.

예시 답안

Ⅰ. 서; 발전의 모멘텀(momentum)으로서의 리더십

세계화, 민주화, 지식정보화와 같이 행정을 둘러싼 환경이 급격히 변하고 있다. I. Burns는 "이러한 시대의 가장 보편적인 갈망 가운데 하나가 바로 창조적인 리더에 대한 굶주림이다." 라고 하였다. 세계적인 공공개혁의 모범생으로 불리는 뉴질랜드 역시 행정 내각 수반 R. Douglas의 강력한 리더십 하에서 큰 저항 없이도 개혁을 완성한 바 있다.

최근 한국은 한미 쇠고기 수입 협상 및 전직 대통령에 대한 과도한 수사과정에서 비롯된 국민과 정부의 소통의 부재(不在) 상황에 놓여 있는바, 이러한 현상을 극복하고 향후 세계 선진국가로 발돋움하기 위한 모멘텀으로서의 리더십이 절실하다.

Ⅱ. 리더십의 의의

1. 개념

리더십(leadership)이라 함은 조직의 바람직한 목표 달성을 위해 구성원에게 영향력을 행사하는 과정으로서 주로 상위직 공무원에게 요구되는 거버넌스 역량(governance competency)이라 할 수 있다.

2. 리더십 이론의 유형

기존의 리더십 이론은 리더 자체의 자질(trait) 또는 행태(behavior)를 기준으로 발전하여 왔으나, 최근의 리더십이론은 조직이 처한 상황까지도 종합적으로 고려하는 조직 리더십이론이 부각되고 있다. 특히 조직리더십과 관련하여 개인 리더십과 구별해 리더의 변화에도 불구하고 조직 자체에 남아 있는 역량의 총화(總和)로서 지식등과 관련된 리더십 이론이 중요해지는 추세이다.

3. 리더십의 유형

1) 불확실성의 상황과 셀프 리더십

J. Galbraith는 현대와 같은 불확실성의 시대에서는 조직의 관리와 관련해 하부 구성원 스스로 목표를 설정하여 조직수뇌부는 오직 그 결과를 관리하는 방식만이 유효하다고 하였다. 따라서 개인 스스로의 동기부여로 과업을 달성하는 수기(修己)의 자세로서의 셀프 리더십이 요구된다.

2) 행정 혁신의 시대와 변혁적 리더십

현대의 행정 혁신의 시대에서는 조직 구성원에 대한 개별적 배려와 지적 자극을 핵심으로 하는 카리스마적 리더십이 요구되며, 이러한 변혁적 리더십의 발휘는 조직의 총체적 변혁을 가능케 한다.

3) 민주화와 서번트 리더십

섬김의 리더십(servant leadership) 이란 고객, 종업원 등에 대한 섬김의 자세로 리더가 그들의 의견을 경청하는 것을 말하며 R. Greenleaf는 헤르만 헤세의 소설 <동방으로의 여행> 에서의 레오(Leo)가 전형적 서번트 리더라고 하였다. 특히 국민의 행정 참여와 권리의식이 신장된 현대 민주국가에서는 조직 내 인간주의의 실현과 더불어 청지기적 관료로서 섬김의 리더십이 중요하다.

4) 지식정보화 사회와 상호 연계적 리더십

지식정보가 부가가치의 원천이 되는 지식 정보화 사회에서는 개인의 지식학습과 네트워크를 통한 지식의 창출, 확산이 요구되는 바, D. Tapscott이 주장한 상호 연계적 리더십(inter-sectoral linkage leadership)이 필요하다. 특히 Ingraham이 향후 지식의 핵심 내용은 방법을 아는 것(know-how)을 지나 외부 전문가를 아는 것(know-who)으로 변화할 것임을 예측하였는바, 네트워크 관리 역량으로서의 연계적 리더십이 더욱 중요해진다.

Ⅲ. 공공조직에 있어 바람직한 리더의 역할; 한국적 상황과 관련하여

1. 부하직원에 대한 섬김의 리더십; 조직 인간주의의 구현

조직 속 개인에 대한 이해와 배려 없이 개인을 통제하려는 시도는 장기적으로 실패할 가능성이 높다. 즉 , 조직은 조직의 인간화를 위한 맥락의 장(field of context)이 되어야 하며, 이를 위해서는 조직 리더의 섬김의 자세가 중요하다. 특히 그동안 계층제적 조직 구조 하에서 수직적 의사소통이 활발치 못했던 한국 행정의 경우 더더욱 부하의 의견을 경청하며, 그들에 대한 인간적 배려와 섬김을 다하는 서번트 리더가 요구되는 바이다. 이는 상호 소통을 증진시켜 궁극적으로는 조직 발전을 이루어내는 요체가 된다.

2. 개별 구성원의 셀프리더십과 리더의 변혁적 리더십

또한 민간 부문에 비해 상대적으로 개인의 능력 발전의 기회가 적은 공조직 특성상 구성원 개인적으로 자신의 과업목표를 충실히 수행하기 위한 셀프리더가 되어야 한다. 나아가 실패를 두려워하지 않는(freedom to fail) 구성원의 자세는 그것이 모여 창조적 변혁을 이끌어 낼 수 있다. 그리고 상위 수뇌부의 경우 이러한 셀프리더십을 유도하기 위해 지적 자극을 가하고, 영감을 발휘하는 변혁적 리더십을 발휘해 그동안 소극적이고 보수적으로 평가되어 온 공공부문의 총체적 혁신을 이끌어 내야 할 때이다.

Ⅳ. 지식정보사회에서의 바람직한 리더십

1. 조직 리더십의 중요성

지식 정보화 사회에서는 지식의 축적에 따른 새로운 지식의 창출, 확산이 조직 발전의 요체가 되는 바, 조직 구성원의 변화에 관계 없이 조직에 체화된 리더십으로서의 조직 리더십이 중요해 진다. 또한 이를 위해서는 Tapscott이 말한 상호 연계적 리더십이 발현되어 구성원간 활발한 지식공유가 이루어져야 한다.

2. 지식정보화 사회에서 리더십의 발전 방향

1) 구성원에 대한 처방; 창조적 실패에 대한 보상

조직 구성원은 소극적, 미온적 태도로 업무에 임하기보다는 적극적이고 창조적 과업을 수행하는 주체로서 실패를 두려워하지 않는 자세가 요구된다, 따라서 리더는 구성원의 노력이 실패하였다고 하더라도 그것이 선례가 되어 나중에 큰 실패를 방지하는 예방책으로 작용할 수 있고 또한 조직 문화의 변화를 가져올 수 있는 바, KT가 시행중인 <Best Challenge 상> 과 같이 창조적 실패(creative failure)에 대한 보상이 필요하다.

2) 조직 구조에 대한 처방; 학습 조직의 구축

조직 구성원간 암묵지가 활발히 공유되기 위한 비공식적 조직을 만들어주고, 또한 교육훈련의 기회를 향상시켜줌으로서 궁극적으로는 학습조직으로 발전하게끔 유도하는 리더십이 요구된다. 법제처의 학습동아리(community of practice; C.P)가 좋은 본보기가 된다.

3) 총체적 조직 관리에 대한 처방; 체계적 지식관리 시스템의 구축

마지막으로 지식이 축적되기 위한 제도적 장치로서 체계적 지식 관리 시스템(Govermental KMS)의 구축을 통해 개인치가 조직지화 되도록 하려는 리더의 노력이 요구된다.

V. 결; 분모경영방식에서 분자경영 방식으로

리더십의 발휘는 언제나 변혁적 리더십만이 유효한 것은 아니며, 상황에 맞는 적절한 리더십의 활용이 요구된다. 즉, 숲에 해당하는 거시적 변혁을 흡수한 이후 개별 나무에 대한 미시적 관리도 필요한바, 때로는 거래적 리더십의 발휘를 통해 보상의 유인제공을 통한 구성원의 관리도 필요하다.

결국 조직의 발전은 궁극적으로 변혁적 리더십의 발휘를 통해 구성원에 대한 권한 부여 및 자생능력의 향상을 유도하여 투입의 감소가 아닌 산출의 증가로 이어지게 만드는 분자 경영방식에 의해 가능하다 하겠다.

강 평

1. 총평

리더십과 관련한 전형적인 문제이다. 따라서 이러한 문제는 새로운 내용을 서술하는 것도 중요하지만, 그것보다 더 중요한 것은 내용에 대한 정확한 서술과 논리적 일관성을 유지하는 것이다. 종종 수험생들은 이런 전형적인 문제가 나오면 될 수 있으면 교과서에서 벗어난 이론적 개념을 동원하여 자신의 '유식'을 과시하려고 하지만, 그러는 과정에서 오히려 감점 요인이 나타나기도 한다. 예시답안이 이론에 대한 정확한 이해를 하고 있지 못하다는 것은 아니다. 그렇지만 이론은 자신의 주장을 정당화하기 위한 '도구'가 되어야 한다. 본 문제로 관점을 좁히면, 공공조직에 바람직한 리더의 역할, 그리고 지식정보화 사회에 적합한 리더십을 도출하기 위한 도구이자 수단이어야 한다. 그런데 예시답안은 앞에서 말한 리더십의 유형과 바람직한 리더십이 논리적으로 일관된 모습을 보여주지 못하고 있다. 다시 말해, 전반적으로 각 장들 간에 논리적 연결 관계가 다소 부족하여 높은 점수를 주기는 어려울 것 같다.

2. 보완할 사항

먼저 2장의 1. 리더십의 개념에 있어서 "거버넌스 역량"이라는 표현은 오해의 소지가 있다. 거버넌스 같이 다의적(多義的) 개념인데다가 최근에는 사전적 의미와 달리 새로운 통치 패러다임과 같은 거시적 의미로 사용되는 개념과 리더십의 개념과는 조화되지 않는다.

3. 리더십의 유형 부분은 교과서적인 유형에서 벗어나서 차별화를 하려는 답안작성자의 의지가 엿보이는 부분이다. 그런데 중요한 것은 이것이 교과서적인 유형과 어떻게 다른지, 그리고 지금 여기에서 이러한 유형론을 논의하는 것이 어떤 함의가 있는지에 대한 구체적인 논의가 필요한데, 이에 대한 설명은 생략되고 단순히 유형을 나열하는데 그치고 있다.

그리고 보다 근본적으로 앞에서 나열한 리더십의 유형과 3장에서 언급하고 있는 바람직한 리더십 유형이 밀접하게 관련되어 있지 않고 억지로 끼워 맞추려는 모습을 보이고 있다는 문제가 있다. 이 부분에 대한 보완이 필요하다.

3. 추가할 사항

2장의 리더십 이론에 관한 부분에서 기존의 유형론과 새로운 유형론을 대비시켜 설명하는 것이 필요하다. 예를 들면, 답안작성자가 3장에서 바람직한 리더십 유형으로 제시한 것 중 많은 부분은 Iowa 대학의 연구팀이 제시한 민주형 리더십으로도 충분히 설명될 수 있는 부분이다. 그렇다면 전통적인 리더십 유형과 새로운 리더십 유형은 어떤 면에서 다르고, 지금의 지식정보화 사회에서는 전통적인 리더십 유형으로는 설명되기 어려운 면이 있기 때문에 새로운 유형론으로 설명해야 한다는 당위론적 논의가 필요하다고 생각한다.

그리고 3장의 바람직한 리더십 유형에 대한 논의는 이 문제의 가장 핵심적인 부분인데, 다소 내용이 부족하다. 이 부분에 대한 보완이 필요하다.

4. 기타 사항

다시 한 번 강조하지만 고시답안은 논문이 아니다. 너무 현학적으로 자신의 지식을 과시할 필요는 없다. 정확하지 못한 서술은 오히려 득점에 도움이 되는 것이 아니라 감점의 요인이 될 수 있다. 중요한 것은 비록 그것이 교과서적인 것이라 할지라도 정확하게 이해하고 그것을 적재적소에 논리적으로 사용하는 것이다.

6. 조직리더십

다음 글을 읽고 물음에 답하시오.

Morgan(1986)은 조직을 유기체라고 은유했다. 조직을 마치 살아있는 유기체와 같은 것으로, 그 조직의 환경과 상호작용을 통하여 생존을 위해 끊임없이 적응해 나가는 살아있는 개체로 보았다. 즉 조직을 개방체제적 모델(개방체제론)과 개체군 생태학적 모델(자연선택론 또는 개체군 생태론)의 관점에서, 조직은 끊임없이 자원을 투입하고 전환하며 산출하는 동시에 외부환경과 상호작용하는 유기체로 보았고, 변화하는 환경에 적응하는 살아있는 개체로 보았다.

이렇듯 조직은 형상화하기 힘들지만 살아있는 유기체라 할 수 있다. 그렇다면, 살아있는 유기체로서의 개인이 자신에 배태되어 있는 독특한 개인리더십을 가지고 있듯이, 조직자체도 조직에 고유하게 배태되어 있는 구조적·규범적 특성들의 조합인 독특한 조직리더십을 가지고 있다고 볼 수 있다. 달리 표현하면, 개인으로서의 리더가 개인리더십을 가지고 있듯이, 조직자체도 조직리더십을 가지고 있다는 것이다.

[1] 개인리더십과 비교하여 조직리더십을 정의하고, 리더십에 관한 전통적 견해와 새로운 견해가 조직리더십과 어느 정도 관련을 갖는지 각각 검토하시오. (15점)

[2] 개인적 리더십과는 별개로 조직리더십을 검토해야 하는 이유를 제시하고, 조직리더십이 조직에 자리잡기(embedded) 위한 조건을 검토하시오. (15점)

예시 답안

Ⅰ. 서론

리더십은 오랫동안 많은 이론가들에 의해 다양하게 개념 규정지어져 왔고, 그러한 개념 정의를 바탕으로 다양한 이론들이 전개되어 왔다. 하지만, 이러한 리더십의 개념 정의와 이론들은 대부분 개인에 초점을 맞춘 리더십이어서, 조직의 유기체적 성향을 간과한 것은 아닌가 하는 비판이 제기되기도 하였다. 특히 현대와 같은 복잡한 행정환경에 있어서는 조직의 리더 및 구성원의 변화가 심하여 조직 자체적인 효과성을 판단하는데 조직리더십을 파악해야 할 필요성은 더 커진다.

Ⅱ. 조직리더십: 설문(1)과 관련하여

1. 조직리더십의 정의

[1] 리더십(leadership)의 정의

리더십에 대한 학자간의 일치된 견해는 없지만, Yukl의 정의에 따르면 『무엇을 해야하고 그것을 어떻게 하는 것이 효과적인가를 다른 사람들이 이해하고 동의하도록 영향력을 행사하는 과정과 이렇게 공유된 목표를 달성할 수 있도록 개인 및 집단의 노력을 촉진하는 과정』으로 정의된다. 리더십은 직위와는 관계없이 발현되고, 상대방에게 자발성을 이끌어낸다는 측면에서, 공식적 계층에 의해 발현되고, 강제성을 담보하는 헤드십(headship)과는 구분된다.

[2] 개인리더십과 조직리더십

조직구성원들, 추종자, 부하 등이 그들의 리더의 비전을 공유하고 추종할 수 있도록 만드는 리더 자신에게 독특하게 배태되어 있는 개인의 능력과 역량을 개인리더십이라고 개념 정의한다면, 조직리더십은 '조직의 외생적 · 내생적 자극에 반응하면서, 조직의 비전, 전략 및 목표의 공유와 조직에 몰입할 수 있도록 만드는 조직 그 자체에 독특하게 배태되어 있는 조직의 능력과 역량(capacity)'으로 정의할 수 있다.

여기서 말하는 '외생적 자극'이란 정부 조직이 직면하고 있는 세계화, 개방화, 정보 및 지식네트워크화 등과 함께 불확실성과 복잡성이 증가하고 있는 외부환경에서의 주어지는 도전이고, '내생적 자극'이란 조직내에서 발생하는 변화에 대한 저항 및 갈등, 조직구조와 과정의 변화에 대응하기 위한 새로운 조직구조와 규범 등과 같은 내부환경에서 발생하는 압박요인들이라 할 수 있다.

2. 조직리더십과 기존의 리더십 이론의 관계

[1] 전통적 입장: 조직리더십과는 관련이 적음

초기의 리더십에 관한 연구는 리더가 갖추어야할 기본적인 자질(자질론, trait theory)과 바람직한 행태(행태론, behavior theory)에 초점을 맞추었고, 상황론이 대두되면서 리더의 행태와 조직의 성과간의 매개변수로 조직의 여러 상황적 요인, 예를 들면 부하의 성숙도, 과업구조, 직권력, 과업과 환경의 특성 등의 요인들이 고려되어졌다. 그리고 정치학적인 측면에서 논의되고 있는 대통령 리더십, 의회 리더십, 국정 리더십등도 여전히 관점과 논의의 범위만 달리할 뿐 결국 개인에 초점을 맞춘 리더십의 논의였다.

[2] 새로운 시각: 조직리더십의 이론적 배경이 됨

그러나 최근에 새롭게 논의되는 전환적 리더십(변혁적 리더십, transformational leadership), 교환적 리더십(transactional leadership), 셀프리더십(self leadership), 그리고 리더십 공유(leadership-sharing) 또는 공유된 리더십(shared leadership)의 개념들을 보면 개인적 차원에서만의 리더십 논의는 아니다. 예를 들면, 공유 리더십은 "직위(position)에 내재된 것이 아니라 다른 사람들과 공유될 수 있는 하나의 프로세스"로 정의되면서, "리더십 프로세스를 공유하는 사람은 팀을 운영하는데 필요로 하는 조치가 무엇인지를 알게 되고 또 주도적으로 그 조치를 실행에 옮긴다"고 설명하고 있다. 또한 변혁적 리더십의 경우도 조직의 노선과 문화를 변동시키려고 노력하는 개혁적인 태도라는 점에서 조직리더십과 일맥상통하는 점이 있다.

이러한 리더십의 논의에서 조직차원에서의 조직리더십에 대한 이론적 배아를 찾을 수 있다. 즉, 리더십에 대한 연구의 대부분이 개인리더십에 초점을 맞추고 논의되고 있지만, 리더십 이론들의 진화과정을 보면 개인리더십 차원에만 국한되는 것이 아니라는 의미이다. 따라서 새로운 시각으로서의 개인리더십 이론은 조직리더십 이론의 시발점이 된다고 볼 수 있다.

Ⅲ. 조직리더십이 조직에 자리잡기 위한 조건: 설문(2)와 관련하여

1. 개인리더십과는 별개로 조직리더십에 대한 검토가 필요한 이유

[1] 현대의 행정 조직은 주변 환경을 고려하지 않을 수 없다.

리더십을 통해 조직의 효과성을 제고하는 과정에서 리더가 조직구성원들에게 영향력을 행사하는 것은 중요하다. 하지만, 조직과 환경과의 관계를 다룬 이론들(상황적응이론, 자원의존이론 등)에서 알 수 있듯이 특히 현대의 조직은 주변의 환경과의 관계에서 이에 대한 효과성을 검토하기 때문에 우리는 단지 개인들간의 관계를 넘어서 <조직과 환경의 관계>, <유기체로서의 조직> 등을 검토한 조직리더십을 생각하지 않을 수 없다.

[2] 조직 구성원이 변화하더라도, 조직은 여전히 존재의의를 가진다.

조직의 리더가 바뀌고 조직 환경이 변하더라도, 조직이 그 자체의 구조와 규범에 의해 조직환경에 유연하고 지속성있게 대처한다는 점에서 개인리더십과는 다른 차원의 리더십이 있을 수 밖에 없다. 만약 리더십을 통하여 분석한 '민주형 리더십', '위임형 리더십', '권위형 리더십' 등의 논의가 개인적 차원에서만 머문다면 조직의 구조나 규범에 배태되어 있는 '민주형', '위임형', 그리고 '권위형'의 조직적 특성들을 배제하게 되는 우를 범하게 되는 것이다.

[3] 리더십의 효과성은 궁극적으로 구성원의 변화보다는 조직 전체의 변화이다.

리더십의 효과성을 검토함에 있어서 조직의 개개인의 변화를 측정하였을 때에는 개인리더와 리더십의 효과성간의 분석의 수준(level of analysis)이 일치한다고 할 수 있다. 그러나 리더십의 효과성을 조직의 미션과 비전, 조직의 전략적 목표를 달성하는 조직성과의 변화와 조직문화의 변화로 치환(프락시스)하여 측정하였을 때에는 개인리더와 리더십의 효과성간의 분석의 수준(level of analysis)이 서로 맞지 않는다. 개인적 차원의 리더십은 부하들의 만족도와 개인 업무의 몰입도와 관련해서 논의해주어야 하고, 조직적 차원의 리더십은 조직의 몰입도(organizational commitment)와 조직성과, 조직문화의 변화와 논의해야만 분석수준이 서로 일치한다는 의미이다.

2. 조직리더십이 조직에 자리잡기 위한 조건

지속가능한 정부혁신과 고성과조직은 조직 자체가 급격한 변화와 변화의 소용돌이를 꺼려하는 조직구성원들을 바람직한 방향으로 이끌어 갈 때 가능하다. 개인의 혁신적 리더십에 전적으로 의존한다는 것은 혁신의 지속성을 갖지 못하게 하는 한계점을 가지고 있기 때문이다. 조직구성원들이 조직의 관성과 조직의 경로의존성을 이탈하여 혁신하고자 하는 새로운 제도에 동참하기 위해서는 조직구성원들을 이끌어 가는 조직리더십이 조직구조와 규범에 배태될 때만 가능한데, 그러한 조직리더십 배태의 조건들을 조직구조적, 조직학습적, 조직의 공유예술적 관점에서 살펴본다.

[1] 조직 구조적 조건

조직리더십이 조직구조와 조직의 집합적 가치나 규범에 이상적으로 배태되기 위해서는 지식 패러다임에 적합한 조직설계를 통한 조직구조를 형성해 나가야 한다. 이른바 '학습조직을 기반으로 한 네트워크화된 조직' 유형을 설계하기 위한 조직설계원칙이 필요하고, 그러한 설계원칙에 맞는 조직구조와 인적자원에 대한 인식의 전환과 의사결정환경과 의사소통 형식의 변화에 능동적일 때 조직리더십은 더욱더 많이 성장한다.

왜냐하면, 첫째, '학습조직을 기반으로 한 네트워크화된 조직'은 단순한 노동에 의한 분업 내지 단순 업무(work, 일)중심의 분업 보다는 지식에 의한 분업(division of knowledge)의 구조를 지향하여 환경의 불확실성과 빠른 변화에 적응이 용이하기 때문이다. 단순 노동이나 단순 업무 중심의 분업 보다는, 지식에 의한 분업으로 조직구조를 가졌을 때 조직의 능력이 더 커진다고 할 수 있다.

둘째, '학습조직을 기반으로 한 네트워크화된 조직'은 상세하고 과업지향적인 개인적 직무분장보다는 비전의 공유나 팀의 가치를 위한 프로젝트 또는 과정지향적 목표분장을 추구하기 때문이다. 이는 빠르고 유연한 환경에 적응할 수 있다. 매우 상세하고 엄격한 개인위주의 직무분장은 조직환경에 유연하게 적응하기에는 적합하지 않다.

셋째, '학습조직을 기반으로 한 네트워크화된 조직'은 통제 위주의 관리(management for control)와 명령통일의 원칙에 입각한 계서관계(line-staff relationship)를 지양하고, 조정협력 위주의 관리(management coordination)와 수평적 관계를 가질 수 있기 때문이다.

[2] 조직 학습적 조건

조직리더십의 또 다른 배태의 조건으로는 조직구성원이 조직 내·외의 지식 및 정보를 발굴하고 입수한 다음, 조직 내에서 공유하고 일상적 업무에 적용하고 새로운 지식을 창출하는 한편, 이를 조직 전체에 보급해 조직 자체의 성장, 발전, 능력을 증가시킬 수 있도록 조직 자체의 지속적인 학습활동을 하게 하는 것이다. 즉 조직학습을 통하여 학습조직화가 되어야만 조직리더십이 조직에 배태되는 조건을 갖추었다고 할 수 있다.

조직학습이란, 조직 수준에서의 학습이 이루어지는 현상으로, 개인학습 및 집단학습과는 다른 하나의 학습유형이다. 학습은 일반적으로 개개인의 개별 학습행위에서부터 시작되는데, 이러한 개별 학습행위가 조직의 목표와 전략적 목표와 연관되어 조직 내에 확산-공유되면서, 그 해당 행위능력의 유발이 더 이상 특정 개인에게만 국한하지 않을 때(공간적 확대) 조직학습이 일어났다고 할 수 있으며, 이러한 특정의 행위능력뿐만 아니라 새로운 능력들에 대해서도 습관적으로 조직적인 차원에서 학습이 반복되는 수준까지 이르렀을 때(시간적 확대) 이를 학습조직이라 한다.

[3] 조직 공유예술적 조건

조직은 조직·외적으로 서로 다른 이해관계자들을 가지고 있다. 그러므로 지속성 있는 조직 혁신과 높은 조직성과를 유지하고, 조직의 다양성을 확보하기 위해서는 이해당사자들과의 다양한 공유의 기술(sharing skills)들을 활용해야 한다. 그렇지 못하면, 조직의 다양성은 오히려 비용 증가의 부담으로 작용할 수 있다.

정부는 지식정보관리를 위해 정보화 사업을 통해 정보시스템의 구축과 커뮤니케이션 네트워크 구축에 심혈을 기울이고 있다. 조직의 모든 구성원을 연결시키는 네트워크와 방대하고 체계적인 데이터베이스 및 지식베이스, 그리고 그룹웨어를 비롯한 각종 하드웨어 도입들이 정부의 지식관리를 위한 시스템 구축의 일환이라 할 수 있다. 그러나 이러한 지식정보관리가 원활하게 되기 위해서는 하드웨어적 정보시스템 뿐만 아니라 조직 구성원들과 리더의 혁신, 그리고 조직의 구조와 규범 등의 총체적인 변화까지를 유도해야 한다는 공유의 인식이 바탕이 되지 않으면 실패할 가능성이 많다.

Ⅳ. 결론

결국 개인적 측면의 리더십보다는 조직 전체를 고려하는 조직 리더십이 필요할 수 밖에 없는데, 조직리더십을 확보하고자 한다면, 조직학습을 기반으로 하는 학습조직의 구축이 필요하고, 외부 환경 및 조직들과 상호 교통하는 공유의 기술(sharing skills)이 필요하다고 보여진다.

강 평

1. 총평

전통적 이론들 중에서 조직리더십과 연계되는 이론들을 잘 소개하고 있다. 특히 변혁적 리더십, 거래적 리더십, 셀프 리더십, 공유 리더십의 관념들에 이미 조직리더십이 내재되어 있음을 잘 지적하였다. 이 주제는 다소 추상적이기 때문에 현실의 행정조직 리더십과 직접 연계하여 이해해 둘 필요가 있다. 이런 유형의 문제가 출제되려면 이런 구체적 사항을 묻는 문제로까지 발전되어야 한다.

2. 보완해야 할 부문

이 조직 리더십 개념 자체가 아직 널리 수용된 것이 아니다. 그래서 그의 확립요건이라고 알려진 사항들(즉, 2번 문제 사항들) 역시 추상적인 논의에 머무르고 있다. 이런 식의 일반론적 논의보다는 차라리 특정 부처 조직의 현실을 염두에 두고 그 부처의 조직리더십을 수립하기 위한 조건을 정리해 보면 좋은 연습이 될 것이다.

3. 추가해야 할 부문

조직리더십과 같은 유기체적 조직이론은 근본적으로 조직에 대한 '의인화'의 시각을 가지고 있다. 따라서 조직이 아니라 그를 구성하는 '개인'(혹은 개인들)의 작용에 불과한 것이라는 방법론적 개체주의의 입장에서 본다면 조직리더십이란 공허한 이론이다. 일단 조직리더십을 전제하여 물음이 주어졌기 때문에 양측의 논쟁을 도입할 필요는 없으나 서론 혹은 결론에서 이 점은 지적할 만하다. 공공선택론이라면 조직리더십을 확립하기 위한 조건들이란 의미가 없으며 오직 리더십은 개인의 작용에 불과한 것이다.

4. 기타 사항

30점 형 문제에 대한 답안으로는 서술 분량이 너무 많다. 충분히 정독하고 핵심을 더 간명하게 요약해야 한다.

7. 핵심행정부

행정국가 및 신행정국가의 특징 가운데 하나는 국가정책결정에 핵심행정부(core executive)의 역할이 증대하는 점이다. 여기서 핵심행정부란 행정수반, 내각, 내각 위원회 및 중앙관리기관(central agency) 등으로 구성되어 중앙행정부의 정점 및 심장부에서 국가정책결정을 관장하는 일련의 제도, 망, 행위자들을 의미한다. 즉, 국가기구의 최고 사령탑 혹은 중앙정부의 심장부에 자리잡은 일련의 복잡한 제도 및 행위자들의 복합체가 그것이다. 우리나라에서 핵심행정부가 의미 있는 역할을 수행했다고 생각하는 국가정책 가운데 하나를 제시하고, 그것(즉, 그 국가정책과 관련된 핵심행정부의 의사결정과정)을 분석하기 위한 가설들을 설정하시오. [2004 서울대학교 행정대학원 입학시험 문제]

예시 답안

Ⅰ. 핵심행정부의 등장과 핵심행정부의 의사결정

(1) 핵심행정부의 개념와 등장배경

Dunleavy에 의할 때, 핵심행정부(core executive)라 함은 행정수반, 내각, 위원회, 부처 등으로 구성되어 국가의 최고정책결정을 관장하는 일련의 망, 제도, 행위자를 가리키는 개념이다. 20세기에 들어선 이후 행정환경의 급속한 변화와 복잡화로 인해 세계 여러 국가들의 정부형태에서 다양한 특징들이 나타났는데, 그 중에서도 특히 '국가정책결정의 중요성'이라는 화두에 따라 '핵심행정부로의 집권화'가 이루어진 점에 주목할 필요가 있다.

(2) 핵심행정부의 의사결정 형태

핵심행정부의 의사결정이 이루어지는 방식, 혹은 핵심행정부에 대한 통제방식과 관련한 설명들은 이론적 측면에서 다음과 같은 세가지 형태로 제시되어 왔다. ① 먼저 영국의 '수상정부(Prime ministerial government)' 형태와 같이 핵심행정부의 의사결정이 행정수반에 의해 주도된다고 보는 견해, ② 핵심행정부가 내각에 의해 통제될 가능성 또는 통제되어야 한다고 보는 규범적 견해, ③ 핵심행정부가 나머지 국가기구에 대해 통제할 수 있는 능력에 매우 한계가 있다고 보는 견해가 바로 그것이다.

Ⅱ. 우리나라 핵심행정부가 역할을 수행한 국가정책과 문제점

(1) 2007년 4월, 한-미 FTA 체결 사안

지난 2007년 4월, 우리나라 전체의 각 부문에 걸친 광범위한 영향력과 엄청난 파급력으로 인해 온 국민의 이목을 집중시켰던 '한-미 자유무역협정(FTA)'이 체결되었다. 이 과정에서 우리나라의 핵심행정부를 구성하고 있는 각 기관들이 중요한 역할을 담당했다. 즉 노무현 대통령을 중심으로 한 청와대 비서실의 정책수석들과 국무회의, 외교통상부의 통상교섭본부 및 본부장, 그리고 재정경제부의 고위관료들은 FTA와 관련한 최종적인 정책결정에 핵심적인 역할을 담당한 바 있다. 사회적으로 많은 논란이 존재했음에도 불구하고 협정체결이 강행될 수 있었던 배경에는 이러한 핵심행정부의 정책결정이 있었던 것이다.

(2) 사안에서 나타난 우리나라 핵심행정부 의사결정의 문제점

1) 일부 공식적 의사결정 경로의 형식화

FTA 추진에 대한 최종적인 의사결정이 진행되는 동안, 일부에서 실질적으로 협상을 담당하는 주체라 할 수 있는 통상교섭본부가 협상추진 상황에 대해 국가안전보장회의(NSC) 보고 및 협의를 한 차례도 하지 않았다는 주장이 있었다. 이후 청와대는 사전보고가 진행된 바 있다는 해명을 했지만, 이러한 논란이 불거진 것 자체가 국가적으로 중요한 의사결정과정에서 공식적 의사결정 경로가 일부 형식화되는 문제점을 노정하는 것이라 할 수 있다.

2) 핵심행정부의 편향적 과대성장

핵심행정부를 구성하고 있는 하나의 기관인 청와대 비서실의 경우 '내부 내각(inner cabinet)'이라는 별칭이 있을 정도로 과대성장되어 있는 특징적인 현상이 나타난다. 이러한 현상이 지속되는 경우, 중대한 의사결정에 대해 다양한 자문이나 의견수렴 절차가 거쳐지지 않고 소수의 의사결정에 의해 대통령의 최종 결론이 내려지는 현상이 발생할 수 있는 바, 이러한 의사결정 과정의 문제점을 분석할 수 있는 가설 혹은 모델이 필요하다 하겠다.

Ⅲ. 의사결정과정의 문제점 분석을 위한 가설의 설정

(1) 가설의 설정: Allison 모형을 중심으로

1) Allison 모형 검토

G.T.Allison은 '쿠바 미사일 사태' 당시의 정책결정과정을 분석하기 위해, 당시의 주된 정책분석(설명)모형인 '합리적 행위자 모형(Rational actor model)'의 한계를 지적하고 다른 두 가지 대안을 제시하였다. '조직과정모형(Organizational process model)'과 '정부정치모형(Governmental politics model)'이 그것인데, Allison은 정책결정과정을 설명함에 있어서 이 세 가지 모형들을 함께 적용해야 될 필요성 및 가능성을 역설한 바 있다.

2) Allison 모형의 각 모형에 관한 이해

'합리적 행위자 모형'은 개인적 차원의 합리적 결정을 설명하는 합리모형의 논리를 집단적으로 결정되는 국가정책에 유추한 것이다. 이에 대해 '조직과정모형'은 정부를 느슨하게 연결된(loosely-coupled) 반독립적인 하위조직들의 집합체로 보고 준결정(quasi-resolution)의 상태에 머무르는 해결책을 제시한다고 보며, '정부정치모형'은 정부의 의사결정이 참여자들 간 갈등과 타협·흥정에 의하여 이루어지는 정치적 활동이라고 본다.

3) 가설의 설정

Allison 모형의 함의에 따라, '우리나라의 핵심행정부에 의한 의사결정 과정은 Allison 모형이 제시하는 세 가지 유형의 의사결정방식이 혼재되어 나타날 것이다'라는 가설을 설정할 수 있을 것이다. 이러한 가설이 지지된다면 FTA 체결에 대한 최종적 의사결정에 있어서 핵심행정부 내 각 기관들의 의사결정과정이 합리적·정치적 측면에서 공히 나타난다는 사실을 확인함으로써 핵심행정부 의사결정과정의 문제점을 분석하는 데에 큰 도움이 될 수 있으리라 생각한다.

강 평

1. 총평

핵심행정부(core executive)에 대한 이해를 보다 분명히 하는 도입부분이 필요하다. 의원내각제를 가진 선진국의 핵심행정부와 한국의 핵심행정부간의 차이점을 지적하거나 한국적 특징 등을 제시하고 한국의 핵심행정부 현황과 문제점을 우선적으로 간략하게 논의하는 것이 필요하다. 그 다음에 해당되는 정책사례를 제시하고 그것을 분석하기 위한 가설을 설명하는 것이 좋을 듯하다.

2. 보완해야 할 부문

한국의 핵심행정부의 특징 중의 하나는 강력한 대통령제의 영향으로 대통령과 대통령비서실의 영향력이 매우 크다는 점이다. 공식적으로 국무회의와 차관회의 등이 있지만, 대통령과 대통령비서실이 정책결정에 있어서 지대한 영향력을 끼치므로 이 부분에 대한 분석이 필요하다. 책임총리제나 정치상황에 따라 상당한 영향력을 행사한 총리도 있지만, 일반적으로 한국의 국무총리는 그 역할(국무조정 역할 등)이 제한적이었다. 그리고 대통령비서실과 국무총리실 다음으로는 재정적으로는 기획재정부가 그리고 행정적으로는 행정안전부 등의 영향력이 크다고 할 수 있고, 통제감독차원에서는 감사원과 국가정보원 등의 역할이 크다.

3. 추가해야 할 부문

집권화와 분권화에 대한 재조명이 필요하며, 책임총리제 등을 정착시키는 방안모색도 필요하며, 각 부처장관들의 자율과 책무성을 강조하는 것도 필요하다. 아울러 국회(여당과 야당)의 대정부 견제기능을 활성화하는 것도 발전방향 중의 하나가 될 것이다. 현재 답안은 FTA를 사례로 들었는데, 미국쇠고기 수입협상 실패사례도 유의미한 정책사례가 될 수 있을 것이다. 한국에서 Allison의 모형 중 합리적 행위자 모형, 조직과정 모형, 정부정치 모형 등이 혼재되어 나타난다고 가정할 수 있는데, 정권과 정책사안에 따라 각 모형의 비중도 다를 것이라는 가정도 성립할 것이다.

4. 기타 사항

핵심행정부 등에 대한 참고자료를 활용하길 바람: Dunleavy, P. and R.A.W. Rhodes. (1990), "Core Executive Studies in Britain," *Public Administration* 68: 3-28; 그리고 Peters, B.G, R.A.W. Rhodes and V. Wright. (eds.). (2000), *Administering the Summit: Administration of the Core Executive in Developed Countries*. Basingstoke, UK: Macmillan.

8. 위원회 조직의 한계와 극복방안

정부가 정책을 수행하면서 심의 또는 자문기능을 하는 위원회를 설치 · 운영하는 경우가 많다. 이러한 위원회를 설치 · 운영하는 이유를 설명하고, 위원회의 부작용현상과 이를 극복할 수 있는 방안에 대하여 논하시오.

[2008년 행정고시(일반행정 제3문)]

예시 답안

Ⅰ. 서론: 반복되는 답과 잃어버린 질문

최근 행정안전부는 그 소관 위원회 81개 중 74%를 없애기로 결정한 바 있으며, 그동안 무책임한 운영으로 정책 혼란만 가중시켰다는 지적을 받아온 530개 정부위원회의 절반 이상이 연내 폐지되기로 국무회의에서 의결됨에 따라 새 정부의 위원회 조직 정비가 본격화될 조짐을 보이고 있다. 그러나 위원회 조직은 매 정권 초기마다 언제나 정비와 개혁의 대상이 되었으나 정권 말기에 가서는 오히려 정부 부처의 몸집 불리기 수단으로 악용되어 온 바 있으며 때로는 정부의 전문성을 제고시키기 위한 효과적인 도구로도 활용되기도 하는 바, 위원회 조직의 근본적 개혁방안과 그 장점을 살리는 방향의 모색이 필요한 시점이다.

Ⅱ. 위원회 제도의 의의

1. 위원회의 개념

위원회란 독임제에 대응되는 개념으로서 계층제 조직의 경직성을 완화하고 민주적 결정과 조정을 촉진하기 위하여 동일한 계층과 지위에 있는 사람들이 의사결정을 하고 그에 대하여 책임을 지는 합의제 조직을 말한다.

2. 위원회를 설치 · 운영하는 이유: 위원회의 긍정적 기능

1) 일반 시민의 참여 통로로서 행정의 민주성 확보 수단

위원회는 시민으로 하여금 정책결정 과정에 참여하는 기회를 제공하고 시민과 공무원간의 상호 의사전달을 증진시키는 기능이 있다. 즉, 행정의 경직성을 완화하고 다수의 참여를 통하여 여러 이해관계를 유기적으로 대표할 수 있다는 점은 시민참여가 민주국가에서 중요한 부분을 차지함을 고려할 때 위원회를 통한 시민 참여는 행정의 민주성을 확보할 수 있는 전제가 된다고 볼 수 있다.

2) 다방면의 전문가로 구성된 think tank 활용을 통한 행정의 전문성 보완

오늘날 복잡하고 기술적인 이슈들에 대해 적절한 대응을 할 수 있을 만큼의 정부역량이 충분하지는 않은 상황에서 다양한 외부 전문가의 전문지식을 정부의 의사결정과정에 도입시킴으로서 위원회는 행정의 외부 전문성을 보강하고 합리적 정책결정 및 정책적 능률성을 제고시키는 기능을 담당한다.

3) 부처이기주의나 할거주의의 억제를 통한 중장기적 비전의 제시

마지막으로 위원회 조직은 여러 부처들 간의 다툼이 발생한 소지가 높은 분야 등에 있어 의견 조율 기능을 하기도 하며, 중립적인 입장에서 정책의 합리성 여부를 검토하기 때문에 행정의 중립성 및 정책의 책임성을 확보하고 단기적이고 가시적인 이익보다는 중장기적 이익을 고려한 정책결정을 유도하기도 한다.

Ⅲ. 위원회의 부작용 현상 및 극복방안

1. 위원회 조직의 문제점

1) 시간 · 비용의 과다소모 및 목표전환 현상의 발생

위원회제도와 같은 합의제 조직은 많은 사람들이 참여하여 결정을 하기 때문에 의사결정의 신속성이 저해되고 기밀성의 유지가 곤란하게 되며 의사결정에 이르는 시간과 비용이 과다하게 소요될 수 있다. 특히 많은 민간 주체들이 정책과정에 참여하는 경우 결국 조정비용이나 감독비용의 증가를 유발하며 관료의 경우 본연의 업무보다는 회의 참석에 더 많은 시간을 보내게 되는 목표의 전환 현상이 발생할 수 있다. 또한 정부 부처와 유사한 기능을 수행하는 위원회의 난립으로 인해 행정의 비효율성이 유발될 수 있고 이는 과거 전자정부위원회와 정부개혁위원회 등과 개별 부처의 업무가 중복 등으로 나타난 바 있다.

2) 위원회의 형식화 및 관변단체화

우리나라에 존재하는 대부분의 위원회는 각 부처의 자문위원회 성격을 갖는 바, 표면적으로는 시민의 참여진작, 전문가의 전문성 활용 등을 기치로 내걸지만 실질적으로는 정부의 정책에 대한 정당성의 확보와 책임회피수단으로 활용되는 측면이 강하다. 이러한 이유로 국토해양부・보건복지가족부 등의 부처 산하 실・국은 거의 빠짐없이 하나 이상의 위원회를 가지고 있으며 정부부처가 비공식적으로 확대되는 통로로 활용되고 있는 실정이다. 과거 생명의학 산업을 둘러싸고 (구)보건복지부와 (구)과학기술부 소속 위원회는 부처의 이익을 대변하는 입장을 취함으로써 개별부처의 관변단체로 전락한 사례 등이 이러한 문제점들을 보여준다.

3) 위원회 관리의 부실 및 관료의 정책 통제 가능성

현재 위원회 관리 업무는 부처마다 존재하는 행정관리담당관실에서 업무를 관장하고 있으나 행정안전부에 보고하기 위해 현황을 점검하는 것 이외에는 해당부서에 관리를 맡겨놓고 있는 실정이며, 부령 및 훈령에 근거한 위원회와 부처간 공통되는 위원회는 현황파악의 대상에서 제외되어 통계의 사각지대에 놓여있는 경우도 많다. 또한 위원회 조직 역시 다른 정부 기관과 마찬가지로 그 종결메커니즘이 분명하지 않아 기능을 다했음으로 불구하고 폐지되지 않는 경우가 많고 이로 인해 수 년 동안 한 번도 회의를 개최하지 않은 위원회도 존재하고 있는 실정이다. 또한 담당 공무원들의 무성의로 인하여 위원들은 회의와 관련된 자료나 쟁점들에 대한 충분한 고민도 하지 못한 채 원칙적이고 상식적인 차원에서의 자문이나 논의에 그치게 되어 위원회는 공무원의 책임을 면하고 명분을 확보하기 위한 면피용 행정의 상징으로 전락하게 되고 나아가 위원회의 제한된 권한으로 인해 관료가 정책 과정까지도 통제할 가능성이 높아진다.

4) 위원의 겸직 및 자질 문제와 무책임성

위원회의 결정은 책임의 공유와 분산을 특징으로 하는 바, 위원 개개인은 독임제 형태에 비해서 책임감을 덜 느끼게 되고 따라서 결정에 무책임하게 될 가능성이 많으며 타협적인 결정이 행해질 수 있다. 나아가 사업의 집행과 그 효율성에 대한 책임소재가 불분명할 우려가 있으며 이는 단순히 책임 회피에만 급급한 공무원들이 만들어 놓은 정책에 대해 정부위원회가 결재만 하는 식의 경우에 더 큰 문제가 된다. 또한 일부 위원들의 경우 동시에 여러 개의 위원회에 속하거나 전문성이 없는 인사들도 존재하여 오히려 G.Cohen이 말하는 아마추어 정부라는 비난을 받고 있다.

2. 위원회 조직의 부작용 극복 방안

1) 실질적 시민 참여의 증가

위원회 조직 설립의 핵심적 목적인 시민참여 통로로의 활용을 위하여 <정부조직관리지침>에서는 시민단체 추천위원의 비중이 20%이상일 것을 규정함으로써 위원회 활동에 대한 시민의 감시기능 강화를 도모하고 있으나 실제로는 잘 지켜지지 않는 것으로 조사된 바 있다. 그러나 양적 측면 외에 질적인 측면도 중요하므로 정부위원회에 참여하는 명망가들의 경우 전문성 부족으로 인해 오히려 정책 결정에 장애요인이 될 수도 있음을 고려할 때, 정부에 대한 감시와 투명성을 높이기 위해 시민단체의 참여가 바람직한 것을 사실이지만 단지 형식적 시민참여를 위하여 명망가를 집어넣는 일은 지양할 필요가 있다.

2) 위원회 일몰제의 도입과 중복되는 위원회의 통폐합

위원회 일몰제 역시 <정부조직관리지침>에 명시되어 있으나 그 실효성이 부족한 바, 법적으로 규정되도록 할 필요가 있으며 이러한 움직임의 일환으로서 최근 정부는 설치목적이 달성된 위원회는 자동 폐지될 수 있도록 “정부위원회 설치 및 운영에 관한 법률”(가칭)을 제정할 계획 중에 있다. 또한 위원회 설치시부터 그 필요성에 대한 검증을 철저히 하여 남설을 방지하고 기존 위원회들의 기능 분류를 통해 중복되는 경우에는 통폐합을 하는 방식으로 업무수행의 효율성을 향상을 도모해야 할 것이다.

3) 위원에 대한 인센티브 및 자질 검증 시스템의 강화

일부 위원회의 경우 위원들의 형식적 참여로 인하여 실질적인 정책 결정기능은 관료들이 도맡아 하고 있는 바, 이는 민간인의 참여를 비효율적인 것으로 평가하게 할 뿐만 아니라 위원회 설치의 본래 목적을 달성하는 저해요인이 된다. 따라서 위원들로 하여금 적극적으로 회의에 참여할 수 있도록 하는 금전상의 인센티브 등이 마련될 필요가 있으며, 위원들의 전문성 확보를 위하여 인사 검증 시스템을 강화하여야 할 것이다.

Ⅳ. 결론: 장기적인 관점의 위원회 조직 관리의 필요성

우리나라 정부위원회의 정비노력은 사실상 뚜렷한 원칙 없이 정치적인 측면에서 정부 개혁에 대한 여론의 동향에 좌우된 경우가 많다. 또한 겉으로는 위원회의 정비에 많은 노력을 기울이고 있는 것처럼 보이지만 실제로 위원회의 수는 매 정부마다 점차 증가해왔다는 사실은 위원회 조직의 개혁이 사실상 실패하였음을 의미한다. 이는 전체 정부 차원에서의 거시적인 위원회 관리의 청사진을 제시하지 못한 채 단지 정부가 변화하고 있다는 인상만을 심어주기 위한 미시적 관리로서 위원회 개혁이 이루어졌기 때문일 것이다. 차후 위원회 관리는 시민참여의 증대를 법적·제도적으로 확립하는 방향으로 이루어지도록 함으로써 정책 결정에의 주민의 적극적 참여를 보장하는 새로운 국정운영방식으로의 변화를 도모하여야 할 것이며 나아가 Mitchell의 연구와 같이 위원회를 유형화 할 수 있는 틀을 마련하고, 이에 기반하여 성격별로 분류하고 검토할 때, 정부위원회에 대한 방향제시가 제대로 이루어 질 수 있을 것이다.

강 평

1. 총평

노무현정부 시절에 방만하게 확대되었던 위원회 조직의 필요성과 한계, 그리고 극복방안을 묻는 문제이다. 답안은 대체적으로 출제자의 요구에 맞추어 적절하게 작성되었다고 본다. 다만, 위원회라고 해서 모두 부정적인 면만 있는 것이 아니다. 정책문제의 특성에 따라 위원회조직이 매우 민주적인 동시에 효과적일 수도 있다는 점을 결론에 추가했으면 더 좋았다고 본다.

2. 보완 및 추가해야 할 부문

위원회 조직이 어떠한 정책문제 또는 상황에서 필요한가를 보다 구체적으로 제시할 수 있어야 한다. 즉 답안에서도 지적하고 있듯이, 단독제(독임제)에 비해 위원회 조직이 정책문제의 해결에 더 효과적일 수 있는 상황을 사례를 들어 지적하면서(예: 인권문제, 환경문제 등), 현재 다수의 위원회가 이러한 정책문제가 아닌 다른 목적(명목상 위원회)으로 설치, 운영되고 있음을 문제점으로 지적할 필요가 있다.

3. 기타 사항

위원회 조직에 대한 기초논의를 테마행정학에서 충실히 학습할 필요가 있다. 또한 전반적인 위원회 조직의 문제점을 파악하고 있는 것과 함께, 구체적인 정책문제에 따라 매우 적절하게 운영되고 있는 위원회 사례, 매우 부적절하게 운영되고 있는 위원회 사례 등을 발굴하여, 실제 답안에 활용한다면 고득점을 받는데 큰 도움이 될 것이라고 본다. 마지막으로 결론부문에 쓴 "Mitchell의 연구와 같이" 등과 같은 표현은 정확하지 않을 경우에 감점 요인이 될 수 있다. 연구를 인용할 때에는 "Mitchell(1997)의 연구와 같이"로 하여, 연도를 병기해 주고 가능하면 First name까지 써 줄 필요가 있다.

9. 정보화사회와 그 영향

정보화가 한국 행정조직의 대내적, 대외적 운영에 어떤 영향을 미쳤으며, 또 한 앞으로 미칠지를 행정학(정책학)의 관련 이론에 근거하여 논리적으로 설명하시오.

[2002 서울대학교 행정대학원 입학시험 문제]

예시 답안

Ⅰ. 서 론

시민사회의 성장과 함께 IT기술의 발달은 이른바 정보혁명이라는 말로 대변될 정도로 사회적으로 매우 큰 변화를 초래하고 있다. 인터넷을 기반으로 한 다양한 지식의 교류와 함께 '반크(Vank)'라는 단체는 사이버 민간외교사절단으로 동해와 독도에 대한 표기를 전세계적으로 홍보하고 있는가 하면, '수지시민연대'는 사이버상의 각종 활동을 통해 행정에 대한 감시와 자신들의 이해관계를 대변하는 등 기존의 행정에의 접근영역 상의 변화를 가져오고 있다. 정보화라는 행정환경의 변화는 목격되는 것만으로도 행정에 큰 영향을 미치고 있으며, 보다 발전적으로 작용할 필요가 있다는 점에서 매우 중요한 논의가 아닐 수 없다.

Ⅱ. 정보화 사회의 의의

1. 정보화 사회의 개념

Senge는 지식정보사회의 조직은 그 조직이 보유하고 있는 지식 및 정보의 양과 질에 의해 경쟁력의 우위가 결정된다고 보았고, 따라서 정보화 사회란 정보통신기술 및 네트워크화의 진전으로 지식과 정보가 가장 중요한 생산요소가 되는 사회라 할 수 있다.

2. 정보화 사회의 특징

정보화 사회는 기존의 사회와 달리 생산요소의 이동의 제약성이 파괴되고 속도가 중요해지는 Speed의 사회라고 할 수 있으며, 자원 희소성의 원칙이 적용되지 않는 무한공급이 가능한 사회라는 특징을 지닌다. 또한 사회활동의 공간이 단순히 물리적 공간에만 존재하는 것이 아니라 cyber space라는 가상의 공간을 창조, 활동이 이루어 진다는 특징을 지닌다.

3. 정보화 사회의 행정적 시사점

정보화 사회의 급변하는 환경과 요구에 대응하기 위하여 행정은 신속한 대응을 위한 조직 및 인사관리가 필요하며, 사이버 공간을 통한 의사소통 영역을 마련하는 노력이 요구된다 하겠다. 또한 정보와 지식이 가장 가치있는 자원이 된다는 점에서 국가와 정부는 정보와 지식관리의 중요성을 인식하고 이를 관리하여야 한다. 이하에서는 정보화가 행정조직의 대외적 측면에서 미치는 영향을 조직구조 측면을 위주로 살펴보고, 대내적 측면에서 미치는 영향을 조직관리와 구성원 행태 측면에서 살펴보도록 하겠다.

Ⅲ. 정보화가 행정조직에 미치는 영향

1. 대외적 운영에 미치는 영향: 조직구조 변화를 중심으로

1) 수평화 및 네트워크화

조직의 구조는 환경의 변화에 유연하고도 신속하게 적응 할 수 있도록 변화될 것이다. 따라서 전통적인 계층제(hierarchy) 조직구조를 완화하거나 제거하고 수평화(flat)가 되거나 신축성을 확보할 수 있도록 네트워크(network)화가 진행될 것이다. 이러한 특성을 가진 조직구조의 유형은 삼엽조직, 혼돈조직, 모듈조직, 봉합조직을 들 수 있다. 참여정부의 2005년 시행된 Team제가 수평화가 진행된 조직의 예로 들 수 있으며, Task Force조직 등도 신축성을 확보하기 위해 만들어진 작업단 형태의 조직구조라고 볼 수 있다.

2) 집분권화(centrally decentralized)현상

정보화가 조직을 집권화 시킨다는 주장과 분권화 시킨다는 주장이 있지만 Donovan의 주장에 따르면 ICT기술의 도입은 수평적 분화를 심화시키고 분권화를 촉진시킬 것이다. 또한 상층부는 정보를 즉시 획득할 수 있으므로 분화된 과업에 대한 통제 역시 용이해질 것이다. 결국 중요한 의사결정은 집권적으로 이루어지되 그것을 집행하는 과정에서는 분권화가 촉진될 것이라고 생각된다.

3) 조직구조의 공식성과 조정수단의 변화

(1) 정보화와 조직구조의 공식성

공식성이란 업무과정이 문서화된 정도를 의미한다. 조직구조의 공식성은 정보화 도입 초기에는 정보화 기술의 사용에 대한 규정이 필요해짐으로 인해 공식화의 정도가 높아질 것을 예상할 수 있으며, 정보화 정착이 이루어지면 업무관련 프로그램을 통한 업무처리가 증가하게 되고 그로인해 공식화의 요구는 감소할 것이다.

(2) 정보화와 조정수단의 변화

정보화 기술의 등장은 조직내 새로운 조정기구를 필요로 할 것이고 이는 정보시스템의 형태로 나타날 것이다. PMIS, DSS, ES등이 그러한 예가 될 수 있으며, 이러한 정보시스템은 조정의 시간과 비용을 감소시킬 것으로 예상된다. 하지만 이에 대해 새로운 조정 문제가 증가한다는 주장이 대립되고 있다.

2. 대내적 운영에 미치는 영향: 조직관리 및 구성원 행태

1) 기본적인 변화방향

정보화 사회에서의 인간은 기존의 X이론적 접근에서 벗어나 Y이론적 특성을 지닌다. 즉 자아실현적이고 창의적인 사고가 가능하다는 점을 인정하여 개인에게 융통성을 부여하는 참여지향적 관리가 요구된다. 또한 행정의 대응성 확보를 위해 경쟁을 도모하고 보다 유연한 인적자원 관리가 요구된다고 하겠다.

2) 조직관리에 미치는 영향

(1) 리더십의 변화

과거의 카리스마 혹은 합법성에 근거한 위계적 리더십에서 벗어나 구성원들에게 비전을 제시 공유(shared vision)하고, 의사소통을 통해 다양한 의견을 제시하는 참여적 분위기를 조성하는 등의 상호연계적이고 변혁적인 리더십이 요구되어 진다.

(2) 의사결정 방법의 변화

기존에는 조직의 의사결정이 폐쇄적이고 집권적으로 이루어졌다면 행정환경의 변화에 맞추어 다양한 인적자원을 활용하여 의사결정이 이루어진다. 대표적으로 정책공동체(policy community)의 활용이나, 인터넷을 통한 여론수렴 등을 들 수 있으며, 의사결정 이후 집행과정 상에서도 다양한 의견을 인터넷 등의 IT기술을 활용하여 수집, Feedback 하게 될 수 있다.

(3) 조직 문화적 측면

기존의 경직적이고 강한 문화에서 유연성과 창의를 강조하고 자율적인 문화로 변화될 것이다. 조직 인간주의적 접근을 통해 구성원에 대한 상호연계적 리더십은 조직문화를 보다 탄력적이고 수평적인 문화로 탈바꿈시키고 이러한 문화의 변화는 조직의 전반적인 변화를 촉진할 수 있을 것이다.

3) 구성원 행태에 미치는 영향

앞서 언급한 바와 같이 정보화 사회의 각 개인은 매우 다양한 욕구와 가치를 지니고 있으며, Y이론적 인간상을 보여줄 것이다. 따라서 각 구성원은 단순히 물질적 욕구보다는 정신적 욕구에 더 큰 가치를 둘 것이다. 이러한 고급욕구는 구성원에 대한 맞춤형 교육이 이루어 질 수 있도록 변화시킬 것이다. 또한 변혁적 리더십으로 인해 개인의 창의성을 발휘하고자 하는 욕구를 증가시킬 것이다.

Ⅳ. 정보화가 한국의 행정에 주는 시사점

1. 한국의 행정조직의 운영 현황

우리나라의 행정조직은 과거 권위주의 정부로부터 내려온 경로의존성(path dependency)에 의해 매우 경직적이고 계층적이라는 비판을 받아왔다. 이는 조직내부적 측면에만 국한되는 것이 아니라 행정과 국민과의 상호관계에 있어서도 동일한 행태를 보여왔다. 상명하복식의 명령체계와 관존민비적 정부, 특정부처를 '모피아'라고 부르는 등의 비판이 그 대표적인 예라고 할 수 있겠다.

2. 한국 행정에 주는 시사점

외환위기 이후 행정개혁에 대한 요구로 인해 그동안 정부 역시 개방형 직위제의 도입, '예산낭비신고센터'의 운영을 통해 재정의 투명성을 확보하고자 하는 노력, Team제나 임시작업단(T/F)을 통한 조직 운영 등의 많은 노력을 하여왔다. 그렇지만 Team제는 Part leader제로 회귀하는 모습을 보이고, 개방형 직위제는 형식적이라는 비판에 직면하고 있다. 이러한 상황 하에서 정보화의 영향은 다음과 같은 시사점을 준다.

첫째. 기존 정부조직을 보다 신축적으로 운영하려는 노력이 지속적으로 요구된다. 대국대과주의를 통한 부처 내의 갈등해결과 정보교환도 필요하지만 보다 수평적이고 신축적인 조직의 필요성은 여전히 존재하며 일회성이 아니라 지속적인 노력이 요구된다고 하겠다.

둘째. 조직문화를 보다 유연하게 변화시켜 조직 내부의 다양하고 창의적인 사고가 가능할 수 있도록 해 줄 필요가 있다. Brainstorming등의 다양한 의견 교환 기회를 마련하고 자유롭게 대화할 수 있는 분위기하에서보다 나은 생각과 행동이 나올 것이기 때문이다.

Ⅴ. 결론

정보화라는 행정환경의 변화는 단순히 기술적인 측면의 변화를 넘어 행정의 접근가능성의 증대, 행정영역의 확대 그리고 행정내부 구성원의 변화까지 초래하는 거대한 변혁을 가져오고 있다. 이는 일국적 측면에서 존재하는 것이 아닌 전세계적인 현상이며, 결국 정보화에 대한 행정의 적응 여부가 국가 경쟁력과 직결되는 상황이 되고 있다. 이러한 상황에서 행정의 변화는 선택이 아닌 필수이다. 정보화가 행정조직의 대외적, 대내적 운영에 미치는 영향을 긍정적으로 바라보고 또 다른 기회라고 보는 인식의 변화가 필요하다고 보여진다.

강 평

1. 총평

대내적, 대외적 운영의 두 국면으로 구분해서 설명을 하는 것은 좋았다. 그러나 대외적 국면으로 설명하는 많은 사항들이 행정조직 및 이 조직과 상호 작용을 하는 외적 요소(국내외 환경, 시민 등과의 관계)를 고려하기 보다는 오히려 행정 조직 내부적 사항들을 포함하고 있는 것 같아 불균형적이라는 감이 든다.

그리고 정보화가 행정조직에 미친 (과거의) 구체적 모습도 지적하고 나아가 앞으로 미칠 (미래의) 예측도 함께 언급해야 하는데 전자 부분이 미흡하다. 그리고 정보화가 행정의 가치(특히 민주성)와 관련하여 반드시 순기능적인 것만은 아니며 이에 대한 언급이 매우 중요한데 이런 유의점을 지적하는 부분이 누락되어 있다.

2. 보완해야 할 부문

정보화가 X이론이 아니라 Y이론에 기여한다는 점, (명시적 말은 없지만 아마도 거래적 리더십이 아니라) 변혁적 리더십을 요구한다는 점 등은 근거의 제시없이 나온 판단들이며, 정보화에 대해 지나치게 낙관적인 국면만을 지적하고 있다.

문제는 정보화 자체보다는 이를 행정에서 여하히 활용하는가가 더 중요할 것인데 이를 결정하는 방식에 대한 국민들 간의 사전 합의가 필요하다는 언급이 필수적이다. 그렇지 않으면 오히려 big brother의 출현만을 더욱 조장하며 관료제는 개인 위에 더욱 통제력을 강화하는 억압 기구가 될 수도 있다. 그러므로 이런 부분을 별도의 항으로 두어서 보충할 필요가 있다.

3. 추가해야 할 부문

서울시 행정의 경우에 행정의 투명성을 높이는 데에 정보화가 크게 기여하였고, 각 부처에서 onestop 행정 서비스가 가능해 진 것, 전국 어디에서고 민원서류를 신청할 수 있게 된 것 등의 구체적 사례를 언급해주어야 한다. 또 행정전산화의 전개 모습도 지적하면 좋았을 것이다. "행정 조직의 ....운영"에 미치는 영향을 설명할 때에, 이 행정 조직의 운영이 이루어지는 국면을 단편적이기 보다는 좀 항목별로 체계적으로 제시하라. 박동서 교수식으로, "목표설정-정책결정-기획-조직화-동작화-평가와 시정조치"로, 혹은 정책 과정을 염두에 두고서 "의제설정-정책결정-정책집행-정책평가"...로 검토하는 것도 한 방법이 된다. 아예 정부조직-인사관리-예산관리-정책관리-지방행정.....식도 가능할 것이다. 이런 식의 frame은 한 두 개 쯤 익혀두어야 한다.

4. 기타 사항

특정 조직을 '모피아'라고 부르는 것의 본질은 그 조직이 배타적이며 자기 조직 구성원들의 상호 이익의 추구에만 진력한다는 의미가 가장 중요하다. '모피아'를 경로의존성, 계층성, 경직성 ...의 예시 개념으로 인용함은 적실성이 부족하다. 서술에 꼭 맞는 예증을 찾자. Senge 앞에 다른 사람과 식별하기 위해 first name을 병기(Peter, 혹은 P.)하라. 크게 보면 정보화는 과거 보편적 정책결정 방식이었던 대의제 대신에 직접 민주제의 가능성을 제고하여, 행정에 대한 참여 (공익소송, 참여예산 등)를 더욱 높이는 새로운 계기를 만들었다는 점도 언급하라.

10. 전자정부와 NPM

신공공관리(NPM)이론은 공공부문의 능률성과 효과성을 제고하기 위한 방안 중 하나로 정보통신기술(ICT)의 도입을 강조하고 있다. 업무재설계(BPR: Business Process Reengineering)과정에 정보통신 기술의 활용이 미치는 영향에 대해 설명하시오. [2008 행정고시 제3문]

예시 답안

Ⅰ. 업무재설계 과정에서의 정보통신기술 - 인터넷에서 유비쿼터스까지

신공공관리 이론은 시장체제 속에서 치열한 경쟁을 하고 있는 기업경영의 논리와 방식을 공공행정부분에 도입하여 적응하려는 행정개혁의 흐름을 의미한다. 따라서, 능률성과 효과성을 제고하는 것이 주목적이 된다. 최근 급속도로 발전하고 있는 정보통신기술(ICT)은 인터넷 등 온라인을 활용한 기술은 물론 유비쿼터스(Ubiquitous)를 비롯한 모바일 기술까지 포괄한다. 따라서, 업무재설계(BPR)는 행정조직의 활동이나 업무의 전반적인 흐름을 분석하고 조직의 목표에 맞도록 업무과정을 최적으로 다시 설계하여 구성하는 것인바, 정보통신기술 덕분에 이 과정이 용이해졌다.

Ⅱ. 정보통신기술(ICT)의 영향 - 조직, 인사, 재무의 관점을 중심으로

정보통신기술의 도입은 행정에 전범위적인 영향을 준다. 우선 거래비용(transaction cost)을 크게 감소시켜 주고, 공간의 제약을 최소화 한다. 나아가 과거에는 기술상의 한계로 인해 불가능하였던 각종 선진적인 제도들을 행정에 도입할 수 있고, 국민의 참여 역시 원활해진다.

[1] 조직의 측면 _ 시간 및 장소제약의 감소와 업무과정의 신속, 원활화

정보통신 기술의 발달은 업무과정에서 화상회의, 전자보고 등 온라인을 활용한 업무처리를 가능하게 하였다. 따라서, 시간과 위치적 제약을 최소화 하여 네트워크

조직의 등장을 가능하게 할뿐만 아니라 실제 업무수행에 있어서 메신저 등의 활용을 통한 신속한 업무 처리와 원활한 내부적 의견 수렴을 통한 내부민주성확보를 가능하게 한다. 정리하면, ICT기술에 힘입어 조직의 목표달성을 위해 필요한 제약이 감소하고 업무과정이 신속, 원활해짐에 따라 능률성(투입과 산출의 비율)과 효과성(목표의 달성 정도)이 제고된다고 하겠다.

[2] 인사의 측면 _ 학습체제 및 학습조직의 구축과 인재풀의 형성

인사 부문에서의 업무재설계는 크게 공무원의 교육과정과 평가 및 보수지급의 단계에서 이루어진다. 첫째, 공무원의 교육과정에서 정보통신기술의 활용은 '상시학습체제'의 구축을 용이하게 한다. 서울시의 경우 'u-지식여행'이라는 모바일 기기를 활용한 유비쿼터스 학습체제를 시행하고 있는데 이는 시시각각 변하는 행정현실에 대한 공무원의 전문성을 높여 업무능력을 향상시킨다. 두 번째로, 평가 및 보수지급의 단계에서는 현재에도 존재하는 '국가인재DB'와 같이 다방면의 평가 자료와 평가 시스템을 구축하고 축적하여 개인의 KSA(knowledge, skill, ability)를 보완하는 계기가 될 뿐만 아니라 인재풀(pool)의 조성으로 공무원의 적재적소 배치를 가능하게 한다.

[3] 재무의 측면 _ 투명하고 선진적인 예산시스템의 정착

재무의 측면에서는 대표적인 예로 디지털 예산회계시스템과 같이 정보기술을 활용하여 모든 예산개혁의 근간을 구축하고 있는 것을 들 수 있다. 디지털 예산회계시스템이 제대로 정착된다면 복식부기 및 발생주의와 같은 선진적 예산제도의 정착이 원활해지고, 통합적인 재정의 비교 파악과 예산파 악이 원활해져 투명성 역시 증가한다. 나아가 재정민주주의의 측면에서도 정보통신 기술을 활용할 수 있을 것이다.

Ⅲ. 나아가며 - 정보통신기술의 부작용 경계

정보통신기술은 매우 편리한 생활을 보장하지만, 판옵티콘(panopticon)의 함의가 주듯 인권의 침해 가능성과 전산망 마비 등으로 인한 불안정성을 동시에 갖는다.

또한 정보기술을 활용할 수 있는 자와 그렇지 않은 자 사이에 불평등이 조성될 수 있으므로 행정 부문에 이를 도입 시 관련 공무원들에 대한 철저한 사전 준비와 국민의 감시와 참여를 통한 통제 기제의 확보가 필요하다.

강 평

1. 총평

정보행정(정보정책) 관련 주제는 오늘날 행정학계에서 중요한 테마이다. 그런데 이것이 가진 물리적 기술 국면을 출제하기가 어렵다보니 대체로 정보행정 분야의 고시 문제는 상당히 추상적인 수준에서 출제되고 있다. 정보화의 개념, 정보관련 행정기구(조직), 지방 및 중앙의 정보화, 정보화가 행정(구조 및 관리)에 미치는 영향 등이 주로 중시된다. 정보통신 관련 개별 프로그램이나 기술부문 자체보다는 이것이 행정조직, 정책, 관리에 미치는 영향의 해석이 더 중시되고 있다.

2. 보완해야 할 부문

"Ⅱ.정보통신기술(ICT)의 영향"을 언급하면서 조직-인사-재무의 세 국면으로만 정리한 것은 포괄성이 부족하다. 더 체계적인 구조를 구성하라. 이 주제는 BPR에 ICT가 적용되는 국면을 설명하는 것이다. 그런데 업무재설계(BPR)의 개념에 대한 설명은 매우 부족하고 오직 ICT에 관한 서술 중심으로 되어 있다. 이런 식의 서술이라면 굳이 BPR이라고 지정하지 않고 "행정 일반에 대해 ICT가 미치는 영향"을 서술하는 문제와 다를 것이 없을 것이다. 따라서 BPR가 어느 정도 충분히 논의되어야 하며 이것이 ICT에 어떻게 영향을 주는가를 논의해야 한다.

3. 추가해야 할 부문

BPR이기 때문에 정보통신 기술상 독특한 국면이 나타나는 것이 없는가를 보아야 한다. 궁극적으로는 정보통신 기술은 이것이 당초 신공공관리론이 염두에 둔 능률성과 효과성 제고에 기여하는 것이어야 한다는 지적을 잊지 말라.

4. 기타 사항

정부 개혁 관련하여 나타나는 특정한 정보관련 프로젝트들이 무엇인지에도 관심을 기울여야 한다.

11. 이명박 정부 조직개혁에 대한 평가

2008년 2월 29일 개정 정부조직법이 공포되면서 중앙행정기관은 기존 2원 · 4실 · 18부 · 4처 · 18청 · 13위원회 59개에서 2원 · 2실 · 15부 · 2처 · 18청 · 8위원회 47개로 12개가 감축되었다. 새 정부의 정부조직은 아래 표와 같이 개편되었다.

(표) 이명박 정부의 정부조직개편(2008. 2. 29)

개편 전	개편 후
국무총리비서실 + 국무조정실	국무총리실
기획예산처 + 재정경제부(금융 제외)	기획재정부
교육인적자원부 + 과학기술부(산업기술제외)	교육과학기술부
행정자치부 + 중앙인사위원회 + 국가비상기획위원회 + 정보통신부 정보화	행정안전부
산업자원부 + 중소기업특별위원회 + 정보통신부 산업진흥 + 과학기술부 산업기술	지식경제부
농림부 + 해양수산부 수산	농림수산식품부
보건복지부 + 국가청소년위원회 + 여성가족부 보육 · 가족	보건복지가족부
건설교통부 + 해양수산부 해양 · 항만	국토해양부
문화관광부 + 국정홍보처	문화체육관광부
정보통신부 통신규제 + 방송위원회	방송통신위원회
국민고충처리위원회 + 국가청렴위원회 + 법제처 행정심판	국민권익위원회
재정경제부 금융 + 금융감독위원회	금융위원회

기관들이 통폐합되면서 기존 19명의 장관은 16명(특임장관 1명 포함)으로 줄고 대통령비서실 정원이 106명 주는 등 국가공무원 정원은 올해 안으로 3,427명이 감축될 예정이다. [서울대학교 행정대학원 석사 논자시. 2008.3.14 시행]

[1] '작은 정부', '신공공관리', '대부대국주의', '규제완화', '지방분권' 등 다양한 이론 중에서 이명박 정부의 조직 및 인력 감축에 적용하기 적합한 이론을 선택하여 감축의 논거를 제시하시오. (20점)

[2] 정부 조직 감축의 긍정적인 효과와 부정적 효과를 서술하시오. (20점)

[3] 새 정부 조직개편안에 대한 추가적인 보완 사항을 제시하시오. (10점)

예시 답안

Ⅰ. 서론: "행정에서 변하지 않는 상수(constant)는 변화의 탐색"

Ingraham은 ""미국 행정에서 변하지 않는 상수(constant)는 변화의 탐색"이라고 하였다. 이는 행정에 있어서 개혁, 혁신, 변화, 개선 등 여러 용어로 나타나고 있는 변화에 대한 추구를 비유적으로 표현하고자 한 것이다. 우리나라의 경우도 예외는 아니어서, 특히 정권이 교체되는 경우에는 이전의 정부와는 다른 패러다임으로 국민에게 어필하고자 정부 조직의 개편을 필두로 각종 행정개혁이 이루어지곤 하였다.

2월 말 정부조직법의 개정을 통해 확정된 이명박 정부의 정부 조직 개편을 두고, 국민들의 기대감과 우려가 동시에 섞여 있음을 볼 때, 이에 대한 행정이론의 검토나 장단점, 아울러 아쉬운 점 등을 검토하는 것은 중요한 의미를 가진다고 보여진다.

Ⅱ. 이명박 정부의 조직 및 인력 감축에 대한 이론적 검토: 설문 (1)과 관련

1. 이명박 정부의 조직 및 인력 감축의 특징 (18부 4처 17청 → 15부 2처 17청)

이명박 정부의 조직 및 인력 감축의 특징을 요약하면 다음과 같다.

첫째, 정부 편제를 광역화하고 부처 수를 줄이는 대부처주의(大部處主義)라는 기본 방향에 따라 부처 간 경계를 허물고 기능중심으로 통합하였다. 둘째, 통제범위의 적정화를 위해, '복수차관제(제1차관, 제2차관)'를 기존 4개 부처에서 8개 부처(기획재정부 · 교육과학기술부 · 외교통상부 · 행정안전부 · 문화체육관광부 · 농림수산식품부 · 지식경제부 · 국토해양부)로 확대하였다. 셋째, 대통령 직할체제를 강화하였다. 이는 국무총리실의 기능이 축소되고, 부총리제가 폐지됨에 따라 대통령과 각 부처가 대통령실을 매개체로 하여 직접 소통하며 협의하는 시스템으로 업무 방식의 변화를 예고한다. 넷째, 경제 · 부처의 기능이 대폭 강화하였다.

2. 행정 이론적 검토: 이명박 정부의 국정철학과 신공공관리론의 관계

이명박 정부는 창조적 실용주의(Creative Pragmatism)를 행동규범으로 하고, 신 발전체제를 국정목표로 하여, 5대 국정지표(섬기는 정부, 활기찬 시장경제, 능동적 복지, 인재대국, 성숙한 세계국가)를 추구하고 있다. 이 가운데, "섬기는 정부", "활기찬 시장경제"의 국정지표에서는 국가 조직의 개편 및 공기업의 민영화, 규제개혁 등의 논리를 그대로 담고 있어서 신공공관리론의 철학과 많은 연관성을 갖고 있다.

신공공관리론은 자원난 시대 이후 정부의 비효율성을 제거하고자 하는 현실적인 배경에서 생겨난 행정학 패러다임이다. 신공공관리론은 신관리주의(규제개혁, 민영화)와 시장주의(경쟁지향, 고객지향주의)를 양 축으로 하여 <기업가적 정부>를 구축하고자 한다. 이는 해방관리론(liberation management)의 입장에서 정부는 기업과 같이 운영되어야 하며, 관료는 공공기업가(public entrepreneur)가 되어야 한다는 말에서도 그 의미를 찾을 수 있다.

신공공관리론의 효시라고 볼 수 있는 Osborne & Gaebler의 저서 [Reinventing Government]에서는 기업가적 정부운영의 10대 원리를 [미래에 대비하는 정부, 시장지향적 정부, 성과지향적 정부, 분권적 정부, 고객지향적 정부, 기업가적 정부, 촉진적 정부, 지역사회가 주도하는 정부, 경쟁적 정부, 사명지향적 정부]로 제시하고 있다.

3. 감축의 논거

정부 기능과 조직 개편은 국민을 편안하게 하고, 국가경쟁력을 강화하는 기초 작업이다. 그동안 우리나라는 중앙정부의 역할이 지나치게 비대하고 독점적이어서 민간의 활력과 지방자치를 저해해 왔다. 또한, 정부조직이 일부는 영역별로 편제되고 일부는 기능별로 편제됨에 따라 업무가 중복되기도 하고 업무의 사각지대가 발생하기도 했다. 업무가 중복되는 경우에는 부처 간 영역싸움과 업무조정으로 행정비용이 지나치게 증가했고, 정부가 꼭 해야 할 일이지만 생색나지 않고 책임만 지는 분야에서는 서로 업무를 미루거나 책임을 회피하는 현상이 나타나기도 했다.

최근에는 대통령 직속의 12개 국정과제위원회 등 416개 위원회가 활동하면서 위원회공화국을 이뤘다. 위원회는 전문가나 시민단체의 의견을 수렴하고 신중한 의사결정을 유도하는 좋은 면도 있으나, 의사결정의 속도를 떨어뜨리고 책임행정을 저해하는 측면이 강했다는 비판이 우세했다. 더욱이, 대통령비서실과 국무총리실 등

수뇌부 기구가 커짐에 따라, 각 부처 업무에 개입하거나 간섭하는 경우가 많아져 행정 각부가 소신껏 정책을 개발하고 집행하지 못하는 사례가 자주 발생하게 됐다. 국민의 요구 수준은 점점 높아져 국가가 꼭 수행해야 하는 재난방지, 사회안전망 기능, 공교육 기능 등의 서비스는 국민의 기대에 미치지 못하는 것이 현실이다. 행정 서비스를 효율적으로 공급할 수 있는 정부 시스템을 갖추지 않으면 증가하고 있는 국민들의 요구수준을 맞추기 힘들어질 것이다.

정부가 국민의 생명과 재산을 보호하고, 개인과 기업의 자유와 창의를 존중하며, 국가의 미래를 준비하기 위해서는 정부 기능과 조직을 새로운 환경에 맞게 재편해야 한다. 선진국들은 급변하는 환경에 효과적으로 대응하기 위해 부처 간 벽을 허물고 정부의 크기를 줄이고 있다.

영국, 미국 등 주요 선진국들은 1980년대 이후 지속적으로 정부의 기능과 조직을 개편해 국민이 만족하는 행정 서비스를 제공하고자 노력하고 있다. 이제는 우리나라도 국민의 입장에서 정부 기능과 조직을 개편해 국민이 편하고, 국가경쟁력을 강화하며 우리 자손이 번영할 수 있는 토대를 마련해야 한다.

Ⅲ. 정부 조직 감축의 긍정적, 부정적 효과: 설문 (2)와 관련하여

1. 긍정적 효과

(1) 정부 내적 측면

가. 불필요한 조직의 통폐합을 통해 효율성을 제고: 대부처 주의

참여정부에서 각각 하나의 부처로 존재하던 기획예산처, 재정경제부, 건설교통부, 해양수산부, 보건복지부, 여성가족부 등을 지식경제부, 국토해양부, 보건복지가족부 등으로 통합시킨 것은 전형적인 형태의 대부처 주의라고 볼 수 있다. 이와 같은 대부처 주의는 기존의 조직 세분화에 따른 낭비요소를 제거하고 정부 내부의 효율화를 추구하고자 하는 움직임이다. 즉, <파킨슨의 법칙(Parkinson's law)>, <피터의 원리(Peter's principle)>를 사전에 저지하고자 하는 움직임이다.

나. 부처 할거주의 감소

우리나라와 같이 각 부처간 조정기제가 부족한 상황에서 너무 많은 부처가 존재하는 경우 부처간 할거주의(sectionalism)가 존재할 수 있다. 물론 기존에도 국무회의, 차관회의 등을 통해 각 부처의 입장을 조율하고 상호 협력하는 체제가 있기는 하였지만, Fox & Miller가 강조하는 담론(discourse)이론의 내재화가 부족한 상황에서 정부조직의 감축은 할거주의가 발생할 가능성을 감소시킨다.

(2) 정부 외적 측면

가. 과대한 정부조직의 감축을 통한 규제 합리화의 달성

통할하는 부처가 다양할수록 이중규제가 행해지기 쉽고, 규제가 중복되기 쉽다. 이는 민간의 입장에서는 이중, 삼중의 고통을 겪어야 하고, 많은 절차를 거쳐야 본인이 의도하는 것을 얻을 수 있다는 것을 의미한다. 2004년 리니지2(Lineage2)라고 하는 게임의 이용가능연령에 대한 규제에서 (구)문화관광부와 (구)정보통신부가 협정을 맺고 단일한 이용가능연령을 정한 사례는 관련 부처가 다양함에도 규제가 중복적이지 않을 수도 있다는 반론이 될 수도 있지만, 이는 이례적인 일일뿐 일반적으로는, 담당부처가 다양할수록 Hayek가 강조하는 민간의 자생적 질서(spontaneous order)를 파괴시키기 쉽다.

나. 대국민적 신뢰 확보

새로운 정부가 출범하게 되면, 이전 정부 말기의 권력 누수현상(lame duck)은 사라지고, 국민은 보다 나은 행정을 기대하게 된다. 이에 대한 가시적인 성과로서 보여지는 것이 흔히 "정부 조직 개편"이다. 특히 현대 행정과 같이 행정수요가 급증하는 시대에는 국민과의 관계가 발전국가와 같은 일방적 주입체제가 아닌 共生의 관계이기 때문에 국민으로부터 신뢰를 확보하여 정책의 집행에 각종 거래비용(transaction cost)을 감소시키는 것은 매우 중요한 일이다. 이러한 의미에서 볼 때, 정부의 조직 감축은 국민의 세금을 낭비하지 않겠다는 정부의 의지를 표명하는 것이며, 이를 기반으로 대국민적 신뢰를 확보하기가 용이해진다.

다. 정부 기능 재배분의 논리를 적용하여 민간과 정부의 업무 영역 재설정

정부의 기능 재배분 논리(시장성 테스트: market testing)에 의하면 "반드시 필요한 업무인가?", "반드시 정부가 책임을 맡아야 하는가?", "정부가 직접 수행해야 하는가?", "정부가 수행할 경우 효율성 증대방안은 무엇인가?"라는 일련의 기준에 따라 업무를 평가한 뒤 민영화, 민간위탁(계약), 공기업화, 사업부서화 등의 대안 중에서 하나를 선택하게 되는데, 이는 결국 정부와 민간 가운데 비교우위(comparative advantage)에 입각한 공공서비스의 공급자를 결정하겠다는 의지의 표현이다.

2. 부정적 효과

(1) 한국의 현실과 관련하여

Frederickson은 "NPM은 기본적으로 한국의 현실에서 좋은 아이디어이기는 하나 유용하지는 못하다(good idea but no use)."고 하였다. 즉, NPM과 같은 선진국의 패러다임을 받아들이기 위해서는 그 기저에 받아들일 환경을 미리 구축해야 하는 것이다. 이는 자칫하면, 조직감축으로 인해 파생적 외부효과(derived externality)를 발생시킬 수 있음을 의미한다. 더군다나, 행정우위의 관 주도 사상으로 민간이 많은 상처를 받은 상태에서, 민간의 경영기법을 받아들인다는 것은 자칫 "모순어법(oxymoron)"이 될 수도 있음을 암시한다.

(2) 정부 내적 측면

가. 대부처주의의 폐해

앞에서 살펴본 바와 같이 대부처주의는 조직 세분화에 따른 낭비요소를 제거하고 부처할거주의를 최소화할 수 있다는 장점이 있으나, 장관의 통솔범위(Span of Control)를 너무 넓게 하여 업무량을 증가시키는 문제가 있다. IMF를 발생하게 한 원인으로 정부 내부 업무와 관련된 시각이 있는데, 이에 의하면 1994년 경제기획원과 재무부가 통합되어 탄생한 재정경제원이 내부통제의 미비로 인해 외환위기를 유발했다고 본다. 물론 이에 직결되는 원인이라고 볼 수는 없지만, 여러 가지 원인 가운데 하나를 차지하는 것임에는 분명하다.

나. 능률화의 추구로 인한 행정개혁의 피로

조직 자체의 목적도 중요하지만, 조직을 구성하는 근본은 조직인이다. 즉, 정부의 관료가 정부 조직을 이끌어나가는 균형바퀴(Balance Wheel)임은 블랙스버그 선언(Blacksburg Manifesto)의 함의에서도 잘 알 수 있다. 하지만, 지나친 능률화의 추구로 인하여 직업공무원제의 근간이 심하게 흔들리고, 대책없는 조직감축, 인원감축 등으로 인해 혁신에 대한 피로가 생긴다면, 비단 개혁의 대상이 되는 비능률적 공무원 뿐만 아니라, 일반 유능한 공무원까지도 업무에 대한 집중도를 발휘하기가 어려워 질 것이다.

다. 정부 외적 측면: 공공서비스 공급의 피동화

공공선택론자들은 공공서비스의 공급에 있어서 관할권의 중첩(overlapping jurisdiction), 다조직적 관리방식(multi-organizational arrangement), 권한의 분산(fragmentation of authority)을 주장한다. 물론, 그들이 주장하는 것이 과대한 정부부처로 인한 행정의 우월성을 주장하는 것과는 정반대의 것이지만, 과다한 정부규모의 감축은 자칫 중첩이 어려운 공공서비스의 공급을 양산할 수 있다. 이를 단일하고 명확한 정부에 의한 효율적 공급으로 한정짓는다면, 문제점은 발생하지 않겠지만, 일인당 관련기관 및 공무원의 수가 감축된다는 의미로 볼 때, 결국 행정서비스의 공급이 "수요"중심이 아닌 "공급"중심이 된다는 것을 의미할 수도 있는 것이다.

Ⅳ. 조직 개편안에 대한 추가적인 보완 사항: 설문 (3)과 관련하여

Gordon이 말하는 "언제나 성공할 수 있는 문화(winning culture)"는 현실적으로 존재하기 어렵다. 이는 선진국의 행정개혁 방향으로 일컬어지는 조직감축이 우리나라에서 반드시 성공한다는 보장이 없다는 것과 동일하다. Hirschman의 가능주의는 "비록 개연성에 대한 분별력을 낮출지라도, 가능한 것 혹은 가능하다고 생각하는 것의 한계를 넓히는 것"을 의미하는 바, 조직 개편안이 좋은 의도를 가지고 진행되었다고 하더라도, 이에 대한 보완사항을 살피는 것은 행정학을 연구하는 사람이라면 필연적으로 거쳐야 하는 과정일 것이다.

1. 정부가 지향해야 하는 가장 중요한 목적이 경제살리기 뿐인지

이명박 정부의 조직 개편 가운데 기획재정부, 지식경제부, 국토해양부 등은 모두 경제관련 핵심부처들로서, 복수차관제를 도입하고 있다. 물론 복수차관제를 도입한 부처가 이들에 한정되는 것은 아니지만, 경제부처를 중심으로 정부 조직의 패러다임을 설정하고, 이를 통해 창조적 실용주의(Creative Pragmatism)를 실현하겠다고 하는 것은 권력을 경제부처로 일원화시킨다는 것을 의미한다. 하지만, 이 과정에서 상충되는 패러다임이 분명 존재할 수 밖에 없는 바, 편향적인 시각에서 정부조직을 개편한 것은 아닌가 하는 의구심이 생긴다.

2. 관련 부처의 통폐합이 충분한 행정학적 근거를 가진 것인지

정부 규모의 감축이 신공공관리론의 패러다임이고, 국민의 입장에서도 부처 축소를 긍정적으로 본다는 점에서 볼 때, 일견 15부 2처 17청으로의 조직 개편이 타당성을 가질 수도 있으나, 그에 대한 행정학적 근거가 충분한지는 다소 의심스럽다. 즉, 정부부처를 몇 개 줄일 것인가에 혈안이 되어 단지 "숫자놀음"으로 부처를 축소했다는 빈축은 사지 않아야 할 것이다.

특히 국민권익위원회와 관련되어 행정학자들의 비판이 많다. 국민권익위원회는 참여정부의 국가청렴위원회, 국민고충처리위원회, 국무총리 산하의 행정심판위원회를 통합한 기관인데, 국민의 권리가 보다 중요시되는 이 시점에서 특별히 큰 관련이 없는 기관들을 일방적으로 통합시키고, 관련 법령에서 세부 규정을 대폭 삭제한 것은 오히려 반 인권적인 측면으로 전항한 것이 아니냐는 비판이 일고 있다.

V. 결론

Frederickson은 "20세기 말미, 그리고 21세기의 시작과 더불어 공공관리의 특징을 한 단어로 표현하면 그것은 변화이다."라고 했다. 서두에서 Ingraham의 격언을 살펴보았듯이 이 말 역시 어느 국가에서든 행정개혁(특히 조직개편 및 감축)을 시도하고 있는 것을 암시한다. 정부개혁이 다른 나라에서 벌어지는 것을 벤치마킹하는 것도 중요하지만, 보다 중요한 것은 우리 행정현실에 걸맞는 조직개편을 추구하는 것이다.

이른바 모방적 동형화(mimic isomorphism)에 대한 성찰적 수용(reflexive acceptance)이 필요하다는 것을 의미한다. 결론적으로 이명박 정부의 행정조직 개편이 신공공관리론이라고 하는 주류적 행정패러다임과 함께 하고는 있지만, 이를 보다 건설적으로 발현시켜야 하는 것은 우리 모두의 과제일 것이다.

강 평

1. 총평

이런 유형의 문제에 대한 서술은 다음과 같은 논증 구조를 가지고 있어야 했다. ①조직개혁 관련 이론들이 A(작은 정부론), B(신공공관리론), C(대부대국주의)....... 등이 있는데, 이들 이론은 각각 a, b, c... 특성들을 그 내용으로 한다. ②이명박 정부의 조직 개혁은~~~한 성격을 가지고 있다(공식적, 암묵적 증거들을 들며 규명). 이러이러한 요소들은 a,(혹은 b, c...)에 해당된다. ③따라서, 이명박 정부의 개혁은 A(혹은 B,C..)라는 이론에 준거하여 나타난 것이다. 정부개혁의 성격을 규명하는 유사한 다른 주제들에도 이런 식의 논증이 꼭 들어가야 한다(ex. 노무현 정부의 정부조직 개혁이 신행정론인 것인가, 혹은 신공공관리적인 것인가?). 이 답안은 이러한 엄밀한 논증구조에서는 약간 벗어나 있지만 그런대로 신공공관리론이라는 가장 광범위한 이론을 택함으로써 가까스로 이론적 근원에 근접해 갔다.

2. 보완해야 할 부문

자세히 문제를 읽어보자. 주어진 다른 이론들보다 '신공공관리론'은 가장 포괄적인 이론이다. 또 그 범주(정의 방식에 따라 다소 차이가 나지만)가 넓다. 따라서 먼저 저자는 신공공관리론의 개념 범주를 신자유주의, 뉴거버넌스, 공공선택론 등과도 구분되는 협의로 볼 것인가('테마 행정학')? 혹은 광의의 범주의 개념으로 볼 것인가(오스본& 게블러, 정정길)?를 먼저 정해야 한다. 본 답안은 이런 구분 논증을 하지 않고 바로 서술에 들어가고 있는데 서술 내용은 대체로 광의의 신공공관리론적 입장에 따르기 때문에 요행히 다른 이론들(작은 정부, 대부대국주의, 규제완화) 등도 다 포괄하는 '안전한' 이론틀을 택한 셈이 되었다. 그러나 전술한 대로 먼저 신공공관리론을 정확히 정의하고 들어 갔어야 했다.

3. 추가해야 할 부분

이렇게 '신공공관리론'을 이명박 정부 개혁의 준거 이론으로 진단해 놓고도 저자는 2번 물음에 대한 대답 과정에서는 다시 '대부처주의'를 논거로 대고 있음은 잘못된 것이다. 신공공관리론에 규제개혁, 민영화, 시장주의가 다 포함되는 것으로 규정한다면(즉 이렇게 신공공관리론을 여타의 이론들을 다 포괄하는 것으로 보아 버린다면), 출제자들이 왜 작은 정부, 신공공관리론, 대부대국주의, 규제완화...를 따로 제시했겠는가?

4. 기타

구호성 용어를 남용하거나, 적실성이 꼭 맞지는 않는 현학성 용어들을 마구 흩어 놓고 다니지 말아야 한다. 언제부터인가 고시답안이 객관적 논증이 아니라 과시형 연설문처럼 되어 간다는 느낌이다. Hayek의 자생적 질서가 훼손된다는 의미는 집단적, 인위적 계획 때문에 초래되는 현상이라는 것이 본질이지 규제기관의 다양성과는 조금은 적확성(的確性)이 떨어진다. Ingraham, Frederickson, Gordon, Hirschman 등의 이름 앞에는 반드시 first name을 병기하라. 수험생들과는 달리 출제자들은 동일한 성을 가진 더 많은 다른 사람들과 알고 있기 때문에 혼란을 일으킨다. "성찰적 수용"이란 상투적 구호 역시 자제하자. 고시 답안지 채점에서 가끔 발견하는 "반성하며 ~~ 제도를 받아들여야 한다" 표현과 대차없는 나쁜 표현이다.

12. NGO의 행정참여 및 정부와의 관계

비정부조직(NGO)의 역할이 사회의 각 분야에서 활성화되고 있다. 비정부조직이 오늘날 우리 사회에서 적극적인 활동을 벌이게 된 배경과 역할 및 향후 정부와 비정부조직의 바람직한 관계에 대해서 설명하시오. [2002 행정고시 변형]

예시 답안

Ⅰ. 서론: NGO에 대한 패러다임의 전환

최근 한약 조제권을 둘러싸고 한의사-약사 간에 벌어진 분쟁에서 두 집단의 이익이 첨예하게 대립함으로 인해 정부에 의한 조정과 중재가 난항을 겪던 중, 비교적 높은 사회적 신망을 얻고 있는 시민단체인 "경제정의실천연합(경실련)"의 개입으로 분쟁이 원만하게 해결된 사례가 있다.

이처럼 현대 사회에서 제3자적 정부(third party government)는 사회 문제의 해결에 있어 시장(market)과 정부계층제(hierarchy)를 대신하는 제3의 대안으로 각광받고 있으며, 우리나라의 경우 1989년 경실련의 탄생을 시작으로 참여연대, 한국소비자보호연맹 등의 NGO들이 활발한 활동을 벌이고 있다. 나아가 전세계적으로도 NGO가 거버넌스의 한 주체로 자리잡게 됨에 따라 우리나라 역시 2003년 대통령의 비서관직제에 시민사회수석을 신설한 바 잇다. 이제 NGO는 정부의 교섭대상에서 더 나아가 공공 부문의 정책결정의 중요한 주체로서의 지위를 널리 인정받아 가고 있다.

Ⅱ. 비정부조직(NGO)의 등장 배경 및 논의의 의의

1. NGO의 의의: Salamon의 견해를 중심으로

비정부기구(NGO: Non-Governmental Organization)란 시민사회의 자발적 행동을 토대로 조직된 민간기구로서 "공익지향성", "비영리성", "자율성"의 특징을 그 핵심으로 하고 있다. 보다 넓은 개념으로서 비영리조직(NPO: Non-Profit Organization)이 있으나, NPO의 경우 "비영리성"에 초점을 두어 실용성과 상보성(相補性)을 강조한다는 점에서 "정치성" 및 "대항성"을 핵심으로 하는 NGO와 구별된다.

2. NGO의 등장배경

[1] 이론적 배경

NGO는 A. Giddens에 의하면, 시민사회의 정책결정에 대한 침투를 당연한 권리로 보는 "新사회운동"과 참여 및 연대를 중시하는 "포스트모더니즘"을 그 이론적 배경으로 하고 있다. 나아가 다양한 사회주체 세력을 인정하는 R. Dahl과 H. Laski의 "다원주의" 역시 NGO의 등장 배경 가운데 하나가 될 수 있다.

[2] 현실적 배경

(1) 전세계적인 공통점

신자유주의의 확산으로 정부가 문제 해결의 주체가 아닌 문제 그 자체라는 인식이 확산되었고, 세계화가 급속히 진행됨에 따라 더 이상 단일의 국가에 의한 문제해결이 불가능해지면서 "IMF, UN, Green Peace" 등의 범(汎) 정부적 기구들이 등장하게 되었다.

(2) 한국의 경우

DiMaggio와 Powell이 말한 모방적 동형화(mimic isomorphism)와 세계기구들의 압력 하에서 우리나라에서도 NGO들이 생겨나기 시작했으며, 1980년대 후반 민주화 항쟁의 성공과 함께 급격히 증대된 시민권의 성장 역시 NGO 설립의 기폭제가 되었다.

3. NGO에 대한 논의의 필요성

NGO에 대한 정책 개입은 더 이상 거스를 수 없는 시대적 요청인 바, 이러한 NGO가 사회 문제 해결의 공동 주체가 될 수 있는지에 관한 고찰이 필요하며, 시장실패와 정부실패의 양날개적 위기(scissors crisis)에 대처하기 위해 정부와의 관계에서 바람직한 공조의 방향 모색이 필요하다.

Ⅲ. NGO의 위상과 역할 - 정부와의 관계를 중심으로

1. 정부와 NGO간 관계의 유형

Gidron, Kramer, Salamon 등은 "재정" 공급의 주체와 "서비스"공급의 주체 등을 기준으로 정부와 NGO간의 관계를 분류하였으며, 이들의 논의를 바탕으로 정부-NGO의 관계를 재분류하면, ① 적대적 관계, ② 독립적 관계, ③ 지배적 관계, ④ 협조적 관계의 4가지로 유형화가 가능하다.

2. 한국에서의 NGO와 정부간 관계의 변화

[1] <1960년대~1987년 6월 민주화 항쟁>의 시기: 적대적 관계

군부독재의 특수한 정치적 상황하에서 시민단체와 정부는 적대적 관계였던 것으로 평가되며 이 시기의 시민단체들은 일반적 의미의 비정부기구에 포함되지 않는다.

[2] 1987년 6월 민주화 항쟁 이후 경실련의 탄생을 계기로: 독립적 관계와 지배적 관계

1990년대 초반만 하여도 국제적 NGO의 영향과 정부의 취약한 대표기제로 인해 상징적 차원에서 NGO의 필요성이 인정되었고, NGO의 폭발적 증가를 중립적으로 방관하는 의미에서 양자의 관계는 독립적이었던 것으로 평가된다. 그러나 1990년대 중반 이후부터는 정부가 NGO의 정책 참여를 형식적으로 용인함과 동시에 금전력을 무기삼아 NGO를 통제하기 시작하였고, 상당수의 NGO들은 정부에 의해 포획당한 채 그 독립적 의의를 상실해 가는 경우가 많았다.

3. 한국 정부와의 관계에 있어서 NGO의 역할

[1] 사회적 공론화를 위한 의사 소통기제로서의 NGO

James Q. Wilson의 규제정치이론에 의하면, 비용과 편익이 넓게 감지되는 "대중정치(majoritarian politics)"의 상황 하에서는 특정집단에게 손해나 비용이 발생하지 않아 공익성이 강한 정책들에 대한 사회적 이슈화가 일어나기 힘들다. 따라서 이러한 정책들은 대부분 NGO에 의해 그 필요성이 제기되며 대표적인 예로 <참여연대에 의한 부패방지법의 제정운동>을 들 수 있다. 이를 통해 1996년 부패방지법 제정 공청회 개최를 시작으로 서명운동, 입법청원 등을 통한 사회적 공론화의 과정을 거쳐 2001년 비로소 부패방지법(현재는 "부패방지 및 국민권익위원회의 설치와 운영에 관한 법률"로 전면 개정)을 탄생시키게 되었다.

[2] 공익추구를 위한 창도가(advocacy)로서의 NGO

NGO는 정부에 의한 정책 독주를 방지하고, 公共善의 달성을 위한 거버넌스 참여주체의 하나로서 정부의 정책과정에 큰 영향력을 미친다. 일례로 동강생태계 보전을 위해 "환경운동연합"이 전개한 <동강댐 건설 반대운동>은 10년간 준비한 정부의 정책을 백지화 시킴으로써 정부 정책에 대한 강력한 영향력을 행사한 경우를 들 수 있겠다. 이는 한국 사회에서 뉴거버넌스의 가능성을 보여주었다는데 그 의미를 찾을 수 있다.

[3] 사회적 약자의 대변인으로서의 NGO

사회적 약자의 경우 정보의 부족 등으로 인해 참여능력(participatory skill)이 부족하며 또한 잘 조직화되지 못한다. 이 경우 NGO는 그들의 대변인으로 기능한다. <한국대인지뢰대책회의>나 <녹색연합> 등에 의해 "지뢰피해자 파악조사 촉구", "피해예방교육 실시" 등이 그 예이다.

Ⅳ. NGO의 한계 및 이의 극복을 통한 정부와의 바람직한 관계의 모색

1. NGO의 실패가능성

[1] NGO의 내부적 문제

(1) 비민주성과 대표성 부족의 문제

참여연대의 비민주적 간부선출 사례에서 볼 수 있듯, NGO 조직의 거대화는 필연적으로 조직 내 권력의 불균형 문제를 유발시켜 그 기본취지를 몰각시킬 위험성이 있으며, 소수 지도부 계층에 의한 폐쇄적 네트워크로 흐를 가능성도 존재한다. 또한 "시민없는 시민운동"이라는 말에서 알 수 있듯 과연 NGO가 진정한 시민의 대표인가라는 의구심은 포스트 모더니스트들이 NGO에 의한 시민참여를 비판했다는 점과도 관련이 깊다.

(2) 재정력 취약으로 인한 정부에 대한 종속화의 문제

NGO 역시 하나의 조직체이며 그 운영에는 막대한 비용이 소모된다. 우리나라의 경우 서구에 비해 기부문화가 발달하지 못하였으며, NGO 절반 이상의 연간평균예산이 1억원 미만이며, 후원금, 회비의 비율은 그 중 50%에도 미치지 못한다는 점 등은 정부에 의한 NGO 장악의 가능성을 증가시키는 측면으로 작용한다. 이는 NGO의 필수 요건인 "독립성" 가치를 훼손시켜 NGO를 정부의 관변단체화 하는 문제로까지 변질될 수 있다.

[2] NGO의 외부적 문제

(1) 저조한 시민참여로 인한 봉사인력의 부족

P.Drucker에 의하면, 미국은 성인 2명 중 1명 꼴로 시민단체에 가입이 되어 있을 정도로 시민단체에 대한 참여의 수준이 높다. 반면 우리나라는 자원봉사자로서의 시민참여 비율이 상당히 낮으며 대개 상근직으로 참여한다는 점에서 service 형 NGO의 활동이 저조한 편이다.

(2) NGO의 무책임성 문제

NGO가 정부 지원으로 운영하는 보육단체인 수경사에서 발생한 아동학대 사건 등은 NGO의 무책임성 문제의 대표적 사례로서 과연 NGO가 정부를 도와 사회문제 해결의 주체로서 자격이 있는가에 대한 의문을 갖게 하였다. 또한 NGO는 내부적 재정 정보 등에 대한 공개가 의무화되어 있지 않고, 설령 이를 정부가 통제한다고 하여도 이 역시 "자율성" 원리에 반할 수 있다는 점에서 근본적으로 무책임의 문제를 안고 있다.

2. 한국 사회에서 정부와 NGO 간 바람직한 관계 설정을 위한 전략
– 지배적 관계를 벗어나 협력적 관계로

[1] NGO 내부적 문제 해결

(1) 대표성 확보를 위한 홍보 강화 및 조직 내부구조의 개선

시민있는 시민 운동이 되기 위해서는 적극적 시민 참여 유도를 통해 NGO의 대표성 확보가 필요하며, 홍보 강화를 통해 자발적 참여를 유도해야 한다. 또한 폐쇄적 네트워크 운영을 막기 위해 하부조직간 업무의 관련성을 낮추는 loose coupling 전략을 활용하는 것 역시 NGO의 민주성을 향상시키는 방안이 될 수 있다.

(2) 재정력 확보를 통한 독립성 담보

정부의 직접적인 현금지급 방식의 현 지원체제는 NGO의 정부의존성을 심화시킬 수 있는바, 독립적 기금 조성을 통한 재정지원전략이 필요하다. 나아가, service 형 NGO 등에 대해서는 시민에게 선택권을 주는 voucher 제도 활용시 NGO 본래의 공익적 기능을 잘 살리면서도 정부의 영향력을 약화시키는 좋은 수단이 될 수 있다.

[2] NGO 외부적 문제의 해결

(1) 정보 공개를 통한 NGO의 책임성 확보

정부에 의한 통제는 NGO의 독립성 저하라는 또 다른 문제를 낳을 수 있는 바, NGO 스스로에 의한 정보공개가 요청된다. 이는 스스로의 활동을 공개함으로써 책무성을 확보함과 동시에, NGO에 대한 시민의 관심 제고로 이어져 시민 참여의 활성화라는 성과도 거둘 수 있다.

(2) 민간–정부와의 협력을 통한 효율적 자원배분의 달성

시장실패와 정부실패, 그리고 제3자 부문의 실패를 경험하면서 그 중 어느 하나만의 힘으로 현실의 복잡한 사회 문제의 해결이 불가능하다는 것을 깨달았는 바, 자원의 효율적 배분을 위해 정부와 시장, 그리고 시민단체 간의 긴밀한 정책공조가 필요하다.

아울러 정부와 민간이 긴밀한 협조를 통해 NGO에 대한 지원이 이중 지원이 되지 않도록 하여야 하며, 이와 관련해 자원 운영에 관한 통합적 전산시스템의 구축 등이 필요하다.

Ⅴ. 결론 - 동원(動員)에서 동반으로 -

NGO는 그 운용 방식에 따라 토크빌(A.Tocqueville)의 말대로 결사의 예술(art of association)이 될 수도 있고, 매디슨(J. Madison)의 말한 파벌의 해악(mischief of faction)이 될 수도 있다. 특히 정부와의 관계에 있어서는 독립성과 자율성을 담보하는 것이 가장 중요한 전제 조건이다.

정부는 NGO를 동원의 대상이 아니라 공공 문제 해결의 공동 주체로 인식하고 그 역량과 순기능을 활용하는 기제를 적극적으로 마련할 필요가 있다. 때로는 정부와의 정책 공조를 통한 사회 갈등의 해결사로서, 때로는 정부의 정책을 비판하고 사회적 현안이 되는 문제를 공론화하는 대변인으로서의 역할이 요구된다.

강 평

1. 총평

이 문제가 행정고시로 출제되던 2002년 당시는 정부의 정책과정에서의 NGO의 역할이 새롭게 인식되던 시기였다. 특히 정치학계에서 제기한 '시민사회론'과 맞물려 NGO의 상당한 역할이 강조되었고 더 나아가서 이것은 그 밖의 정책문제의 공동 해결 주체로 인식되는 개인, 학계, 유관 기업 등을 함께 고려하는 이른바 '뉴거버넌스' 논의로까지 전개되었다. NGO의 역할이 중요시 될 때의 주된 논점은 정부와 이 NGO와의 바람직한 관계를 정립하는 것이다. 그러나 NGO의 행정에서의 역할이 상당히 진전되고 난 지금에는 자연스럽게 NGO에 대한 통제 및 문제점에도 많은 관심이 주어지고 있다. 따라서 굳이 현재의 주제에만 머무르지 말고 이 부분도 잘 정리해 두어야 한다.

2. 보완해야 할 부문

Ⅱ.NGO의 등장 배경 중 (1)"이론적 배경"에는 좀 더 구체적인 이론 설명이 필요하다(NPO의 대두 이유인 '계약실패 이론' 등이 언급되어야 한다). NGO의 정책 관여가 인정되는 대표적인 공식화된 제도, 그러한 공식 채널이 없더라도 실질적으로 큰 영향력을 행사하고 있는 몇몇 사례들을 꼭 언급하라.

3. 추가해야 할 부문

NGO의 유형, NGO에 대한 부정적 견해와 긍정적 견해, 우리나라 NGO들의 특징 및 그 리더십의 특성 정도는 따로 정리해 두면 유관 문제의 대비에 유용하다. NGO의 역할이 강조되어 가지만 공공 문제의 종국적인 책임자는 정부이며 그 때문에 관료제는 여전히 가장 중요한 결정 주체임을 지적하라. NGO 등과 같은 비정부부문의 주체들의 행정 참여가 바람직하다고 알려져 왔으나 이제는 참여의 과잉 역시 문제됨을 유의하라.

4. 기타 사항

사적 이익집단의 형성이 올슨(Mancur Olson)의 집합적 행동의 논리에서 보면 일어나기 매우 어려운 일임을 감안한다면, 공익을 표방하는 이 NGO의 형성은 그 더욱 신비로운 현상으로 알려져 있다. 그럼에도 불구하고 이러한 NGO 조직들이 나타나 실제의 정책 과정에 상당한 영향력을 행사하고 있는 이면에는 이른바 '정치적 기업가'(political entrepreneur)라 할만한 지도자들의 개인적 헌신과 역량에 크게 기인한 것이다. 그런데 이러한 양상은 동시에 그 약점이 되기도 한다.

【참고: 新사회운동(new social movement)】

사회운동이란 "사회나 어떤 집단의 변화를 가져오거나 혹은 변화에 저항하기 위해 상당한 지속성을 갖고 비교적 조직적, 체계적으로 이루어지는 다중에 의한 운동"으로 정의된다. 이처럼 사회변화를 추구하거나 그에 저항하는 집합적인 움직임은 사회의 역사만큼이나 오래된 일이다. 하지만 이러한 사회운동의 역사에 1970년대와 80년대 들어 새로운 부류의 사회운동 움직임들이 전세계적으로 등장하게 되었다. 새로운 부류의 사회운동은 기존 사회운동의 대표적 유형인 노동운동 및 농민운동(구 사회운동)등과 비교하여 운동의 목표와 전략에 있어 일정 정도의 차별성을 보인다는 점에서 "신사회운동(new social movement)"이라고 불리게 되었다.

신사회운동으로 분류되는 사회운동들은 다양하며, 구미의 신사회운동에 관한 기존의 연구들에서 지칭되고 있는 운동들로는 환경운동, 여성운동, 평화운동, 반핵운동, 동성연애자운동, 생태운동, 시민권운동, 소수인종운동, 동물권리보호운동, 흑인시민권운동 등이 있다.

비교기준	노동운동 (구사회운동)	구미의 신사회운동
가치	사회적 수준(정치적 안정, 경제성장)	개인적 수준(자율성, 정체성 보장)
목표	국가권력, 계급관계 변혁	삶의 질, 생활양식다양성
갈등영역	생산관계	사회문화영역
적대자	국가, 자본계급	불분명, 복합적
쟁점, 요구	시민권, 자원배분	다양한 영역, 단일쟁점
행위주체	노동조합, 좌파정당	자발적 결사체들
정당활동	좌파정당	독립성, 무관계
정치유형	개혁의 정치	영향의 정치
행위수단	제도화된 절차	직접행동(적극적 선택)
민주주의	간접(이익대변)	직접(참여)
조직공식성	공식조직	비공식조직
의사결정	중앙집중	하향분산
참여자	노동계급	중간계급, (여성)
참여동기	물질적 이해관계	탈물질주의, 공공선

13. 공기업 민영화

한때 정부는 6차에 걸친 공기업 선진화 방안을 내놓고 추진한 바 있다. 100여 개 안팎의 공기업에 대한 민영화 · 통폐합 · 기능조정 방안 중, 가장 논란이 되는 것은 공기업 민영화 방식이라 할 수 있다. 사회적으로 대립과 갈등이 발생하였을 정도로 공기업 민영화에 대한 찬반 논의가 활발하였고 지금은 민영화 논의가 다소 줄어든 상태이다. 과연 공기업 선진화 방안은 성공적이라고 평가할 수 있겠는가. 공기업 민영화에 찬성하는 근거와 반대하는 근거는 각각 무엇인지 제시하고 바람직한 전개 방향을 논하시오.

예시 답안

Ⅰ. 서: 시장에 의한 공공재 공급의 필요성

E. Savas의 민간화이론(Privatization Theory)에 의하면 공공부문이 너무 비대하여 현재 담당하고 있는 기능을 직 · 간접적으로 잘 수행할 수 없을 때, 시장, 즉 민간이 이를 맡아 수행하는 것이 타당하게 된다. 최근 논의되고 있는 공기업 민영화의 논의는 기능적 우수성의 논리 하에서 민간이 정부보다 효율적인 공공재 공급을 할 수 있다는 가정에 기반하고 있다. 그러나 캘리포니아주의 전력공급 중단사태나 영국의 철도 민영화 실패사례(Fail Track) 등을 통해 알 수 있듯이 민영화만이 만능 해결책은 아니다. 현재 한국행정에서도 물산업 등의 민영화 및 한국전력 민영화 등 그동안 정부의 숨은 비효율 영역이었던 공기업 민영화 논의가 활발할 바, 민영화의 공(功)과 과(過)에 대한 논의가 필요하다.

Ⅱ. 공기업 민영화의 의의

1. 개념

공기업 민영화란 우선적으로 소유권의 민간이전을 통해 정부 소유구조를 탈피하고 나아가 공기업운영에 경쟁원리를 도입하여 운영의 효율성을 높이는 정책을 말한다. 이 때 진정한 민영화가 되기 위해서는 소유의 민간이양이 아닌 지배권의 이양이 있어야 한다.

2. 등장배경

1) 이론적 배경; 주인-대리인 이론, 주인 찾아주기

행정의 주인은 국민이지만 정치인, 관료의 복잡한 대리관계 속에서 정보의 비대칭성으로 인한 대리인 문제가 빈번히 발생한다. 이 때 공기업 민영화는 진정한 소유자(owner)에게 그 경영권과 소유권을 넘겨주는 작업으로서 주인 찾아주기에 해당하며, 민주성 제고에 도움이 된다.

2) 현실적 측면; 정부 불신의 시대

정부의 사회문제 해결 능력에 대한 불신이 고조된 상황 하에서 공기업민영화 등을 통해 공공 서비스 공급주체의 다원화가 가능하고, 이는 국민의 선택권 확대를 의미한다. 또한 경쟁원리의 지배는 운영효율성 증대를 통해 재정 민주주의에도 기여할 수 있다.

Ⅲ. 공기업 민영화에 대한 찬 · 반 논쟁; 한국의 경우를 중심으로

1. 공기업 민영화의 긍정적 측면; 찬성원리

1) 매각 수입을 통한 경제위기 극복

아담 쉐보르스키(Adam Przeworski)가 “정부가 공기업을 민영화하는 것은 정부 금고가 비어 있기 때문”이라고 하였듯, 정부의 공기업 민영화는 만성적 재정적자의 탈출구가 된다. 한국의 경우도 1997년 IMF 위기 하에서 한국통신 등 우량공기업 민영화를 통해 많은 매각차익을 남기고 이를 바탕으로 경제위기를 극복한 바 있다.

2) 공기업의 만성적 비효율성 문제 탈피

공기업 민영화의 핵심은 Osborne & Gaebler가 강조하였듯 "경제구조의 확인"인 바, 이를 통해 주먹구구식으로 운영되던 공기업회계가 투명하게 공개되는 과정에서 만성적 적자문제가 다소 개선될 수 있다.

2. 공기업 민영화의 부정적 측면; 반대논리

1) 정책 목표 설정의 혼란, 후속 문제 양산

공기업 민영화의 목표는 크게 ⅰ) 매각수입극대화와 ⅱ)효율적 지배구조 확립으로 나뉘며, 양자는 동시달성이 어렵다. 그럼에도 불구하고 민영화 시행 시 정책목표가 확립되지 못하면 후속문제로서 지배구조 및 운영방식을 어떻게 할 것인지, 대상기업은 어떻게 선정할 것인지 등의 혼란을 유발할 수 있다.

2) 사회적 형평성 저해, 국민정서 반감 유발

공기업 민영화로 인해 공공서비스 가격 상승 시, 수익자 민주주의가 나타날 우려가 있으며, 이는 이른바 Social Dumping의 문제인 낙후지역이 혜택에서 제외되는 현상을 유발할 수 있다. 또한 국민입장에서는 실생활과 직접 관련된 공공재 요금의 인상이 예상되는 바, 정서상으로 반감을 불러일으켜 사회적 혼란을 유발할 수 있다.

3) 실패의 필연성

공기업이 맡아 생산하는 공공재 분야의 경우, 장기적 독점체제로 인해 시장에서의 경쟁구조가 확립되지 않은 분야가 대부분이다. 이러한 분야에 대한 민영화는 정부독점의 민간독점으로의 변화만을 가져오며, 필연적으로 실패할 수밖에 없다.

Ⅳ. 공기업 민영화의 바람직한 전개 방향

1. 기본방향: 시장경쟁구조의 확립

민영화의 문제들이 있다고 해서 민영화를 하지 말아야 하는 것은 아니며, 본래

의도한 목적인 경쟁구조를 통한 운영의 효율화를 달성하는 방향으로의 민영화가 필요하다. 궁극적으로는 민영화를 통한 시장의 경쟁구조 확립을 통해 다원화된 공공서비스를 보다 저렴한 가격에 이용할 수 있어야 하며, 이를 위해서는 경영의 민영화가 필수적으로 요구된다.

2. 구체적 방향

1) 민영화 이전; litmus test

철저한 시장성 테스트를 통해 무분별한 민영화를 지양하고 시장에서의 경쟁구조가 확립된 분야의 공기업을 민영화하여야 한다. 즉, 대상 선정에 있어서 신중성이 요구된다.

2) 민영화 과정; 일관성, 투명성의 확보

공기업 민영화 과정이 민간에게 투명하게 공개되어 정치적 특혜의 의혹 등이 없어야 한다. 또한 진행과정에 있어 일관된 정책집행을 통해 국민에 대한 신뢰를 높이는 작업이 필요하다. 이때 노사정위원회에 의한 국진 등은 문제를 정치과정화 할 우려가 있는 바, 가급적 독자적 기관에 의해 집행과 결정권이 일관되게 수행될 수 있도록 추진체계의 단일화가 필요하다.

3) 민영화 이후; 지배구조 확립 및 경쟁 환경 조성

민영화 이후 해당 분야에서의 경쟁 환경 조성을 통해 독점화되는 것을 방지해야 하며, 민간 소유·경영의 지배구조 확인이 수반되어야 한다. K. Polanyi가 자유방임은 시장 스스로 달성하는 것이 아니라 국가에 의해 강제시행되는 것이라고 하였듯이 경쟁환경 조성을 위한 정부의 역할은 여전히 중요하다.

V. 결론

17년 전 민영화를 추진하였던 라틴아메리카의 경우, 무분별하게 추진된 민영화로 민간업자들의 계약불이행 및 불합리한 요금설정 등의 문제를 경험하고 있으며, 사회 인프라 등이 초국가기업에 의해 예속되는 현상이 나타나고 있다. 최근 신정부 공기업 개혁 논의는 위와 같은 외국의 사례를 참고하여 진행되어야 할 것이며, 미국에서 시장에 의해 정부기능이 대체될수록 정부의 반독점 규제(anti-trust)는 강화된다는 사실을 주지할 필요가 있다.

강 평

1. 총평

최근 인천국제공항공사 민영화나 KTX 민영화 논란에서 보듯이, 공기업 민영화는 항상 현실 정치에서 뜨거운 감자가 되고 있다. 따라서 이러한 문제에 대한 접근도 지나치게 이론적으로 이루어져서는 곤란하고 현실 정치라는 맥락에서 살펴볼 필요가 있다. 그런 점에서 예시 답안은 교과서적 접근에서 좀더 벗어날 필요가 있다. 특히, 이명박 정부가 출범하고 나서 이루어진 공기업 선진화 방안은 매우 논쟁적인 주제이기 때문에 이에 대한 상세한 서술과 반드시 그에 대한 비평이 필요하다.

2. 보완할 사항

전술한 것처럼 너무 이론적으로 서술된 부분이 많아 현실 감각이 떨어져 보인다. 특히, 공기업 민영화와 같이 첨예한 정치논쟁의 대상이 되는 주제는 이론만 가지고 설명해서는 안 된다. 그리고 이론의 경우에도 2장의 공기업 민영화의 의의나 3장의 효용과 한계 부분에 대한 서술이 너무 간략해서 우수 답안으로는 평가하기 힘들다. 좀 더 풍부한 서술이 필요하다. 특히, 3장 부분은 대폭적인 보완이 필요하다.

3. 추가할 사항

원래 문제는 이명박 정부의 공기업 선진화 방안에 대한 평가가 포함되어 있는데, 이 부분이 전부 빠져 있다. 이는 문제에 대한 기본적인 파악이 부족한 것으로 실제 시험에서 이런 답안을 쓰면 점수가 낮게 나올 수밖에 없다. 공기업 선진화 방안의 개괄적인 내용과 그것에 대한 평가가 이루어져야 한다. 그리고 앞서도 말했지만, 공기업의 의의 및 효용과 한계 부분을 대폭 보완해야 한다. 특히, 공기업 민영화와 관련된 문제는 배점이 클 수밖에 없기 때문에 거기에 걸 맞는 서술이 필요하다.

4. 기타 사항

공기업 민영화와 관련하여 가장 먼저 떠오르는 이론은 답안에서도 제시하고 있는 것처럼 대리인 이론일 것이다. 그러나 답안의 차별성을 위해서는 대리인 이론 이외에도 몇 가지 이론들을 보충 서술할 필요가 있다. 예를 들면, 재산권 이론도 그 중 하나인데, 공소유권에 비해 사소유권이 효율성을 추구할 유인이 크기 때문에 공기업과 관련하여 항상 따라다니는 방만한 경영의 문제를 상당 부분 피할 수 있다는 것이다.

또 공기업 민영화의 한계와 관련하여서는 공기업 민영화가 신자유주의의 세계화 시대에 하나의 '글로벌 스탠더드'가 됨으로써 이루어진 '편승 효과(bandwagon effect)'의 결과 때문이라는 주장이 제기될 수 있다. 이는 사회학적 제도주의자들이 말하는 '제도적 동형화'의 논의와 일맥상통하는데 이럴 경우 공기업 민영화는 각국의 고유한 정치경제적 상황과 조화를 이루지 못해 비효율성을 노정할 개연성을 남겨두고 있다.

제 3 장

인사행정론

1. 직업공무원제도

'국가의 경제수준이 고도로 발전하면 직업공무원제는 폐지되어야 한다'라는 가설적 주장에 대해 자신의 의견을 제시하시오.

[2008 전기 서울대학교 행정대학원 입학시험 문제]

예시 답안

Ⅰ. 서: 직업공무원제에 대한 도전

'인사가 만사'라는 말처럼 행정의 시작과 끝은 공무원이다. 따라서 적합한 공직자를 뽑는 문제는 행정의 성공과 실패의 핵심요소이다. 우리나라의 경우 그동안 직업공무원제도를 바탕으로 임용부터 퇴직에 이르는 인사행정을 운영하여 왔다. 그러나 국가의 경제 수준이 발전하고 행정을 둘러싼 환경이 급변함에 따라 직업공무원제는 지나친 신분보장으로 인한 공무원의 특권집단화와 폐쇄성이 심각한 문제로 대두되면서 변화에 대한 도전에 직면해 있는 상황이다.

Ⅱ. 직업공무원제의 의의

1. 개념

젊은 인재들을 공직에 유치해 그들이 공직에 근무하는 것을 명예롭게 생각하면서 일생동안 공무원으로 근무하도록 운영하는 인사제도를 의미한다. 직업공무원제도는 계급제적 공직구조, 폐쇄형 임용, 일반능력가주의와 친화적인 성격을 가지고 있기 때문에 변화보다는 안정적인 환경에 적합한 인사제도라고 할 수 있다.

2. 유용성과 한계

(1) 유용성

사회 전체적 측면에서 직업공무원제는 행정의 일관성을 유지하는데 유리하기 때문에 안정적인 행정 작용을 수행할 수 있게 한다. 또한 공무원 개인의 측면에서는 일생 동안 공무원으로 근무함으로써 공무원으로서의 자부심과 일체감이 강화되며, 일반행정가로서의 고급공무원 양성에 유리하다는 장점이 있다.

(2) 한계

공무원 사회의 경쟁의 부족과 폐쇄성으로 인해 공직분위기가 침체되고, 공무원 집단의 보수화와 관료주의화로 Janis가 언급한 "집단사고현상(group-think phenomenon)"이 나타날 가능성이 크다. 또한 전문성 제고를 위한 유인체계의 결여로 인해 공무원의 질적 수준이 저하되어 Veblen이 언급한 "훈련된 무능(trained incapacity)" 현상을 보이게 된다.

Ⅲ. 가설적 주장에 대한 평가: 직업공무원제에 대한 합리적 보완책 모색

1. 국가 경제 수준의 발달이 행정에 미치는 영향

(1) 사회 문제 해결 측면

경제수준이 고도화됨에 따라 사회 문제는 복잡해지고 다양해지게 된다. 소득불평등, 환경, 범죄 등 새로운 문제들이 등장하게 될 뿐만 아니라 국가 간 교류와 경쟁이 확대되면서 국민국가 범위를 넘어선 global issue 역시 증가하게 될 것이다.

(2) 공공서비스 공급 측면

국민의 소득 수준이 향상되면서 공공서비스에 대한 수요의 범위가 넓어지고 내용 역시 다양해질 것이다. 또한 국민이 요구하는 서비스의 기준 역시 global standard 수준으로 향상될 것이다.

2. 국가 경제 수준의 발달에 따른 직업공무원제의 한계

(1) 효율성 측면

직업공무원제 토대 하의 공무원의 복지부동은 빠르게 변화하고 급격하게 증가하는 국민의 행정 수요에 적극적으로 대처하지 못할 뿐 아니라 무사안일을 야기한다.

또한 폐쇄적 임용으로 인한 경쟁의식의 부족과 자기 계발 노력의 부족은 행정의 전문성을 저해하여 복잡해진 사회 문제에 대한 행정의 문제해결능력을 저하시키는 결과를 초래한다.

(2) 민주성 측면

직업공무원제에서의 강력한 신분보장은 관료제의 특권화를 야기하여 국민과 국민의 대표자에 의한 민주적 통제를 어렵게 하고 있으며 양적으로 확대되고 질적으로 높아진 행정수요에 대해 적극적인 대응성을 상실하고 있다.

3. 직업공무원제에 대한 개선방향

행정은 연속성, 안정성, 일관성 등의 일반 경영과는 다른 특성을 가지고 있으므로 직업공무원제에 폐단이 존재한다고 하여 직업공무원제가 불필요하다거나 철폐되어야 한다는 주장은 매우 위험하다고 볼 수 있다. 따라서 직업공무원제의 한계를 보완하는 선에서 합리적으로 개선하는 방안이 모색되어야 할 것이다.

(1) 기본 방향: 전문성, 대응성 제고 노력

직업공무원제의 기본적인 틀을 유지하되, 직업공무원제도의 한계를 극복하기 위하여 그 문제로 지적되어 온 공무원의 전문성 부족과 대응성 결여를 해결할 수 있는 새로운 제도적 장치들을 도입하고 기존 제도들의 내실화를 위해 노력하여야 한다.

(2) 구체적 방안

① 고위공무원단제도의 내실화: 고위공무원단제도는 민간부문에까지 열린 개방과 경쟁을 통해 역량을 확보한 고위공직자 임용을 가능하게 함으로써 공무원의 전문성 확보에 기여할 수 있다. 또한 범정부적 통합과 교류의 촉진을 통하여 부처 간 할거주의와 폐쇄성을 극복하는데도 효과가 있을 것으로 보인다.

② 민간교류 활성화: 민간근무휴직제도, 고용휴직제도 등의 활성화를 통하여 민간부문의 지식과 역량을 습득할 수 있는 기회를 확대함으로써 공무원의 전문성을

제고시킬 수 있을 것이다.

③ **성과급제도의 내실화**: 직업공무원제 하에서의 연공서열식 보수를 타파하고 경쟁력과 생산성을 제고할 수 있는 유인체계로서 성과급 제도를 내실화하여야 한다.

④ **대표관료제의 도입**: 대표관료제는 공무원조직에 대한 내적 통제를 가능하게 함으로써 기존 직업공무원제로 인한 관료 집단의 보수화를 막는데 기여할 수 있다.

⑤ **국민의 통제 강화**: 행정 절차와 내용에 관한 정보 공개의 범위와 수준을 강화하고 정책 네트워크를 통한 국민의 행정 참여를 제도화함으로써 관료의 무사안일, 복지부동을 해결하고 국민 의사에 적극적으로 반응하는 대응성을 제고하는데 기여할 수 있을 것이다.

Ⅳ. 결: better government through better people

과거에도 직업공무원제의 문제점을 시정하기 위한 시도는 여러번 있었으나 그 결과는 만족스럽지 못했다. 그 이유는 직업공무원제가 오랫동안 시행되어 옴으로써 그동안 구축되어 온 사회, 문화적 여건이 제도적 변화를 방해하기 때문이기도 하겠지만 또다른 이유는 새로운 제도에 대한 구성원들의 이해와 공감을 얻기 위한 체계적인 노력이 부족했기 때문으로 판단된다. 변화관리는 저항관리가 핵심이라고 해도 과언이 아니다. 새로운 제도의 취지와 내용을 구성원들에게 충분히 이해시키고 공감을 얻을 수 있도록 노력을 하여야 한다. 이러한 공감을 바탕으로 공무원 스스로의 변화의지를 통해 "better government through better people"를 달성할 수 있을 것이다.

강 평

1. 총평

과거의 인사행정학 교과서에는 직업공무원제를 "보장"해야 한다는 등의 문구가 있었다. 그러나 오늘날에는 직업공무원제를 보장해야 한다는 문구를 찾아보기 어렵게 되었고, 직업공무원제를 설명할 때도 "평생동안"이라는 단어가 없어지고, "비교적 장기간" 근무하게 하는 제도 등으로 표현이 바뀌었다. 그러면 "직업공무원제를 폐지해야 한다"는 가설적 주장은 적절한 것인가? 아니다. 직업공무원제는 이제 "변화와 혁신"의 대상이 되었지만, 그렇다고 폐지해야 한다는 것은 지나친 주장이다. 개선방향 부분에서 이와 같은 의견제시를 하고 있지만, 이 문항은 수험자의 견해를 묻는 질문이므로 결론에서 한번 더 이를 언급하는 것이 좋을 듯하다(출제자의 출제의도를 고려한 답안 구성 중요함).

2. 보완해야 할 부문

한국정부개혁 중에서 비교적 활발하게 진행된 개혁분야는 공무원인사제도 개혁이다. 김영삼정부, 김대중정부 및 노무현정부에 이르기까지 크게 진행된 부분이 인사혁신이다. 이러한 일련의 과정은 크게 보면 과거의 경직체제(rigid system)를 해체(dismantling)하여 유연체제(flexible system)로 변화시키는 과정이라 할 수 있다. 특히 신공공관리론(NPM)의 영향으로 성과주의가 팽배하면서 성과가 낮으면 누구라도 퇴출될 수 있다는 인식이 확산되고 있다. 따라서 이러한 시대적 변화를 직업공무원제와 연계하여 설명할 필요가 있다.

3. 추가해야 할 부문

직업공무원제의 개선방향은 공무원제도의 개선방향과 무관하지 않을 정도로 포괄적인 질문이다. 따라서 전체적인 틀이나 큰 그림을 제시하고 그 중에서 시대적으로 중요한 몇 가지를 선택(선택하게 된 이유 적시)하여 현실적이면서 동시에 이론적으로도 유의미한 방안을 제시함이 좋을 것이다. 예를 들면 성과관리제도, 고위공무원단제도, 그리고 최근에 논란이 된 바 있는 지방자치단체의 인력퇴출제 등을 차별화하여 좀 더 깊이 다루었으면 한다.

4. 기타 사항

성과주의의 중요성은 인정하지만, 지나치게 성과주의에 몰입하면 계량주의의 폐해를 가져올 수 있으므로, 맹목적인 계량화나 제한된 계량지표에 의존한 성과관리는 중장기 조직목표를 등한시 할 수 있는 문제점이 있으므로 균형된 시각을 제시하는 것이 필요하다. 결론이 추상적이고 평이하다는 느낌을 준다.

2. 대표관료제

행정안전부는 고등고시에서 지방학교(최종학위 기준 서울특별시 외 소재 학교) 출신 인원이 선발예정인원의 일정비율 이상이 될 수 있도록 선발예정인원 외에 지방학교 출신 인원을 추가로 선발하는 '지방인재 채용 목표제'를 실시하고 있다. 현재 지방학교 출신 인원이 채용목표인원(합격예정인원의 20%)에 미달하는 경우 당초 합격예정인원의 5%까지 지방학교 출신을 합격시키고 있다. 지방인재 채용 목표제의 효용과 약점에 대하여 논의하시오.

[2007 후기 서울대학교 행정대학원 입학시험 문제]

예시 답안

Ⅰ. 서: 다양성 관리(diversity management)를 통한 유전적 다양성 확보

A. Toffler가 관료제의 영구적 집권에 대해 "보이지 않는 정당(unvisible party)"라고 언급하였듯이 행정에 대한 정치적 통제가 효과성을 상실해 가고 있다. 이러한 상황에서 국민의 요구에 대한 정부의 대응성을 향상시킬 것이 요구되는바 그 일환으로 관료들의 주관적 책임을 제고하고, 다양한 노동력을 공평하고 효율적으로 활용하기 위한 대표관료제가 논의되고 있다.

특히 우리나라의 경우 서울 중심의 관료제에 대한 문제 인식 하에 지방학교 출신자에 대해 '지방인재채용목표제'를 실시하고 있다. '지방인재채용목표제'는 서울 중심의 독단적 의사결정문화를 개선하고 관료제 속에 민주주의를 체질화하는 데 기여하는 측면이 있으나 역차별의 문제 등의 한계점도 노정하고 있는바 제도의 바람직한 정착을 위해 이에 대한 검토가 필요하다고 하겠다.

Ⅱ. 지방인재 채용 목표제의 의의

1. 개념

(1) 지방인재채용목표제

2007년부터 도입한 제도로서 고등고시에서 최종학위 기준으로 서울특별시 외 소재 학교 출신 인원이 선발예정인원의 일정비율 이상이 될 수 있도록 선발예정인원 외에 지방학교 출신 인원을 추가로 선발하는 제도이다. 현재 지방학교 출신 인원이 채용목표인원의 20%에 미달하는 경우 당초 합격예정인원의 5%까지 지방학교 출신을 합격시키고 있다.

(2) 대표관료제(representative bureaucracy)

사회를 구성하는 모든 주요 집단으로부터 인구비례에 따라 관료를 충원하고, 그들을 정부관료제 내의 모든 계급에 비례적으로 배치함으로써 정부관료제가 그 사회의 인적 구성에 대해 공평하게 대응하도록 하는 제도이다. 지방인재채용목표제는 이러한 대표관료제의 요소를 반영하고 있는 제도라고 할 수 있다.

2. 등장배경

우리나라는 소수 중심의 독단적이고 권위주의적인 행정 운영으로 인해 공직 내 인사편중 문제가 심각하여 지방학교 출신, 여성, 장애인 등 사회적 소수자의 의사는 정부 정책과정에서 반영되기 어려웠었다. 이에 대한 문제점을 인식하고 관료제의 가치배분권 독점현상을 완화하여 국민의사의 제도적 투입 경로를 확대하고자 대표관료제 요소를 도입하였으며 지방인재채용목표제 또한 이러한 노력의 일환으로 등장하였다.

3. 효용: "차별없는 균형적 인재 활용"

(1) 민주성: 관료제와 민주주의의 조화

지방인재채용목표제를 통해 각 지역의 이질적이고 상충적 이익이 표출되면서 관료제 내부의 토론을 통한 오차의 수정 기회를 증대시킨다. 이를 통해 합리적인 균형 이익이 산출되며, 정치적 합리성이 제고될 수 있다.

(2) 형평성: 기회균등의 적극적 보장

특정 지역의 권력에 대한 독점을 견제하고 각 지역의 목소리가 반영되면서 지역세력 간의 실질적 균형화를 달성할 수 있다.

(3) 행정통제력의 향상

정보 비대칭으로 인해 외부통제 수단이 한계를 보이는 상황에서 지방인재채용목표제는 권력화된 관료제에 대한 내부적인 통제 수단으로서 기능할 수 있다.

(4) 실적주의의 한계에 대한 보완

외형적인 실적주의만 강조한 결과 특정 지역학교 출신 관료들이 공직을 독점하게 되는 결과를 낳았다. 지방인재채용목표제는 이러한 실적주의의 지나친 강조가 초래한 관료제의 비대응성, 정치적 폐쇄성을 시정하는데도 기여할 수 있을 것이다.

Ⅲ. 지방인재 채용 목표제의 약점과 발전 방향

1. 약점

(1) 제도 자체의 문제: 역차별(reverse discrimination)의 발생

지역학교 출신자에 대한 추가적 선발이 서울학교 출신자에 대한 역차별로 작용하게 된다면 지방인재채용목표제는 다원주의의 확인이 아니라 사회의 해체를 조장하는 "집단별 분리주의"를 야기하는 것이 된다.

(2) 한국적 맥락에서의 문제: 실적주의 및 직업공무원제와 충돌

지방인재채용목표제와 실적주의는 모두 인사행정에 있어서의 평등 실현을 목적으로 한다는 점에서 이상에 있어서는 조화가 된다고 할 수 있다. 그러나 실적주의는 개인의 '능력과 자질'이 선발의 1차적 기준인데 비해 지방인재채용목표제는 '지역'이라는 집단이 선발의 1차적 기준이 된다. 실적주의가 확고히 자리 잡지 못한 한국의 관료제 하에서 지방인재채용목표제가 시행되는 경우 실적주의 가치를 왜곡시켜 행정의 전문성과 생산성을 저하시킬 가능성이 있다.

(3) 운영상 한계: 재사회화의 가능성

지방인재채용목표제로 충원된 사람들이 적극적으로 지역을 대표하는 목소리를 낼 수 있는지의 문제이다. 이들이 관료제 집단으로 유입된 후 재사회화가 발생하여 기존 관료제의 운영원리에 따라 행동하게 된다면 제도 도입의 목적을 달성할 수 없을 것이다. 또한 전체 공무원의 대표성보다 정책 결정자의 대표성이 중요하다는 점에서 직급별로 지방의 목소리가 반영되고 있는지에 대한 검토도 필요하다.

2. 발전방향

(1) 기본방향: 정치사회의 전반적 개선노력과 병행

G. Henderson이 "서울은 대한민국의 수도가 아니다. 대한민국 그 자체이다."라고 했듯이 서울 중심, 지방 소외의 문제는 관료제만의 문제점이 아니다. 사회 전체적으로 서울 중심적 구조로 인해 발생하는 문제점에 대한 개선이 병행되어야 지방인재채용목표제의 실효성이 담보될 수 있다.

(2) 사회적 합의의 중요성

한국 관료제에 있어서의 지방 소외 현상, 지역불평등에 대한 문제제기와 이의 해결을 위한 지방인재채용목표제 시행에 대해 사회적 합의가 선행되어야 사회 분열을 막을 수 있고, 역차별 문제를 해결하는 기반이 될 것이다.

(3) 실적주의의 근본적 틀 유지

실적주의의 확립을 바탕으로 보완적으로 지방인재채용목표제를 시행하여야 한다. 이를 통해 정실주의로의 변질을 막을 수 있고, 행정의 민주성과 더불어 효율성 또한 제고할 수 있을 것이다.

(4) 접근방식의 변화

지방인재채용목표제를 모든 부서와 모든 정책에 있어 일괄적으로 적용하기 보다는 지역 소수자의 의견 반영이 더 필요한 부서와 정책 위주로 도입할 필요가 있고, 점차 지역 균형이 자리잡아 가는 경우 이익부여방식에서 장애물 제거 방식으로 접근 방식을 변화시킬 필요가 있다. 또한 정책 결정자의 대표성이 중요하다는 점에서 채용 이후 승진, 교육훈련, 보직관리에 있어서의 불이익을 시정하려는 노력이 병행되어야 할 것이다.

Ⅳ. 결: 수, 비율 중심의 논리 경계

지방인재채용목표제를 비롯한 일련의 대표관료제적 요소의 도입은 사회 선택의 문제라고 할 수 있다. 만약 집단 간에 구조적 불평등이 심각하여 사회 통합을 저해할 위험이 있다면 아무리 실적주의를 통한 유능한 인력의 확보가 중요하다 하더라도 더 궁극적 의미에서의 사회적 이익을 위해서는 불평등의 해소정책을 채택하는 것이 바람직하다. 반대로 사회적 불평등이 심각하지 않은 상황에서 대표관료제의 원리를 적용하려 한다면 이는 역차별로 인한 공직사회의 무능력화를 낳을 뿐만 아니라 자칫 공직 임용이 불합리한 정치적 영향 앞에 노출되는 결과를 초래할 것이다. 그러므로 무조건적인 수와 비율 중심의 논리를 경계하고 사회 불평등의 정도와 대표관료제 요소의 도입 여부에 대한 사회적 합의를 도출하는 과정이 선행되어야 할 것이다.

강 평

1. 총평

이 질문의 이론적 배경은 대표관료제(representative bureaucracy)와 다양성관리(diver- sity management 혹은 multi-culturalism), 지방화와 지역균형발전 등이다. 따라서 이론적인 배경을 소개할 때, 인사행정이론 차원에서 대표관료제와 다양화를 언급하는 것은 기본이다. 아울러 시대적 맥락에서 지방화와 지역균형발전 차원에서 지역인재개발의 중요성도 강조할 필요가 있다. 이 질문은 인사행정에만 국한된 것이 아니고, 지방화(지역정치와 지역경제 등)와 연결되어 있는 질문이라 할 수 있으므로 보다 종합적인 시각이 필요하다.

2. 보완해야 할 부문

이론과 제도의 등장배경 부분이 다소 미흡하다. 역사적인 맥락에서 볼 때, 조선시대에서도 지역별로 인재를 모집한 사례가 있다. 지역주의를 줄이고 지역간 격차를 예방하는 차원에서 옛 선조들도 비슷한 고민을 하면서 유사한 제도를 실행한 적이 있음을 상기시키고, 서울집중의 문제점을 예방하는 차원에서 지방인재 채용목표제가 부상된 점을 강조할 필요가 있다. 그리고 발전방향이 중요한 부분인데 현재의 서술은 다소 평이한 느낌을 주므로 현실적으로 유의미하거나 영향력이 있을만한 실질적인 대안 제시가 필요하다.

3. 추가해야 할 부문

채용목표제는 크게 보아서 "고시제도 개선"과 연결되어 있다. 앞으로도 고시제도를 개선하는 방법을 계속 강구해나가야 한다. 필기시험중심의 채용제도를 언제까지 고수할 것인지, 혹은 대안으로 인터뷰나 경험 등을 중시하는 서구식 혹은 기업식 채용제도로 변화시켜갈 것인지를 고려할 필요가 있다. 공직입직과 관련된 고시제도의 개선방향에 따라 지방인재채용목표제도 크게 영향을 받을 수 있으므로 고시제도와 연계된 개선방안 모색이 추가적으로 필요하다.

4. 기타 사항

다문화국가 등에서 활용하고 있는 제도 등을 국제적으로 비교하여 설명하는 것도 좋은 답안을 만드는 방법이므로 국제비교적인 접근방법도 유념할 필요가 있다. 아울러 지방인재 채용목표제가 등장하게 된 배경에는 여성인재 채용목표제(향후에 양성평등 채용목표제로 변화)의 영향을 받은 점도 있으므로 사회적으로 불이익을 받은 집단을 배려한 인사정책적 차원의 분석과 대안제시도 필요하다.

3. 개방형 임용제

외부 전문 인력 유치와 공직사회의 경쟁력을 높여 정부의 생산성을 제고하기 위해 도입된 개방형 직위제가 공무원의 재임용제로 변질된 것으로 알려졌다. 지난 2000년부터 2010년까지 개방형 직위제로 총 768명이 임용되었는데 그 중 민간인은 27.9%인 214명에 불과하였다. 개방형 직위제의 본래 취지와 목적을 위해서 민간 전문가를 더 많이 영입할 수 있도록 근본적인 개선이 필요하다는 의견이 제시되고 있는가 하면, 민간 출신의 비율이 중요한 것은 아니라는 의견도 대립한다. 공직사회 경쟁력 제고를 위해 개방형 임용제는 어떻게 변모해야 할지에 대해 현행 개방형 임용제의 문제점과 그 개선 방안에 대해 구체적으로 논하라.

예시 답안

Ⅰ. 서: 무늬만 개방인 개방형 임용제

개방과 경쟁, 성과와 책임이라는 전 세계적 행정개혁의 흐름 속에서 공직 사회에서의 경합가능성(rivalry)을 증대시키고, 민간전문성을 활용하고자 1999년 개방형 임용제가 도입되어 다양한 형태로 운용되어 왔다. 그러나 제도 시행 이후 10년이 지난 현재 개방형 임용제에 대한 평가는 '무늬만 개방'일 뿐, 실제 고위공무원단 소속 공무원들에 대해 부처 간 맞바꾸기 식의 직위 공모제가 시행되는 등 제도의 굴절(institution bending)현상으로 도입 취지가 변질되었다는 비판이 존재한다. 따라서 향후 개방형 임용제의 취지를 살리기 위한 문제점의 보완책 마련에 대한 논의가 필요한 시점이다.

Ⅱ. 개방형 임용제의 의의

1. 개념

개방형 임용이란 공직의 직위 중에서 직무의 전문성 또는 행정 수요에 대한 탄력성, 대응성 등이 요구되는 자리에 대해 공직 내·외를 불문하고 그에 가장 적격인 사람을 임용하는 충원방식의 하나이다.

2. 개방형 인사제도의 필요성

1) 정치적 측면: 행정 책임성과 민주성 제고

우선 계층제적 조직 운영으로 인해 구성원의 창의성 발휘보다는 Janis(1982)가 말한 집단사고 현상(group-think phenomenon)이 강하게 지배되고 있다. 이에, 외부 인사의 임용은 조직에 대한 행정적 통제 기능과 더불어 다양한 민간 시각의 교배가 가능하다는 점에서 행정의 대응성 및 책임성 제고에 기여할 수 있다. 또한 행정 조직 내부의 개혁 추진 세력 결집을 위해 외부 전문가가 임용된다면 정치적 민감성도 확보할 수 있다.

2) 관리적 측면: 행정 능력의 제고·성과 향상

외부 전문가 임용, 또는 타 부처의 능력 있는 공무원의 임용 등으로 조직 내 전반의 행정 능력, 전문성이 향상될 수 있으며, 공직 사회에 '경쟁'요소의 주입을 통해 이것이 내부 공무원을 자극함으로써 성과 향상에 기여할 수 있다.

3. 개방형 임용 제도의 특징 및 시행 현황

1) 특징

개방형 임용은 '적격자'를 선발한다는 측면에서 적재적소의 원칙, 즉 실적주의의 구현의 수단이 될 수 있으며, 나아가 성과계약 등의 체결을 통해 책임까지도 담보할 수 있다.

2) 시행 현황

현재 개방형 임용제와 관련해서는 고위공무원단 소속 직위의 20%, 3급 과장 직위의 20%, 1~5급 직위의 10% 한도 내에서 개방형 직위 지정이 가능하다. 2007년 4月 기준으로 46개 부처에 대해 약 219개 정도의 직위가 지정되어 있다.

구체적 개방형 인사제도는 ① 개방형 전문 직위제, ② 부처간 행해지는 직위공모제(job posting), ③ 민간 전문가 공직 파견제, ④ 계약직 공무원 제도, ⑤ 국제관계전문 공무원 채용재도 등 다양한 형태가 존재한다.

Ⅲ. 개방형 임용제도의 문제점 및 개선 방안

1. 문제점

1) 전문성의 측면: 기술적 전문성 추구의 한계

외부 전문가가 가지고 있는 기술적 전문성이 실제 행정에 적용됨에 있어 행정의 다양한 가치 추구와 관련해 그 실효성이 떨어질 수 있다. 즉, 복잡한 행정 문제는 종합적 전문성에 의해 해결되어야 하는 경우가 많고, 다년간의 공직 경험에서 얻은 내부 공무원의 전문성이 오히려 더 뛰어난 경우가 많다. 개방형 인사를 경험한 외부 전문가 역시 한 인터뷰에서 일부 엘리트공무원의 전문성과 비교해 민간 전문성이 떨어지는 것을 경험했다고 고백한 바 있다.

2) 공익성의 측면: 가시적 목표에의 천착

또한 대개 2년(최장 5년)의 기간 내에서 계약직으로 임용되어 빠른 시간 안에 가시적 성과를 산출해야 한다는 압박감으로 인해, 중장기적 비전(vision)보다는 단기적이고 가시적인 성과에 집착할 수 있어 비능률성의 문제를 가져올 수 있다. 과거 KOTRA 사장을 지낸 오영교 행정안전부 장관의 <팀제> 시행 역시 공조직의 특수성을 이해하지 못한 성급한 시도로 종래에는 실패한 제도로 평가된다.

3) 책임성의 측면: 높은 도덕적 윤리기준의 준수여부

공직은 민간과 달리 높은 수준의 윤리의식이 요구되는 자리이다. 그러나 전문성만을 기준으로 임용하여 오히려 공복의식이 부족한 경우에는 개방형 임용제가 민간과 정부의 유착 통로로 변질되어 회전문병폐(revolving-door syndrome)등의 부패유발 소지가 크다.

4) 적응성의 측면: 조직 순혈주의의 배타적 문화

설문조사 결과 개방형 임용제도에 대한 가장 큰 문제로 나타난 것이 바로 조직 사회에의 적응 문제였다. 즉, 외부에 대한 배타적 성향이 강하고, 부처 간의 경우에도 할거주의 문화 등이 존재하여 실제로 외부 인사가 자신의 역량을 펼치기 위해 주변사람들의 협조를 얻어 내기가 쉽지 않다는 문제가 있다.

2. 향후 개방형 인사의 발전과제, 보완점

1) 기본적 방향: 조직 문화의 개선, 인식의 전화

개방형 임용제가 성공을 거두기 위한 가장 기본적 조건은 바로 공직 사회 내에 존재하는 '문화적 장벽'을 허무는 일이다. 이는 단기적 노력으로는 불가능하며, 리더의 강력한 의지와 조직 구성원의 신념행태를 변화시키기 위한 발달된 OD(조직발전)기법 등의 활용을 통해 장기적 관점에서 개선해 나가야 할 문제이다.

2) 구체적 방향: Plan-Do-See의 관점

① Plan 측면 : 직위선정의 타당성, 선정 범위의 확대

과학적 직무 분석과 직무평가를 기반으로 외부 임용이 타당한 직위에 해당하는지에 대한 사전적 철저한 준비가 요구된다. 또한 실질적으로 개혁이 필요한 특별직에 대해 개방형 직위 지정 대상의 폭을 확대시켜 특권집단화를 방지해야 할 것이다.

② Do 측면

우선 <임용 전>에는 국가인재 DB 또는 전자적 인적자원관리시스템(PPSS)의 적절한 활용으로 해당 직위에 적합한 적임자를 찾아냄으로써 적재적소의 원칙을 구현해야 한다.

또한 <임용 후>에는 공직 사회의 빠른 적응을 위한 개별적 교육훈련, 그리고 외부 임용의 확대를 위한 유인(incentive)제공 차원에서의 보수·처우의 개선, 나아가 적극적 유인으로서 재고용의 보장이나 복직 보장 등의 조치가 필요하다.

③ See 측면

설문조사 등을 통한 지속적 환류작업이 요구되며, 수시 채용을 통해 업무공백으로 인한 행정의 누수, 단절을 방지해야 한다.

Ⅳ. 결: 폐쇄적 공직사회의 담장을 허무는 계기로

공직사회의 폐쇄성은 안정적 업무 수행을 보장하기도 하지만 현대와 같은 세계화 시대에서는 다양한 시각의 교배를 통한 성과 향상이 더욱 중요하다. 향후 개방형 인사제도가 미온적, 소극적 공직문화를 변화시키고 개혁의 전도사로 기능하는, 실질적 담장을 허무는 계기로 작용하길 기대해 본다.

강 평

1. 총평

개방형임용제도는 인사행정에서 가장 중요한 주제 중 하나이며, 만약 출제가 된다면 문제에서와 같이 출제될 가능성이 가장 높다. 개방형임용제도가 제대로 정착되지 못했기 때문에 문제의 본질은 무엇이며 그 문제의 해결방안은 무엇인지에 대한 문제가 당연히 나올 수밖에 없는 것이다. 답안도 목차구성과 내용서술 모두에서 무난한 편이다.

2. 보완해야 할 사항

먼저 2장 2-1)에서 개방형임용제도가 Janis가 말한 '집단사고(group thunk)'를 극복하는데 유력한 대안이 될 수 있다는 서술은 잘못된 것일 수 있다는 점을 지적하고자 한다. 대표관료제의 경우에도 그렇지만 개방형임용제도의 경우에도 관료들의 '재사회화(re-socialization)' 문제도 고려해야 하기 때문이다. 따라서 옳은 서술이 되려면 재사회화 문제에 대한 언급도 해야 한다. 또 3장 2-2) ③ See 측면에서 수시 채용은 Do(실행)에 해당하는 내용이다. ② Do(실행)에 포함시켜야 한다.

3. 추가해야 할 사항

개방형임용제도와 같은 제도개혁의 문제는 신제도주의의 관점에서 접근할 필요가 있다. 예를 들면, 한국에서 개방형임용제도 문제의 대부분은 시차이론(time lag theory)에서 말하는 '제도의 비정합성(incongruity)' 문제로 귀결될 수 있다. 개방형임용제도는 많은 부분 공직분류체계가 직무를 중심으로 하여 이루어지는 직위분류제를 전제로 하는데, 한국의 공직분류체계는 여전히 사람을 중심으로 하는 계급제에 입각하고 있다. 따라서 한국에서 개방형임용제도는 계급제라는 구 제도 위에 새로운 제도를 단순히 얹혀 놓은 '중첩(layering)'의 양태에 해당하기 때문에, 구 제도와 신 제도가 조화되지 않는 문제가 생긴 것이다.

4. 기타 사항

개방형임용제도와 같은 문제는 답안의 차별화가 중요한데, 다른 사람이 쓰지 않는 내용을 쓰는 것도 중요하지만, 다른 사람이 보편적으로 쓰는 내용을 정확하게, 그리고 논리적으로 서술하는 것이 더욱 중요하다. 따라서 너무 새로운 내용에 집착할 필요는 없다고 생각한다. 다시 한 번 강조하지만, 고시답안은 논문이 아니다.

4. 보수(급여)

공무원 생활 20년에 접어든 ○○부 △△관리과 A 사무관은 지난 6월에 총 400 만원의 급여를 받은 반면 공무원 생활 3년째인 ○○부 □□정책과의 B 사무관은 총 200만원의 급여를 받았다. (총 30점)

1) A, B 두 사람 간의 보수 차이를 정당화하는 제도적 근거를 설명하고, 이를 비판하시오. (15점)

2) 1)에서 제시한 문제점을 극복하기 위한 다양한 방안들을 설명하고, 적용상의 한계를 서술하시오. (15점)

[2011 5급공채(행정고시) 제3문]

예시 답안

Ⅰ. 서: 공무원 보수와 정부 경쟁력

민간이든 공공 부문이든 보수는 인력관리에 있어서 가장 큰 관심과 논란의 대상이 되고 있는 분야이다. 특히 공공부문의 보수 문제는 조직 내부적으로만 해결될 수 없으며, 외부환경으로부터의 통제도 극복해야 하는 이중적인 과제를 안고 있다. 국민들은 공무원으로부터 양질의 서비스를 요구하면서도 최소한의 보수를 주어야 한다는 이중적인 심리를 가지고 있기 때문이다.

그러나 빠르게 변화하는 행정환경 속에서 정부가 경쟁력을 갖추기 위해서는 우수한 인력을 공직에 유치하고 그들에게 동기를 유발할 수 있어야 하는 바, 합당한 보수의 지급은 이러한 노력의 근간이 된다. 이러한 인식하에 우리나라도 보수 체계의 개혁을 추진하고 있으나 도입된 제도가 현실에서 의도한 효과를 나타내고 있지 못하는 현실을 고려할 때, 그 이유와 해결 방안에 대해서도 검토를 요한다.

Ⅱ. 보수의 제도적 근거와 비판

1. 보수차이의 제도적 근거

보수란 공무원의 공직 수행에 대한 대가로서 국가·정부가 지급하는 금전적인 보상이다. 우리나라의 공무원보수규정에 의하면 보수는 '봉급과 기타 각종 수당을 합산한 금액'을 말한다. 이러한 공무원의 보수는 두 가지 성격을 내포하고 있는데, 그 하나는 공무원의 직무수행에 대한 반대급무이고 다른 하나는 공무원과 그 가족의 생계를 위한 급부이다.

1) 근속급(연공급): 근속 연수의 차이

근속급은 근속연수·경력 등 속인적 요소의 차이에 따라 보수의 격차를 두는 보수체계이다. 이는 개개인의 생활을 유지·보전하고 있는 폐쇄적인 노동 시장에서 일정한 노동력을 확보하려는 차원에서 유용한 제도이다. A와 B는 OO부 소속의 5급 공무원으로서 같은 계급이지만 근속 년수가 각각 20년과 3년으로 다르다. 여러 가능성을 고려하더라도 양자의 보수 차이는 호봉의 차이에 크게 기인하는 것으로 볼 수 있다.

2) 생활급과 부과급(수당): 생활비 차이 등

생활급은 공무원과 그 가족의 기본적인 생활 내지 생계유지에 필요한 경비를 중심으로 보수를 결정하는 것이다. A의 경우 20년 근속의 장년층으로 추측 가능하므로 부양가족이 더 많아 주택비, 자녀 교육비, 주택비 등이 더 많이 들게 되므로 필요 경비가 더 많다. 근속연수가 늘어남에 따라 생활 경비가 늘어나는 것이 기본급에 반영되어 있다고 볼 수 있다. 또한 정근수당가산금, 가족수당, 자녀학비보조수당, 주택수당 등 각종 부과급(수당) 역시 A가 더 많이 받고 있다고 볼 수 있다. 혹은 A 소속의 △△관리과의 업무가 과중하여 해당 기간 동안 초과근무수당을 많이 받은 것이라고 볼 수도 있다.

2. 보수 체계에 대한 비판

1) 연공급에 대한 비판: 직무 차이의 미고려 및 동기부여 부족

근속연한에 따라 보상하는 연공급 위주의 보수 체계는 직무의 난이도, 개인의 능력과 실적 차이에 따른 보수 지급 차등화가 어렵다는 문제가 있다. 이는 보수의 '대내적 균형의 원칙', 즉 조직 내의 상대적 관계를 나타내는 격차 요인이 명확하게 드러나야 한다는 보수의 결정원칙과 배치된다. 연공급 제도에 따르면 B 사무관이 A 사무관에 비해 아무리 어렵고 힘든 직무를 담당하고 능력이 월등하고 실적이 좋아도 더 낮은 기본급을 받아야 한다는 맹점을 지니고 있다.

따라서 이러한 연공급 제도 하에서는 보수가 동기부여의 역할을 제대로 하지 못하고, 나아가 복지부동하게 하는 원인이 될 수도 있다. 이러한 문제점은 장기적으로 우수 인력 확보 및 개발에 커다란 장애 요인으로 작용하게 된다.

2) 부과급(수당)에 대한 비판: 보수체계의 왜곡

공무원 보수는 기본급 인상보다는 각종 수당 신설・조절함으로써 기본급 본래의 의미와 기능을 상실하고 있다는 비판도 가능하다. 즉 기본급이 왜곡되고 부가급인 수당이 지나치게 비대화되어 직종별 특성을 고려하여 도입한 각종 수당이 전체적인 합리성을 결여한 채 모순된 구조를 초래한 측면이 있다. 예를 들어 기본급에 생활급적인 요소가 이미 반영되어 있는데도 수당으로 중복 지급함으로써 A와 B의 급여 차이가 더욱 커졌을 수 있다.

Ⅲ. 보수 체계의 문제점 극복 방안과 적용상 한계

1. 극복 방안: 직무급 및 성과급 도입

1) 직무급의 도입

직무급이란 각 직위의 직무가 가지는 상대적 가치를 분석・평가 하고 그에 상응하도록 결정하는 보수이다. 즉, '동일직무, 동일보수(equal pay for equal work)'를 실현시키기 위해 직무의 난이도와 책임도의 정도에 따라 직무의 가치를 보수와 연결시키는 것이다. 이렇듯 직무급을 도입할 경우 과거 연공급에서의 직무 차이 미고려라는 문제를 해결할 수 있다. B가 더 높은 곤란도와 책임도 있는 직무를 수행하는 경우에 근속연한이 적더라도 더 높은 급여를 받을 수 있게 되는 것이다.

2) 성과급의 도입 혹은 내실화

성과급이란 개인별 근무실적과 보수를 연계시킨 것으로, 조직에 기여할 수 있는 잠재적 가능성이 아니라 현실화된 기여도를 기초로 산출하는 보수이다. 이러한 성과급은 공무원의 잠재능력을 최대한 발휘하게 하고, 공직 사회 내에 건전한 경쟁의식을 조장하며, 우수한 인재의 공직으로 유인하고 나태한 사람의 도태를 유도하여 공직의 신진대사를 활발히 할 수 있다는 장점이 있다. 즉, 연공급에서의 보수의 동기부여효과 미비라는 문제를 해결할 수 있다. 만약 B가 A보다 더 높은 성과를 보였다면 근속연한이 훨씬 적더라도 더 높은 보수를 받을 수 있다. A와 B의 경우 5급 공무원으로서 현재 4급 이하 일반직 공무원 등에게 적용 중인 성과상여금 제도를 통해 연 1회 성과상여금을 받을 수 있지만 이를 통해 17년의 근무 연한을 극복하기는 어려운 실정이다.

2. 적용상 한계

1) 직무급 적용상의 한계

동일 직무에 대한 동일 임금 지급이라는 원칙을 실현하기 위해서는 근본적으로 과학적인 직무 평가(job evaluation)와 직무 분석(job analysis)이 선행되어야 한다. 직무급은 기본적으로 각 직위의 직무가 가지는 상대적 가치에 근거한 급여이기 때문이다. 그러나 한국의 경우 계급제적 요소가 강하게 자리 잡은 상태에서 직무분석과 평가기법이 제대로 발전할 수 없었으므로 이러한 제도적 여건이 미비한 상태에서 직무급만 적용할 경우에 제도의 배열로 인해 의도하지 않은 결과(unintended consequences)가 발생할 수 있다.

2) 성과급 적용상의 한계

성과급 도입 시에도 직무 분석의 미비는 문제를 발생시킬 수 있다. 평가를 통하여 보상을 주는 성과급에서의 평가 기준은 그 직무에서 요구되는 정확한 직무 값(job value)에서 출발하기 때문이다. 또한 성과평가의 객관성이나 공정성이 담보되지 못하는 현실 역시 문제이다. 성과를 정확히 측정하여 평가할 수 있는 지표(index)마련이 어려우며, 공직의 특성상 개인의 노력이 얼마나 결과에 기여했는지 파악하는 것조차 어렵기 때문이다.

더욱이 우리 행정 조직의 문화의 경로의존성과 현재 실시되고 있는 성과상여금 등의 제도의 운영 행태를 볼 때, 지급률이 낮아 인센티브 효과는 결여되고 있고, 설령 지급률을 높이더라도 온정주의·집합주의 문화로 인해 건전한 경쟁의 유도보다는 위화감 조성과 갈등 유발을 초래할 수 있다는 점을 고려할 필요가 있다.

Ⅳ. 결: 지속적인 보완과 개혁

보수는 물질적 만족을 통한 생산성 제고에 크게 기여하며 이직을 막고 우수한 인재를 공직에 흡수할 수 있다는 점에서 중요한 분야이다. 공무원이 여전히 국민에 대한 봉사해야 하는 의무를 가지고 있다고 하더라도 연공서열과 수당 중심의 비합리적인 보수체계 하에서 의무에 합당한 책임을 기대하는 것은 무리일 수 있다. 물론 물질적 만족이 곧 고차원의 동기를 유발하고 고성과로 이어질 것이라는 보장은 없다. 그러나 Herzberg의 2요인 이론 중 위생요인 혹은 Adams의 공정성 이론에 따르면 비합리적인 보수체계가 부정적 동기를 유발할 가능성도 있다는 점을 고려할 때 보수체계의 개선은 필요하며 그 중심에 성과급 및 직무급이 있다. 다만 적용상의 문제점이 예상되므로 충분한 의견 수렴 및 관련 제도와의 정합성 고려, 그리고 문화 개혁을 통해 지속적인 보완과 개혁에의 노력이 필요한 시점이다.

강 평

1. 총평

유사한 직급임에도 불구하고 근무연수의 차이로 급여가 크게 차이나는 공무원보수의 제도적 근거를 설명하고, 비판적으로 검토하여 문제점을 도출한 후, 이를 극복하기 위한 대안과 대안의 한계를 서술하도록 요구하는 30점짜리 문제이다. 문제에서 요구한 내용을 좇아 체계적으로 답안을 작성하면 좋은 점수를 얻을 수 있다. 제시된 답안은 공무원의 보수가 차이나는 제도적 근거를 연공급, 부과급 등으로 밝히고, 동 제도에 대한 극복방안으로서 직무급 및 성과급제도를 제시하고, 적용상의 한계도 밝히고 있는 중간 또는 중상 수준으로 평가된다.

2. 보완해야 할 부문

첫째, 보수차이의 제도적 근거로서 부과급을 설명하면서 초과근무수당을 포함한 것은 불필요한 것으로 보인다. 맥락적으로도 본 문제가 초과근무수당제도를 비판하도록 설계되었다고 보이지도 않는다. 둘째, 보수체계의 문제점을 도출하는 근거로서 국민의 입장에서 공익의 증진, 조직성과의 향상에 기여하도록 보수체계가 설계되어야 함을 강조할 필요가 있다. 셋째, 직무급 및 성과급 도입의 한계를 서술하는 부분에서 공공부문과 민간부분의 특성 차이를 토대로 직무평가, 성과평가가 어렵다는 점을 강조할 필요가 있다.

3. 추가해야 할 부문

결론부문에서 공공부문과 민간부문의 업무특성이 다르다는 점을 지적하면서, 공공부문의 보수체계에서 연공급을 기초로 하되, 직무급과 성과급의 비중을 확대하는 방향으로 개선이 이루어져야 함을 요약하여 제시해줄 필요가 있다.

4. 기타

결론에서 Herzberg, Adams 등 행정학자들의 이론을 제시하는 것은 바람직하지 못한 것으로 보인다. 30점짜리 작은 문제에서는 본문내용을 압축적으로 요약하고, 정책방향에 대한 의견을 간략히 정리하여 제시하는 정도가 좋다.

5. 공직운영체제 - 순환보직제

우리나라 순환보직제의 문제점과 개선방안을 제시하시오.

[2007 행정고시 재경 및 기타직렬 3문]

예시 답안

Ⅰ. 서

현재 우리나라의 보직관리는 적재적소 배치 원칙과 함께 정기적 순환전보 원칙을 기본으로 하고 있다. 이러한 순환보직 원칙은 우리나라의 직업구조 형성이 계급제를 기반으로 하고 있다는 데에서 나오는 특성이며, 업무에 대한 다양한 시각의 확보, 장기근무로 인한 침체 방지 등에 있어서 장점을 가지고 있다. 그러나 지나치게 잦은 순환보직으로 인하여 공직의 전문성이 결여되어 있다는 문제점에 직면한 바, 지식정보화 사회의 공직 경쟁력 강화를 위해서는 순환보직 문제의 개선이 필요한 시점이다.

Ⅱ. 순환보직의 의의 및 필요성

1. 순환보직(job rotation system)의 의의

순환보직이란, 사전의 장기적이고 체계적인 계획을 기초로 각자의 직무(보직)를 순차적으로 교체함으로써 조직의 직무 전반을 이해하고 지식, 기술 및 경험을 풍부하게 하는 제도이다.

2. 순환보직의 필요성

(1) 업무에 대한 다양한 시각의 확보

현 계급제하에서는 부처 내의 다양한 업무를 접해봄으로써 소속 행정기관의 전체적인 활동에 대해 광범위한 시야를 갖게 할 수 있다.

(2) 일반행정가 양성에 유리

조직 내의 갈등을 원활히 조정할 수 있는 일반행정가의 양성에 유리하다. 또한 부처 할거주의를 예방하여 부처간 의사소통 활성화에 기여할 수 있다.

(3) 조직의 침체 방지

다양한 업무를 담당함으로써 직무의 단조로움에서 오는 권태감을 줄일 수 있다.

Ⅲ. 순환보직의 문제와 보직관리 개선방안

1. 문제점

(1) 너무 잦은 순환보직에 따른 전문성 저해

순환보직은 그 자체가 문제라기보다는 너무 빈번하게 이루어진다는 데에서 문제가 있다. (실국장과 과장의 평균 재임 기간이 1년 1개월 정도) 이에 따라 자신이 맡은 분야에 대해 파악할 때 쯤 되면 직위를 또 옮겨야 하는 문제가 발생하여 전문성 축적을 저해하고 있다.

(2) 장기적인 보직 계획의 부재

순환보직이 장기적인 보직 계획(경력목표와 경력경로의 개발)을 바탕으로 이루어지는 것이 아니라, 단기적으로 조직의 침체방지, 부패연계 고리의 차단 등의 차원에서 수행됨에 따라 공무원이 해당 직무가 요구하는 전문성을 축적할 수 없다는 문제가 있다.

(3) 업무인수인계의 부실

현 계급제하에서는 직위의 자리바꿈이 있을 때 전임자가 후임자에게 정확하게 업무를 인계해야 하나, 잦은 순환보직은 업무인수인계 부실을 야기하여 개인지가 형식지화되고 있지 못하다. 즉, 지식의 공유가 나타나지 않으며 이는 각종 국제 협상의 실패로 나타났다.(한중 어업협상, 한일 어업협상)

(4) 책임성 확보의 미흡

현 순환보직체제에서는 담당자가 자주 바뀌다보니 해당 업무에 대한 책임소재를 파악하기 어려운 문제가 나타나고 있다. 항공문제의 경우에도 2년 6개월간 5명의 항공국장이 교체되어 미 연방항공청(FAA)의 항공등급이 하락했던 경험이 있는데, 이러한 담당자의 잦은 교체는, 문제발생시 이에 대한 책임을 묻기 어렵게 하는 단점이 있다.

2. 보직관리 개선방안

(1) CDP제도의 실시

경력개발프로그램(CDP)이란, 공무원의 전공, 특기 및 적성 등을 고려하여 분야별 보직경로(career path)를 설정하고 보직관리와 교육훈련을 연계 운영하는 제도이다. 이 제도가 실시되면 조직입장에서는 조직원의 역량을 최대한 발휘할 수 있고 개인입장에서는 자기능력개발 및 전문성 축적이 가능해질 수 있다는 장점이 있다.

(2) 전보제한기간 확대

공무원의 전문성을 강화하고 경력발전을 지원하기 위해서는 현행 1년인 전보제한 기간을 직위별로 확대하는 방안이 있을 수 있다. 전보제한 기간의 확대는 장기근무로 인한 직무침체, 인사운영의 탄력성과 자율성을 저해, 행정의 종합성과 다양성을 저해할 수 있는 문제점이 있으나, 잦은 보직이동으로 인한 공직의 전문성 부족문제의 심각성을 고려할 때 불가피하다 할 수 있다. 그러나 현행과 같이 사전 전보가 폭넓게 인정되는 경우 전보제한기간 확대의 효과를 저해할 우려가 있는바, 과도한 사전전보를 방지하기 위해서는 사전전보 승인요건을 강화하고 사전전보 승인사유를 제한할 필요가 있다.

(3) 적재적소 배치하에 직위별로 공개모집제 실시

부처 내 또는 부처 간 보직경쟁으로 일률적 대규모 인사를 지양하고 공개모집을 통해 직위자를 선정하는 공모제를 실시할 필요가 있다. 해당 직위에는 별도의 수당을 주고, 임기를 보장해줌으로써 전문성을 확보할 수 있는 효과가 나올 수 있다.

(4) "전문분야별 보직관리제도"와 "전문직위제도"의 활성화

현재 잦은 순환보직에 따른 전문성 저해 문제를 해결하기 위해 전문분야별 보직관리제도와 전문직위제도가 운영되고 있으나, 활성화되고 있지 못하다. 따라서 향후에는 관련제도의 적극적인 활용을 통해 전문성 향상의 효과를 볼 수 있도록 해야 할 것이다.

Ⅳ. 결 어

각종 국제협상의 실패에서 보듯이, 그동안 우리나라는 공무원 전문성 부족이 국정 운영 실패의 가장 큰 문제점으로 지적되어 왔다. 그 원인으로는 폐쇄형 임용, 비전문적인 교육훈련 등을 꼽을 수 있으나, 가장 큰 원인으로 잦은 순환보직의 문제를 들 수 있다. 그러나 "인사가 만사"라는 말에서 볼 수 있듯, 공무원의 전문성 확보는 향후 국제경쟁력 향상에 필수불가결한 조건이 되는바, 보직관리 제도의 합리적 개선을 통해 역량있는 정부를 구축해야 할 것이다.

강 평

1. 총평

이 답안의 장점은 교과서나 주관식 문제집에 나와 있는 것처럼 비교적 잘 요약·정리된 점이다. 이것이 장점이 되지만, 동시에 단점도 된다. 다시 말해서 독창적이거나 새로운 논점을 발견하기 어렵다. 모범답안적인 장점은 있으나 새롭고 창의적인 시각이 부족하므로 이 부분을 보완할 필요가 있다.

2. 보완해야 할 부문

인사제도에 대한 큰 그림을 이해할 필요가 있다. 순환보직은 직위분류제를 채택하고 있는 나라에서는 찾아보기 어렵다. 순환보직은 계급제라는 인사제도와 상호연계되어 있으므로 계급제를 변화시키지 않으면 순환보직제도를 변화시키기가 매우 어렵다. 따라서 계급제에 대한 개선방안도 동시에 검토할 필요가 있다. 아울러 행정현장을 중심으로 살펴보면 순환보직은 기관장의 조직관리 수단으로 활용되고 있다고 해도 과언이 아니다. 새로운 기관장이 들어서면 새 인사를 하게 되고, 이 때 대규모 인력순환작업이 이루어지게 되므로 이에 대한 논의가 필요하다.

3. 추가해야 할 부문

개별 기관의 인사분권화가 필요하다. 기관장이 인사권을 독점적으로 행사하고 순환보직을 조직관리의 수단으로 활용하는 한, 순환보직의 문제점을 줄이기 어려우므로, 특히 인사권한의 분권화(decentralization of personnel authority)가 필요하다. 중앙정부의 경우에 기관장은 실국장 혹은 과장급인사까지 관여하고, 중하위직은 실국장이나 과장급에 위임하여 적재적소의 인력관리가 이루어질 수 있도록 할 필요가 있다. 그리고 순환보직의 필요성을 언급할 때, 순환보직은 계급제에서 교육훈련의 의미도 있으므로 종합적인 언급이 필요하다.

4. 기타 사항

결어부분에서 순환보직으로 인한 국제협상 실패가능성을 언급하였는데. 이러한 시대적 논점을 살리는 것도 창의적인 답안을 만드는 길이라고 할 수 있다. 예를 들어 과거 일본과의 어업 협상 실패(쌍끌이 등), 최근의 미국 쇠고기 수입협상 실패 사례 등을 순환보직의 문제점과 연결·재구성하여 특정 시점의 문제점으로 부각시켜 채점자의 주의를 이끌어 내는 방법도 답안에 대한 평가인식을 제고시킬 수 있는 전략 중의 하나라고 할 수 있다(시대적 의미를 부각시키는 전략).

6. 직무성과계약제의 개선

직무성과계약제가 전 중앙부처에 실시되어 공무원의 업무성과 평가 · 관리시스템이 획기적으로 변화하였다. 그러나 성과계약 방식의 장점이 충분히 발휘되지 못하고 있다는 평가가 많다. 그 문제점과 보완 방안을 논하라.

예시 답안

Ⅰ. 서: 인사행정 패러다임의 전환, 성과관리

'성과'는 정부의 인사행정 분야에서 난해한 개념으로 인식되어 왔다. 공공업무의 특성상 정량적, 정성적 평가가 어렵다는 것이 직무성과에 대한 관리를 소홀히 하는 명분으로 치부되어 온 것이 사실이다.

그러나 성과관리는 보수, 승진, 교육훈련 등 모든 인사행정의 기초로서 성과평가 없이는 올바른 인사 개혁이 불가능한 바, 정부 업무를 수행하는 공무원들에게 성과에 대한 메시지를 분명히 할 필요가 있다.

Ⅱ. 공무원 근무성적 평정의 체계와 직무성과계약제

1. 평정체계

공무원 근무성적 평가는 1~4급 공무원에 대한 직무성과 계약제, 5급 이하 공무원에 대한 근무성적평정으로 분류되며, 5급 이하에 대해 보충적으로 다면평가제 등이 시행된다.

이하에서는 성과관리의 인사행정적 적용인 직무성과 계약제에 대해 중점적으로 논의한다.

2. 직무성과계약제의 의의

1) 개념

직무성과계약제(Job Performance Agreement)란 정책 결정의 핵심적 역할을 담당하는 상위직 공무원들의 책임성을 담보하고자 중하위직 공무원과 분리하여 당해연도 성과목표에 대해 직근 상급자와 성과계약을 체결하고, 이에 대한 평가를 통해 인사관리에 활용하는 성과관리 제도이다.

2) 구체적 운용 방식: 목표관리제의 측면에서

① 전략 기획의 수립(Strategic Planning): 조직 차원

조직 차원에서 조직의 미션 및 전략적 방향에 대한 탐색을 거쳐 전략 목표를 수립한다. 공공 조직의 최대 맹점인 목적 지향성의 부재를 극복하는 단계로서 목표-수단의 연쇄반응(msans-ends hierarchy)을 유도한다.

② 성과목표의 수립(Performance Objective Setting): 개인 차원

조직 목표가 개인 목표로 구체화되는 과정으로서 실·국장의 성과목표는 결과(outcome)위주의 역점과제별로, 과장의 성과목표는 행동(action) 위주의 실행과제 별로 설정된다.

목표의 설정과정에서 기존에 수행하던 일상적 업무보다는 문제점을 진단하고 이를 타개하기 위한 전략적 목표 수립의 '지향성'이 강하게 요구된다.

③ 평가·모니터링(Evaluation & Monitoring): 환류 차원

개인이 달성한 결과물에 대한 정량적·정성적 평가가 행해지는 단계로서 직근 상급자의 평가와 차상급자의 확인에 의해 확정되고, 향후 인사관리의 기초자료로 활용된다. 다만, 성과 목표가 평가지표로 최대한 반영되도록 하는 지표설정의 세심함이 요구되며 현행 평가는 4등급의 절대평가로서 보상과 직접 연계시키지 않고 고위공무원단 적격심사 등의 자료로 활용중이다.

Ⅱ. 직무성과계약 제도의 문제점 및 고려사항

1. 직무성과계약 제도의 한계: 목표관리제의 일반적 문제와 관련

1) 성과평가에 대한 합의 형성의 불확실성

목표달성 정도에 대한 평가를 시행하는 것의 효능에 대한 회의, 개혁의 피로도 등의 거부감으로 인해 목표관리제 시행 자체에 대해 부적정 합의가 형성될 수 있다.

2) 목표설정 단계에서의 문제

전략적 방향에 대한 인식의 미형성, 그리고 현상을 목표로 존치 시키려는 공조직의 성향으로 인해 전략적 목표 수립이 어렵고, 또한 기존 MBO식 관행의 잔재로 실국장급 성과 목표는 과장급 성과 목표에 취합하여 목표 설정에서의 일상 업무의 목표화가 나타날 수 있다는 문제가 존재한다.

3) 평가 단계에서의 문제

또한 평가 지표의 합리성, 타당성에 대한 피평가자의 불신과, 평가 과정에서의 주관적 요소 개입 가능성 등이 목표 달성 정도의 측정 결과에 대한 낮은 수용도로 이어질 수 있다.

2. 향후 성과관리의 발전을 위한 보완 과제

1) 운용 · 적용상 과제

평가에 의한 통제기능 보다 '성과 관리'에 대한 구성원의 합의를 도출하는 것이 중요하며, 이를 위해 Qualification of Qualitative Appraisal 방식의 평가제도 활용이 필요하다. 상향식 참여와 하향식 목표 연계 사이의 조화를 꾀하여야한다.

2) 제도 설계상 과제

조직 목표 설정에 대한 '합의'와 조직 문화의 변동을 유도하기 위한 과제로서 고객 관점에 의한 질적 평가 요소를 반영하고, 단기적 시계에 의한 제도 개편 욕구는 지양하여야 한다.

3) 구조 · 환경상 과제

실 · 국장급 관리자의 자율성 · 권한 확대를 통해 조직을 위한 조직이 아닌 관리를 위한 조직으로 탈바꿈 하도록 하여야 하며, 기관장의 전략적 리더십 발휘를 통해 성과 관리의 필요성이 조직 내 하부까지 전달되도록 해야 하겠다.

Ⅳ. 결: 성과 관리상의 톱니 효과(ratchet effect)를 경계하며

조직이 구성원에게 성과 관리를 시행하고자 하면, 구성원은 차기 목표가 향상되는 것을 두려워하여 아예 애초부터 목표수준을 낮게 설정하거나, 자신이 보유하고 있는 성과 향상을 위한 새로운 기술이나 아이디어를 숨기려는 현상이 나타날 수 있다. 따라서 이러한 성과 관리상의 부작용을 경계한 세심한 제도 운용 방식의 설계가 요구된다.

강 평

1. 총평

상당히 기술적이고 세부적인 문제이기 때문에 만약 출제된다면 시험장에서 애를 먹을 것 같다. 현실의 우리나라 인사제도에 대해 어느 정도 알고 있어야 하는데 교과서의 이론을 숙지하는 데에도 만만치 않은 상황에서, 제도까지 아는 것은 분명 어려운 일임에 틀림없다. 하지만 행정학이 응용 사회과학(applied social science)이라는 사실을 잊어서는 안 된다. 순수 사회과학과 달리 응용 사회과학은 항상 현실에 발을 담그고 있어야 하기 때문에 중요한 제도는 기본적인 내용은 반드시 숙지하고 있어야 한다. 이 문제도 현실의 행정제도의 문제점과 개선방안을 묻는 전형적인 행정학적 문제인데, 답안도 비교적 충실하게 서술되어 있어 높은 점수를 받을 수 있을 것 같다. 대부분의 교과서에 간략하게 서술되어 있는 것이 보통인데, 관련 자료를 참고하여 이 정도의 서술을 한 것은 높이 평가할 수 있고 직무성과계약제도의 모범답안으로 손색이 없을 것 같다. 다만, 틀린 부분이 있어 지적하면 다음과 같다.

2. 보완해야 할 사항

결론 부분의 '톱니 효과(ratchet effect)'를 답안작성자가 어떤 의미로 사용했는지 명확하지 않지만, 문맥상으로 봐서는 목표 수준을 일부러 낮추는 현상을 의미하는 것으로 이해하고 있는 것 같다. 하지만 톱니 효과는 그런 의미가 아니다. 거시경제학의 소비이론에서 나온 것으로 사람들의 소비패턴이 관성이 붙으면 그것을 되돌리기가 매우 어렵다는 것이다. 예를 들어, 한 달에 200만 원을 버는 소비자가 그 중 100만 원을 소비하는 패턴을 오랫동안 지속하였다면, 그 사람의 소득이 100만 원으로 준다고 하더라도 소비는 50만 원으로 줄어들지 않는다는 것이다. 채점을 하는 사람들은 그 분야의 전문가들이기 때문에 어설픈 용어 사용은 오히려 감점의 요인이 된다는 사실을 명심해야 한다.

3. 추가해야 할 사항

예시답안이 정리를 잘 하고 있기 때문에 특별하게 추가할 사항은 없다. 다만, 2장의 2. 보완 과제 부분에 '목표의 전환'과 관련된 한계도 언급할 필요가 있다. 즉, 지나치게 단기적이고 계량적인 목표에 치중하여 보다 상위 차원의 목표를 경시하는 한계가 있다는 것이다.

4. 기타 사항

직무성과계약제도는 근무성적평정과 관련하여 중요한 제도개혁이기 때문에 출제될 가능성이 높은 주제이다. 행정안전부 사이트(http://www.mopas.go.kr/) 등을 방문하여 제도의 구체적인 내용을 정리할 필요가 있다. 응용 사회과학으로서의 행정학에서 좋은 점수를 받으려면 책만 봐서는 곤란하고, 정부기관 사이트를 방문하여 관련 자료를 수집하고 신문기사를 스크랩하는 등 입체적인 공부를 할 필요가 있다.

7. 근무성적평정

조직 내에서 관리자가 부하직원에 대해 근무평정을 할 때 다양한 평정오류를 범할 수 있는데, 이러한 오류의 유형을 설명하고 이를 극복할 수 있는 방안에 대해 설명하시오.
(25점)

[2010 행정고시 제2문]

예시 답안

Ⅰ. 서: 성과 지향적 인적자원관리의 전제

근무평정제도는 공무원이 일정기간 수행한 근무실적, 잠재적 능력, 가치관 등을 객관적으로 판정·기록하여 이를 인사행정에 활용하는 절차이다. 근무평정은 인사, 보수 등의 인사행정의 기준을 제공함과 동시에 공무원의 능력발전을 위한 피드백(feedback)으로 활용되기도 한다. 이러한 근무평정은 공무원의 성과를 평가하여 향상시키기 위한 성과 지향적 인적자원관리의 토대가 되므로 급변하는 행정환경과 목표에 맞추어 지속적인 개선과 보완이 필요한 부문이다. 특히 사람이 사람을 평가한다는 특성상 각종 평정 오류의 가능성이 상존하므로 타당성과 신뢰성을 확보하기 위해 그 극복 방안이 모색되어야 하겠다.

Ⅱ. 평정 오류

1. 평정 오류의 의의

평정자가 평정도구를 이용하여 평정대상자를 평정하는 과정에 여러 가지 오류를 발생시킨다. 평정 오류의 원인은 평정 방법에 내재되어 있는 경우도 많지만, 평정자 개인의 특성이나 상황적 요인에서도 찾을 수 있다. 따라서 평정 오류를 극복하기 위해서는 이러한 여러 요인에 대한 다면적인 접근이 필요하다.

2. 평정 오류의 유형

1) 연쇄효과(halo effect)

연쇄효과란 평정자가 가장 중요시하는 하나의 평정요소에 대한 평가결과가 성격이 다른 나머지 평정요소에도 연쇄적으로 영향을 미쳐 유사한 수준에서 평가결과가 나타나는 것을 말한다. 평정요소의 의미가 다른 데도 불구하고 평정결과가 평정요소 상호 간에 일관된 관계를 보여 주는 경우이다.

2) 집중화 경향

집중화 경향은 평정 척도 상의 중간 등급을 중심으로 평가하는 경향이다. 아주 높거나 낮은 평가를 하는 데서 오는 심리적 부담을 줄이고자 할 때 자주 나타나는 현상이라고 할 수 있다. 평가 요소를 정확히 이해하지 못한 상태에서도 이러한 집중화 경향이 나오기 쉽다.

3) 관대화 · 엄격화 경향

관대화 경향은 실제수준보다 일관적으로 관대하게 평가하는 경향이다. 따라서 평정 결과의 분포가 전체적으로 좋은 쪽으로 치우치게 된다. 평정자가 체계적 오류를 범하기 쉬운 인지 구조를 가지고 있는 경우나 평정 결과가 공개되도록 되어 있는 경우에 피평정자와 불편한 인간관계에 놓이는 것을 피하려는 경우에 흔히 발견될 수 있다. 흔하지는 않지만 관대화 경향과 반대되는 현상이 엄격화 경향이다.

4) 근접 효과

근접 효과는 평정기간 중에서 평정 시점에 가까운 실적이나 사건일수록 평정에 더 크게 반영되는 현상을 말한다. 평정기간 중 모든 실적과 능력이 종합적으로 같은 비중으로 평가되어야 하지만 시간이 지난 것일수록 평정자의 기억에 남아 있지 않거나 중요하지 않은 것으로 인식하는 데서 오는 오류이다.

5) 선입견

선입견은 평정대상자의 개인적 특성인 종교, 성, 연령, 교육수준, 출신학교나 지역 등에 대해서 평정자가 평소에 가지고 있는 편견이 평정과정에 반영되는 것을 말한다. 자신을 기준으로 하여 특성이나 행동이 유사한 사람을 더 우호적으로 평가하는 경우도 선입견에 영향을 미친다.

Ⅲ. 극복 방안

1. 평정 방법의 개선

특정 평정 방법에서 특정한 평정 오류가 발생하기 쉬운 경우가 있다. 만약 평정 결과와 그 피드백을 통해 그러한 경향이 발견된다면 평정 방법을 개선하거나 교체하는 것이 효과적인 극복 방안이 될 수 있다. 연쇄효과의 경우 평정을 피평정자별로 하는 것이 아니라, 평정 요소별로 하는 것이 대안이 될 수 있다. 하나의 요소에 대해 모든 피평정자의 평정을 마치고 다음 요소를 평가하는 것이다. 집중화나 관대화 경향의 경우 강제배분법이나, 평정 요소의 중요성을 알 수 없는 체크리스트법으로 방지할 수 있다.

2. 평정자의 개선

그러나 위와 같은 평정 방법의 변화는 특정 오류의 발생을 줄일 수는 있을지 몰라도 기왕에 특정한 평정방법을 도입한 목적을 몰각할 가능성이 있다. 예를 들어 집중화 경향을 피하기 위해 강제배분법을 적용하는 경우 우수 집단에서 선의의 피해자가 나오고 무능한 집단은 오히려 이득을 보는 단점이 나타날 수 있다. 그렇다면 평정 오류에 영향을 줄 수 있는 나머지 요소인 평정자에 주목해볼 필요가 있다. 다면평가제가 개인으로서 범할 수 있는 오류를 상쇄시킬 수 있다는 장점이 있으나 오히려 피평정자를 잘 관찰할 수 없는 평정자가 많아지는 문제가 제기되기도 한다. 따라서 보다 근원적인 해결책은 평정자에 대한 사전 교육 등으로 평정의 자세를 전환시키는 것이다. 평정의 타당성과 공정성을 높이기 위해서 오류의 유형과 예방조치를 훈련시키고, 피평정자에게 직무수행 동기를 부여할 방법을 강구하도록 하며, 평정의 중요성을 상기하도록 하여야 한다. 특히 감독자가 평정을 하는 경우에 근무평정을 부수적인 일로 생각하기 쉬우므로 이에 대한 경계가 필요하다.

Ⅳ 결: 평가 목적에서 발전 목적으로

근무평정은 단순히 피평정자를 평가하여 인사 및 보수의 기준으로 삼기 위함이 아니며, 평정의 대상이 되는 공무원의 자기개발을 도와 궁극적으로는 능력있는 행정을 구현하기 위함일 것이다. 그런데 평정오류는 타당성과 공정성은 물론이고 피평정자의 평정에 대한 신뢰성과 수용성에 대단히 중요한 영향을 미치게 되므로 사전에 예방되어야 한다. 피평정자인 공무원이 근무평정을 허울뿐이라고 생각하거나 평정의 결과를 수용할 수 없다면 성과지향적인 인적자원관리는 뿌리부터 흔들리게 된다. 따라서 평정오류를 예방하여 피평정자의 신뢰성과 수용성이라는 토대 위에서 근무평정제도가 발전해 나아가도록 해야 할 것이다.

강 평

1. 총평

근무성적평정에서 발생하는 다양한 오류의 유형과 극복방안을 설명하는 전형적인 문제로 25점짜리 작은 문제에 속한다. 답안은 관련된 논점을 간결하게 정리한 중상 수준이라 할 수 있다. 다만 전형적인 평이한 문제라는 점에서 고득점을 위한 다음과 같은 보완과 개선이 필요하다고 본다.

2. 보완해야 할 부문

첫째, 평정오류의 극복방안은 종합적인 극복방안과 구체적 유형별 극복방안으로 나누어 서술될 필요가 있다. 즉 전체를 아우르는 극복방안으로 타당성, 신뢰성, 수용성 등을 개선하기 위한 기본적 대안을 제시하고, 구체적 유형별로 발생하는 오류를 극복하기 위한 대안을 제시할 필요가 있다. 둘째, 평정오류의 유형을 설명하는 부분에서는 가능한 한 구체적인 사례를 예를 들어 주는 것이 좋다. 이를 통해 서술자가 분명하게 이해하고 있음을 보여줄 수 있기 때문이다. 셋째, 답안에서는 5개의 유형만을 제시하고 있으나, 기타 항 등을 통해 다른 평정오류에 대해서도 서술자가 익히 알고 있음을 보여줄 필요가 있다.

3. 추가해야 할 부문

첫째, 앞에서 언급하였던 것처럼, 극복방안에는 평정오류에서 제시한 유형별로 대안을 명확히 서술하는 내용이 추가될 필요가 있다. 둘째, 결론부문에서 근무성적평정의 결과를 활용하는 방안으로 교육훈련을 추가할 필요가 있다. 근평을 통해 역량을 측정하고, 부족한 역량을 보충하기 위한 교육훈련수요를 도출하여 적용할 필요가 있음을 지적해줄 필요가 있다.

4. 기타 사항

근무성적평정과 관련해서 결론부문에서 평정결과의 수용성을 지적한 것은 매우 좋은 점으로 사료된다. 특히 공공부문의 근무성적평정에서 공정한 평가의 어려움과 이를 극복하기 위한 절차적 대안 등을 서술하는 것은 유익한 영향을 미칠 것이다.좋은 관점군더더기가 없는 깔끔한 답안이라 할 수 있다. 특히 SMART에 대해 명확히 서술해 준 것은 큰 장점이다. 다만 너무 문장이 건조하지 않도록, 인문학적 서술이 추가되면 더욱 좋은 답안이 될 수 있다.

8. 공무원노조

우리나라에서는 「공무원의노동조합설립및운영등에관한법률」이 2005년에 제정되었다. 공무원노동조합이 점차적으로 활성화되면 국민들의 관심이 더욱 커질 것으로 보인다. 다음의 물음에 답하시오. [2008 행정고시 제2문]

[1] 공무원노동조합의 개념과 기능을 설명하시오.

[2] 공무원노동조합의 활동을 제한할 수 있는 근거들을 제시하시오.

[3] 공무원노동조합의 정치적 중립성에 대해 논하시오.

예시 답안

Ⅰ. 들어가며: 공무원 단체의 등장과 필요성

공무원 역시 국민의 한사람으로서 기본권의 주체이자, 노동자로서의 개인적 기본권을 갖는다. 그러나 공복(public servant)의 특성상 지금까지 공무원 단체의 결성이 사회적으로나 법적으로 금지되어 왔다. 한편, 전교조의 합법화에 이어 최근 공무원의 권리와 관료제 내부의 민주화 및 참여에의 요청에 따라 공무원 단체 및 노동조합이 합법화 되고 이슈화 되는 바 이에 대한 개념과 정당성 및 정치적 중립성을 중심으로 하여 논의해보도록 하겠다.

Ⅱ. 공무원 노조의 의의

1. 공무원 노동조합의 개념

공무원 노동조합이란 지난 2005년에 합법화 된 6급 이하의 공무원들로 구성된 공무원들의 노동조합을 의미한다. 특별법이 제정되어 이를 뒷받침 하고 있으며, 가입 가능한 구성원은 전체 공무원이 아니라 6급 이상 및 타공무원을 감독하는 위치에 있는 경우 등에 한하여 제한을 가하고 있다. 기본 노동3권의 단결권, 단체교섭권, 단체행동권 중 단결권과 단체교섭권은 인정하고 있으나 단체행동권은 인정하고 있지 않다.

2. 공무원 노동조합의 기능: 공무원 이익의 대변자이자 행정의 내부통제기구

첫째, 공무원 노동조합은 공무원들의 이익을 대변하여 공무원들의 사기를 증진하는 기제가 될 수 있다. 공무원 단체는 일선공무원들의 단결을 통해 하나의 커다란 목소리가 될뿐만 아니라 공무원의 기본권과 이익이 보장됨에 따라 사기가 증진된다.

둘째, 상명하달식의 의사전달구조를 벗어나 상향식 의사소통의 통로가 될 수 있다. 집단적 의사표명을 통해 조직 내부의 민주성을 확보 할 수 있고 이에 따라 내부적 협조의 구축이 가능해진다.

셋째, 행정내부적 통제수단이 된다. 노동조합의 존재는 부당한 해고 및 인사조치로부터 공무원을 보호할 뿐만 아니라 내부고발자를 보호해 줄 수도 있어 행정내부의 훌륭한 감시 및 통제 수단이 될 수 있다. 즉, 행정의 투명성을 확보하는 수단이 될 수 있다.

Ⅲ. 공무원 노동조합의 활동의 제한: 노동 3권을 중심으로

공무원은 공직에 종사하는 자들로 공공의 이익에 봉사하는 '공복(public servant)'으로서 특정집단의 이익이 아닌 전체국민을 위한 중립적 입장에서 일해야 한다. 따라서 '공익'의 특수성을 고려하여 일부 활동에 제한을 가할 수 있다. 이하, 노동3권으로 나누어 상술하겠다.

1. 단결권

앞서 논의한바 공무원 노동조합의 가입대상은 전체 공무원이 아니라 6급 이하 공무원 중 에서도 특정 직무를 수행하는 자들을 제외하고 있다. 노동조합이 존재하는 경우 사용자측과 고용자측으로 공무원 사회가 이분화 되는데 실제 정책결정에 밀접한 영향을 줄 수 있는 5급 이상의 공무원과 관리직 공무원의 경우 정치적 중립성의 요청이 더 크므로 가입대상에서 제외되는 것으로 볼 수 있다. 이들 공무원이 자신의 정치적 주장을 관철하고자 하는 경우, 부여된 재량을 남용하여 민주적 절차를 무시한 정책결정의 위험이 있기 때문이다.

2. 단체교섭권

공무원의 경우 국가공무원법 및 관련 법률에 의해 계약을 맺고 신분이 보장되는 만큼 민간의 노사관계와 동일한 관계로 보기 어렵다. 따라서, 법적인 과정을 거치지 않고 벌이는 단체교섭은 그동안 법에 의해 보호받고 보장된 공무원의 근로조건 및 실적주의제와 충돌할 수 있다. 특히, 보수와 관련된 사항의 경우 '예산'이 엄격한 의회의 결정 과정을 거쳐야 하므로 사용자측이라고 볼 수 있는 상위당국자 혹은 기관장에게도 권한이 없다. 따라서 온전한 단체교섭권에 입각한 노조의 활동은 인정하기 곤란하며 우리나라 역시 정책결정에 관한 사항이나 임용권의 행사 등은 교섭대상에서 제외하고 있다.

3. 단체행동권

노동자들의 실력 행사를 의미하는 단체행동권은 공무원노동조합에서 가장 제한되어야 하는 활동이다. 정부업무는 공무계속성의 원칙에 따라 중단되어서는 안 된다. 특히 법률에 의해 이루어지는 공무의 특성상 일반 기업의 단체행동에 비해 그 위법성의 정도와 가능성이 크다. 더군다나 우리나라의 노사문화를 고려하였을 때, 아직 타협 및 상생의 문화가 온전히 자리잡지 못하여 공무원 노동조합 역시 기존의 노동조합의 행태를 답습할 염려가 크다. 이미 공무원 노동조합이 존재한 외국 역시 단체행동권 행사에는 엄격한 제한을 가하고 있다.

Ⅳ. 공무원노동조합과 정치적 중립성

1. 의의

공무원의 정치적 중립이란 공무원이 직무를 수행함에 있어 특수한 정치적 입장을 추구하거나, 반대로 정치로부터의 부당한 영향 없이 독립적인 업무수행이 가능해야 한다는 것을 의미한다. 공무원 노동조합과 정치적 중립성의 관계는 노동조합이 '보이지 않는 정당(invisible party)'을 넘어서 하나의 정치적 세력으로 자리하여 자신의 정치적 의견을 주장하는 경우에 주로 논의 된다.

2. 정치적 중립성과의 관계: 긍정적 시각과 부정적 시각의 관점에서

공무원노동조합과 정치적 중립을 보는 시각은 긍정적 시각과 부정적 시각으로 나뉘어져있다. 부정적 시각은 우선, 행정부의 재량이 크게 늘어난 현시점에서 공무원 노조가 정치세력으로 변질될 경우 불편부당한 행정이 어려워지고 둘째, 노조자체의 영향력이 민주적 정당성이 없다는 점을 지적한다.

반면 긍정적 시각은 첫째, 공무원 역시 정치적 기본권을 가지므로 과도한 정치활동의 제한은 비합리적이며 두 번째, 과거와 달리 공무원의 전문성과 직업윤리가 높아졌고, 감시 및 통제의 수단도 발달하였다는 점, 마지막으로, 정치적 중립은 공정한 직무수행에서 그 의미를 찾는 것이지 공무원의 정치적 의사형성 자체를 부정할 수는 없다는 점을 들어 공무원 노조와 정치적 중립성의 관계를 긍정적으로 본다.

3. 발전방향: 진정한 공무원 노동조합을 위한 길

공무원 노동조합은 올바르게 설립되고 시행될 경우 그 긍정적인 효과가 매우 크다. 특히, 행정내부적인 통제의 확보와 공무원 사기의 이익보호효과는 내・외부적 투명성이 낮고 공무원에 대한 복지가 높지 않은 한국현실에서 큰 의미를 갖는다. 따라서 정치적 중립성과의 관계를 논의함에 있어 중심 방향은 어떻게 하면 진정한 정치적 중립성의 확보를 위해 노력할 것인가가 될 것이다. 진정한 정치적 중립성이란 공무원이 정치적 요구 및 정책적 영역으로부터 격리 되어야 하는 것이 아니라 차별 없는 공무를 수행해야 함을 의미한다. 따라서, 공무원노동조합은 행정내외부적인 의사소통의 장이 되어야 하며, 매 정치적 이슈에 따라 의사를 표명하려고 해서는 안 될 것이다. 나아가 이 모든 과정에는 공무원의 실질적인 고용주가 되는 국민의 지지를 확보할 필요가 있다.

Ⅴ. 나가며: 공무원 노동조합의 궁극적 지향점

공무원 노동조합은 공무원도 여러 가지의 직업 가운데 하나이고, 자신들의 권익을 보장받고 존중받아야 한다는 점에서 충분히 타당하다. 다만, 공무원의 업무가 국민의 삶의 질에 직접적인 영향을 미칠 수 있는 바, 그들의 권익을 대표하는 집합적 도구로서의 공무원 노동조합은 일반 사기업과 대별되는 어느 정도의 제한이 되는 것이 현실이다. 이러한 의미에서 공무원 노동조합은 어느 특정한 집단의 이익과 결부되어서도 안 되며, 불편부당한 공익추구의 목적에서, 단지 인간으로서의 공무원에 대한 권익추구를 위한 집단으로 그 존재의미를 가지는 것이 현실적인 의미에서 보다 타당하다고 본다.

강 평

1. 총평

이론적으로도 중요하며 우리나라의 현실 제도에 대한 관련 내용을 잘 이해하고 있는가를 묻는 평범한 문제이다. 대개 이런 유형의 답안은 이론적 측면에서의 논쟁들은 많은 수험생들이 잘 언급하지만 구체적 현실에 대해서는 충분한 인용이 부족하다. 바로 이런 요소 때문에 답안 평가에서도 차이가 난다.

2. 보완해야 할 부문

Ⅰ. 부분에서, 공무원 노조의 개념과 기능 부분에서, 넓은 의미의 공무원 단체에 "공직협"과 공무원 노조가 있으며 이 답안에서는 후자만을 다룬다는 언급이 필요하다. Ⅲ.에서는 현행 법제상 공무원노조가 받는 주요 제한들을 서술해야 한다. "공직협", "전공노" 등과 같이 이 답안과 관련된 중요한 현실들은 꼭 언급했으면 좋았을 것이다.

3. 추가해야 할 부문

이 답안의 부족한 부분은 특히 공무원의 정치적 중립에 관해서이다. 즉 (3) 부분이다. 현재의 답안은 주로 이론적 측면에서 정치적 중립에 관한 시각들을 잘 설명하고 있다. 그러나 이것만으로는 부족하며 이에 더하여 '정치적 중립의 내용, 정치적 중립을 강조할 때의 문제점(한계), 우리나라에서의 정치적 중립의 현황 및 의미(이상, '테마 행정학' 참조) 등이 적절히 설명되었어야 한다. 공무원 노조의 활동을 제한하는 "근거"를 주로 이론적 측면에서만 언급하고 있는데 이를 이론적 측면, 현행법적 측면으로 나누어 제시했더라면 더 좋았을 것이다. 전자에는 공무원 직위의 특수성, 직무의 공공성, 관리상의 비효율, 행정문화 측면 등을 들면 될 것이고, 후자에는 "공무원노동조합 설립 및 운영에 관한 법률"의 주요 제한 내용을 언급함이 좋다(테마 행정학 참조).

4. 기타 사항

현행 제도를 언급할 때에 외국 사례들도 보충하고, 주요 관련 법규 (헌법33조 2항, 국가공무원법 66조 및 65조, 공무원의 노동조합설립 및 운영 등에 관한 법률)의 명칭은 꼭 익혀주어야 한다.

9. 고위공무원단제도의 문제점과 개선방안

참여정부는 개방과 경쟁을 통해 실·국장급 공무원의 역량을 강화하고 능력을 발전시켜 범정부적 시야와 글로벌 스탠더드를 갖춘 국가핵심인력으로 양성함으로써 정부의 정책관리능력을 획기적으로 제고시키려는 취지에서 국가공무원법 개정을 통해 2006년 7월 고위공무원단제도를 전면적으로 도입하였다. 다음은 2007년 9월 10일 최근 한국경제신문에 게재된 기사이다.

[개방·경쟁 간데없고 꼼수만…고위공무원단 제도 도입 1년 지났지만 파행 여전]

고위공무원단 제도가 도입된 지 1년 2개월밖에 지나지 않았는데도 벌써부터 '실패했다'는 평가를 듣고 있다. 참여정부가 효율적인 공무원 개혁의 명분 아래 2년여 간의 준비를 거쳐 의욕적으로 추진했으나 실제 시장에서의 평가는 박하기 짝이 없다. 개방형·공모 직위는 형식적으로 운영되고 있고, 계급을 폐지한다던 직무등급제는 예전과 별반 달라진 게 없다. 오히려 부처별로 인사 절차가 복잡해지면서 시간이 많이 걸리고 부담만 커졌다는 지적이다. 현실과 맞지 않는 이상적인 제도를 무리하게 추진했기 때문이라는 게 대체적인 분석이다.

◆ '눈 가리고 아옹'개방형·공모직

고위 공무원단 제도의 핵심은 민간이나 타 부처를 가리지 않고 뽑아 쓰겠다는 개방형·공모 직위다. 2000년 도입된 개방형 직위가 고위공무원단제도 시행과 함께 확대됐다. 각 부처 1~3급 고위직 중 20%(175개)는 개방형 직위, 30%(207개)는 공모 직위로 정해졌다. 중앙인사위원회는 개방형·공모 직위의 절반 이상을 외부 임용으로 하라고 권고하고 있다. 하지만 각 부처에서 민간이나 타 부처 출신은 실질적으로 열 명 중 한두 명에 지나지 않는다. 재정경제부의 경우 개방형·공모 직위가 10개인데 이 중 민간인 출신은 1명, 타 부처 출신도 1명뿐이다.

타 부처 출신 한 명은 그나마 산업자원부와의 인사교류 형식으로 맞교환했다. 그래도 대외적으로는 외부 임용이 5명으로 50%라고 말한다. 재경부 출신으로 청와대와 기획예산처에 잠깐 파견 또는 전출 갔다가 돌아온 3명도 외부 임용으로 포함시키기 때문이다. 산자부도 11개의 개방형·공모 직위 중 7개가 외부 임용이라고 주장하지만 본래 산자부 출신을 빼면 실질적으로 2명에 지나지 않는다. 공정거래위원회도 5개의 개방형·공모 직위 중 1명만 외부에서 왔다. 법무부는 15개 중 4개, 환경부는 13개 중 3개만 외부 출신으로 채워져 있다. 각 부처들은 타 부처 출신 등 외부 임용 숫자를 늘리기 위해 고위직 자리를 맞교환하기도 한다. 건설교통부와 환경부는 2명을 주고받았고, 해양수산부는 농림부 환경부 교육인적자원부와 각각 한 명씩 맞교환했다. 이들은 2년의 계약기간이 지나면 원대 복귀한다. 고위공무원단제도 도입 이전에 있었던 부처 간 인사교류와 다를 게 없다. 맞교환 방식으로 타 부처에 가게 된 한 관료는 "대부분 '잠깐 가서 조용히 있다가 오면 된다'는 식"이라고 말하기도 했다.

◆ **계급 폐지했다고?**

고위공무원단제도에서는 계급과 연공서열보다 업무와 실적에 따라 보수를 지급하겠다며 계급제를 폐지하고 직무등급제를 도입했다. 직무의 곤란성과 책임도 등을 기준으로 직위별 등급을 부여해 보수 기준으로 활용한다는 취지다. 그러나 과거 1급부터 3급까지 계급은 폐지됐지만 대신 가~마 등급이 생겼다. 재경부의 경우 1급 중 차관보와 실장은 가 등급, 나머지 1급은 나 등급이 됐다.

2급 중 국장급은 다 등급이며, 국세상임심판관 등 나머지는 라 등급이다. 3급인 심의관은 마 등급으로 바뀌었다. 이름만 달라졌을 뿐 운영은 예전처럼 아래에서 위로 올라가는 계급적인 방식 그대로다. 정부 부처의 한 인사 담당자는 "가~마 등급에서 아래부터 차례로 올라갈 뿐 떨어지는 경우는 없다"며 "과거 계급 역시 업무 중요도에 따른 것이기 때문에 틀 자체가 바뀐 것은 아니다"고 밝혔다. 다른 정부 관계자도 "대부분 직무등급을 (예전처럼) 계급으로 인식한다"며 "아래 등급에서 위 등급으로 올라가면 좋아하겠지만 아래로 떨어지면 누가 좋아하겠느냐"고 말했다. 제도가 현실과 따로 놀고 있는 셈이다.

고위공무원단제도가 왜 본래의 취지대로 운영이 되지 않는지를 설명하고, 향후 성공적으로 운영되도록 만들기 위해 고위공무원단 및 관련 인사제도를 재설계하여 보시오.

[서울대학교 행정대학원 2007년 2학기 박사 논자시]

예시 답안

Ⅰ. 서 론

우리나라에 있어서 고위공무원단에 대한 검토는 1990년대 중반 <계급제적 구조 개편> 및 <정책직 신설>로 거슬러 올라간다. 그리고 1998년 IMF 경제위기로 인하여 중하위 관료와는 다른 뛰어난 통찰력을 지닌 고급관료의 체계적 육성에 더욱 눈을 뜨게 된다. 참여정부 출범과 더불어 <로드맵>으로 설정하여 도입된 고위공무원단이 시행 2년차에 도달하게 됨에도 불구하고 본래의 취지대로 운영되지 않는다는 각종 언론 보도는 과연 우리가 달성하고자 했던 기본 취지는 무엇이고, 왜 이를 달성하지 못하는지에 대한 근본적인 물음을 불러일으킨다.

Ⅱ. 고위공무원단 제도

1. 개념 및 도입 배경

고위공무원단 제도(Senior Civil Service)정부정책 결정 및 집행에 핵심적 역할을 수행하는 중앙행정기관 실·국장급 공무원들을 중하위직 공무원과 분리하여 체계적이고 집중적으로 관리·육성하는 인사시스템이다. 고위공무원단 제도는 기존 고위직 인사관리가 연공서열적이고 폐쇄적, 형식적으로 운영되었다는 지적에 따라 융통성과 전문성을 동시에 지닌 고급관료를 육성하고자 하는 차원에서 2006년 7월 1일부터 도입되었다.

2. 특징 및 관련 제도

1) 신분보다 성과에 의한 관리: 직무등급제, 직무성과계약제, 직무성과급적 연봉제

현행 1~3급의 계급을 폐지하고 직무와 직위에 따라 관리한다. 성과목표 · 성과기준을 직상급자와 협의하여 성과계약을 체결하고, 목표달성도를 평가하는 직무성과계약제를 시행한다. 또한 계급과 연공서열보다는 업무와 실적에 따른 직무성과급제(기본연봉+직무급+성과급)를 통하여 보수를 차등 지급하게 된다.

2) 개방과 경쟁촉진: 개방형직위, 공모직위

고위공무원단 실 · 국장급에 공무원을 선발하는 방법은 개방형직위(20%), 공모직위(30%), 부처자율인사직위(50%)의 세 가지 직위별로 각기 다른 방식으로 이루어진다. 민간과 경쟁하는 개방형제도와 함께 타 부처 공무원과 경쟁하는 직위공모제가 도입되고, 각 부처 장관은 소속에 관계없이 인재pool에서 적임자를 선발하게 된다.

3) 고위직의 책임성 제고: 역량평가, 적격심사제

역량평가제를 통하여 고위공무원단에 진입이 가능할지를 판단하고, 고위공무원에 대해서는 적격심사제를 5년마다 정기적으로 실시하여 성과가 극히 부진하거나 능력이 현저히 미달되는 부적격자는 직권면직 될 수 있다.

Ⅲ. 고위공무원단 제도가 본래 취지대로 운영되지 않는 이유

1. 고위공무원단 운영의 기본 취지: 21세기를 이끌어나갈 국가의 핵심인재 육성

미국(직위분류제의 한계)이나 영국(계급제의 한계) 등 선진국의 고위공무원단 도입배경은 복잡한 사회수요에 대응하기 위하여 고위직을 별도로 관리하고자 하는 차원에서 도입된 것이다. 우리나라의 경우 국가공무원법상으로는 직위분류제를 천명하고 있지만, 실질적으로는 계급제 체제하에서 운영이 되어 사실 <중간자의 한계>를 고스란히 지니고 있는 한계점이 있었다. 우리나라는 상대적으로 미국보다는 영국과 가까운 취지로 전문화된 일반행정가(specialized generalist)를 체계적으로 육성, 관리하고자 하는 취지를 지니고 있다.

2. 현재의 운영실태: 이상과 현실의 괴리

1) 계급제와 직무등급제

과거 1~3급으로 운영되던 계급제를 전면 폐지하고, 직무의 곤란성과 책임도를 기준으로 가~마 등급의 직무등급을 채택하지만, 해당 직무등급이 직무와 관련되지 않고, 기존의 1~3급을 기준으로 책정한다는 사실은 실질적인 측면에서 직무등급이 이루어지지 않은 것을 의미한다.

2) 개방형, 공모직위 운용의 부실

또한, 부처별 개방형 직위(20%), 공모직위(30%) 역시 실질적으로 부처자율직위에 의해 좌지우지되고 있어 공직에 신선한 바람을 불어넣고자 하는 개방형 임용제의 기본 취지와는 거리가 멀어지고 있다.

3) 역량평가와 적격심사의 미비

역량평가의 경우 고위공무원단에 진입하는 4급 공무원에 대한 평가제도인데, 초기 고위공무원단 도입 시 기존의 1~3급 공무원에 대해서는 역량평가를 전혀 실시함이 없이 전면적으로 인정하였다는 문제점이 있으며, 적격심사의 경우 5년에 한 번 하도록 되어 있지만, 해당 요건이 까다로워서 실제 적격심사에 의해 탈락되는 공무원이 있을 가능성은 매우 낮다.

3. 본래의 취지와 어긋나는 이유

1) 사회학적 제도주의적 측면: 기존 관료 문화에 대한 고려 부족

사회학적 제도주의에 의하면 제도의 도입은 사회 구성원의 신념을 획득해야 하고 아울러 적절성의 논리(logic of legitimacy)를 획득해야 한다. 우리나라의 경우 제도 도입의 필요성이 있기는 하였지만, 관료제 스스로 정화가 필요하다는 인식에서부터 시작되기 보다는 선진국에 대한 단순 모방의 방식으로 차용한 것이 제도실패의 핵심 이유가 된다.

2) 관료제의 자율성(Autonomy of Bureaucracy)

아울러 공무원 스스로의 개혁 논리는 매우 낮아서 현실에 안주하고자 하는 R. Bendix의 관료제의 자율성(Autonomy of Bureaucracy) 역시 고위공무원단이 실효적으로 작동되지 않은 하나의 이유가 된다.

3) 개혁에 대한 피로감

대통령, 정무직 공무원 등은 정치와 맞닿아 있어서 자신의 임기 내에 무엇인가를 이루어 내야 하는 의무감이 있는 바, 임기에 대한 시간할인률(discount rate of time)이 매우 높다. 이에 따라 지속적인 각종 개혁 정책을 내어 놓게 되는데, 직업공무원제에 젖은 우리나라의 공무원 입장에서 산발적으로 발생하는 여러 개혁에 대한 피로감을 느끼게 되어 이는 역사적 제도주의에서 강조하는 결절점(critical point) 역할을 하지 못한다.

Ⅳ. 성공적 운영을 위한 고위공무원단 및 관련 제도의 재설계

1. 미비된 제도의 재설계

1) 계급제와 직무등급제: 철저한 직무분석

기존의 직무등급제가 실질적으로 작동하지 못한 것은, 명확한 기준에 의한 직무분석이 이행되지 않았기 때문이다. 어떠한 자리가 고위공무원단에 적합한지 부적합한지를 파악하고, 업무의 성질을 파악하여 적재적소에 인력을 배치하기 위해서 먼저 철저한 직무분석이 선행되어야 한다. 공식직제와 실제 업무수행간 괴리와 간극을 줄일 수 있는 직무분석이 필요한 것이다.

2) 개방형, 공모직위 운용에 대한 인센티브 부여 및 구성원들의 행태변화

고위공무원단 구성원들은 전통관료제적 사고와 행동에서 벗어나 업무중심적이고 성과주의적인 인사운영에 적응해야 한다. 또한 타부처로부터 고위공무원을 맞이하는 행정부처의 내적 수용역량과 문화가 정착되어야 한다. 이를 위하여 개방형, 공모직위에 대한 구성 비율을 상향적으로 달성한 부처에 대한 인센티브 제공도 생각해볼 수 있다.

3) 역량평가와 적격심사의 실질적 운용: 기준강화보다는 평가지표와 기법 개발

역량평가와 적격심사가 초기 의도대로 이루어지지 못한다고 하여 해당 기준을 현재보다 과도하게 올린다거나 하는 것은 오히려 공무원들의 반발을 사고, 개혁의 피로를 가중시킬 뿐이다. 이보다는 기존 규정을 성실하게 준수하여 평가할 수 있도록 보다 명확한 평가지표와 기법들을 개발하고, 이에 대한 감독을 철저히 하는 것이 중요하다 하겠다.

2. 추가적인 검토방안: 다른 인사개혁제도와의 정합성 확보

행정의 각종 제도는 다른 제도들과 관련성이 크고, 하나의 업무로 인한 파생효과가 크기 때문에 여타 제도와의 정합성을 검토하는 것은 매우 중요한 일이다.

1) 운영상 상충 가능성

생산성을 추구하기 위한 팀제와 총액인건비제는 부처 장관에서 인사자율성을 부여하는 제도인 반면, 고위공무원단제와 경력개발프로그램은 개별 직위에 직무전문성을 가진 적격자를 임명하는 것을 강조해 부처의 인사자율성에 일정한 제약을 부과하고 있어 각 제도들간 운영에 있어 상충가능성이 크다.

2) 조화로운 운영방안의 필요성

새로운 인사개혁제도들의 공통목적은 개인과 팀 단위의 성과관리를 통하여 정부조직의 생산성을 향상시키는 것이고, 다만 접근방법이 다를 뿐이다. 그러므로 각 제도를 설계하고 운영하는 과정에 있어서 시너지 효과를 발휘할 수 있도록 해야 한다.

특히 총액인건비제도와 팀제의 도입은 빈번한 조직개편을 통해 단기적인 성과를 내려는 동기를 강하게 한다. 이는 고위공무원단과 전보제한 및 경력개발프로그램을 유명무실하게 만들기에, 조직의 성과와 효과성을 장기적인 관점에서 평가하려는 노력이 필요할 것이다.

Ⅴ. 결론

Ingraham은 "행정에서 변하지 않는 상수(constant)는 변화의 탐색"이라고 하였다. 대부분의 행정제도는 정치권과 관련된 "개혁"의 일환으로 추구되곤 한다. 하지만 상수(constant)와 같이 취급되는 제도개혁은 실질적인 관료의 변화를 추구하기 어렵다. 고위공무원단 역시 우리나라의 관료제도 및 문화에 대한 심층적인 분석 없이 도입되어 실천적인 활용차원에서 문제가 제기되고 있는 것이다. 하지만 제도가 이미 도입된 것 역시 이미 신뢰가 생긴 것이므로, 이를 보다 현실적이고 실천적으로 운용하는 것 역시 우리가 지향해야 할 방향일 것이다.

강 평

1. 총평

참여정부에서 시작된 고위공무원단제도는 도입의 취지와는 달리 아직 성공적인 정착을 이루지 못하고 있다. 문제는 사례를 제시하면서 그 원인을 분석하고, 제도의 재설계 방향을 제시하도록 주문하고 있다. 답안은 대체로 고위공무원단제도의 문제점과 개선방안을 무난하게 서술하고 있으나 한국의 현실에 대한 풍부한 내용을 포함하지 못하고 있고, 대안으로 제시하고 있는 방안들도 구체성이 미흡하다고 볼 수 있다.

2. 수정 · 보완해야 할 부분

첫째, 고위공무원단제도가 성공적으로 정착되지 못하고 있는 원인에 대한 보다 심층적이고 사례 중심적 분석이 이루어질 필요가 있다. 답안은 기존관료문화, 관료제의 자율성, 개혁에 대한 피로감 등을 제시하고 있으나, 보다 근본적인 원인은 대통령과 국무위원들이 고위공무원단제도의 기본취지를 잘 이해하지 못하고, 오히려 정치적 임용수단으로 이용하고 있다는데 있다. 둘째, 본 문제에서는 한국경제신문의 기사를 통해 개방형, 공모직 등이 제대로 운영되고 있지 못함을 제시하고 있는데, 그 원인이 무엇인지를 구체적으로 밝혀줄 필요가 있다. 셋째, 미비된 제도의 재설계에 대해서도 성과평가제도, 충원제도, 교육훈련제도 등을 포함한 구체적인 내용이 포함되었으면 한다.

3. 추가해야 할 부분

첫째, 고위공무원단제도의 정치적 이용으로 인한 문제점과 개선방안을 추가할 필요가 있다. 인사권자인 대통령과 국무위원들은 고위공무원단제도를 통해 일반적인 공익보다는 자신에게 충성심이 높은 관료를 요직에 임명하려고 하게 된다. 이러한 문제를 개선하기 위해서는 성과평가 및 역량평가에 근거한 고위공무원단 채용이 이루어질 수 있도록 제도를 고칠 필요가 있다. 둘째, 고위공무원단제도는 기존의 연공서열 중심의 계급제적 구조를 획기적으로 변경하는 제도이니 만큼 공무원의 저항에 부딪힐 수밖에 없다. 이러한 저항을 효과적으로 극복하기 위한 홍보와 설득의 필요성을 추가할 필요가 있다.

4. 기타 사항

행정안전부(인사실)와 테마행정학에 제시된 고위공무원단제도를 충실히 이해하고, 언론 및 논문에서 제시하고 있는 문제점과 개선방안을 체계적으로 정리하여 준비해둘 필요가 있는 문제이다.

10. 전략적 인적자원관리

오늘날 인사행정에서 강조되고 있는 '전략적 인적자원관리(Strategic Human Resource Management)'에 관한 다음 질문에 답하시오.

[1] 현대 인사행정의 패러다임 변화에 근거한 '전략적 인적자원관리'의 의의와 특징을 설명하시오.

[2] '전략적 인적자원관리'의 개념이 인사행정의 하위 활동과정(인적자원의 확보, 개발, 활용, 평가, 보상 등)에 적용된 대표적인 제도 또는 사례를 통해 '전략적 인적자원관리'의 적실성과 한계를 논하시오.

[2009 행정고시 제3문]

예시 답안

Ⅰ. 설문 1): 전략적 인적자원관리의 의의와 특징

1. 의의

전략적 인적자원관리(Strategic Human Resource Management: SHRM)란 조직의 목표달성에 공헌할 수 있는 전략적 방향에 적합하게 인적자원관리를 계획적으로 행하는 활동이다. 조직의 비전 성취를 위한 전략 관리와 밀접하게 연관되어 조직의 성과향상에 기여하는 인적자원관리의 능동적인 역할을 강조한 개념이다.

2. 특징

1) 조직 전략과의 연계성

전략적 인적자원관리는 기존의 인사행정의 하위 기능적인 접근, 개별 기능적인 접근에서 벗어나 조직의 거시적인 비전과 전략의 실현에 인사 행정이 기여해야 함을 강조한다. 인적 자원의 확보, 선발, 보상 등의 인적자원관리의 과정이 조직이 설정하고 있는 전략이 요구하고 있는 조건에 부응하여 이루어지는 것이다.

2) 계획성

인사 행정의 각 하위 기능 역시 구체적인 인력 계획에 의해 전략적으로 배치·실행된다. 인적 자원에 대한 정보를 분석하여 인력의 수요와 공급을 체계적으로 예측하여 효율적인 인력 배치를 도모하기 위한 인적자원관리의 계획성이 강조된다.

3) 성과 지향성

전략적 인적자원관리는 조직 전략에 부응하는 인사관리를 통해 조직의 경쟁 우위를 확보하는 것을 그 목표로 한다. 본디 민간 기업에서 먼저 도입된 SHRM의 개념은 성과 지향성이 강한 개념이다. 전략적 인적자원관리의 최종 과정은 그 기능들이 조직의 전략 수행에 얼마나 기여했는지, 얼마나 성과를 내었는지 측정하여 그것을 다시금 환류(feedback)하는 데에 있다.

Ⅱ. 설문 2): 사례를 통한 전략적 인적자원 관리의 적실성 평가

1. 사례: 직무성과계약제

1) 의의

4급 이상 공무원의 성과 평가를 위한 제도인 직무성과계약제는 기관의 책임자와 관리자 간에 성과계약을 맺은 뒤 계약에 명시된 성과 달성 정도에 따라 인사와 보상에 차등을 두는 제도이다.

2) 운영 과정

① 기관장은 기관의 미션, 전략과 전략 세부 목표를 설정하는 전략기획(strategic planning)의 과정을 통해 이를 개인의 성과 목표에 반영하도록 한다.

② 각 관리자별로 목표 성과 수준과 성과 평가 지표에 대한 구체적인 계약을 맺는다.

③ 성과 계약 이후에는 관리자에게 자율을 부여하여 성과 목표를 달성하기 위한 충분한 기회를 제공한다.

④ 최종 성과가 계약한 목표수준에 도달하였는지 약정된 지표에 따라 평가하여

환류하며 인사와 보상에 반영한다.

3) SHRM과의 연관성

직무성과계약제는 인적자원의 활용과 평가에 있어 전략적 인적자원관리의 개념이 적용된 경우로 볼 수 있다. 전략기획과정에서 설정된 미션과 전략이 관리자 개인의 성과 목표에 연관되어 관리자는 이를 달성하기 위하여 일을 하게 된다는 점에서 거시적 조직 목표와 인적자원관리의 연계성, 인적자원관리의 계획성 등의 특징이 드러난다.

2. 적실성과 한계

1) 사례의 한계

① 상위 관리자가 정한 목표에 지나치게 집착하게 되어 창의적인 인사행정을 저해할 수 있다.

② 정확하고 공정한 성과 평가 체제가 확립되지 않은 상황에서 위 제도의 기본 전제가 충족되지 못하였다.

③ 집행상의 자율을 보장하기 위해서는 통제, 명령 중심의 행정문화가 극복되어야 하는데 한국 행정의 현실은 그렇지 못하다.

④ 공공 기관의 미션, 목표, 전략은 사기업의 그것과 엄연히 달라서 행정의 실질적 주체인 시민의 의견이 반영되어야 하는데 그와 같은 통로가 부재한다.

2) SHRM의 한계

사례의 분석에서 드러났듯이 지나치게 조직 목표에 집착한 나머지 상황에 맞는 유연한 인사와 창발적인 행정을 저해할 가능성이 있다. 더불어 SHRM은 전략과 인사행정의 관계를 지나치게 단선적으로 파악함으로써 다면적인 문제 해결 능력의 저하를 낳을 수 있다.

3) SHRM의 적실성

한국의 행정 문화는 아직까지 성과주의 문화가 미성숙한 가운데 있다. 이와 같은 상황에서 엄격한 SHRM의 도입은 역사적 제도주의의 함의처럼 의도하지 않은 결과(unintended consequence)를 낳을 가능성이 높다. 더불어 공공부문에 SHRM을 도입할 경우 그 기초가 되는 전략 설정에 시민들의 합의가 있어야 함을 잊어서는 안될 것이다. 적실성 있는 인사행정의 개혁을 위하여는 행정 문화의 변화와 합리적 목표 설정을 위한 장치의 도입이 우선되어야 할 것이다.

강 평

1. 총평

비교적 새로운 개념이라 할 수 있는 '전략적 인적자원관리'의 의의와 특징을 서술하고, 구체적인 사례(제도)를 통해 적실성과 한계를 논하는 문제이다. 제시된 답안은 전략적 인적자원관리의 의의 특징을 설명하고, 직무성과계약제를 사례로 하여 적실성과 한계를 서술한 중간 수준의 답안으로 판단되며, 다음과 같은 개선이 이루어질 필요가 있다.

2. 보완해야 할 부문

첫째, 전략적 인적자원관리의 의의와 특징을 설명하는 부문에서 전통적 인적자원관리와 전략적 인적자원관리의 차이점을 비교하여, 명확히 제시해줄 필요가 있다. 둘째, 본문에 ①, ②의 기호를 넣는 것 보다는 첫째, 둘째...로 서술하는 것이 바람직하다.

3. 추가해야 할 부문

첫째, 직무성과계약제를 사례로 선택했는데, 왜 이 사례가 대표적인 전략적 인적자원관리제도에 해당하는지 사례를 시작하는 부문에서 설명해줄 필요가 있다. 둘째, 직무성과계약제에 대한 분석을 기초로 전략적 인적자원관리의 적실성에 대해서 언급하는 내용이 추가되어야 한다.

제 4 장

재무행정론

1. 일반회계 · 특별회계 · 기금의 비교

예산단일의 원칙에도 불구하고 우리나라에서는 일반회계뿐만 아니라 특별회계와 기금제도 등을 채택하고 있다. 일반회계, 특별회계 및 기금의 개념과 필요성을 각각 설명하고, 이들을 예산운영의 효율성과 투명성 및 규모의 적정성을 기준으로 비교-평가하시오. [2007 행정고시 재경 및 기타직렬 2문]

예시 답안

Ⅰ. 전통적 예산원칙(Neumark, 통제지향)과 예외

전통적으로 예산은 국회가 정부를 통제하는 수단으로서 여겨져 왔다. 전통적 예산원칙은 공개성, 명확성, 사전의결의 원칙, 정확성, 한정성, 통일성, 단일성, 완전성 등이 일컬어진다. 이 가운데 단일성(예산 단일의 원칙)은 국가 예산의 전체를 종합적으로 명료하게 밝히기 위해서 예산은 단일로 편성되어야 한다는 원칙이다. 이에 대한 예외로서 인정되는 것이 특별회계, 기금, 추가경정예산 등이다.

현대 국가재정은 기존에 예상했던 상황 이외에 다양한 변화를 동반할 수 없는바, 오늘날에 이르러 전통적인 예산원칙을 그대로 준수한다는 것은 사실상 불가능하다고 보여진다.

Ⅱ. 일반회계, 특별회계, 기금의 개념 및 필요성

1. 일반회계

일반회계란, 국가가 고유사무의 수행을 위해 예산으로 처리하는 회계로서 일반적인 국가활동에 관한 세입 · 세출을 포괄하는 회계이다. 일반적으로 국가예산을 말할 때에는 흔히 일반회계 예산을 지칭하며 이러한 일반회계 예산은 국가고유의 기능수행을 위해 필요한 예산인 까닭에 그 세출은 주로 국가의 존립과 유지를 위한 기본적 경비로 구성된다.

2. 특별회계

특별회계란, 정부예산의 기본자금, 즉 기본계정인 일반회계와 별도로 계리되는 세입·세출예산을 말한다. 국가활동 범위가 확대되고, 특히 정부의 기업적 활동이 증가함에 따라 일반회계에 국가의 모든 세입·세출을 포괄하여 계상하는 것이 재정수지를 복잡하게 만들 뿐만 아니라, 특정한 사업이나 자금의 운용실적을 정확히 파악하고 이를 효과적으로 통제하는 것이 어려워지는 문제가 발생되자 일반회계와 구분되는 특별회계의 운영 필요성이 증대되었다.

3. 기금

기금은 예산 원칙의 일반적인 제약으로부터 벗어나 좀 더 탄력적으로 운용할 수 있도록 특정사업을 위해 보유·운용하는 특정 자금이라고 할 수 있다.

기금은 세입·세출 예산에 의하지 아니하고 운용할 수 있다. 현행 국가재정법은 국가가 사업운영상 필요할 때 법률로써 정하는 경우에 한하여 특별한 기금을 설치할 수 있도록 하고, 이렇게 설치된 기금은 세입·세출예산에 의하지 아니하고 운용할 수 있도록 규정하고 있다.

4. 일반회계, 특별회계, 기금의 비교(필요성)

기존의 예산회계법과 기금관리기본법이 통합된 국가재정법이 시행됨에 따라 2007년부터 예산운영의 효율성, 투명성, 건정성 유지에 국민의 관심이 집중되고 있다.

(1) 효율성의 측면

Schick는 1965년에 발표한 자신의 예산기능론을 수정·보완하여 ① 총량규모에 관한 재정규율(Aggregate Fiscal Discipline) ② 배분적 효율성(Allocative Efficiency) ③ 운영효율성(Operational Efficiency)을 그 내용으로 하는 신(新)예산기능론을 제시하였다.

이러한 효율성의 기준에서 본다면 기존의 일반회계 편성과정은 각 부처의 예산요구액의 가공성 및 정치적 힘겨루기(power game) 등으로 인해 불필요한 예산의 편성이 과도했다는 문제점이 있다. 특별회계 및 기금 역시 과도한 예산 편성의 문제점이 상존했으며 더군다나 특정한 세입(수입)과 특정한 세출(지출)을 연계한다(이른바 "재정의 칸막이 현상"이 발생함)는 문제점도 가지고 있었다.

이에 따라 새로 제정된 국가재정법에서는 기존의 일방적 전출(일반회계 → 특별회계, 기금)제도를 폐지하고 회계와 기금간, 회계 상호간 및 기금 상호간 여유 재원의 전입 · 전출을 가능하게 하였다.

(2) 투명성의 측면

일반회계가 국회의 예산통제에 비교적 투명하게 노출되어 있는 것에 반하여 특별회계와 기금은 그 통제에 대한 취약성으로 인해 상당히 많은 논란이 있었다. 즉, 특별회계와 기금은 예산구조의 복잡화로 전문성이 낮은(상대적으로 정보 열위에 있는) 국회의 통제가 곤란하였다. 이는 유사기능을 서로 다른 회계에서 중복 수행하거나 일반회계와 특별회계, 특별회계 상호간 내부거래 증가로 재정활동의 투명성이 저하된 것에 기인한다.

새로 제정된 국가재정법에서는 ① 재정지출에 대한 국민감시제를 통하여 일반국민 누구나 불법재정 지출에 대해 관계부처 장관에게 시정요구 가능하게 하였으며, ② 재정정보의 공개 범위를 기존의 중앙정부에 한정하지 않고 지방정부의 재정정보도 함께 공개하도록 하였다.

(3) 규모의 적정성

최근에 이르러서 우리나라 중앙정부의 통합재정규모는 200조원을 넘어서 우리나라의 재정규모는 세계국가 전체를 보아도 상당히 크다고 볼 수 있다. 혹자는 재정규모가 크다는 자체만으로 정부의 역할이 너무 비대하다고 비판하기도 하지만, 문제는 단지 규모가 크다는 것보다는 정부의 예산 편성 및 지출이 얼마나 적정 수준으로 책정이 되고 정책이 수행되느냐가 될 것이다. 또한 불필요한 예산의 범위를 줄이고, 필요한 예산을 확정함으로써 국민으로부터 불필요한 세금징수를 피하는 것도 중요한 요소가 될 것이다.

새로 제정된 국가재정법에서는 적정 수준의 예산규모를 확보하기 위해 ① 추경편성 요건을 자연재해 등 불가피한 경우로 제한시켰으며, ② 정부가 국가채무관리계획을 수립하여 국회에 제출하도록 하였다. 또한 ③ 조세지출예산제도의 시행을 계획하고 있다.

(4) 예산 운영의 지향점: 효율성, 투명성, 건전성의 조화

새로운 시대에 재정이 추구해야 할 기본이념은 효율성과 재정민주주의이며, 특히 우리나라의 경우 납세자 주권의 의미로서의 재정민주주의(fiscal democracy)가 중요하다. 세계화와 지식정보사회화의 흐름은 재정의 효율성을 달성할 수 있는 재정개혁을 필요로 하며, 시민사회화는 재정 민주주의를 구현할 수 있는 재정 운영의 개혁을 요구한다. 환경 변화에 대응하기 위한 재정 개혁의 과제는 재정을 통한 경쟁력 기반 구축, 형평을 실현할 조세제도의 개혁, 그리고 국가부채와 재정적자의 탈피 등이 요구된다.

강 평

1. 총평

평이한 사항이지만 예산 관련 제도(개념)의 대한 가장 필수적인 주제이다. 특히 특별회계와 기금은 독자적인 주제로도 논의될 만한 주제이다. 예산 관련 제도의 논의에서는 이들에 대한 최근의 개략적인 수치를 인용함이 좋다.

2. 보완해야 할 부문

특별회계의 개념과 필요성을 논의하는 부분에서는 늘 필수적으로 국가재정법상의 특별회계의 설치 요건의 세 가지 유형을 언급함이 좋다.("특정한 사업의 운영-특정한 자금을 보유·운영-특정 세입으로 특정 세출에 충당함으로써 일반 세입세출과 구분 경리할 경우"). 각 유형에 해당되는 예시적 특별회계도 언급함이 좋다. 세 가지 제도의 성격을 명확히 언급하고 난 다음에 최근의 개략적 현황(규모, 개수 등)도 반드시 언급하라. 이러한 개관 설명을 먼저 하고난 다음에 이에 대한 평가적 서술에 들어가야 한다. 이러한 개관설명이 없다보니 현재의 답안 내용에서는 일반회계, 특별회계, 기금의 개념과 필요성에 대한 서술이 다소 부족하다.

3. 추가해야 할 부문

이 문제의 핵심은 세 가지 제도를 얼마나 체계적이고도 논리적으로 대비해 보이는가이다. 효율성, 투명성, 규모의 적정성을 논의하는 부분이 다소 비체계적이다. 이 부분에서는 예컨대 "효율성"이라는 항에서 일반회계 예산-특별회계 예산-기금을 서로 체계적으로 대비하는 논증 부분이 있어야 했다. 투명성, 적정성에 대해서도 마찬가지이다. “적정성”논의 부분에서는 일반회계-특별회계-기금의 대략적 규모의 제시가 없이는 논의가 깊이 있게 전개되기 어렵다. 그러한 제시가 없다보니 현재로서는 다소 모호하게만 언급되고 있다.

유의할 점은 이 부분에서 일반회계를 투명성, 특별회계를 효율성, 기금을 적정성으로만 연계시키려는 우를 범하지 말라는 것이다. 일반회계, 특별회계, 기금 “각각에 대해서” 투명성 · 효율성 · 적정성을 다 논의해 주는 부분이 있어야 한다.

4. 기타 사항

Schick 앞에 A.(혹은 Allen)와 같이 이름 앞에는 반드시 first name을 병기하라.

기금에서는 “off-budget”이라는 영문 병기가 들어가면 기금이 “예산외”로 다루어짐을 더 선명히 알려줄 것이다. 특별회계와 기금은 여기에서의 서술과는 별도의 주제로 따로 더 보완하여 깊이 답안을 연습해 두어야 한다. 이 경우 관련 법규(특히 국가재정법)의 주요 사항들, 양 제도의 구체적 현황 등을 생생하게 이해하고 있어야 한다.

2. 성과중심 재정운영시스템의 문제점과 개선방안

정부활동의 성과를 제고하기 위한 다양한 노력들이 지속되고 있다. 성과관리(performance management)의 구호 하에 추진되고 있는 이러한 노력들은 소위 '자기중심적이고 합리적인 인간관', '시장메커니즘을 활용한 조직관리 방식에 대한 선호' 등과 같은 원리를 기반으로 하고 있다. 이러한 원리를 바탕으로 성과지향적 재정운영시스템을 구축하기 위한 제도와 기법들이 새롭게 제시되고 있다.

[2007 행정고시 일반행정직 3문]

[1] 이러한 제도와 기법을 설명하고, 이들이 기반으로 하는 원리의 문제점을 논하시오. (20점)

[2] 위의 문제점을 극복하기 위한 대안을 제시하시오. (10점)

예시 답안

Ⅰ. 성과관리 중요성의 대두배경

최근 공기업 감사들이 남미 이과수 폭포로 외유성 출장을 간 것이 사회문제로 이슈화되어 국민으로부터 많은 질책을 받은 바가 있다. 세계 각국의 행정환경이 빠르게 변화하고, 각 국가간의 경쟁이 치열해 지면서, 기존의 투입중심적이고, 절차지향적인 정부의 모습은 더 이상의 聖域이 아니며, 점점 그 타당성을 잃어가고 있다. 특히 정부의 활동은 국민의 세금을 기반으로 하는 바, 그에 상응하는 성과(performance)의 창출을 요구하는 목소리가 높다.

Ⅱ. 성과 지향적 제도와 기법: 설문(1)

1. 조직행정 분야: 조직 연성화를 기반으로 하는 업무 분장 - 팀제

팀조직(team organization)이란 상호 보완적인 기능을 가진 소수의 사람들이 공동의 목표달성을 위해, 상호 책임을 공유하고 문제해결을 위해 공동의 접근방법을 사용하는 수평적 조직단위로서 역사적으로는 로마의 100인대, 몽골제국의 아르반 등에 그 기반을 둔다. 우리 나라의 경우 정부 내각에 분권형 국정운영제(2004년 내각 내 경제, 교육, 통일외교, 사회문화복지, 과학산업기술로 5개의 팀을 설정하고 일부 장관이 팀장을 맡아 각 부문을 조율, 대통령은 국가전략과제를 담당, 총리는 일상적인 국정을 총괄하는 이른바 "분권형 국정운영제")를 도입하였고, 이후 행정자치부(정부조직 57년만의 개편으로서 큰 의미를 지님), 정보통신부(2실4국6관 ➜ 5본부 3단 4관), 전라남도 담양군(2006년 지자체 최초로 팀제 도입) 등을 효시로 하여 중앙정부 부처, 지방정부 등에 팀제를 도입하였다.

2. 인사행정 분야: 직무성과계약제

직무성과계약제는 장·차관 등 기관의 책임자와 실·국장, 과장 간에 성과목표와 지표 등에 관하여 합의하여 공식적인 성과계약(Performance Agreement)을 체결하고, 그 이행도를 평가지표 측정결과를 토대로 계약당사자 상호간 면담을 통해 평가하고, 결과를 성과급, 승진 등에 반영하는 인사관리 시스템을 의미한다.

각 부처는 직무성과계약제를 독자적으로 적용하기도 하고, 추가적으로 다른 제도를 결합하여 적용하기도 한다. 일례로, 재정경제부는 정책성과항목을 포함한 다양한 평가요소로써 부서 또는 개인을 평가하며, 직무성과계약 과제는 정책성과항목에 포함하여 성과관리하고, 정보통신부는 직무성과계약제에 장관이 부여하는 CEO 미션제를 가미하여 적용하기도 한다.

3. 재무행정 분야: 재정성과관리제도의 도입

재정성과관리제도는 각 부처의 주요 재정사업에 대해 사전에 목표와 지표를 설정하고, 이러한 지표에 따라 성과를 측정하여 그 결과를 재정운용에 반영하는 제도이다(기획예산처, 2004). 이는 1999년에서 2002년에 시행된 성과주의 예산사업 시범사업을 그 기초로 하고 있으며, 2003년부터 선시행기관(22개)2)을 선정하여 주요 재정사업 중 30% 사업에 대한 성과목표와 지표를 개발하게 함으로써 시작되었다.

이러한 재정성과제도가 도입된 배경은 2004년 총액배분 자율편성(top-down) 제도의 도입으로 인해 예산편성에 대한 부처의 자율권 확대에 따라, 국가재정사업의 성과평가를 강화하여 각 부처의 책임성과 재정의 효과성 및 투명성을 제고하고자 하는 것이다.

4. 사회간접자본(SOC) 민간투자제도

SOC 투자에 소요되는 막대한 투자재원을 모두 국가재정으로 부담하는 것은 한계가 있다. 따라서 국가의 재정 부담을 줄이면서 적절한 SOC 투자수준을 유지해 나가고, 민간의 경영기법과 창의·효율성을 공공부문에 활용함으로써 다양하고 질 좋은 공공서비스를 제공할 수 있는 민자사업을 보다 활성화 하려는 노력이 진행되고 있다. 우리나라는 현재 <사회간접자본시설에대한민간투자법>에 의해 민자유치가 이루어지고 있다.

Ⅲ. 성과지향적 원리의 문제점: 설문(1) 계속

1. 성과지향적 원리 – 행정이념(능률성), 자기중심적이고 합리주의적 인간관, 시장메커니즘을 활용한 조직관리 방식에 대한 선호

성과지향적 원리는 행정이론적으로 과학적 관리론, 공공선택이론, 주인-대리인이론, 신공공관리론(NPM) 등에 근간을 두고 있다. 이들 이론들은 공통적으로 정부의 능률성(efficiency)을 중시하면서 자기중심적이고 합리주의적 인간관, 시장메커니즘의 활용(경쟁주의, 고객주의) 등을 기본 가정으로 한다.

일례로, 신공공관리론의 대표 저서라고 할 수 있는 1992년 Osborne & Gaebler의 [Reinventing Government]에 소개된 기업가적 정부운영의 10대 원리는 미래에 대비하는 정부, 시장지향적 정부, 성과지향적 정부, 분권적 정부, 고객지향적 정부, 기업가적 정부, 촉진적 정부, 지역사회가 주도하는 정부, 경쟁적 정부, 사명지향적 정부를 모토로 하고 있다.

2. 성과지향적 원리의 문제점

(1) 성과측정의 문제: 성과측정의 곤란함, 지표의 부재

정부부문을 활동에 대한 성과를 측정하기 위해서는 목표가 명확하게 정의되어야 하고 이를 측정할 수 있는 척도인 성과지표가 마련되어야 한다. 목표의 명확한 설정이 곤란한 것은 성과중심적 제도만의 문제가 아니고 정부사업의 본질적인 문제이다. 또한 민간의 수익률처럼 비용 대비 성과를 나타내는 지표가 존재하지 않으며 따라서 예산과 성과를 직접적으로 연계하기가 어렵다.

(2) 한국 조직 문화의 제도적 유산(institutional legacy)과의 충돌문제

노조의 저항, 자본주의의 미성숙, 국민의 반감 등과 같은 제도적 유산(institutional legacy)을 고려할 때, 점진적인 접근이 타당하다. 제도는 경로의존성(path dependency)를 가지므로 급진적인 민영화는 자칫 의도하지 않은 결과(unintended consequence)와 비효율(inefficiency)를 야기하며 최적정책의 동태적 비일관성(time inconsistency of optimal policy)이나 문화갈등(culture conflict)이 발생할 수 있다. 예를 들어, 조직 구성원들의 공감대 형성이 마련되지 않은 채 기관장의 의사대로 일방적으로 제도를 도입한 결과 나타나는 발생하는 문제 등이 있을 수 있을 것이다.

(3) 능률성의 추구로 인한 한계 - 형평성, 민주성 측면에서의 문제점

대민행정에 있어서는 단기적으로는 가시적 성과가 발생하지 않는 경우도 있을 수 있고, 오히려 사회적 약자에 대한 배려로 인해 많은 비용이 드는 경우가 허다하다. (예: 미국의 head start system) 이러한 경우에 성과가 없다는 이유만으로 사업의 타당성이 저해된다면 형평성(equity) 차원의 문제가 발생할 수 있다.

또한, 민주성 측면에서도 재량의 확대, 민영화, 민간위탁, 책임운영기관으로 인해 책임의 부재 문제가 발생할 수 있는바, 특히 정부 사업의 일부를 민간으로 이양하는 경우에 공공서비스의 질적 저하 및 민간업자와 정부간의 책임 전가라는 문제가 발생할 수 있다. 또한 행정의 기능을 지나치게 민간으로 이양하는 경우 국가권력의 空洞化(hollowing out the state power)현상이 초래될 가능성도 존재하게 된다.

Ⅳ. 문제점의 극복을 위한 대안의 제시: 설문(2)

1. 성과지표의 개발 - BSC의 적절한 활용

(1) 기존 성과지표의 한계점

재무성과 위주의 전통적인 성과지표는 지나치게 과거지향적어서 Niven은 "백미러만 보고 자동차를 운전하는 것"과 같다고 표현하기도 하였다. 오늘날과 같은 정보화 사회의 경쟁환경에서 전통적 성과측정 및 관리시스템은 많은 문제점을 내포하고 있다. Kaplan & Norton은 이러한 문제점을 시정하고 조직의 장기적인 성장과 발

전을 추구할 수 있는 도구로서 BSC를 제안하였다.

(2) 초기의 BSC와 진화된 BSC

초기의 BSC는 기업의 궁극적인 목표로서 재무적 관점의 측정지표만을 강조하는 것이 아니라, 미래 재무성과의 동인으로서 작용하는 고객 관점, 내부 프로세스 관점, 학습 및 성장 관점과 같은 운영상의 측정지표를 균형적으로 고려하는 전통적 측정시스템의 대안으로서의 기능에 그 초점이 맞추어졌다.

그러나 BSC가 진화하면서 통합적인 전략적 관리 및 커뮤니케이션 도구로서의 기능을 강조하고 있다. 이는 초기 BSC의 구조 및 특성이 크게 변화되었다기보다는 그 중요성이 균형적인 측정에서 전략실행으로 이동되었다고 볼 수 있다. Kaplan & Norton도 최근에는 "전략집중형 조직(strategy-focused organization)"을 강조하면서 BSC를 조직의 성과측정, 전략관리, 커뮤니케이션의 통합적인 관리도구라고 소개하고 있다.

2. 한국 행정문화와의 조응성(congruence)

시차적 접근(time lag approach)의 관점에서 제도의 도입과정의 초기 선택은 미미한 차이가 있을지라도 후속적인 경로에 결정적인 영향을 미치기 때문에 초기선택과 후속적인 선택의 순서(sequence), 정합성(congruence)의 유지가 매우 중요함을 깨닫는다.

3. 책임있는 정부(형평성, 민주성의 동시적 고려)

정부의 성과 달성을 위해 민영화, 민간위탁 등의 제도를 병행한다고 하더라도, 이에 대한 책임의 문제를 분명히 해야 할 것이다. 또한 사회적 약자를 배려하기 위한 각종의 제도 들을 단지 성과가 낮다고 하여 일방적으로 폐지해서는 안될 것이다.

V. 결론

Ingraham은 "행정에서 변하지 않는 상수(constant)는 변화에 대한 탐색"이라고 하였는바, 전세계적으로 그 변화는 분권, 자율, 성과, 책임이라고 할 수 있다. 그 중에서 성과는 가장 큰 의미를 지닌다. 우리나라의 경우도 예외는 아니어서 2006년 4월 <정부업무평가기본법>이 시행되고, 조직, 인사, 재무 행정 등 전 분야에 걸쳐서 성과에 대한 중시의 경향이 일어나고 있다. 행정의 본질을 실현하기 위한 성과의 제고도 중요하지만 우리가 잊지 않아야 할 것은 그에 대한 한계도 동시에 인식하면서 새로운 사조를 지혜롭게 받아들이는 성찰적 수용(reflexive acceptance)의 자세일 것이다.

강 평

1. 총평

문제는 최근의 성과지향적 관리의 현황과 근거 및 문제점과 개선방안을 묻는 문제라 할 수 있다. 답안은 성과지향적 행정관리 또는 재정운용시스템의 현황(제도와 기법)은 무난하게 작성하고 있는 것으로 보인다. 그러나 성과지향적 행정관리의 근거가 되는 기본원리와 그의 문제점에 대한 심층적 분석과 개선방안에 대한 서술이 다소 미흡하였다고 볼 수 있다.

2. 보완해야 할 부문

첫째, 성과지향적 행정관리의 근거를 보다 심층적으로 제시할 필요가 있다. 문제에서 지적하고 있는 합리적 인간관, 시장메커니즘을 활용한 조직관리의 구체적인 내용이 무엇이며, 왜 필요한지 충분히 검토하지 못한 한계를 지니고 있다. 둘째, 공공부문에서 위에서 살펴본 원리가 적용되기 힘든지 논리적으로 도출해내지 못하고 있다. 공익의 모호성, 사익과 공익의 차이, 성과측정의 문제, 공공부문에서 개인플레이의 문제 등 구체적인 한계를 보다 심층적으로 검토할 필요가 있다고 본다. 셋째, BSC를 일종의 대안으로 제시하고 있으나 본 문제는 BSC도 검토의 대상에 포함하고 있다고 볼 수 있다.

3. 추가해야 할 부문

첫째, 공공부문에서 성과지향적 행정관리가 필요한 이유와 민간부문에서 적용하고 있는 성과관리기법을 적용하기 어려운 근거를 이론적 측면에서 체계적으로 정리해 줄 필요가 있다. 둘째, 개선방안에는 공공부문에 성과지향적 행정관리가 어려운 부문을 극복하기 위한 구체적인 대안을 제시하였어야 한다고 본다.

4. 기타 사항

BSC는 공공부문에서도 일부 도입되고 있으나 많은 한계를 지니고 있어, 공기업과 집행기능 중심의 행정기관에 주로 적용하고 있으며, 공공부문에 적용할 경우에는 관점 등을 적절히 수정하여 활용하고 있다. 실질적인 내용을 잘 모르는 상태에서 BSC를 일종의 대안으로 제시하고 있는 것은 감점요인으로 작용할 수 있다고 본다.

3. 예산결정이론과 Top-Down 예산제도

다음 글을 읽고 물음에 답하시오. [2007 전기 서울대학교 행정대학원 입학시험 문제]

> 정부의 예산결정에는 여러 종류의 이해관계자가 참여한다.
> 대통령, 관료, 국회의원, 이익집단 등이 대표적 예에 해당된다.

[1] 이와 같이 정부의 예산결정에 다양한 이해관계자가 참여함으로써 발생하는 문제점과 긍정적 측면에 대해 설명하시오. (15점)

[2] 관료의 행태에 관한 이론들에 대해 기술하고, 예산결정과 관련하여 각 이론들이 함의하는 바를 설명하시오. (15점)

[3] 최근 총액배정 자율편성 예산제도가 새롭게 도입되었다. 그 내용을 설명하고, 이 제도의 도입이 위의 문제 1)과 2)의 답에 어떠한 영향을 미치게 되는지에 대해 논하시오. (20점)

예시 답안

Ⅰ. 서론

정부의 예산이란 모든 정책을 결정, 집행하는데 있어 가장 중요한 조건이며, 열쇠로서 정책의 가치판단적 측면을 생각할 때 예산의 편성에는 수 많은 이해관계자들의 명시적 혹은 묵시적 압력이 행사됨은 당연하다. 이러한 압력은 관계자들의 정치적 능력 등을 통해 과거의 예산제도하에서 불공정하고, 불투명하게 이루어져 왔으며 관료들의 예산극대화 행태 등으로 인해 "뻥튀기 요구와 대패식 삭감"이라는 불명예스러운 비판을 들어오고 있었다. 이러한 비판에 직면하여 한국은 2005년 총액배분 자율편성(Top-down)예산제도를 도입하여 예산제도를 개혁하려 하고 있다. 예산과정의 다양한 양태를 분석해보고 최근의 제도개혁이 주는 효과와 시사점을 알아봄으로써 예산의 바람직한 모습을 찾아보고자 한다.

Ⅱ. 예산 결정 참여의 장·단점

(1) 예산결정범위의 변화

예산의 편성과 결정은 공식적으로 개별 부처에서 예산안을 편성하고 이를 예산담당 부처에서 검토하여 의회에 제출, 승인 받는 형식으로 이루어져 있다. 따라서 시민사회가 활성화 되기 이전까지 예산에 대한 영향력은 의회에 대한 로비나 압력을 통해 행사되어 왔다. 그러나 최근 시민사회의 급속한 발달과 IT 기술에 의해서 예산의 투명성이 강조되면서부터 광주시 북구의 참여예산제도, 납세자소송제도 등의 제도도입이 이루어졌고 최근 예산결정에 영향력을 행사하는 범위는 시민사회까지 넓어지는 추세이다.

(2) 결정범위 확대의 장점

1) 예산결정의 투명성(transparancy) 확보

예산 결정에 다수의 참여가 이루어진다는 것은 결정과정에 부당한 권력이 행사될 여지를 줄여줄 뿐만 아니라, 예산에 대한 감시가 활성화되어 투명성을 증가시킬 수 있다.

2) 예산의 대응성(relevance), 순응성의 확보

다양한 참여는 예산편성과정에서 나타날 수 있는 무의사 결정(non-decision making)을 줄여주고 적재적소에 예산을 분배할 수 있도록 함으로써 대응성을 확보할 수 있다. 또한 Buchanan&Tullock 모형에서 보듯 의사결정과정에의 참여의 증가는 집행 과정에서의 순응비용을 감소시켜 주는 효과를 가져온다.

(3) 참여 범위 확대의 단점

1) 예산결정 비용의 문제

참여 범위의 확대는 예산을 편성 및 결정하는 과정에서 다양한 가치간 갈등 대립을 불러일으켜 결정에 드는 비용을 증가시킬 수 있다. 그로인해 필요한 때 예산결정이 늦어져 정책이 시기(timing)를 놓쳐서 집행되는 비효율성을 불러오기도 한다.

2) 예산의 비합리적 결정

다양한 참여자의 가치대립은 예산의 합리적(rational) 분배를 어렵게 하고 점증주의(Incrementalism)적으로 결정되도록 한다. 즉, 기존 예산에서 $\pm\alpha$ 하는 형태의 예산 결정행태를 보이게 된다. 실제 Lindblom은 미국 예산분석을 통해 점증주의적 성격을 규명하였고, Dror는 점증주의적 예산결정 행태에 대해 '오도된 합의(deceived consensus)'에 불과한 것이라고 비판하고 있다.

3) 실질적 참여의 문제

예산참여의 범위가 확대되었다고 하지만 실질적인 참여가능성에 대한 문제가 존재한다. 일반적으로 참여 가능한 집단은 사회적 영향력이 큰 소수일 뿐이며 이는 silent majority, scream minority의 문제를 야기할 수 있다. 결국 실질적 측면에서 참여가 확대 보장되지 않는다면 참여범위의 확대는 구호에 지나지 않게 된다.

Ⅲ. 관료행태에 관한 이론과 함의

(1) Niskanen의 예산극대화 모형

1) 예산극대화 모형의 내용

Niskanen은 관료들이 권력의 극대화를 위해 소속 부서의 예산 규모를 극대화한다는 전제하에 관료들의 예산 극대화 행태를 분석했다. 그는 정치가와 관료의 목적함수가 서로 다르며, 관료들은 공공재의 비용 보다는 편익에 더 많은 관심을 두어 실제 비용이 예산에 의해 충당되어야 한다는 점에만 신경을 쓴다고 보았다. 따라서 구체적 함수를 사용해 도출하면 예산은 정치적 최적 수준의 2배에 이른다고 보았다.

2) 모형의 함의

모형의 엄밀성을 떠나 본 모형을 통해 정부 예산은 항상 최적 수준이상으로 증가하는 경향이 있음을 알 수 있게 된다. 따라서 관료들간의 효율적인 경쟁체제와 시장적 유인 체제를 도입하고 자율성과 분권을 통하여 정부의 비효율성을 극복해야 한다.

(2) 거래비용 이론: Bartle&Ma

1) 이론의 내용

Bartle&Ma는 예산과정과 구조 설명에 거래비용이론 적용을 통하여 예산담당자들의 행태를 설명하고 있다. 그에 따르면 예산 담당자들은 제한된 합리성 하에서 자신의 이윤을 극대화하려는 기회주의적 행동, 위험선호 등의 속성이 있고 그로인해 예산편성의 여건은 불확실성, 정보의 비대칭성, 자산특정성 등의 특징을 가지게 된다고 본다.

2) 이론의 함의

본 이론을 재정개혁에 적용한다면 향후의 재정개혁은 정보의 비대칭성을 극복할 수 있도록 투명성을 확보하도록 하고, 거래비용을 최소화하는 방향으로 이루어져야 한다.

(3) 정치적 경기변동론

1) 이론의 내용

대선 등의 정치 선거에 영향을 주기 위해 선거전에는 경기호황을 목적으로 예산을 팽창시키고, 선거가 끝나면 긴축재정을 실시한다는 것을 내용으로 한다. 이는 예산의 집행에 있어 행정의 수장인 대통령과 관료들이 자신들의 이익을 대변하기 위한 목적이 존재함을 보여주고 있다.

2) 이론의 함의

정치적 경기변동론에 따르면 예산은 정치적 이해관계에 크게 좌우됨을알 수 있다. 따라서 예산의 집행과 관리에 있어 행정 외부의 통제와 감시가 강화되어져야 하고, 지나치게 정치적 결정이 이루어지는 것을 지양하도록 해야 한다.

Ⅳ. 총액배정 자율편성 제도

(1) 총액배정 자율편성 제도의 의의

1) 제도의 개념

총액배정 자율편성제도란 예산의 배정을 함에 있어 분야별, 부처별 지출한도를 미리 설정하고 그 한도내에서 각 부처가 예산을 자율편성하는 제도로서 현재 '국가재정법 제28조'등에서 그 방법 및 절차를 규정하고 있다.

2) 제도의 등장배경

이론적으로 Ostrom의 민주행정패러다임에 근간을 둔 유사소유권 개념(Quasi Property right)과 분권화 이론 등을 활용한 것으로 볼 수 있으며, 과거 상향식(bottom-up) 예산과정에서 드러나는 뻥튀기 요구와 대패식 삭감의 방지필요성, 장기적 기획과 예산과의 연계의 필요성 이라는 현실적인 배경이 존재한다.

(2) 제도의 내용

1) 제도의 특징

총액배정 자율편성제도는 예산을 일종의 공유재로 보아 그에 소유권개념을 부여하고 주인의식을 가지게 하여 부처의 자율과 책임을 강조하며, A.schick이 신 예산기능론에서 말하는 'Aggregate Fiscal Discipline'을 강화하는 특징을 가진다.

2) 제도 운영의 방법

1. 국가재정운용계획과의 연관성

국가재정운용계획은 일종의 'story line'으로서 예산편성 및 심의에 있어 총액 결정의 우선순위를 제시하는 기능을 하며, 심의과정에서는 기획과 연계가 이루어졌는지에 대한 정책심의를 가능하게 한다. 또한 이를 바탕으로 예산집행과정상 나타날 수 있는 도덕적 해이(moral hazard)를 감시하는 기능을 할 수 있게 된다.

2. 예산과정상의 운영

본제도의 도입과 함께 예산편성기간이 길어져 보다 합리적인 편성이 가능하도록 하고, 심의에 있어서도 국회상임위와 예산정책처(NABO)의 역할이 강조되어지고 있다. 또한 집행 및 결산에 있어서도 감사원의 역할은 적법성 감시가 아닌 '컨설팅'하는 역할로 변화가 이루어지고 있다.

(3) 제도도입의 효과

1) 예산 편성 참여에 미치는 영향

기존과 달리 부처내부에서 정해진 예산에 대한 경쟁이 강화되므로 이해관계자가 일치하는 경우가 많고, 합의된 정책의 우선순위에 따라 예산이 우선 배정되므로 갈등의 소지가 줄어든다. 또한 연계된 디지털예산회계시스템으로 인해 투명성이 보장될 수 있으며, 과거 부처 이해관계를 대변하던 국회 상임위가 부처에 배정된 예산을 정책심사 하므로 보다 효율적인 예산분배가 이루어 질 수 있을 것이다.

2) 관료 행태에 미치는 영향

과거 부처의 이익을 추구하기 위해 예산을 과다 책정하는 행태는 총액배분 자율편성제도 하에서는 힘들어진다. 실제로 04년 일반회계 요구증가율은 30%였지만 05년은 11.7%, 06년은 7%로 대폭 낮아진 것을 볼 수 있다. 따라서 관료들은 부처 내에 주어진 예산 하에서 경쟁을 통해 예산을 확보하려는 노력이 이루어 질 것이고 그로 인해 예산의 효율적인 사용이 이루어 질 것이다.

Ⅴ. 결론

예산의 효율적 사용에 대한 요구는 정부실패가 대두된 이후부터 지속적으로 나타나고 있고, 그에 대한 대응인 총액배정 자율편성제도는 어느 정도 의도한 효과를 달성할 수 있을 것이라는 기대를 갖게 한다. 그러나 개별부처의 예산 편성의 자율권 부여는 부처에 대한 신뢰를 기반으로 하여야 하며, A.schick이 "예산제도의 변화는 정치권력을 변화시킨다"는 말에서 보듯 그에 저항하는 정치권의 협조가 없이는 불가능할 것이다. 또한 지속적인 성과평가가 이루어지고 관련된 시스템간 연계가 이루어질 수 있도록 하여 운영의 효율성(operational Efficiency)도모할 필요가 있을 것이다. 즉 이러한 예산개혁의 노력이 일회성에 그치지 않고 장기적인 시각에서 접근하여 제도의 연착륙이 이루어 질수 있도록 하여야겠다.

강 평

1. 총평

전반적으로 예산결정과정의 정치적 특성과 그 결과를 무난하게 작성하였다. 그러나 총액배분자율편성 예산제도의 이해와 동 제도 하에서 변화되는 예산결정과정의 정치적 역할관계에 대한 설명이 미흡하였다고 본다.

2. 보완해야 할 부문

먼저 예산결정과정에서 다양한 이해관계자들이 참여함에 따른 장점과 단점을 서술함에 있어서, 실제 어떠한 참여자들이(관료, 정치인, 시민단체, 이익집단 등), 어떠한 이해관계에 기초하여, 어떠한 방식으로 참여하게 되는지 구체적으로 언급해 줄 필요가 있다. 이를 기반으로 예산결정과정의 정치적 특성이 가져오는 장점과 단점을 정리하면 좋았을 것이다. 다음으로 총액배분자율편성 예산제도의 도입으로 인해 예산결정과정에서 참여자들의 행태가 어떻게 변화될 것이고, 그 결과는 어떠할 것인지를 보다 많은 분량을 할애하여 서술할 필요가 있다.

3. 추가해야 할 부문

첫째, 예산결정과정에서 이해관계자들의 참여와 영향을 설명함에 있어 정치인, 시민단체, 이익집단 등이 어떻게 영향을 미치는지 구체적으로 언급하는 내용이 포함될 필요가 있다. 둘째, 관료들의 행태를 설명하는 이론의 한계를 언급한 후에, 함의를 서술하는 것이 좋을 것이다. 셋째, 총액배분 자율편성 예산제도의 도입 이후 예산결정과정의 이해관계자들의 행태변화를 설명함에 있어서도 관료, 정치인, 시민단체, 이익집단 등 구체적인 참여자별로 언급해주면 좋을 것이다. 넷째, 결론부문에 총액배분자율편성 예산제도에 대한 기대와 함께 한계를 추가할 필요가 있다.

4. 기타 사항

총액배분 자율편성 예산제도는 부처의 자율성을 확대한다는 취지에서 도입되었지만 실제 운영상에서 부처의 자율성은 크지 않은 것이 현실이다. 또한 동 제도가 실질적인 효과를 거두기 위해서는 국회의 사전예산제도(pre-budget)가 도입될 필요가 있다.

4. 예산개혁

정부 예산의 기능이 변하면 이를 수행하는 데 적합한 새로운 예산제도가 등장하였다. 예산의 기능과 예산제도의 변화와 관련하여 다음 질문에 답하시오.

(총 30점)

[1] 예산이 수행하는 통제, 관리, 계획, 감축 기능 등을 중심으로 정부예산제도의 발전과정을 설명하시오. (10점)

[2] 각 예산제도를 통해 특정의 예산기능이 어떻게 수행되고 있는가를 예산편성방식을 중심으로 설명하시오. (20점)

[2009 행정고시 제2문]

예시 답안

Ⅰ. 서

시대에 따라 요구되는 행정의 중심적 가치와 지향하는 기능이 변화하면서 그에 따라 조적, 인사 등 행정의 제반 제도들 역시 변화해왔다. 이와 같은 변화의 흐름은 예산제도에서도 예외는 아니다. 1920년대 품목별 예산제도 이래로 각 예산제도는 각자의 장점으로 종전제도의 문제점을 해소하고자 지속적인 행정개혁의 수단으로 사용되어 왔다. 국가회계법의 제정, 4대 예산개혁 등 굵직굵직한 예산 개혁이 이루어지고 있는 한국의 현실에서 예산 제도의 변천과 각 제도의 문제점에 대하여 탐구하는 것은 보다 합리적인 예산 개혁을 이루는데 있어 좋은 출발점이 될 것이다.

Ⅱ. 설문 1): 정부 예산제도의 발전과정

1. 품목별 예산제도

1) 의의

품목별 예산제도(Line Item Budgeting System: LIBS)는 예산을 그 지출대상별로 분류하여 내용과 한계를 명확히 함으로써 예산 통제를 강화하고자 하는 예산제도이다.

2) 중심 기능

품목별 예산제도는 재정 부문의 행정 재량의 남용을 제한하고 국회에 의한 예산 통제를 보다 용이하게 하는데 그 중심 기능이 있다.

3) 문제점

예산 집행에 있어서 신축성이 낮고, 정부 사업의 성과와 내용에 대한 전반적인 평가가 어렵다는 문제점을 지닌다.

2. 성과주의 예산제도

1) 의의

LIBS의 문제점을 해결하고자 등장한 성과주의 예산제도(Performance Budgeting System: PBS)는 정부의 사업을 중심으로 예산을 분류하고 편성하는 관리지향적 예산제도이다.

2) 중심 기능

성과주의 예산제도는 정부 사업의 합리적인 분석을 통해 합리적 예산 편성에 기여하고, 예산의 신축성 확보가 용이하여 정부 사업의 관리에 그 중심 기능이 있다.

3) 문제점

지나친 관리의 효율성의 추구로 입법부의 엄격한 통제와 행정 책임의 소재가 불분명한 문제가 발생하였고, 세부 사업 중심의 예산 편성으로 국가의 거시적인 계획과 예산의 연계가 불분명하였다.

3. 계획예산제도

1) 의의

계획예산제도(Planning Programming Budgeting System: PPBS)란 국가의 장기적 계

획을 중단기적 예산편성과 유기적으로 연결시킴으로써 정부의 예산 배분을 보다 일관성있고 합리적으로 하고자 하는 예산제도이다.

2) 중심 기능

장기 계획의 수립을 우선적으로 실시하여 정부의 각 사업과 계획을 연결시켜 합리적인 자원배분을 도모하려는 계획 기능이 PPBS의 중심적인 기능이 된다.

4. 영기준 예산제도

1) 의의

영기준 예산제도(Zero-Base Budgeting: ZBB)란 정부의 사업, 활동 등에 전 회계연도의 예산을 전혀 고려하지 않고, 각각의 성과에 따라 사업의 계속, 축소, 확대 여부를 평가하고 그에 따라 우선순위를 결정하여 예산을 우선적으로 배분하는 제도이다.

2) 중심 기능

1970년대 이후 정부 비대화에 대한 비판에 직면하여 이에 대한 대응으로 나타난 것인 만큼 자원 배분의 효율성을 높이기 위한 감축관리가 영기준 예산의 중심 기능이라고 할 수 있다.

Ⅲ. 설문 2): 예산 편성 방식과 예산 기능의 수행

1. 품목별 예산제도

1) 편성

인건비, 물건비, 자본비용, 예비비 등 각 지출 항목별로 지출 근거를 명확히 설정하는 것이 LIBS의 편성 방법이다. 우리나라의 세출예산과목 체계 중 '목(目)'이 품목별 예산제도에 따른 편성에 해당한다.

2) 통제 기능의 수행

지출 근거와 한계를 사업 단위가 아닌 각 지출 항목별로 엄격히 설정함으로써 예산 편성과 집행에 엄정한 통제를 받게 됨으로 재정 민주주의에 기여하게 된다. LIBS하에서 예산 운용의 목적은 설정된 한계를 준수하는 것이 된다. 더불어 예산 집행의 책임 소재를 명백히 하여 통제를 강화한다.

2. 성과주의 예산제도

1) 편성

예산의 각 항목을 사업별로 분류한 다음 각 사업별로 단위원가와 업무량을 계산한 뒤, "단위 원가 X 업무량 = 사업별 예산액"의 방식으로 예산을 편성한다. 단위원가란 업무량 1단위를 산출하기 위한 비용이 된다.

2) 관리 기능의 수행

예산을 배분하는 과정에서 업무량, 즉 사업량이 제시되기 때문에 예산을 보면 어떤 사업이 어느 정도로 수행되는 지 쉽게 파악할 수 있다. 결국 예산은 각 사업에 대한 체계적인 관리에 기여하게 된다. 또, 구체적인 항목 별로 예산을 편성하는 LIBS의 한계를 극복하고자 관리적 신축성을 강화하여 사업 담당자가 보다 자유로이 자원을 이용할 수 있도록 한다.

3. 계획예산제도

1) 편성

① 정부의 목표를 설정하고 그에 따른 정책의 우선순위를 결정한다(Planning).

② 사업구조를 형성한다. 사업구조란 목표에 따른 사업을 사업범주(category), 하위사업(sub-category), 사업요소(program element) 등의 구조로 분리하는 것을 의미한다. 사업구조는 정부 활동의 목적과 연계되어 있어야 하고 구체적 활동을 명확히 나타내야 한다(Programming).

③ 형성된 사업구조를 예산과 연계시켜 예산을 배분한다(Budgeting).

2) 계획 기능의 수행

PPBS에서는 사업구조의 구체적인 내용과 예산을 유기적으로 연결시킴으로써 국가의 지출계획과 예산 간의 유기적인 연계를 실현한다. 이를 통해 계획에 따른 합리적인 예산 배분을 가능하게 한다. 편성과정에서 정책의 우선순위와 사업구조의 형성이 강조된다는 점은 계획예산제도의 강조점이 계획의 합리성에 있다는 점을 보여준다.

4. 영기준 예산제도

1) 편성

① ZBB에서는 계량적인 목표의 설정이 우선적으로 요구된다. 각 사업의 우선순위를 결정하는 데 있어 기준이 되는 목표가 필요하다.

② 결정단위를 설정한다. 결정 단위란 사업 비용 산출의 기준이 되는 예산단위를 의미한다. 예산 편성의 단위사업으로 볼 수 있다.

③ 의사결정 패키지(Decision Package)를 작성한다. 의사 결정 단위에 대한 분석 및 평가 결과에 대한 정보와 금액 대안에 대한 정보가 포함된다. 금액 대안의 수준은 감축, 현행, 증액 등으로 나누어 제시해야 한다.

④ 의사결정 패키지에 대한 우선순위를 결정한다. 우선순위 결정의 대상은 각 사업 대안들의 금액 대안이 된다. 우선순위에 따라 각 결정단위별 예산을 배분하게 된다.

2) 감축 기능의 수행

의사 결정 패키지를 작성하기 위해 사업에 대한 엄정한 평가가 이루어지고 이에 따라 효과가 없는 사업은 감축, 폐지되므로 예산의 낭비와 무분별한 팽창을 억제할 수 있다. 더불어 주어진 자원을 가장 효율적으로 이용할 수 있는 금액 대안들을 구체적으로 선택하는 바 자원난의 시대에 적합한 감축 지향적 예산제도라고 할 수 있다.

Ⅳ. 결: 과거 예산제도의 한계와 신성과주의 예산의 대두

위와 같이 각 예산 제도의 문제점을 해결하고자 하고 시대의 가치에 반응하고자 하는 다양한 노력이 있음에도 불구하고 모든 예산 제도는 그 나름의 결함을 노출하였다. 최근에는 A.Schick의 신예산기능론에 따른 신성과주의 예산이 종전 예산제도의 대안으로 각광받고 있다. 예산이 창출하는 가치를 극대화하고자 하는 신성과주의 예산은 집행의 신축성과 성과에 의한 통제를 동시에 달성하고자 하는 노력의 산물이다. 최근 우리나라에서도 4대 예산 개혁을 통해 이와 같은 움직임을 반영하고자 하는 노력들이 지속되는 바, 올바르게 정착될 수 있도록 국민적인 관심과 올바른 이해를 위한 공직자들의 노력이 필요하다.

강 평

1. 총평

예산의 기능과 예산제도의 변화를 설명하는 평이한 문제에 속한다. 평이한 문제인 만큼 질문에서 요구하고 있는 핵심을 정확하게 전달하는 답안을 작성할 필요가 있다. 제시된 답안은 중상 수준의 답안으로 각 예산제도가 특정의 예산기능을 어떻게 수행하고 있는지 예산편성방식을 중심으로 나름대로 잘 설명한 것으로 판단된다. 다만 다음과 같은 개선과 추가가 이루어지면 더 좋은 답안이 될 수 있을 것이다.

2. 보완해야 할 부문

첫째, 정부예산제도의 발전과정을 설명할 때, 정-반-합의 변증법적 관점에서 어떤 도전과 응전이 있었는지, 예산제도가 추구하는 목적을 중심으로 역동적으로 서술하면 더 좋은 답안이 될 수 있을 것이다. 둘째, 서술형 답안에 ①, ② 등의 기호를 문장 속에 쓰는 것 보다는, 첫째, 둘째 등의 한글로 서술하는 것이 바람직할 것으로 판단된다.

3. 추가해야 할 부문

첫째, 정부예산제도의 발전과정을 설명하는 부문에 우리나라에서는 어떻게 활용되었는지를 역사적 관점에서 검토해주는 내용을 추가할 필요가 있다. 둘째, 우리나라의 현재 예산편성에서 각종 예산제도의 특성이 어떻게 구현되고 있는지 구체적으로 적시해주는 내용을 추가할 필요가 있다.

5. 프로그램 예산제도

예산개혁의 제도적 허브로서 인프라 역할을 담당할 목적으로 프로그램 예산제도가 도입되었다. 프로그램 예산제도의 도입 배경 및 운영 원리, 기대되는 효과를 논하라.

예시 답안

Ⅰ. 프로그램 예산제도의 의의 · 도입배경

1. 의의

프로그램예산제도에서 '프로그램'이란 동일한 정책목표의 달성을 위한 세부적 단위사업(activity)의 묶음을 말하며, 프로그램예산제도는 품목이 아닌 '프로그램'중심으로 예산편성과 결산이 되는 거시적 재원배분정책의 핵심이 된다.

2. 도입 · 배경

기존의 품목별 예산제도(LIBS)가 '무엇'에 돈을 쓰는지에 중점을 둠으로써 재정의 칸막이 현상이라는 문제를 유발하였던 것에 대한 대안으로 도입된 덧이 프로그램예산제도이다. 또한 "무슨 목적"을 위해 돈을 사용하는지를 중시하기 때문에 '성과관리'로 이어지는 최근의 재정개혁 취지와도 그 맥을 같이한다.

Ⅱ. 프로그램예산제도의 운영 원리

1. 세입과 세출구조

세입항목은 기존과 같이 관-항-목 구조를 유지하나, 세출과 관련하여 큰 변화가 발생하였다. 즉, 우선 ① 소관별로 약 60개로 나눈 뒤 ② 이를 일반회계와 특별회계로 분류하여 기능별로 '분야-부문-프로그램-단위사업-세부사업으로 나누고 이를 다시③ 성질에 따라 인건비・물건비 등의 '목'별 분류를 시행한다.

2. 기본적 운영 방향

프로그램 예산제도는 성과관리가 가능하도록 성과책임 단위 및 중심관리 단위로 '프로그램 및 조직'을 예산구조에 반영하고 있다. 또한 동일정책목적을 달성하기 위한 사업을 한눈에 파악하도록 회계별로 이를 구분하여, 제도 도입 초기인 점을 감안하여 최소한의 투입 통제 요소로서 '목'을 예산구조에 반영하고 있다.

Ⅲ. 프로그램 예산제도의 도입효과

1. 기획재정부의 역할 변화; 숲을 보는 효과

1) 예산편성과정

기존의 세부사업에 대한 미시적 분석을 통해 투입-통제 중심의 재원배분이 행해졌던 것에 비해 프로그램 중심의 거시적 재원배분을 통해 예산과 정책의 연계성을 높을 수 있다.

2) 예산결산과정

품목중심의 집행관리 및 결산보고서 작성이 아닌 프로그램별 성과의 평가가 가능해져 동 제도는 향후 거시적 재원배분정책의 파트너가 될 것으로 예상된다.

2. 각 부처의 역할변화

기존의 예산제도 하에서 비주도적인 태도로 사업성과의 확보노력이 미흡하였던 점에서 벗어나, 세부사업에 대한 운용・배분의 자율성 확대로 부처별 우선순위에 입각한 정책시행이 가능해질 것으로 예상된다. 나아가 프로그램예산을 통한 성과의 평가를 통해 책임성확보의 문제도 해결할 수 있다.

3. 국민의 역할 변화

정부의 재원배분과정에 대한 정보접근이 용이해져 정부가 어떤 사업에 얼마의 비용을 쓰는지 알게 됨으로써 정책을 평가할 수 있는 길이 확대될 수 있다. 즉, 재정민주주의(fiscal democracy)를 구현할 수 있다.

Ⅳ. 결; 지속적 제도 보완의 필요성

2009년 국가회계법 시행으로 인해 정부 예산결산도 '재무보고서'의 방식으로 바뀜에 따라 복식부기와 발생주의 회계가 적용되고 있다. 따라서 프로그램예산제도 역시 예산과목구조의 개선을 통해 회계과목과의 연계성을 높여야 하며, '사업'에 대한 일관성 있는 개념정립이 요구된다.

강 평

1. 총평

프로그램 예산제도는 신공공관리론이 유행하면서 등장한 예산제도 개혁으로, 재무행정 분야에서 가장 중요한 주제 중 하나이다. 기존 교과서나 참고서에 그 내용이 자세하게 실려 있고 논점도 비교적 명확한 주제이기 때문에 답안지에 서술하는 것이 크게 어렵지는 않다. 답안도 논점을 빠트리지 않고 균형 있게 서술한 것으로 보인다.

2. 보완해야 할 사항

예시답안에서 특별하게 지적할 사항은 없으나 1장의 목차 제목을 "의의"라고 하는 것이 옳다고 생각한다. 의의에는 보통 개념이나 도입배경 등을 포함하고 있기 때문이다. 따라서 1장의 목차를 1. 프로그램 예산제도의 개념, 2. 프로그램 예산제도의 도입배경이라고 하는 것이 깔끔한 서술이 될 수 있을 것 같다.

또 3장에서의 서술을 재정주체들 사이의 역할변화를 중심으로 논의하기보다는 전반적인 관점에서 프로그램 예산제도의 도입효과를 논의하는 것이 적절하다고 생각한다. 예를 들면, 1. 성과 · 책임 · 자율 중심의 예산운영, 2. 총체적 재정 배분 내용 파악, 3. 재정집행의 투명성 · 효율성 제고, 4. 중앙정부와 지방정부 예산의 연계, 5. 일반국민의 이해 제고 등으로 목차를 나누는 것이 도입효과를 보다 부각시킬 수 있는 방법으로 보인다.

3. 추가해야 할 사항

프로그램 예산제도는 그 도입효과가 가장 중요하고 본질적인 부분인데 답안에서 이 부분에 대한 서술이 부족한 것으로 보인다. 기존 교과서 등을 참고하여 더 자세하게 서술할 필요가 있다. 그리고 프로그램 예산제도의 역할에 대한 부분도 교과서에서 많이 언급하고 있는데 이 부분을 따로 하나의 장으로 나누어 서술할 필요도 있다.

4. 기타 사항

답안에서 결론 부분을 따로 장으로 나누어 서술하고 있는데 그렇다면 서론을 서술하는 것이 수미상관에 맞지 않을까 생각한다. 물론 이 문제가 큰 주제는 아니기 때문에 서론을 꼭 서술해야 하는 것은 아니다. 다만, 프로그램 예산제도의 등장배경이 '돈의 가치(value for money)'를 제고하기 위한 신공공관리론의 맥락에서 나온 것이기 때문에 이에 대한 간략한 서술은 답안을 보다 균형 있게 만들 수 있다.

6. 정부회계, 재정개혁

우리나라에서도 복식부기 발생주의 회계제도의 도입이 논의되어 왔다. 단식부기와 복식부기, 현금주의와 발생주의의 개념을 설명하고, 기존의 단식부기 현금주의 회계제도가 가지고 있는 문제점을 지적하면서 이러한 문제점을 극복하기 위한 대안으로 복식부기 발생주의 회계제도의 장점과 정착조건을 설명하시오. (25점)

[2010 행정고시 제3문]

예시 답안

Ⅰ. 회계제도별 개념

1. 단식부기와 복식부기: 장부의 기록방식의 차이

단식부기는 거래의 영향을 단 한 가지 측면에서 수입과 지출로만 파악하여 기록하는 방식이다. 반면, 복식부기는 경제의 일반 현상인 거래의 이중성을 회계처리에 반영하여 기록하는 방식이다. 즉, 하나의 거래를 대차평균의 원리에 따라 차변과 대변에 이중 기록한다. 특히, 복식부기는 자산, 부채, 자본을 인식하여 거래의 이중성에 다라 차변과 대변을 계상하고 그 결과 차변의 합계와 대변의 합계가 반드시 일치하게 된다.

2. 현금주의와 발생주의: 경제적 거래의 인식 시점의 차이

현금주의란 현금을 수불하는 시점을 기준으로 거래를 인식하는 방식인 반면, 발생주의란 근원적으로 자산과 부채에 미치는 사건을 중심으로 거래를 인식하는 방식이다. 현금주의는 재화나 서비스를 제공하거나 제공받았다하더라도 현금이 지급되기 전에는 회계장부에 기록되지 않아 미지급비용이나 미수수익은 기록되지 않기 때문에 채권·채무가 장부에 나타나지 않는다.

3. 상호 관계

현금주의는 차변과 대변의 구분 없이 발생된 회계의 한쪽 면만을 기재하는 단식부기와 친화성이 있는 반면, 발생주의는 단일의 경제적 거래를 거리의 이중성에 따라 차변과 대변으로 나누어 기록하는 복식부기와 친화성이 있다. 시중은행들의 경우에서 볼 수 있듯이 현금주의를 취하면서도 복식부기를 사용할 수는 있으나 발생주의를 취하는 경우 자본, 부채, 자산을 따로 인식하지 않는 단식부기를 사용할 수는 없다. 결국 복식부기와 발생주의를 지향하는 과정에서 복식부기가 우선적으로 도입되어야 모순을 피할 수 있다.

Ⅱ. 복식부기와 발생주의의 장점

1. 단식부기에 대한 복식부기의 장점: 내부통제, 의사결정 지원, 신뢰확보

1) 오류의 자기검증

단식부기는 거래의 일면만을 기록하여 오류의 검증기능이 없어 채무 및 손익 파악이 불완전 하지만, 복식부기는 거래의 양면을 기록하여 차·대변의 각각 합이 일치하므로 오류의 검증기능이 있어 채무 및 손익파악이 완전하다는 장점을 가진다. 즉, 대차평균의 원리와 내부통제기능에 의하여 자료의 상호검증(cross check)이 가능하고, 그 결과 회계자료의 신뢰성이 높아지고, 부정과 오류 등 회계부정을 방지할 수 있다.

2) 합리적인 의사결정의 지원

일정한 원리 없이 상식적으로 기장하는 단식부기와는 달리 복식부기의 경우 대차평균의 원리에 따라 기입하므로 체계적이고 종합적인 정보를 제공하므로 정책결정자의 합리적인 의사결정에 유용한 정보를 제공해준다. 또한 자기통제기능을 통해 매일 매일의 종합적인 재정 상태를 알 수 있어서, 정보의 적시성(timeliness)을 확보할 수 있다. 따라서 신속 정확한 결산과 효율적인 회계감사가 가능하게 된다는 장점도 지닌다.

3) 재정 정보의 신뢰성 확보

재정운영보고서, 재정상태보고서 등이 제공되어 공표되는 회계정보의 이해가능성이 증대되면서 국민들에게도 정부활동에 대한 설명 기능을 제공할 수 있게 됨에 따라 대국민 신뢰를 확보할 수 있다는 장점도 있다.

2. 현금주의에 대한 발생주의의 장점

1) 책임의 명확성

현금이동을 수반하는 활동이 있기 전에 계약 등의 행위가 존재하게 되는데 현금주의는 이를 반영하지 못한다. 즉, 현금주의 회계제도 하에서는 정부의 지불행위의 시점을 조절하여 경제행위의 영향력을 과장하거나 은폐할 수 있다는 점에서 문제가 있다. 만약 지난 정부에서 대규모 국채발행을 한 것을 현 정부에서 상환한다면 현 정부는 자신의 귀책 없이 대량 현금 지출을 한 것으로 나타나는 것이다. 반면에 발생주의 회계는 경제적 사건을 기준으로 거래를 인식하므로 이러한 문제점 없이 경제적 거래시점과 책임 또는 성과가 괴리되지 아니하고 일치한다.

2) 미래지향성, 재정투명성

또한 현금주의가 수입 및 지출에 대한 통제중심의 회계였다면 발생주의는 미래의 채권·채무에 대한 명확한 인식과 조기관리체제를 통해 근시안적인 시각을 극복할 수 있고, 더불어 재정의 건전성도 회복할 수 있는 장점을 지닌다.

Ⅲ. 결: 복식부기와 발생주의의 정착조건

민간부문에서는 재무 목표가 주주의 투자수익률 또는 이윤 극대화에 있지만, 정부는 조세와 다른 재무 자원을 시민의 필요와 균형을 취하도록 하여 예산 균형을 달성하는 등 그 목표가 추상적이고 계량화되기 힘들다는 점에서 정부회계는 민간회계와 많은 차이가 있다. 기획재정부가 디지털예산회계시스템(D-brain)을 통해 복식부기·발생주의 회계제도를 이미 반영하고 있으나 국가회계법에서 예정하고 있던 전 부처로의 확산이 보류되는 등 현행 제도가 현금주의와 단식부기 방식으로 회계를 처리하는데 따른 제약과 문제점을 해결하기 위해서는 장기적으로 복식부기와 발생주의를 정착시키기 위한 노력이 필요할 것이다.

첫째, 회계기준 운용을 위한 재정비가 필요하다. 자산과 부채의 평가기준 및 방법, 수익과 비용 인식기준 및 시기, 프로그램 예산제도 도입에 따른 프로그램 원가계산 등의 기준이 재정비되는 것이 선결조건이라고 할 수 있다. D-brain과 같이 예산 편성부터 회계 결산까지 일괄적으로 처리할 수 있는 시스템을 구축하는 것도 필요한 일이다.

둘째, 복식부기와 발생주의를 적용할 사람의 변화가 필요하다. 공무원은 회계의 신뢰성과 투명성을 확보하는 회계마인드 함양을 통해 적극적으로 복식부기와 발생주의를 학습하고 받아들여야 한다. 양성한 회계공무원의 경우 순환 전보 주기를 조정하여 전문성을 유지·축적할 수 있도록 하여야 하며, 부족한 회계공무원의 문제는 산·학·관의 긴밀한 협조체계로 해결한다면 전문성과 함께 민간의 통제라는 장점이 확보될 수 있다.

강 평

1. 총평

정부회계와 관련하여 단식부기와 복식부기, 현금주의와 발생주의의 개념을 설명하고, 기존의 단식부기 현금주의 정부회계의 문제점을 지적하고, 복식부기 발생주의 정부회계의 장점과 정착조건을 설명하는 25점짜리 작은 문제에 속한다. 작은 문제이므로 문제에서 제시한 내용을 간략하면서도 충실하게 설명하는 답안이 필요하다. 제시된 답안은 관련된 논점을 간결하게 정리한 중상수준이라 할 수 있다. 다만 고득점을 위한 다음과 같은 보완과 개선이 필요하다고 본다.

2. 보완해야 할 부문

발생주의 복식부기의 개념과 장단점을 설명하면서 가능한 한 사례를 구체적으로 제시해주면서 비교분석하는 것이 유리하다. 현재의 답안에서 나름대로 사례를 제시하고 있으나, 발생주의, 복식부기를 위한 분개, 전기 등과 재무제표인 재정상태표, 재정운영표 등에 대한 구체적인 사례를 제시하고, 현금주의, 단식부기와의 차이점, 편익을 서술해줄 필요가 있다.

3. 추가해야 할 부문

첫째, 정부회계와 기업회계의 차이를 언급해줄 필요가 있다. 특히 복식부기와 발생주의의 정착조건을 설명하는 부분에서 정부회계에서 두 제도를 적용하는데 따르는 한계를 추가할 필요가 있다. 둘째, 정부회계에서 복식부기와 발생주의가 어떻게 적용되고 있는지에 대한 현황을 지방정부, 중앙정부로 나누어 간략히 서술해줄 필요가 있다. 셋째, 국가회계법 등 정부회계에서 복식부기와 발생주의를 적용하기 위한 법률적 근거의 주요 내용에 대해서도 추가할 필요가 있다.

4. 기타 사항

결론에서 D-brain과 회계공무원의 전문성 등을 지적한 것은 매우 잘 한 것으로 판단된다. 정부회계부문은 새롭게 강조되고 있는 영역으로 지속적인 관심이 필요하다고 본다.

7. 총액인건비제도

아래 기사를 보고 총액인건비제도에 대한 다음의 물음에 답하시오.

전국 지방자치단체에서 2007년부터 실시 중인 총액인건비제가 2011년부터 16개 시·도 교육청에도 전면 도입된다. 시도 교육청의 경우 지금까지는 교과부가 직접 각 교육청의 정원 규모, 기구 및 조직의 설치·변경 사항 등을 통제해 왔으나 총액인건비제가 도입되면 교과부는 인건비 총액만 교부하고 그 안에서 교육감이 자율적으로 정원 및 조직 관리를 하게 된다. 그러나 정원 등의 제한이 사라지면 교육감 재량으로 특정 직급의 인력 감축과 같은 구조조정이 가능해져 조직 구성원들 사이에 반발도 예상된다.

기초자치단체가 행정안전부의 총액인건비 지침에 따라 인력 증원이 어려워지자 앞 다퉈 시설관리공단 설립을 추진하고 있다. 보통 광역지자체들이 시 산하의 여러 시설관리를 위해 공단을 설립하는 경우가 많지만 이처럼 기초지자체에서 시설관리공단을 추진하는 경우는 이례적이다. 이에 대해 한 시민단체에서는 "지자체의 방만 운영 견제 등 총액인건비 제도의 원래 취지와 달리 지자체들이 인력충원을 위해 관리공단을 만드는 편법을 사용하고 있다"며 "결국 공무원을 충원하는 것보다 국민예산이 과도하게 소요되는 등 '배보다 배꼽이 큰 상황'을 맞고 있다"

(1) 총액인건비제도의 의의 및 이론적 배경에 대해 논하시오.

(2) 총액인건비제도의 내용, 기대효과 및 문제점을 논하시오.

(3) 총액인건비제도가 성공적으로 정착되기 위한 방안을 논하시오.

예시 답안

Ⅰ. 서: 분권과 자율의 총액인건비제도

Verhoest가 지적한 바와 같이 신공공관리론의 파급 이후, 행정에는 결과 및 성과에 의한 통제, 재정적 인센티브에 의한 통제, 경쟁에 의한 통제의 세 가지 메커니즘이 보편화되었다. 총액인건비제도 역시 이러한 메커니즘의 하나로 보수구조의 합리적 설계를 통한 행정의 생산성 향상을 목표로 하는 바, 재정적 인센티브에 의한 통제 형태로 도입되고 있다.

한국의 경우 2005년 시범도입을 필두로 2007년부터는 56개 부처와 250개 지방자치단체 모두 총액인건비제도를 시행중이다. 그러나 2005년 시범 운영된 지방자치단체 10곳에 대한 조사결과 1곳을 제외한 9곳에서 직위의 증설이 발생하는 등 정부의 몸통 부풀리기의 수단으로 전락할 수 있다는 우려의 시각도 존재한다. 따라서 동 제도의 분권과 자율을 통한 성과향상의 의도된 정책목표를 달성하기 위해 바람직한 정착 방안에 대한 모색이 필요하다.

Ⅱ. 총액인건비 제도의 의의 및 이론적 배경

1. 개념

총액인건비 제도란 예산을 담당하는 부처는 인건비의 총액만을 결정하고 각 부처는 그 한도 내에서 조직의 정원 및 인사 종류(직급, 직위)를 결정하며 보수의 합리적 차등화를 자율적으로 결정하도록 하는 제도를 말한다.

2. 이론적 배경: 주민-대리인 이론(Principal-Agent Theory)

1) 의의

주인-대리인 이론이란 주인의 대리인에 대한 정보 부족의 상황 하에서 대리인의 기회주의적 행동이 주인의 이익에 반(反)하여 나타나게 되는 상황을 설명하는 이론이다. 이는 현대 행정에 있어 주인인 국민과 그 이익에 반하여 예산을 낭비하는 대리인으로서 정부와의 관계로 묘사된다.

2) 대리인의 기회주의적 행동가능성과 그 비용

주인－대리인 이론에 따르면, 정보 비대칭(asymmetric information)의 상황 하에서 주인은 대리인의 기회주의적 행동, 구체적으로는 역선택(adverse-selection)과 도덕적 해이(moral hazard)의 상황에 직면하게 되고, 이로 인해 대리인이 자신의 사익만을 추구한 결과 주인은 대리인 비용(agent cost)을 부담하게 된다.

즉, 주인은 대리인을 통제하기 위한 장치를 고안하는데 추가적 감시비용을 더 소모하며, 극단적인 경우 대리 실패 현상이 발생하기도 한다.

3. 현대 행정사례의 적용: 총액인건비 제도와 관련하여

한국 도로공사의 휴게소 운영권 등이 내부퇴직자에게 부여되면서 경쟁압력 저하로 휴게소 물가 상승이 유발된 사례에서 보듯 한국도로공사는 정부의 대리인이자 국민의 복대리인으로서 공기업의 도덕적 해이 행태를 보여주고 있다. 궁극적으로 국민이 손해를 보는 사례가 빈번하게 발생하고 있다.

이러한 대리인 문제에도 불구하고 오히려 대리인에게 자율권을 부여하자는 제도가 총액인건비 제도인 바, 성과에 대한 책임통제를 통해 대리인 비용을 최소화하기 위한 장치와 노력이 필요하다.

Ⅲ. 총액인건비 제도의 구체적 내용 및 기대효과, 문제점

1. 총액인건비 제도의 운영원리

1) 조직 · 정원관리

일정 한도 내에서 조직의 정원을 증가시키거나 감축시키는 것이 가능하다. 한국의 경우, 총 정원의 3%이내에서 정원의 증감을 허용하고 있다.

2) 인사관리

행정청 자율에 의해 새로운 직위, 직급 수 및 종류 설계가 가능하다.

행정의 대응성과 탄력성을 위해 필요한 조치이며, 다만 고위직의 남설을 방지하는 차원에서 한국의 경우 4급을 4·5급 직위수의 1/3 이내에서 조정이 가능하도록 제한하고 있다.

3) 예산관리

부여된 예산의 한도 내에서 그 사용의 자율성이 인정되며, 한국 역시 인력 예산 한도 내에서 항목간 기관장의 전용 권한을 인정하고 있다. 또한 지방자치 단체의 경우 교부금을 활용해 예산절감시 그 차액을 교부금으로 지급하며 초과 사용시 그 만큼을 교부금에서 차감하는 방식을 통해 재정에 대한 통제를 가하고 있다.

2. 총액인건비 제도의 기대효과 및 문제점

1) 긍정적 기대효과

우선 예산업무를 담당하는 부처차원에서는 과거 통제 메커니즘의 활용에서 벗어나 성과 책임의 확보 메커니즘으로 변화해 감에 따라 재정의 효율성을 달성하고 재정가치(Value for Money)의 극대화 추구가 기대된다. 나아가 각 부처 역시 인건비활용의 자율성 확보에 따라 기관장의 리더십 발휘가 가능해지며, 예산절약의 유인을 통한 동기부여 기능이 확대될 것으로 기대된다.

2) 예상되는 문제점

우선, 주인-대리인 이론에서 예측하는 바와 같이 증대된 자율성으로 인해 예산의 부적절한 사용이 우려된다. 즉, 총액인건비 제도가 고위직의 증설로 오용되는 경우 중간관리직 부재로 인해 하위 부서의 업무 부담이 가중될 수 있으며, 나아가 이로 인해 행정의 누수현상이 발생할 수도 있다.

또한 최근의 공무원 퇴출 및 인력감축 사례에서 보이듯, 합리적 퇴출 기준 없이 동 제도가 인력 감축의 수단으로 활용되는 경우 인력의 생산성의 향상보다는 퇴행적 능률성으로 인한 행정 능력의 손상이 유발될 수 있다.

Ⅳ. 총액인건비 제도의 성공을 위한 합리적 정착방안: 책임성 확보를 중심으로

1. 대리인에 대한 처방

1) 철저한 성과 평가를 통한 책임 확보

통합국정평가시스템(IPSES)등과 연계하여 인건비 예산이 다른 용도로 오·남용되지 않는지 등을 관리하여야 하며, 조직 내 자체 평가를 바탕으로 총리실 등의 평가가 행해지는 중층적 평가 체계를 통해 책임을 확보하기 위한 노력이 필요하다.

2) 향후 예산에 대한 반영(feedback)

합리적이지 못한 조직 증설, 예산 전용 등의 사례가 발견되는 경우, 그 책임을 차년도 예산에 반영하는 피드백(feedback)과정을 통해 책임을 담보하려는 노력이 필요하다.

3) 행정인의 의식 개선, 유인구조의 활용

행정인들은 자신이 대리인(agent)임을 자각하고, 주인인 국민의 이익이 반하지 않는 행동을 하여야 하며, 이는 조직 구성원에 대한 윤리교육 등을 통해 책임의식을 확보하는 차원에서부터 시작될 수 있다. 즉, 대리인들은 주인화된 대리인(principaled Agent)으로서 맡은 업무 수행에 최선을 다해야 하고, 윤리교육과 함께 이들에 대한 처우개선 및 합리적 보수 구조설계를 통한 유인구조의 확보도 좋은 방안이 될 수 있다.

2. 주인에 대한 처방

1) 국회의 경우

국민의 1차적 대리인인 국회는 정부에 대한 견제 및 감시라는 본연의 임무에 충실하여야 한다. 즉, 국회의 예산심의 과정에서의 합리성 확보 및 NABO의 독립성

보장 등을 통해 사전적 예산 배정 과정에서의 통제와 더불어, 사후적으로도 국정 감사 및 조사를 통해 증대된 행정의 자율성을 통제하려는 노력이 필요하다.

2) 국민의 경우

진정한 주인의식을 갖고 시민단체 및 언론기구 등을 통한 지속적 모니터링(monitoring)의 노력이 필요하다. 어디까지나 대리인 문제의 해결은 주인의 노력 없이 해결이 불가능한 바, 깨어있는 민주주의의 파수꾼으로서, 주인인 국민의 적극적 역할이 무엇보다도 중요한 시점이다. 구체적으로는 예산낭비사고센터의 적극적 활용도 좋은 대안이 될 수 있다.

Ⅴ. 결: 총괄경상예산제도로의 이행을 위한 디딤돌

분권화와 책임성 원리에 기초한 제도 개혁은 필연적으로 정부재정의 개혁을 통해 이뤄지기 마련이다. 총액인건비제도가 향후 총괄경상비제도 등으로 발전하기 위해서는 자율부여에 따른 대리인의 책임을 확보하기 위한 장치들이 더욱더 정교하게 고안되어야 대리인 체제로 인한 실패를 예방할 수 있을 것이다. 또한 이는 행정의 생산성 향상을 통해 궁극적으로 재정 민주주의(fiscal democracy)의 구현을 가능케 할 것으로 예상되는 바, 주인과 대리인의 협력적 체제 구축을 통한 행정의 지속적 발전도 가능할 것이다.

강 평

1. 총평

총액인건비제도는 책임운영기관제도와 마찬가지로 "자율과 책임의 조화"라는 신공공관리론적 행정개혁의 경향성을 따르는 제도개혁 중 하나이다. "자율과 책임의 조화"라는 메커니즘은 대리인 이론의 관점에서 이해해야 하며, 따라서 이러한 제도개혁을 서술할 때에는 반드시 대리인 이론에 대한 서술과 병행해야 한다. 문제는 사례 형태를 띠고 있지만, 실질적으로는 논술형 문제이고 문제에서 논점을 다 제시하고 있기 때문에 쓰기에는 별 어려움이 없을 것으로 보인다. 그리고 예시답안도 무난하게 서술하고 있으며, 실제 고시에서 이런 정도의 답안을 쓰면 높은 점수를 받을 수 있을 것이다.

2. 보완해야 할 사항

2장의 2에서 대리인 이론을 통해 총액인건비제도를 설명하고 있는 것은 적절하다. 참고로 대리인 이론이 적용된 행정제도로는 성과급 제도, 예산성과금 제도, 책임운영기관제도, 총액인건비제도, 성과지향적 예산제도, 정보공개제도 등을 들 수 있다. 다만, 대리인 이론과 총액인건비제도를 연결하는 설명이 부족하다. 즉, 2장의 3. 현대 행정에의 적용 부분의 설명을 보완할 필요한데, 자율과 책임의 조화를 지향하는 총액인건비제도가 왜 대리손실의 줄이는데 기여하는지에 대한 추가적인 설명이 필요하다. 또 3장의 2. 총액인건비제도의 기대 효과 및 문제점에 대한 설명도 세부 목차로 나누어 좀 더 풍부하게 서술할 필요가 있다.

3. 추가해야 할 사항

예시답안이 중요한 논점을 빠짐없이 서술하고 있어 특별하게 언급할 것은 없다. 다만, 3장과 4장의 내용을 좀 더 구체적으로 서술할 필요가 있다.

4. 기타 사항

행정학은 법학과 달리 구체적인 행정사례에 대해 판정을 내린 판례가 없기 때문에, 실제 사례문제도 이 문제의 경우처럼 본격적인 사례문제라기보다는 사례형식의 논술형 문제가 많다. 따라서 사례 문제가 출제되었다고 하여 절대 위축되거나 당황할 필요가 없다. 오히려 문제에서처럼 중요한 논점을 문제에서 제시해주기 때문에 논점을 빠트릴 염려가 없다. 게다가 문제에서 제시하고 있는 사례에 근거한다면 총액인건비제도의 문제점은 별다른 어려움 없이 서술할 수 있다. 따라서 사례 문제도 논술형 문제를 푼다는 생각으로 접근한다면 큰 문제없이 해결할 수 있을 것이다.

8. 재정민주주의, 예산개혁

최근 일부 지방자치단체에서 '주민참여예산제도'를 채택하고 있다. 주민참여예산제도의 필요성을 '사회적 자본(social capital)의 관점에서 논하고, 이 제도의 성공적인 정착 방안을 제시하시오. (30점)

[2010 행정고시 제2문]

예시 답안

Ⅰ. 서: 주민참여예산제도의 확산

국제연합(UN)이 시민참여 측면에서 가장 우수한 제도라고 평가하고 있는 주민참여 예산제도가 울산시 북구 등을 시작으로 각 지방자치단체가 자발적으로 도입되고 있다. 종래 지방정부가 독점적으로 행사해 왔던 예산 편성권을 지역사회와 지역 주민에 분권화(decentralization)하여 재정민주주의 실현과 함께 효율성까지 확보하려는 제도로서 큰 기대를 모았다. 특히 주민참여예산제도가 신뢰, 호혜성의 규범, 시민참여의 네트워크와 같은 사회적 자본(social capital)을 축적할 것으로 예상되었으나 의도하는 바와 같이 잘 작동할 지는 아직 확실하지 않은 상황이다. 이에 주민참여예산제도가 사회적 자본 관점에서 왜 필요한 지에 대한 고찰을 바탕으로 성공적인 정착 방안에 대한 모색이 필요한 시점이다.

Ⅱ. 주민참여예산제도의 의의

1. 개념

주민참여예산제도는 그 동안 집행부가 독점적으로 행사해 왔던 예산 편성권을 지역사회와 지역주민에게 분권화 또는 권한이양(empowerment)함으로써 예산편성과정에 해당 지역 주민들이 직접 참여하는 것을 법적·제도적으로 보장하는 주민참여제도의 일종이다. 즉, 주민참여예산제도의 핵심은 예산편성과정에 시민이 직접 참여하여 우선순위 결정 등에 의견을 제시하여 반영하는 것이라고 할 수 있다. 예산감시운동과는 달리 사전적이고 적극적인 제도화된 형태로서 거버넌스(Governance)의 한 형태라고 볼 수 있다.

2. 목적: 효율성 및 민주성 제고

주민참여예산제도는 예산편성과정에 시민참여를 확대함으로써 지방재정 운영의 투명성과 공정성 및 효율성을 제고하고, 재정민주주의 이념을 구현하는 데 그 목적이 있다. 자기결정과 자기책임의 원칙에 기초한 주민자치의 이념을 재정 측면에서 구현하게 되며, 관료 및 집행부 중심의 폐쇄적인 예산편성방식으로 인해 발생하는 실패를 통제할 수 있다. 나아가 협치로의 국정운영 패러다임 변화에 부합하는 것이기도 하다.

Ⅲ. 주민참여예산제도의 필요성: 사회적 자본의 관점

1. 사회적 자본의 의의와 특징

Putnam에 의하면 사회구성원 간의 협력적 행위를 촉진시켜 사회적 효율성을 높일 수 있는 사회적 신뢰, 호혜성의 규범, 시민참여와 네트워크와 같은 사회조직의 속성을 사회적 자본이라고 하며, Fukuyama는 공동 목적을 위하여 사람들의 협력을 가능케 하는 공유된 가치, 규범, 신뢰 등의 사회조직의 속성을 의미한다고 한다.

이러한 사회적 자본은 사람들 사이의 관계 구조 속에 있으며, 물적 · 인적 자본과는 달리 비배제성과 비경합성을 가지는 공공재적 특성을 지니고, 그 생산과 파괴가 자기강화적이라는 특징을 가진다. 즉 국가와 시민이 서로 신뢰관계에 있다면 서로의 협력을 증진하고 사회적 자본의 형성이 더욱 촉진되지만, 불신 하에서는 더욱 사회적 자본의 형성이 어려워진다는 것이다.

2. 주민참여예산제도의 필요성: 사회적 자본의 기능에 따른 고찰

1) 민주성 측면: 담론적 민주주의의 실현과 주민자치

예산참여 네트워크가 형성되고 여기에 신뢰와 호혜성의 규범이 더해진다면 서로의 대화와 토론을 통해 예산을 편성하는 이상적인 민주주의로서 담론적 민주주의의 형성이 가능해 지며, 이타적이고 덕성 있는 시민으로 행동하게 된다. 즉, 주민참여예산제도가 성공적으로 운영되어 다수의 지역 주민들이 지방자치단체의 예산을 어느 곳에 써야 할 것인가를 직접 결정할 수 있다면 재정주권의식이 함양될 수 있다. 호혜성의 규범 측면에서는 지속적인 참여로 지방 정부와의 신뢰가 개선된다면 자신의 시간을 내어 예산 편성에 참여하는 데 드는 시간과 비용을 감수하더라도 장기적인 시각에서 결국 자신에게 이익이 된다는 것을 이해하고 실천하게 될 것이다.

2) 효율성 측면: 집단행동의 딜레마 극복과 거래비용 절감

사회적 자본은 공유지의 비극과 같은 집단행동의 딜레마(collective action dilemma)를 극복할 수 있게 한다. 호혜성의 규범과 상호신뢰를 통해 개인의 합리적 선택을 집단에서도 합리적 선택이 되도록 하기 때문이다. 예산 편성에서도 자신만의 이익을 반영하려는 것이 아니라 지역 전체의 차원에서 생각할 수 있기 때문이다.

주민예산참여제도의 활용을 통해 특정 집단이나 개인에게 유리한 예산을 확보하기 위한 각종의 노력에 드는 시간과 비용, 예산 정보에 대한 접근이 개방되고 용이해짐에 따라 이를 얻기 위한 노력이 절감되므로 거래비용(transaction cost)을 줄인다는 점 역시 효율성 측면에서의 장점이 된다.

3) 거버넌스의 구축 용이

시민참여 네트워크는 그 자체로 하나의 거버넌스라고 볼 수 있다. 예산 편성이라는 재정 측면에서의 거버넌스의 확립은 다른 분야에서의 거버넌스 구축에 필요한 자신감과 사회적 신뢰를 축적하게 할 것이다. 사회적 자본의 자기강화성을 고려한다면 주민참여예산제도의 성공 경험이 사회적 자본 축적을 가속화하여 국정운영의 제 측면에서 거버넌스적 문제해결의 토대가 될 수 있다.

Ⅲ. 결: 성공적 정착방안

살펴본 바와 같이 주민참여예산제도는 사회적 자본을 구축하는 역할을 하는 동시에 사회적 자본을 토대로 주민참여예산제도가 더욱 내실 있게 운영될 수 있게 한다. 우리나라도 주민참여예산제도를 많은 지방자치단체에서 도입하고 있지만, 도입만으로 성공적인 운영을 담보할 수 없음은 과거의 수많은 사례로부터의 교훈으로 알 수 있다. 따라서 위 제도의 도입만으로 만족할 것이 아니라 성공적인 정착에 대한 끊임없는 고민이 필요할 것이다.

ⅰ) 먼저 예산편성안 등의 재정정보의 공개를 내실화할 필요가 있다. 제도의 핵심은 시민들의 적극적인 참여에 있으므로 정보공개는 그 전제라 할 수 있다. 일반주민들도 쉽게 이해할 수 있는 체계적이고 일목요연한 방식으로 공개할 필요가 있다. ⅱ) 둘째, 현재에도 일부 시행중인 예산참여시민위원회, 참여예산학교의 운영을 활성화하고 제도에 대한 홍보를 강화하는 등 폭넓은 참여를 유도하여야 한다. 이러한 역할은 지방자치단체 스스로 뿐만 아니라 시민단체의 몫이기도 하다. ⅲ) 셋째, 공무원 및 지방자치단체위원의 인식과 자세 변화가 있어야 한다. 이들 입장에서는 예산편성권의 공유가 권한의 감소로 느껴져 제도 활성화에 소극적이 될 수 있으므로 교육과 홍보 등으로 인식 변화를 도모하여야 한다. ⅳ) 넷째, 제도 초기에 생길 수 있는 역기능에 대한 통제가 필수적이다. 집단이기주의 및 특정 개인, 단체에게 악용될 소지가 있으며 이러한 사례가 보고된다면 사회적 자본 축적에 악영향을 미치며 자기 강화 효과로 인해 회복이 힘들 수 있기 때문이다.

이러한 노력들로 인해 현재 주민 '참고' 예산이라는 비판을 넘어서 진정한 사회적 자본, 주민참여 네트워크로서의 주민 '참여' 예산으로 성공적으로 정착되길 기대해 본다.

강 평

1. 총평

문제는 주민참여예산제도의 필요성을 사회적 자본의 관점에서 논하고, 성공적인 정착방안을 제시하라고 하고 있다. 사회적 자본의 관점에서 접근하라는 구체적인 제시를 주고 있다는 점에서 전체 답안의 맥락이 사회적 자본을 중심으로 이루어져야 할 필요가 있다. 제시된 답안은 주민참여예산제도의 의의와 필요성 성공적 정착방안을 사회적 자본의 관점에서 충실하게 포함한 좋은 답안으로 평가된다. 다만 현행 주민참여예산제도의 법률적 근거와 참여자의 대표성 문제에 대한 언급이 추가된다면 더 좋은 답안이 될 수 있다고 본다.

2. 보완해야 할 부문

첫째, 사회적 자본의 관점에서 참여예산제도를 서술하도록 요구하고 있는 만큼, 사회적 자본의 의의와 특성 부문에 더 많은 내용을 포함할 필요가 있다. 둘째, 사회적 자본과 주민참여예산제도가 어떤 관계가 있는지 체계적으로 정리하여 제시할 필요가 있다.

3. 추가해야 할 부문

첫째, 지방자치단체에서 주민참여예산제도를 운영하고 있는 법적 근거(지방재정법 제39조)와 내용을 추가할 필요가 있다. 둘째, 참여예산제도에 참여하게 되는 주민의 대표성과 전문성 문제를 추가적으로 언급할 필요가 있다. 특히 공식적인 지방의회의 예산심의와 별도로 주민이 예산편성과정에 참여하는 것의 장단점을 서술해 줄 필요가 있다.

4. 기타 사항

마지막 성공적 정착방안 부문에서 ⅰ) 등의 기호를 사용하는 것은 피하는 것이 좋다. 서술식 답안에서는 주어와 동사를 명확히 하고, 내용 중 순서는 첫째, 둘째 ... 등으로 구성하는 것이 좋다.

제 5 장
정책론

1. 정책과 행정이념

다음 사례를 읽고 물음에 답하시오.[2008 전기 서울대학교 행정대학원 입학시험 문제]

> 세계보건기구(WTO)는 세계 담배규제 기본협약(FCTC)의 이행을 위한 국제표준을 정하는 회의를 소집할 예정이다. 이 협약은 2005년 2월에 발효되어 148개 국가에서 비준되었다. 이 협약은 비준국가들에게 흡연율을 감소시키기 위하여 금연구역 확대, 담배 값 인상(담배세 인상), 금연 공익광고 방영 등을 포함한 금연정책을 시행할 것을 권고하고 있다. 우리나라 보건복지부는 2010년 성인남성 흡연율 30%대 진입을 위하여 이 협약이 권고하는 수준으로 보다 강력한 금연정책을 펴나갈 계획이다.(연합뉴스, 2007년 6월 28일자 발췌인용)

위의 사례에서 흡연율 감소를 위해 제시된 여러 정책수단의 특징을 정부가 개인이나 집단의 행위를 제약하는 정도를 기준으로 비교하시오. 그리고 ① 효과성, ② 효율성, ③ 형평성 차원에서 각 정책수단의 장 · 단점을 평가하시오.

예시 답안

Ⅰ. 서: 정책 대안의 탐색

정책목표가 설정된 경우 이를 달성할 수 있는 여러 가지 정책 수단들에 대한 개발과 탐색 작업을 통해 정책목표를 가장 적합하고, 적절하게 달성할 수 있는 정책 수단을 선택하여야 한다. 이를 정책 대안의 탐색이라고 한다. 정책 수단의 종류에 따라서 정책 목표의 달성 수준도 달라지게 된다. 따라서 일정한 기준에 따라 정책 수단을 비교 평가하여 가장 바람직한 대안을 선택하는 것이 정책의 목표 달성과 사회 문제 해결에 있어 중요하다고 하겠다.

Ⅱ. 행위 제약의 정도를 기준으로 한 정책 수단의 특징 비교

1. 금연구역의 확대

금연구역을 확대하는 것은 정부가 일정 지역 내에서의 흡연을 절대적으로 금지시키고 이를 위반할 경우 처벌을 하여 개인의 흡연에 대해 직접 통제하는 방식이다. 따라서 금연구역 확대는 개인이나 집단의 행위를 직접적으로 통제하는 방식이므로 그 제약의 크기가 가장 크다고 할 수 있다.

2. 담배세 인상

담배세를 인상하는 것은 담배가격을 상승시킴으로써 담배에 대한 수요를 감소시키는 방법으로 흡연율 감소 목표를 달성하고자 하는 방식이다. 가격체계를 활용하여 담배 수요를 감소시키는 적절한 유인을 제공함으로써 흡연을 억제하도록 유도시키는 것일 뿐 직접적으로 흡연에 대해 통제하는 것은 아니므로 금연 구역의 확대 방식보다 개인이나 집단의 행위에 대한 제약의 크기는 작다고 할 수 있다.

3. 금연 공익광고 방영

금연 공익광고를 방영하는 것은 광고를 통해 개인의 흡연에 대한 선호체계를 변화시켜 자발적으로 금연을 하도록 유도하는 방식이다. 공익광고를 보는 경우 흡연의 위험성에 대해서 인식하게 되고 흡연에 대한 비효용이 증가함으로써 그 수요를 줄이게 되는 방법을 통해 흡연을 억제하는 효과를 얻을 수 있다. 공익광고는 개인의 자발적인 흡연 감소를 유도하는 것이므로 다른 방식에 비해서 개인이나 집단의 행위에 대한 제약의 크기가 가장 작다고 할 수 있다.

4. 소결

흡연율 감소 목표를 추구하는 여러 가지 정책 수단 중에서 정부가 개인이나 집단의 행위에 대한 제약을 가하는 정도가 가장 큰 순서부터 나열하면 금연구역의 확대, 담배세 인상, 금연 공익광고의 방영이다.

정부의 개입의 정도가 강할수록 개인의 입장에서는 자율성이 제한되고 극대화되는 효용의 크기가 작아질 수 있다는 문제점이 있지만, 정부 입장에서는 원하고자 하는 정책 목표를 보다 확실한 수준으로 달성할 수 있고, 정책의 결과에 대한 예측이 용이하다는 장점이 있다.

Ⅲ. 정책 수단의 장, 단점

정책대안의 소망스러움(desirability)을 평가하는데 사용되는 기준은 사람에 따라서 그리고 강조하는 바가 무엇이나에 따라서 다양할 수 있다. 대표적으로 효과성, 효율성, 형평성 등이 그 기준이 될 수 있을 것이다.

1. 효과성(effectiveness) 측면

(1) 효과성의 개념

효과성은 가치 있는 결과가 성취되었는가 여부, 즉 목표 달성을 문제 삼는 것이다. 이는 노력 그 자체보다 노력의 결과를 중요시하며 바로 한 단계 상위에 있는 목적을 달성하기 위해 얼마만한 일이 실제로 이루어졌는가, 그리고 이러한 변화는 원래 의도했던 것인가 등에 의하여 평가된다.

(2) 정책에 대한 평가

효과성 측면에서는 금연구역의 확대라는 수단이 가장 장점을 가질 것으로 보인다. 금연구역의 확대는 정부가 개인의 흡연에 대해 정책목표에 해당하는 흡연율 수준에 이르기까지 가장 직접적이고 적극적으로 통제를 할 수 있기 때문이다. 담배세 인상이나 공익광고의 방영 수단은 개인의 흡연에 대한 선호에 의해 영향을 받기 때문에 정책 목표 달성에 있어서 정부의 예측가능성이나 확실성의 정도가 약하다고 할 수 있다.

2. 효율성(efficiency) 측면

(1) 효율성의 개념

효율성은 비용과 관련시켜 본 대안에 대한 평가로서 투입과 산출의 비율을 의미한다. 효과성이 목표 성취에 초점을 두는 반면에 효율성은 수단의 극대화를 강조한다.

(2) 정책에 대한 평가

효율성 측면에서는 금연 공익광고 방영이라는 수단이 가장 장점을 가질 것으로 보인다. 동일한 산출이 달성되는 경우 그 투입 비용이 가장 적게 드는 수단이 효율적이라고 할 수 있다. 금연구역 확대 수단에 사용되는 비용은 금연구역 설정비용과 금연구역에서의 흡연자를 단속하는 비용을 포함한 행정비용 뿐만 아니라 개인이 정부 정책에 적응하는 과정에서 발생하는 순응비용까지 소요된다. 담배세 인상 수단의 경우에는 정부가 적정 세율을 설정하는데 드는 정보비용과 개인의 순응비용이 포함된다. 반면 공익광고 방영 수단의 경우에는 정부의 광고비용만 소요될 뿐 자발적인 금연을 하는 것이므로 개인의 순응비용은 거의 발생하지 않는다고 볼 수 있다. 따라서 동일한 목표 수준을 달성할 수 있는 경우에는 공익광고 방영이 가장 비용이 적게 드는 수단이라고 할 수 있다.

3. 형평성(equity) 측면

(1) 형평성의 개념

형평성은 비용과 편익이 여러 집단 사이에 동등하게 배분되었는가를 문제 삼는다. 효율성과 효과성에서는 비용과 편익이 사회 전체적으로 어느 정도 발생하는가를 측정하지만 형평성은 정책 효과나 정책 비용이 누구에게 돌아가는가 하는 문제를 고려하는 기준이다.

(2) 정책에 대한 평가

정책 비용이 누구에게 돌아가는 것이 형평성을 가지는 것인가와 관련하여 소득 수준이 낮은 사람이 소득 수준이 높은 사람에 비해 비용을 적게 부담하는 것, 즉 누진적인 비용 부담 구조를 가지는 것이 공평하다고 한다면 담배세 인상의 경우 형평성을 훼손하는 정책수단이라고 할 수 있다. 담배세는 흡연자에게 담배를 구입할 때마다 간접세를 부과하는 것인데 이는 소득 수준을 고려하지 못하므로 같은 수준의 흡연을 하는 경우 소득 수준이 낮은 사람일수록 소득에서 차지하는 세금의 비율이 더 높아진다고 할 수 있으므로 역진적인 비용부담이라고 할 수 있다.

4. 소결: 각 평가 기준의 상호관계

어떠한 기준으로 정책수단을 선택할 것인지에 따라 그 선택 결과가 달라질 수 있으며 어떠한 기준을 사용할 것인지는 상황에 따라 다르다고 할 것이다. 이러한 기준들은 상호 충돌하기도 하지만 상호 보완적일 수도 있다. 효율성은 투입의 측면을 강조하고 효과성은 목표 달성의 측면을 강조하는데 적은 투입으로 최대한의 정책목표를 달성하는 것이 바람직하다는 면에서 이 두 가지 기준은 상호 보완적이라고 할 수 있다. 또한 적은 투입을 지향하는 효율성과 투입 비용의 공정한 배분을 지향하는 형평성은 상호 충돌될 가능성도 있지만 위의 공익광고 방영 수단처럼 효율성이 있는 수단이 형평성을 갖춘 수단일수도 있는바 항상 대립되는 것은 아니다.

Ⅳ. 결: '말의 성찬'에서 '행동이 함께하는 정책'으로

정책수단의 결정 과정을 통해 얻어진 결과는 문서로 작성된 서류에 불과하다. 이 속에 포함되어 있는 정책수단과 수많은 계획들은 집행 작업을 거쳐 현실로 나타나야만 원하는 목표를 달성할 수 있고 정책문제를 해결할 수 있다.

선택된 정책수단이 개인의 행위에 대한 제약의 크기 등을 기술적으로 최적화하고, 효율성, 효과성, 형평성 등의 가치를 이념적으로 달성한다고 하더라도 그것이 정치적인 지지를 얻지 못하거나 수단을 집행하기 위한 인적, 물적 자원이 지원되지 못한다면 '말의 성찬'으로 끝나버리게 될 것인바, 정책 집행에 있어서의 제반 사정까지 모두 고려하여 '행동이 함께 하는 정책'이 되도록 노력하여야 한다.

강 평

1. 총평

정책수단의 특징을 개인이나 집단의 행위에 대한 제약이라는 관점에서 검토하고, 여러 정책수단을 소망성 관점에서 평가하도록 한 문제이다. 답안은 대체적으로 출제자가 요구하는 내용을 어느 정도 포함하고 있으나 심도있는 내용을 거의 포함하지 못한 한계를 지니고 있다.

2. 보완해야 할 부문

첫째, 정책수단의 유형에 관한 교과서적 논의를 기초로 하여 다양한 정책수단이 지니고 있는 특징을 살펴볼 필요가 있다. 특히 개인이나 집단의 행위에 대한 제약이라는 관점에서 정책수단을 통해 달성하는 공익의 가치(편익)와 개인과 집단의 행위 제약으로 인해 발생하는 비용을 고려할 필요가 있음을 언급해줄 필요가 있다. 둘째, 답안 작성자가 제시한 결론은 본 문제에서는 아무런 의미가 없는 사족에 지나지 않는다. 문제에서 요구하는 내용이 구체적일 경우에는 이러한 결론이 오히려 감점요인으로 작용할 수 있다.

3. 추가해야 할 부문

첫째, 교과서에 나오는 정책수단의 유형에 관한 연구를 간단히 소개한 후, 개인이나 집단의 행위에 대한 제약이라는 관점에서 정책수단을 재검토해 보는 것이 왜 유익한지 소개할 필요가 있다. 특히 규제를 통해 얻게 되는 공익과 개인과 집단의 행위 제약이라는 손실 사이에 적절한 균형이 이루어질 필요가 있음을 지적해주면 좋을 것이다. 둘째, 제시된 3개의 정책수단을 효과성, 효율성, 형평성 측면에서 어떠한 장단점을 지니고 있는지 비교해보도록 요구하고 있으므로, 이를 간단하게 표로 정리해서 보여주면 더 좋은 점수를 얻을 수 있을 것이다. 셋째, 형평성의 개념은 수직적 형평과 수평적 형평으로 구분될 수 있음을 지적하고, 각 정책수단이 형평성의 관점에서 어떠한 특징을 나타내는지 서술하면 좋았을 것이다.

4. 기타 사항

문제에서 요구하지 않는 사항을 답안에 많이 넣는 것은 매우 위험하다. 출제자는 자신이 상정하고 있는 내용이 있는지 없는지, 그 서술이 독창적인지 아닌지에 초점을 맞추어 채점을 하기 때문이다. 본 답안에서와 같이 불필요한 결론은 가급적 넣지 않는 편이 유리하다고 본다.

2. 규제의 정치경제에 대한 사례

정부규제에 대해 대상집단들이 인지하는 비용과 편익의 분포에 따라 다양한 규제상황을 아래의 4가지로 유형화할 수 있다. 이러한 규제상황 유형에 따라 정부규제의 특성과 관료의 행태가 다르게 나타날 수 있다.

[2008년 행정고시 일반행정 제1문]

〈표〉 규제상황의 4가지 유형

	인지된 비용이 넓게 분산	인지된 비용이 좁게 집중
인지된 편익이 넓게 분산	①	②
인지된 편익이 좁게 집중	③	④

[1] 위의 4가지 규제상황의 특성을 해당되는 규제사례를 들어 설명하시오.

[2] 위의 4가지 규제상황에서 특징적으로 나타나는 관료행태를 설명하시오

예시 답안

Ⅰ. 서론: 숨겨진 조세(hidden tax)로서의 정부규제

최근 100인 이상 근로자 고용 기업에까지 확대 적용되어 시행되고 있는 비정규직 보호법은 비정규직 근로자의 고용 안정을 보장하기 위한 당초의 정책 목표와는 달리 실제로는 오히려 비정규직을 일자리에서 내모는 효과가 있었던 것으로 나타났다. 이는 정부 정책이 길고 꼬부라진(long and tortuous) 집행 과정으로 인해 의도하지 않은 결과(unintended consequence)를 가져올 수 있음을 의미하며, 특히 국가 정책의 70%가 규제와 관련하여 그림자 행정의 영역을 형성하고 있어 각종 규제 정책들은 '숨겨진 조세(hidden tax)'로서 공직 부패의 온상이 되고 있는 것이 현실이다. 또한 정부 규제는 곧 정부 실패의 원인이 되기도 하는 바, 정부규제가 발생하는 여러 상황에 대한 분석을 통하여 각 규제 상황에서 나타나는 관료의 행태를 파악한 뒤, 부패 등의 행위를 근절시키는 방안의 모색이 필요한 시점이다.

Ⅱ. 정부 규제에 대한 정치적 접근: J.Q.Wilson의 규제 정치 이론을 바탕으로

1. 정부 규제의 의의 및 정부규제의 발생원인

1) 의의

정부 규제란 정부가 민간 경제 주체의 자율적인 사회적 행위를 소극적으로 제한하는 조치라고 할 수 있다. 즉, 정부에 의하여 민간 활동에 부과된 제약조건인 동시에 나아가 국가와 사회 관계에 대한 새로운 질서를 형성한다는 의미까지를 함축하는 것이다.

2) 정부 규제의 발생원인

정부기관이 사회복지나 공익을 극대화하기 위해서 존재한다고 보는 규제의 공익이론과 정책결정과정에는 다양한 개인이나 집단들이 참여하고 이를 통해서 나타나는 정책의 결과는 사익을 위해 존재한다고 보는 규제의 사익이론 등이 있으나, J.Q.Wilson은 이원적 접근 방법을 배격하고 정부규제를 가능케 하는 데는 여러 가지의 정치적 이유들이 있을 수 있다는 전제 하에서 어떠한 정치적 상황과 이유에 의해서 특정의 정부규제가 이루어지는지 밝힌 바 있다.

2. 각 규제 상황의 특성

1) 대중정치 상황: ①의 경우

이 유형은 예상되는 정책에 대해서 감지된 비용과 편익이 쌍방 모두 이질적인 불특정 다수에 미치나 개개인으로 보면 그 크기는 작은 경우이다. 여기에 속하는 규제로는 공정거래규제, 속도제한규제, 방송윤리규제 등을 들 수 있다. 공정거래규제를 예로 들면, 이 제도로 인해 초과 비용을 부담해야 하는 사업체의 수는 무수히 많고 이질적이며, 직·간접적으로 수혜를 얻게 되는 소비자는 무수히 많고 이질적이다. 그러나 각 사업체가 부담해야 할 비용이나 각 소비자가 얻을 것으로 예상되는 편익의 크기를 측정하기 용이하지 않아 기업가나 소비자 모두 정치적 행동을 위한 조직을 구성하려는 유인은 미약하다.

2) 기업가적 정치 상황: ②의 경우

이 경우는 정부규제로 인하여 발생하는 편익은 상대적으로 작고 이질적인 불특정 다수인에게 미치나, 비용은 대단히 크며 동질적인 소수의 기업에 귀속되는 상황으로서 환경오염규제, 자동차안전규제, 산업안전규제 등의 사회적 규제 등이 주로 이에 속한다. 이는 곧 기업가에게 경제적 부담을 지우는 규제들로서 비용을 부담해야 하는 기업들은 잘 조직화되어 있지만 편익을 기대하는 집단은 잘 조직화 되어있지 못하고 정치적 활동도 미약하여 편익을 받는 자에게 집단행동의 딜레마가 생기게 된다.

3) 고객정치 상황: ③의 경우

기업가적 정치 상황과는 정반대의 비용과 편익의 분포를 보이는 것이 고객정치의 상황이다. 즉, 규제로 인한 비용은 상대적으로 작으며 불특정 다수에게 미치나 편익은 대단히 크며 동질적인 소수의 기업에 귀속되기 때문에 잘 조직화된 규제의 수혜자인 기업들은 규제기관의 정책결정 및 집행에 강력한 영향력을 행사하게 된다. 이러한 유형에 속하는 규제들로는 공산품 수입규제, 직업면허, 특정 사업에 대한 진입규제 등이 있으며, 직업면허 중 변호사의 경우를 보면 변호사 협회 등은 사법고시 합격자 인원을 결정하는데 있어 의견을 제출하고 실질적으로 법조인 수의 증가를 억제하는데 영향력을 행사하는 것을 볼 수 있다. 이 때 공식적 명분은 변호사 수의 증가로 인한 법률서비스의 질 저하이지만 실질적으로는 공급의 제한을 통해 집단의 이익을 증가시키려는 의도로 평가되고 있다.

4) 이익집단 정치 상황: ④의 경우

이는 정부규제로부터 예상되는 비용과 편익이 모두 소수의 동질적 집단에 국한되고 그것의 크기도 개개인의 입장에서는 대단히 크게 때문에 쌍방이 모두 조직화 및 정치적 행동의 유인을 강하게 가지게 되며, 조직적 힘을 바탕으로 서로의 이익확보를 위해 첨예하게 대립하는 경우이다. 한의사와 약사간의 한약 조제권을 둘러싼 분쟁, 대기업과 중소기업의 관계에 관한 규제 등이 이익집단 정치 상황의 예가 될 수 있으며, 어느 일방이든 자기의 정치적 입장을 보다 강화하기 위한 정치적 상징 조작을 꾀하고 이를 바탕으로 계속적으로 자기들에게 유리한 방향으로 정책을 이끌어 내고자 하기 때문에 어느 한쪽이 규제집행의 과정을 지배하는 것은 힘들게 된다.

Ⅲ. 규제상황에 따른 관료 행태의 분석

1. 규제정책의 결정에 있어 관료의 역할

고전적 행정모형에서 행정관료는 정치에서 결정된 정책을 수동적으로 집행하는 것으로 간주되었으나, 현대의 행정관료들은 많은 영역에서 정책결정과정에 깊숙이 개입하며, 이는 관료가 정책 결정자로서의 전문성과 이를 지속적으로 집행할 수 있는 능력을 가짐에 기인한다. 또한 관료와 정책의 대상인 고객의 상호 접촉은 '빈번하게' 일어나며 이러한 '지속적 접촉'을 통해 관료들은 이익집단의 요구를 알게 되고 관료는 공익의 수호자로서 보다는 자기 자신의 효용함수를 가지며 동시에 사익을 추구하는 개인으로 인식되어 자신이 소속한 부처의 이해를 앞세우는 경향이 있다. 특히 규제 정책의 경우 정책을 결정할 때뿐만 아니라 정부규제를 완화하는 과정에서도 자기 부처의 이익과 고객집단의 이익을 위해서 관료정치가 발생하게 된다.

2. 규제상황별 관료의 행태

1) 대중정치 상황의 경우

주로 공익적 규제들이 행해지는 상황이므로, 이해관계 집단의 조직적인 정치적 행동에 의해서가 아니라 정치인이나 행정 관료의 주도적 역할 속에서 정부규제가 이루어지게 된다. 따라서 정부규제의 집행과정은 이해관계 집단의 선호보다는 정치인이나 행정관료의 선호와 판단에 의해 영향을 받을 수밖에 없으며, 정부가 어떤 방식으로든 문제를 해결해야 한다는 여론이 형성되는 경우에만 규제가 이루어진다. 즉, 규제를 담당하는 기관이 얼마나 적극적으로 이런 규제업무를 집행해 나가느냐 하는 것은 규제기관의 책임자, 그를 임명하는 대통령의 생각에 많이 좌우된다. 과거 금융실명제 역시 김영삼 정부의 강력한 개혁의지와 경실련의 조직적 운동 역량의 결집을 통한 사회적 현안의 이슈화를 통해 규제가 이루어진 바 있듯 규제가 필요한 상황 하에서 관료의 주도적 역할과 공익집단 등에 의한 문제 제기가 절실히 요청되는 바이다.

2) 기업가적 정치

일단 규제로 인하여 발생하는 비용이 좁게 집중되기 때문에 규제를 담당하는 기관은 피규제 산업과 대립적인 관계에 놓이게 된다. 그러나 규제는 일반 국민 또는 정치인의 관심이 높고 이들의 지원이 계속되는 동안에만 제 기능을 수행할 수 있으며 시간이 흘러감에 따라 잘 조직화된 집단의 정치적 로비 등으로 인하여 규제를 담당하는 규제기관이 피규제 산업에 포획되기가 쉽다. 따라서 사회적 규제는 발동되기 어렵고 기존의 규제는 완화되기 쉬우며 이 상황에서 규제가 이루어지기 위해서는 경제·사회적 위기, 또는 정권의 변동 등과 같은 특별한 계기나 공익집단의 활동이 필요하다. 1996년 제정된 정보공개법의 경우는 대선 공약에 의하여 규제가 이루어져 정권의 변동이 계기가 된 바 있으며, 참여연대는 소액주주운동을 제기함으로써 일부 재벌기업들의 내부거래와 변칙 증여, 주가 조작 등의 비리를 지적하여 사회적 규제를 이끌어 낸 바 있다.

3) 고객 정치의 상황

좁게 집중되는 편익으로 인하여 수혜대상이 되는 집단은 규제를 옹호하는 입장에서 시장 경쟁을 제한하는 것이 제품의 안정성, 품질 또는 서비스 수준을 높게 유지하고 무책임한 기업행위를 예방하기 위하여 규제가 필요하다고 주장한다. 따라서 정부규제가 도입되는 과정에서는 조용한 막후교섭과 로비 등이 특징적으로 나타나며, 소비자 단체 등과 같은 공익 집단의 항의와 반박이 없는 한 별다른 논란의 여지가 없이 은밀하게 이루어지는 것이 일반적이다. 정부부처는 이익집단에 포획되기 쉬우며 관료들은 공익보다는 피규제 산업의 이익을 대변하고 이들의 이익에 봉사하는 존재로 전락하는 현상이 나타나기 쉽다. 또한 그들의 관계는 공생적 관계 속에서 더욱 공고해지며 규제는 발동되기 어렵고 대신 약화되기는 쉽다. Guy Sorman이 그의 저서 <신국부론>에서 “경찰, 세무, 건설”에서 시작되는 부패가 한국 성장의 걸림돌이 될 수 있다고 지적하였듯 각종 분야에서의 진입규제로 인한 사회적 비용은 명시적으로 드러나는 것 보다 관료들의 포획으로 인한 비용을 고려하면 훨씬 더 클 수 있다.

4) 이익집단 정치의 상황

이익집단 쌍방이 강한 결속력과 엇비슷한 정치적 영향력을 행사할 수 있기 때문에 정부는 중립적인 이해조정자로서의 역할을 다하기 어려운 경우가 많으며, 규제의 내용도 쌍방이 동의할 수 있는 선에서 서로의 권리와 의무를 선언하는 협약의 형태를 띠는 경우가 대부분이다. 또한 양편의 이익집단이 모두 강력한 영향력을 바탕으로 계속적으로 자기들에게 유리한 방향으로의 협약 내용을 이끌어 내고자 하기 때문에 어느 일방이 지속적으로 규제기관 또는 규제 정책의 집행과정을 지배할 수 없으며 규제기관이 어느 한편의 이익집단에 장악될 가능성이 약하다.

3. 규제 정치 상황 분석에 따른 바람직한 규제개혁의 방향

1) 행정윤리의 확립

위에서 살펴본 바에 의하면 4가지 규제 정치 상황 모두 관료의 소극적 태도 또는 피규제 집단에의 포획 현상 등으로 인하여 규제 정책이 공직 부패의 온상이 될 수 있음을 알 수 있다. 또한 관료들의 행정 윤리가 확립되지 않는 이상 규제 정책들은 관료의 영향력 확대 수단으로 활용될 수밖에 없으며 이는 한국 행정의 뿌리 깊은 문제인 정경유착의 관행을 낳게 된다. 따라서 규제정치의 상황 하에서는 무엇보다도 공익을 추구하는 관료의 적극적 역할이 요구되며, 근본적으로는 행정 윤리의 확립을 통한 문제해결이 필요하다고 할 수 있겠다.

2) 규제 거버넌스 체제의 확립

우리나라 정부 규제의 경우 규제자와 피규제자간의 치열한 권력 및 이해다툼의 현장이 되어 각종 포획과 부패, 비효율 등을 노출시킨 바 있다. 이러한 부작용을 치유하기 위해서라도 정부규제의 직접 이해당사자 이외에 일반시민을 대표하는 시민운동 NGO등 자발조직을 참여시켜 정책의 입안단계에서부터 민주성, 신뢰성, 책임성, 자율성 등을 확보할 수 있는 <규제거버넌스>체제를 운영할 필요가 있다.

Ⅳ. 결론: 규제의 본래 목적과 방법에 대해 고찰할 수 있는 공무원

공무원의 행동 하나하나는 마치 나비효과(butterfly effect)와 같아서, 민간에 대해 예상했던 것보다 훨씬 큰 효과를 가져다 준다. 규제의 경우도 민간의 무분별한 상호작용 하에 발생할 수 있는 일종의 피해를 견제하고자 발동되는 것이 일반적이지만, 이는 오히려 부작용을 일으키는 경우가 많아서 민간의 자생적 질서(spontaneous order)를 파괴하는 대표적인 사례의 하나로 규제를 일컫곤 한다. 궁극적으로 규제 자체의 타당성을 인정하면서도 이 이행 방법에 대해서는 보다 섬세한 운용의 묘를 발휘할 수 있는 공무원을 양성하는 것이 중요하다고 할 것이다.

강 평

1. 총평

문제는 대상집단의 이익과 편익의 분포에 따라 정부규제와 관료의 행태가 어떠한 특징을 보이는지 사례를 통해 분석하도록 요구하고 있다. 답안은 Wilson의 규제정치이론에 대해 의의, 유형별 사례와 관료의 행태적 특성을 간략하게 잘 정리하고 있다. 다만 문제에서 사례를 강조하고 있다는 점에서 유형별 사례를 보다 심도있게 구체적으로 예시하고, 사례를 중심으로 대상집단과 관료의 행태적 특성을 풍성하게 설명했더라면 더 좋은 답안이 될 수 있었을 것이다.

2. 보완해야 할 부문

첫째, 4가지 유형에 적합한 사례를 보다 구체적으로 제시할 필요가 있다. 예를 들어, 답안에서는 대중정치의 상황에 대한 사례로 공정거래규제를 들었으나 공정거래규제에도 매우 다양한 규제정치의 상황이 발생할 수 있다. 따라서 이익과 비용이 모두 다수에게 분포되는 구체적인 사례를 제시하여 상황과 관료의 행태를 설명할 필요가 있다. 예를 들어, 표준약관규제는 대부분의 기업가에게 적용되고, 거의 모든 소비자에게 영향을 미친다는 점에서 대중정치의 상황에 적합한 사례라 할 수 있다.

둘째, 구체적인 사례에 따라 대상집단을 수혜자집단, 피해자집단으로 구분하고, 이들이 어떠한 정치적 행태를 보이는지 분석한 후, 이에대한 반응으로서 관료의 행태적 특성은 어떠한지 묘사하면 더 논리적이고 풍성한 답안이 될 수 있을 것이다. 앞서 예를 든 표준약관규제의 경우, 대상집단의 편익과 비용이 넓게 분포함에 따라 수혜자집단과 피해자집단이 모두 특별한 정치적 행동을 보이지 않으며, 이에 따라 관료는 상당한 자율성을 가지고 규제정책을 입안하고 집행할 수 있게 된다.

셋째, 기업가적 정치, 고객정치, 이익집단 정치와 같이 이익이나 편익이 특정한 집단에 집중되는 특성을 지닌 규제의 경우에 대해서는 포획이론 등을 충실히 포함하여 대상집단과 관료 사이의 상호작용을 보다 역동적으로 설명할 필요가 있다.

3. 기타 사항

Ⅲ. 3.에 배치된 규제정치 상황에 따른 바람직한 규제개혁의 방향은 현재의 결론에 포함하는 것이 더 좋은 답안이 될 것으로 보인다.

3. 규제 행정의 개혁

최근 OECD가 발표한 '구조개혁 평가보고서'에서 한국 경제가 높은 노동활용도로 선진국과의 소득수준 격차가 지속적으로 축소되고 있으나 선진국에 비해 생산성은 저조하다고 진단하면서 간접세 비중을 확대하고 여성 노동시장 참여율을 높일 것 등과 함께 해외직접투자(FDI) 규제 완화를 권고한 바 있다. 그러나 최근 금융위기 및 저축은행 비리 등과 관련하여 규제 강화의 필요성 역시 제기되고 있다. 이렇듯 규제 개혁의 필요성이 여러 방향성을 가지고 대두되고 있는 바 한국의 규제 개혁 현황에 대한 평가를 바탕으로 앞으로의 규제 개혁의 방향성을 제시해 보라.

예시 답안

Ⅰ. 서

국가경쟁력 순위에서 항상 세계 1위를 고수하는 핀란드에 대해 세계경제포럼(WEF)은 '정부의 정책이 일관성과 신뢰성을 갖고 있으며, 정부의 시장 개입을 최소화하고 규제 완화를 위한 노력이 끊임없이 행해지는 국가'라고 평가하고 있다.

한국은 정부정책의 70%이상이 규제와 관련된 그림자 영역을 형성하고 있으며, 공직부패의 온상이 되고 있는 것이 현실이다. 2001년 제정된 상가임대차보호법은 영세상인들의 보호라는 당초 목적과 달리 오히려 임대료 상승을 불러오는 등 규제의 실패현상이 발생하고 있다. 다른 한편으로 규제는 시장실패를 방지하는 기능도 하며, 최근의 전 세계적 금융위기의 원인으로 지나친 규제완화도 지적되고 있는바, 규제의 합리적 수준은 무엇인지에 대한 고찰이 필요하다.

Ⅱ. 정부규제의 의의

1. 개념

규제(regulation)란 정부가 민간의 자율적인 행위를 소극적으로 제한하는 조치를 말하며, 행정의 실제상 규제는 법 제도 정책 등의 형태로 나타나고 있다.

2. 규제의 발생원인

1) 이론적 배경; 시장 실패, 규제의 공익이론

규제는 시장이 실패하는 영역에서의 정부개입수단으로 정당화되며, 규제의 공익이론은 규제가 공동체 질서를 유지하고 공익을 향상시키는데 있어 필요하다고 본다.

2) 현실적 배경; 사회적 필요성 관료의 권력유지

현실에서의 규제는 환경, 복지, 노동, 교육 등과 같은 시장실패가 주로 발생하는 공공재 생산 영역에서의 사회적 수요에 의해 발생하는 경우가 일반적이다. 최근 세계화, 민주화 등의 행정 환경 변화로 시민의 의식 수준이 성장함에 따라 식품안전사고, 각종 환경행정영역등 새로운 사회문제에 대한 정부규제 수요는 증가한다.

또한 규제는 정부관료제가 시장에 영향력을 행사할 수 있는 좋은 정책 수단인바, 관료들이 자신들의 영향력을 극대화하고자 하는 차원에서 규제가 발생하기도 한다.

3. 정부 규제의 유형

1) 경제적 규제; 진입규제와 독과점 규제

경제적 규제는 시장에서의 경쟁을 제한하는 '진입규제'와 시장경쟁을 촉진시키는 '독과점규제'등으로 나뉜다. 진입규제의 경우 지적재산권 등의 보호와 같이 시장의 원리에 맡기는 경우 개인의 재산권이 보호되지 않는 재화등에 대해 행해지며, 독과점 규제는 경쟁을 통해 비용 절감이 가능한 재화등에 대해 경쟁을 촉진하는 차원에서 행해진다.

2) 사회적 규제; 환경규제, 식품안전 규제

사회적 규제는 분배의 불공평성 및 시장에 의한 재화공급의 불화실성 등과 같이, 시장원리로는 해결할 수 없는 사회문제들에 대해 정부의 역할을 통해 사회 전체의 효율성을 증진시키려는 차원에서 시행된다. 정부의 존재이유와 관련되어 사회적 안전망으로서 정부기능을 수행하며, 환경오염 방비규제, 식품위생 규제, 도로안전 규제 등이 이에 해당한다.

4. 규제유형의 분류 이익

정부규제의 형태를 경제적 규제와 사회적 규제로 구분함으로써, J. Q. Wilson의 규제정치이론에 따라 각 규제영역에서의 규제 포획 가능성을 파악할 수 있으며, 그에 맞는 규제개혁방안을 모색할 수 있다.

Ⅲ. 한국의 정부규제 개혁 현황에 대한 평가

1. 한국의 규제 개혁 현황

G. Majone에 의하면 규제개혁이란 규제의 완화와 강화를 적절히 조정하여 규제가 달성하고자 하는 목표를 추구하는 일련의 조치를 말한다.

한국의 규제개혁은 참여정부 시절을 기준으로 평가하면, ① 핵심덩어리 규제개선 ② 존치규제 합리화 ③ 규제신설 및 강화억제의 정책방향하에서, 규제개혁위원회 및 기획단의 이중적 체계하에서 행해진바 있다.

그러나 이러한 규제개혁 노력에도 불구하고 규제의 품질개선이나 규제합리화 보다는 양적 개혁에 치우친 경향이 있고, 또한 정권 말기에 가서는 오히려 규제총량이 증가했다는 비판적 평가도 존재한다.

2. 한국 규제 개혁의 문제점

1) 규제 개혁 추진 환경상의 문제

규제개혁 추진 주체와 관련해 수요자 중심의 개혁이라기보다 정부중심의 규제총량 줄이기에 급급하여 현실적으로 민간을 제약하는 불필요한 규제의 개혁은 미미하였다는 평가가 있다. 또한 추진체계의 독립성과 자율성이 보장되지 않은 채 여러 기구에 의한 중복적 추진이 행해지는 바람에 일관된 개혁이 불가능하였고, 개혁을 담당하는 공무원의 전문성 정도도 부족하였다는 평가가 내려지고 있다.

2) 규제 개혁 내용 자체의 문제

정작 완화 또는 개선되어야 하는 금융·토지 등에 대한 규제는 이른바 '정책 규제'의 형태로 온존하여 규제개혁의 대상에서 제외되었으며, 규제 총량 감소에만 치중하여 규제의 수단이나 품질 제고 등의 개혁은 거의 없었다.

Ⅳ. 향후 규제 개혁의 방안

1. 기존의 규제 개혁 합리화

1) 규제합리화 정책

정부가 꼭 해야 하는 일과 하지 말아야 하는 일, 그리고 정부가 잘 할 수 있는 일과 잘 하지 못하는 일을 구분하는 것이 중요하듯 규제 역시 꼭 필요한지, 규제를 통해 목적을 달성할 수 있는지를 판단하여 규제 완화와 규제 강화 사이의 합리적 관계를 유지하는 것이 중요하다.

일반적으로 경제적 규제는 완화하고 사회적 규제는 강화해야 한다는 논리보다는 규제영향분석(Regulatory Impact Analysis; RIA)제도를 통해 꼭 필요한 규제만을 남기는 합리화 작업이 요구된다.

2) 규제의 품질 제고

OECD는 규제 개혁의 단계와 관련해 ① 규제완화(de-regulation) ② 규제 품질 개선(re-regulation) ③ 규제관리(high-performance regulation)의 3단계로의 이행을 들고 있다. 즉, 규제의 총량을 줄이는 것 말고도 규제의 품질관리, 특히 정책적 규제의 획기적 개혁을 통해 향후 최소의 비용으로 규제의 의도한 바를 효과적으로 달성하는 고품질 규제의 방향으로 나아가야 할 필요가 있다.

2. 새로운 규제 수단의 모색; 대안적 규제

1) 시장규제의 활용

직접적 규제 대신에 시장 mechanism을 활용하여 보조금을 지급하거나, 거래권제도를 활용해 규제의 목적을 달성할 수 있다. 환경규제와 관련해 오염물질의 감산보조금, 오염배출권 거래 제도등이 활용될 수 있으며, 미국의 경우 '거래권'제를 활용하여 이산화황의 배출량 목표달성에 있어 약 50%(10억 달러)의 비용절감을 달성한 바 있다.

2) 자율규제(self-regulation)의 형식

정부에 의한 직접규제 말고도 피규제자 스스로가 정한 규칙을 지키도록 하는 방식의 자율규제 형식도 좋은 규제 대체 수단이 될 수 있다. 다만 자율규제의 경우 구속력이 없다는 점에서 규제가 잘 지켜지지 않을 가능성이 높고, 또한 정부의 개입 여지는 언제나 존재한다.

3) 기준의 설정

정부가 어떤 규제의 기준을 설정하고 이를 달성하는 기업들에 대해 인증하는 제도를 통해 자율규제의 효과를 달성할 수 있다. 환경영역에서의 ISO 1400 인증이나, 생산성에서의 ISO 9001 인증제도 등과 같이 일정기준을 달성하도록 유인(incentive)을 제공하는 것 역시 규제를 대신하는 수단이 된다.

Ⅴ. 결; 규제 거버넌스 체제로의 이행

J. Ikenberry는 시장의 힘을 올바르게 이해하고 적절히 사용할 줄 아는 정부가 참으로 강한 정부라고 하였다. 규제는 정부 고유의 정책수단이라는 것이 전통적 견해였으나 최근의 경우 규제정책과 관련해 시민사회 기업을 비롯한 다양한 참여자들에 의해 규제의 질과 수준등이 정해지는 규제거버넌스체제의 운영이 활발히 논의되고 있다. 정부는 규제개혁이 시장원리와 기업가정신 고취의 수단이자 한편으로는 민간의 자율성과 책임의 한계를 명확히 하는 과정이라는 인식하에 규제거버넌스 체제를 통해 시장과 시민사회의 책임있고 자율적인 선택을 조장할 필요가 있다.

강 평

1. 총평

작은 정부의 요체는 '정부기능의 합리적 재조정'에 있다. 즉, 정부가 "해야 할 일"과 "하지 말아야 할 일", 그리고 "잘 할 수 있는 일"과 "잘 할 수 없는 일"을 명확하게 구분하는 데에서 작은 정부는 출발한다. 따라서 정부규제의 경우에도 무조건적인 규제완화가 아닌 '규제개혁'이라는 관점에서 접근할 필요가 있다. 규제개혁과 관련하여 제기되는 핵심적인 논점은 규제개혁의 방향을 정하는 것이다. 어찌 보면 이는 대단히 기술적인 분야이기 때문에 고시답안에서는 적기가 쉽지 않으며, 따라서 추상적이고 일반적인 차원의 얘기를 하는 경우가 많다. 그러나 아무리 고시답안이라 하더라도 상식적인 수준의 처방만으로는 고득점을 할 수 없다. 예시답안은 규제개혁의 방향에 대해 비교적 구체적인 서술을 하고 있어 무난하기는 하지만, 그 내용이 좀 더 충실하게 이루어질 필요가 있다.

2. 보완해야 할 사항

2장의 2. 규제의 발생원인에서 이론적 배경과 현실적 배경을 뚜렷하게 나눌 수 있는가에 대해서는 의문의 여지가 남는다. 답안작성자도 이론적 배경과 현실적 배경 모두에 시장실패를 넣어 논의하고 있는데, 그러면 이론적 배경과 현실적 배경은 명확하게 구분되지 않는다는 것을 자인하는 것이다. 아마 답안작성자는 '정부규제의 공익이론'과 '정부규제의 사익이론'을 염두에 두고 답안을 작성한 것 같은데, 시장실패를 이유로 정부가 규제를 한다는 것은 공익적 견지에서 정부규제가 이루어진다는 정부규제의 공익이론이다. 오히려 목차를 1) 시장실패, 2) 관료의 사적인 동기(내부성) 등으로 나누는 것이 바람직하다고 생각한다.

정부규제를 경제적 규제와 사회적 규제로 나누는 것은 적절하다. 다만, 4의 목차 제목을 "규제 유형의 분류 이익"이라고 하지 말고 "분류의 실익"이라고 하고 3. 정부규제의 유형에 포함시켜 3) 목차에서 이를 서술하는 것이 옳다. 그리고 분류의 실익도 상당히 많은데 너무 간략하게 서술하고 있다. 예를 들어, 답안작성자가 말한 Wilson의 규제정치이론만 보더라도 "경제적 규제는 '고객정치(client politics)'와 같은 상황이고 특정 산업을 대상으로 하기 때문에 규제기관이 피규제산업에 포획될 가능성이 높지만, 사회적 규제는 '기업가적 정치(entrepreneurial politics)'와 같은 상황이고 전 산업을 대상으로 하기 때문에 규제기관이 피규제산업에 포획될 가능성이 낮다"라고 서술하는 것이 바람직하다.

그리고 3장의 2. 문제점에 대한 서술도 1) 규제개혁 추진 과정상의 문제, 2) 규제

개혁 내용상의 문제로 나누어서 서술하는 것이 바람직하다. 4장 역시 목차를 1. 규제 개혁의 기본방향과 2. 구체적 방안으로 나누어 서술하는 것이 바람직하다. 이렇게 목차를 설정할 경우 예시답안에서 제시하고 있는 규제개혁의 방안들은 모두 구체적 방안에 포함될 수 있고, 기본방향은 규제의 '대표성'이라는 관점에서 서술하면 될 것이다. 예를 들면, 진입규제나 가격규제와 같이 규제로 인한 편익이 소수에게 집중되는 경우에는 이를 대폭 완화하는 방향으로 나아가는 반면, 대부분의 사회적 규제와 같이 규제로 인한 편익이 다수 일반국민들에게 넓게 분산되는 경우에는 이를 강화하는 방향으로 나아가야 한다.

3. 추가해야 할 사항

규제개혁뿐만 아니라 모든 제도개혁에 적용되는 말인데, 개혁을 추진하는 과정에서 나타날 수 있는 제약요인에 대해 서술하는 것은 답안의 차별화를 위해 필요한 것이다. 예를 들면, '거부점 분석(veto point analysis)'이나 '조정의 문제(coordination problem)' 같은 논의들이 그러한 제약요인을 설명하는 이론적 틀이다.

먼저 행정학에서는 '공동행동의 복잡성'으로 잘 알려진 거부점 분석은 사회가 다원화되면 될수록 참여자와 의사결정점이 많아지고 그 결과 거부점이 증가하면 제도개혁은 Lindblom이 말한 "진흙탕 통과(muddling through)"와 같은 어려운 과정이 될 수 있다는 것이다. 특히, 개혁의 주창자들은 모든 거부점에서 승리해야 하는 반면, 개혁의 반대자들은 거부점 중 어느 한 곳에서만 승리하면 되기 때문에, 거부점의 증가는 정치세계의 현상유지편향으로 이어지기 쉽다. 다음으로 조정의 문제는 제도개혁이 '공공재'의 성격을 띠고 있다면 무임승차자의 문제로 인해 모두의 이해관계에 결부되어 있는 문제를 어느 누구도 해결하려고 하지 않는 역설적인 현상을 지칭한다(제도개혁의 사회적 딜레마 문제).

4. 기타 사항

전형적인 행정학 문제는 한국의 현황에 대한 문제점과 발전방안을 제시하라는 것이다. 응용 사회과학으로서 행정학은 이런 식의 문제가 출제될 수밖에 없는 것이 현실이다. 그렇다면 수험생들의 공부방법도 이런 식으로 이루어질 필요가 있다. 그런데 문제점과 발전방안에 대한 서술이 일반적이거나 추상적인 수준에 머문다면 고득점을 기대하기는 어렵다. 5급 공채시험은 관료들을 선발하기 위한 시험이라는 사실을 잊어서는 안 된다. 선거 유세과정에서나 나올법한 추상적인 얘기로는 행정학에서 높은 점수를 받을 수 없다.

4. 정책불응

다음은 2002년 4월 29일 주요 일간신문 기사의 일부이다

[2003 서울대학교 행정대학원 입학시험 문제]

"원지동 추모공원 건립말라" …서초구 · 주민, 착공 앞두고 소송

서울시의 원지동 추모공원 착공 예정일(30일)을 앞두고 화장장 건립에 반대해 온 서초구와 지역주민들이 법원에 소송을 내는 등 갈등이 재연될 조짐이다. 주민들은 공사를 강행할 경우 육탄 저지로 맞설 계획이라고 밝혀 대규모 충돌이 우려된다. 서초구와 지역주민 181명은 최근 건설교통부를 상대로 추모공원 조성부지 일대에 대한 개발제한구역 해제결정 취소 청구소송과 행정처분 효력정지 가처분신청을 서울 행정법원에 냈다고 28일 밝혔다. ... (생략)

시는 다음달 중순 승화원(화장장) · 추모의 집(납골당) 등 시설물을 착공하기 앞서, 오는 30일 진입도로 확장 공사를 시작할 예정이다. 반면 추모공원 건립에 반대하는 주민 모임 '청계산지키기 시민운동본부' 회원들은 공원 부지에 초소를 설치하고, '감시조' 를 편성해 24시간 감시 체제에 들어갔다. 운동본부는 진입로 확장공사 착공 당일에는 주민들이 나서 이를 육탄 저지하고, 공사장 주변에서 승용차 2000여대를 저속 운행해 공사차량 진입을 막을 계획이라고 밝혔다. 시는 2004년 12월까지 원지동 5만3000평 부지에 화장로 20기, 납골당 5만위, 장례식장 12실, 서울시장 공관, 소공원 등을 건립하는 사업계획을 추진하고 있다.

서울시가 서울 서초구 원지동 지역의 화장장 건립을 추진하는데 서초구와 지역주민이 법적 · 물리적으로 반대하고 있었다. 민선 지방자치단체장의 등장 이후 협오시설의 입지와 건설이 인근 지역 자치단체와 주민들의 반대와 저항에 부딪히고 있다.

협오시설의 설치에 있어서 주민들의 불응을 야기하는 원인을 설명하고 순응을 유도할 수 있는 방안을 제시해 보시오. (40점)

예시 답안

Ⅰ. 서론: 민주사회에서 정책불응의 의미

정책의 내용에 포함된 행동규정에 대해 정책집행자나 대상집단이 서로 불일치된 행동을 하는 것을 '정책불응(noncompliance)'이라 한다. 문제에 제시된 '원지동 추모공원 건립 갈등' 사안에서 나타난 바와 같이, 특히 정책대상집단의 불응은 정책을 표류하게 만들고 심한 경우 집행미비 및 중단까지 불러올 수 있다는 점에서 큰 사회적 비용을 초래한다. 그러나 성숙한 민주주의의 정착을 위해서는 정부 정책에 대한 대상집단의 반발이나 불응을 무조건적인 집단이기주의로 규정해 버릴 수는 없는바, 이들의 순응을 유도할 수 있는 합리적인 방안을 도출하는 것이 매우 중요한 시점이라 하겠다.

Ⅱ. 정책불응의 원인: 정책환경의 변화와 구체적 요인들

(1) 정책환경의 변화와 정책불응의 증가: 민주화 및 지방화

87년 6·29선언으로 확립된 절차적 민주주의 측면의 제도들과 이후 지속된 민주화의 진행으로 인한 시민사회 부문의 성장으로 인해, 과거 권위주의 정책과정하에서 당연시되었던 정책대상집단의 무조건적 순응행태가 변화하게 되었다. 또한 1995년 도입된 이후 성숙화의 길을 걸어온 지방자치제도 역시 주민들의 정책참여 통로를 열어줌과 동시에 정책불응의 가능성을 높이는 데 영향을 미쳤다고 볼 수 있다.

(2) 정책불응의 구체적 요인들

1) 정책변수 측면

최근 이명박 정부가 추진하는 '대운하 정책'의 사례에서 보듯, 정책분석의 기준인 소망성(desirability)과 실현가능성(feasibility) 차원에서 국민들의 납득이나 동의가 부족한 경우 정책불응이 나타난다. 참여정부의 '부동산 정책'이 비판받는 바와 같이 정책에 일관성이나 명료성이 부족한 경우에도 정책대상집단의 정책불응이 유발된다. 또한 R.Cyert와 J.March가 말한 '갈등의 준해결(quasi-resolution)'식 정책결정 역시 불응을 야기하는 요인이 된다.

2) 정치체제변수 측면

정책을 담당하는 기관의 정통성(legitimacy)이나 정부 또는 정책담당자의 신뢰성(reliability)에 하자가 있는 경우에 정책불응이 나타날 가능성이 높다. 이러한 요인들은 정부의 일반적인 정책수행능력을 판단하는 가장 기본적인 기준이 되기 때문이다. 특히 낮은 정부신뢰는 정책에 대한 합리적 분석 및 판단의 과정 자체를 소멸시킬 여지도 있어 중요성을 더한다.

3) 환경변수 측면

정책담당기관과 정책대상집단 간의 관계를 둘러싸고 있는 사회·경제적 상황이나 사회적 규범들도 정책불응의 발생여하에 큰 영향을 미친다. 사회적 환경이 불안정·불공정할 경우, 경제적 환경이 좋지 않을 경우에 정책불응이 상대적으로 크게 나타나는 경향이 있으며, 정책갈등을 해결할 수 있는 기제(mechanism)로서의 사회적 규범이 확립되어 있지 않은 경우에 정책불응이 발생할 여지가 커진다.

Ⅲ. 정책순응의 유도 방안: 이론적·현실적 측면에 대한 검토

(1) 이론적 측면: A. Etzioni의 논의

A. Etzioni가 개혁에 대한 저항의 극복방안으로 제시한 전략모델을 정책순응(compliance)을 유도하기 위한 방안에도 원용할 수 있다고 여겨진다.

1) 강압적·강제적 전략

첫 번째인 '강압적·강제적 전략'은 순응하지 않는 행위에 대해 처벌(punishment)함으로써 불응을 극복하는 전략이다. 이러한 방식은 권위주의 체제에서나 사용가능한 것이었으며 성숙한 민주주의로 발돋움하고 있는 현재 우리나라의 상황에는 적합하지 않다. 이러한 방식은 '부안 핵폐기물처리장 건립 갈등' 사례에서와 같이 엄청난 사회적 비용을 초래할 따름이다. 다만 NIMBY 현상과 같은 명백한 집단이기주의적 행태에 대해서는 정부가 공익보호를 위해 획기적인 추진력을 보유할 필요성도 존재하는 바, 이러한 제한적 범위 내에서는 강압적 전략이 활용될 여지가 있다.

2) 규범적 · 사회적 전략

두 번째인 '규범적 · 사회적 전략'은 특정정책에 순응하는 것이 사회적으로 보아서나 도덕적 차원에서 올바른 것임을 인식시키기 위해 설득하는 전략이다. 이 전략이 성공적으로 기능하기 위해서는 대상집단에 대해 정확하고 풍부한 정책정보 제공이 전제되어야 하며, 정책담당기관이 객관적인 정통성 및 신뢰성을 보유하고 있어야 한다. 이러한 전제들을 충족한다면 규범적 · 사회적 전략은 민주주의 사회에서 좋은 순응확보수단이 될 수 있다.

3) 기술적 · 공리적 전략

세 번째인 '기술적 · 공리적 전략'은 순응하는 경우에 혜택이나 보상을 제공할 것을 약속함으로써 정책대상집단이 자발적으로 순응하도록 유인설계(incentive design)하는 전략이다. 부안 핵폐기물처리장 건립이 무산된 후, 정부가 지자체에 보조금을 약속하고 희망지역 단위로 주민투표를 실시한 사례가 대표적인 예가 될 수 있으며, 순응여부를 순응주체의 자발적 선택에 맡긴다는 측면에서 큰 장점이 있다.

(2) 현실적 측면: 우리나라의 행정현실을 고려한 순응확보방안 마련

정책대상집단의 순응을 유도하기 위해 가장 중요한 것은 정책분석기능을 강화하여 바람직한 정책목표와 정책수단을 선택할 수 있는 정부의 능력과 전문성을 강화하는 것이다. 이에 더하여, 발전국가시대 권위주의적 행정부의 '제도적 유산(institutional legacy)'을 걷어내어 정당성을 획득하고, 정책결정과정에 있어서 강화된 시민사회의 역량을 활용함과 동시에 주민 또는 국민의 적극적인 '참여(participation)'를 제도화함으로써 정책집행비용을 낮추기 위한 노력을 기울여야 할 것이다.

Ⅳ. 결: 집단이기주의를 넘어 정책순응의 확보로

설문에 제시된 '원지동 추모공원 건립 갈등'은 결국 법정공방까지 가게 되었고, 최근 서울시의 승소로 5년 만에 다시 정책이 추진되고 있다. 이 과정에서 소요된 기회비용의 규모를 고려할 때, 정책순응을 유도하기 위한 노력이 진지하게 기울여져야 할 것으로 보인다. 향후 민주주의의 성숙에 따라 시민사회의 정책참여가 높아지게 되면 정책불응이 나타날 가능성이 더욱 증폭될 것이라 예상된다. 다양한 반대의 목소리들 중 무엇이 집단이기주의이고 무엇이 진정한 '공익(public interest)'인지를 지혜롭게 판단할 수 있는 정책담당기관의 능력이 중요해지는 이유가 바로 여기에 있는 것이다.

강 평

1. 총평

문제는 정부정책으로 인해 경제적 손해를 입게 될 지역주민의 반대로 정책집행이 이루어지고 있지 않는 상황에서 어떻게 정책에 대한 순응을 유도해낼 것인가를 묻고 있다. 답안은 정책불응의 원인과 순응확보방안을 이론적, 현실적 측면에서 제시하고 있으나 독창성이 떨어지고, 실질적인 원인과 대안을 제시하는데 미흡하였다고 볼 수 있다.

2. 보완해야 할 부문

첫째, 정책불응의 실질적인 원인을 구체적으로 제시할 필요가 있다. 현재의 답안에서 제시하고 있는 원인의 내용은 다소 모호하고 추상적인 면이 없지 않다. 실질적으로 지역주민이 반대하고 있는 원인은 혐오시설로 인해 지역의 땅값, 집값이 하락할 것을 염려하고 있기 때문이다. 답안에서 제시하고 있는 내용들은 반대를 위한 형식적 측면의 논리, 또는 명분에 해당한다고 볼 수 있다. 둘째, 정책순응의 확보방안에서도 보다 구체적인 대안을 제시할 필요가 있다. 주민투표를 통한 결정과 피해 지역주민에 대한 충분한 보상금 지급 등과 의사결정을 위한 절차로서 게임의 규칙(rule of game)에 해당하는 근거법을 마련하는 것 등을 구체적으로 제시해야 한다. 이러한 관점에서 정책순응 확보방안을 서술함에 있어서 기술적, 공리적 전략의 중요성을 부각시킬 필요가 있다.

3. 추가해야 할 부문

방폐장설치와 관련된 정책사례의 경험을 통해 알 수 있듯이 혐오시설의 문제는 결국 정부가 이해관계를 어떻게 조절하느냐에 따라 달라질 수 있다. 강압적 방식으로 특정 지역의 손해를 강요하는 것이 아니라 손해를 보상할 수준의 이익을 제시하고, 주민들이 스스로의 선택에 따라 의사를 결정하도록 하는 방안이 최선의 대안이라 할 수 있다.

4. 기타 사항

행정학답안은 이론을 제시하는 것도 중요하지만 한국적 특수성 하에서 실효성이 높은 대안이 무엇인지 제시하는 것이 더 중요하다. 이론적인 부분은 인지하고 있음을 알려주는 수준에서 간략히 서술하고, 한국적 특수성 하에서 어떠한 이론이 적절하며, 구체적인 대안은 무엇인지를 심층적으로 서술할 때 좋은 점수를 받을 수 있을 것이다.

5. 갈등관리와 정부의 역할

다음의 언론 보도를 읽고 질문에 답하시오.

[2006 서울대학교 행정대학원 입학시험 문제]

"지난 20년을 끌어온 중·저준위 방사성폐기물처분장(방폐장) 부지로 경북 경주시가 확정되어 방폐장 건설작업이 본궤도에 오를 전망이다. 지난 11월 2일 방폐장 선정을 위한 주민투표가 경북 포항·경주·영덕과 전북 군산 등 4곳에서 실시됐으며, 개표결과 경주시의 찬성률이 가장 높았다. 11월 3일 0시 5분쯤 개표가 모두 끝난 가운데 경주가 가장 높은 찬성률 89.5%를 기록, 방폐장 유치 지역으로 확정됐다. 다음은 군산 84.4%, 영덕 79.3%, 포항 67.5%의 순이었다. 이번 주민투표는 주민투표법이 제정된 이후 제주도 행정구역 개편안과 청주·청원 통합안에 대한 투표에 이어 3번째이며, 국책사업에 대한 주민투표는 이번이 처음이다. 오전 6시부터 4개 시·군 322곳의 투표소에서 실시된 이날 투표는 평균 투표율 60.3%를 기록했다. 지역별 투표율은 경북 포항 47.7%, 경주 70.8%, 영덕 80.2%, 전북 군산 70.2%였다. 정부는 3일 오전 국무총리와 산업자원부, 행정자치부, 과학기술부 장관이 참석하는 관계장관 회의를 열어 투표 결과를 보고하고, 유치지역 지원계획, 민심 수습방안 등을 논의할 방침이다. 정부는 부지로 선정된 지역을 올해 안으로 전원개발사업예정구역으로 지정하고, 내년부터 방폐장 건설운영 허가신청, 방폐장 실시계획 승인신청 등 인·허가 절차에 착수할 예정이다.

산자부는 이르면 2007년 하반기 방폐장 건설을 시작, 2008년 말까지 완공할 계획이라고 밝혔다. 방폐장은 1986년 경북 울진·영덕·영일 일대에 건설될 예정이었으나 지질조사과정에서 주민 반대로 무산된 뒤 경남 고성, 강원 양양, 전남 장흥, 전북 군산 등 전국 후보지를 돌며 표류해 왔다."

[1] 소위 Nimby 현상으로 말미암아 주민의 반대로 표류해온 방폐장사업을 주민투표로 결정하는 (행정)방식의 정당성에 대하여 논하시오. (15점)

[2] 1990년대 이후 사회 각 부문에서 심각한 갈등을 경험해온 우리나라는 소모적 논란을 생산적인 토론으로 바꾸고, 불필요한 사회적 비용을 줄이기 위해 사회적 합의절차에 기초한 새로운 갈등 관리 시스템 구축을 계획하고 있다. 지난 2005년 5월 정부가 국회에 제출한 '공공기관의 갈등 관리에 관한 법률'은 이러한 인식을 토대로 사회합의 형성 시스템 구축을 위한 중요한 요소를 담고 있다.

[2]-① 사회적 합의 형성을 통한 갈등 해결을 위하여 필요한 원칙에 대하여 논하시오. (15점)

[2]-② 새로운 사회적 합의 형성을 위한 정부의 역할을 거시적 차원과 미시적 차원으로 구분하여 논하시오. (20점)

예시 답안

Ⅰ. 서론: 행정수요의 다변화와 참여적 갈등관리의 필요성

민주화 이후 지방자치제도가 실시되고 참여정부를 거치면서 시민들의 정책과정에서의 참여가 행정의 중요한 변수로 떠올랐다. 특히 비선호시설에 대한 입지선정과 관련하여 다양한 선호를 가진 주민들과 지방자치단체 간의 갈등이 발생하여 이에 대한 민주적이고 효율적인 관리가 요구되는 바, 사회적 합의를 통한 갈등 해결의 원칙과 정부의 역할을 논의한다.

Ⅱ. 방폐장사업의 주민투표를 통한 입지선정방식의 정당성 검토

1. 주민투표를 통한 행정방식의 의의

1) 다수의사 반영을 통한 민주성 제고

방폐장과 같은 비선호시설은 그 이익이 전 국민에게 분산되는 반면 비용은 일부 주민들에 집중된다. 따라서 반대하는 소수에 의해 침묵하는 다수의 이익이 침해될 수 있다. 주민투표는 찬성하는 사람들의 선호를 반영할 수 있어 민주적 정당성을 획득할 수 있다.

2) 의사결정비용의 절감

그 동안 방폐장 부지 선정과정에서 시민들의 의사를 충분히 반영하지 못한 결과 오히려 의사결정의 신속성이 저해되고 많은 비용을 발생시켰다. 주민투표는 투표과정에서 시민들을 설득하기 위한 지자체와 시민 간의 충분한 논의가 이루어질 수 있는 기회이므로 의사결정비용을 줄일 수 있다.

2. 주민투표를 통한 행정방식의 문제점

1) 투표의제 선정의 비적절성과 결과의 비효율성

고도의 전문성이 요구되는 의제는 과학적 의사결정 방식을 통해 대안을 도출하는 것이 바람직하다. 그런데 방폐장 부지는 환경에 미치는 영향과 국민경제적 측면에서 전문적이고 장기적인 계획이 필요함에도 불구하고, 이를 주민투표를 통해 결정할 경우 다른 요인들이 무시될 가능성이 있다. 또한 방폐장 부지로 적합하지 않은 도시가 단지 주민들의 찬성률이 높다는 이유로 채택될 경우, 최선의 대안이 선택되지 못하고 향후 높은 사회적 비용을 유발할 수 있다.

2) 다수의 횡포에 의한 피해 발생

방폐장은 입지 주변 주민들의 환경권, 주거의 자유, 재산권 등 본질적인 권리를 침해할 가능성이 크다. 피해주민 개인의 피해와 입지에 찬성하는 주민 개인의 경제, 복지적 이익의 성질상 전자가 질적으로 중요한 것임에도 불구하고, 주민투표를 통한 방식은 양자를 단지 일대일로 수량화하여 다수의 작은 이익을 위해 소수에게 큰 피해를 야기할 수 있다.

3. 주민투표 방식의 정당성 여부

주민투표를 통한 방폐장 입지선정은 시민들의 의사를 직접적으로 반영하고 정책에 대한 이해를 심화시킬 수 있다는 점에서 민주적 정당성을 가지는 방식이다. 유치도시 선정의 비적절성이나 피해를 보는 주민들의 보상의 문제가 있음에도 불구하고, 방폐장의 국가적 필요성과 정책과정의 민주성 제고라는 측면을 고려할 때 주민투표 방식이 가지는 의의는 크다. 다만, 유치후보도시의 입지조건에 대한 면밀한 검토가 사전에 이루어지고, 피해를 보는 주민들에게 충분한 보상이 고려되어야만 주민투표 방식이 정당성을 가질 수 있다.

Ⅲ. 사회적 합의 형성을 통한 갈등 해결에 필요한 원칙

1. 사회적 합의를 통한 갈등 해결의 필요성

민주주의가 발전함에 따라 시민의식이 고양되면서 개인과 개인, 집단과 집단 간의 갈등이 필연적으로 발생하게 된다. 방폐장 유치선정 과정에서 보듯, 이러한 사회갈등을 일방적인 방식으로 해결하려 할 경우 사회분열을 초래하고 신뢰적자와 막대한 행정비용을 초래할 수 있다. 따라서 분쟁 당사자 간의 의견을 조율하고 상호 이해를 바탕으로 사회적 합의를 형성하는 것이 중요한 바, 이에 필요한 원칙을 검토한다.

2. 사회적 합의 형성을 통한 갈등 해결에 필요한 원칙

1) 갈등 상황에 대한 정확한 이해의 선행

사회적 합의가 이루어지기 위해서는 분쟁 당사자 간에 갈등이 빚어지는 원인과 조정해야 할 사안이 정확하게 공유되어야 한다. 이를 위해서는 정책전문가와 분쟁 당사자 간의 체계적인 정보 교류가 이루어질 수 있는 기제가 마련되어야 한다.

2) 참여적 의사결정 방식의 활용

사안과 관련 있는 사람들의 적극적인 참여를 통해 합의점을 도출해야 한다. 형식적 참여가 이루어지거나 행정에 의한 일방적인 의사결정이 이루어지지 않도록 투명한 의사결정 방식을 통해 주민참여가 제도화되어야 한다.

3) 합의 결과에 대한 준수 의지

합의한 사항에 대해서는 분쟁 당사자와 행정부가 협력하여 반드시 이행하겠다는 의지가 필요하다. 이는 장기적인 관점에서 사회적 신뢰의 구축을 가능하게 하여 또 다른 분쟁이 발생하였을 때 효과적으로 합의를 도출할 수 있는 전제가 된다.

Ⅳ. 새로운 사회적 합의 형성을 위한 정부의 역할

1. 사회적 합의 형성을 위한 정부의 역할 변화

과거 위계적 거버넌스 아래에서 정부는 공공갈등과 관련하여 시민을 통제하고 결정된 사항을 이행하는지 감시하는 역할을 담당하였다. 그러나 이러한 방식은 정책과정상의 거부점 과다와 민주주의의 위기, 그리고 정책실패가능성의 증가를 불러왔다. 따라서 갈등과 관련하여 사회적 합의가 도출되기 위한 정부 역할의 변화가 요구되고 있다.

2. 거시적 차원: 권한의 이양과 조정기능의 강화

1) 지자체와 분쟁 당사자에 결정권한 부여

정부는 사회적 갈등의 당사자들이 자신의 의사를 충분히 정책형성과정에 반영할 수 있도록 해야 한다. 특히 직접적인 이해가 충돌되는 지방자치단체와 구체적인 시민들에게 의사결정권한을 부여하여 적극적으로 선호를 표출하기를 유도해야 한다. 이러한 방식은 정책을 둘러싼 다양한 이해관계의 변수들이 표면화되어 가장 직접적이고 민주적인 방식으로 조정될 수 있게 해준다.

2) 정부의 조정자로서의 역할 강화

분쟁 당사자들에게 갈등해결의 권한이 주어지는 경우 합의기간이 길어지고 자칫 소모적인 논쟁으로 흐를 가능성이 있다. 따라서 정부는 각 분야에서 전문성을 가진 조정기구를 양성하여 참여의 효용은 극대화하고 부작용은 최소화할 수 있도록 해야 한다.

3) 정부에 대한 신뢰 구축의 노력

정부의 분쟁조정 능력을 민간이 신뢰할 경우 사회적 합의에 이르는 비용이 크게 감소할 수 있다. 따라서 정부는 공익 실현을 위한 일관성 있는 정책과 투명한 조정 절차를 통해 신뢰를 축적해 나가야 한다.

3. 미시적 차원: 갈등 관리의 관련법과 제도의 정비

1) 분쟁조정기구의 활성화

행정환경이 급변하고 다양한 분쟁사례가 발생하고 있는 만큼 정책과정에서 갈등 조정을 전문적으로 담당할 수 있는 분쟁조정기구를 마련해야 한다. 우리나라의 경우 국책 사업과 관련하여 갈등이 발생할 경우 합리적 조정절차보다는 무력충돌이나 소송까지 발생하는 사례가 빈번하기 때문에 이러한 제도가 더욱 절실하다.

2) 공공기관의 갈등 관리에 관한 법률의 조속한 입법

갈등 관리와 관련하여 주먹구구식으로 대처하는 경우 방폐장 사업과 같이 표류하거나 사업 시행 이후에도 새만금 사업의 경우처럼 환경과 주민의 삶에 후유증을 남길 수 있다. 따라서 갈등 상황을 객관적으로 이해하고 이해관계자의 권익을 보호하고 공익사업의 정당성을 획득하기 위해서는 투명하고 공정한 갈등관리의 이념을 구현할 기본법의 제정이 우선되어야 한다.

Ⅴ. 결론: 신뢰를 통한 갈등의 발전적 해결 모색

정부는 국책사업 추진 시에 주민투표를 보완하는 측면에서 시민들의 생산적인 참여를 유도하고 전문적인 역량을 갖춘 갈등관리시스템을 지원해야 한다. 더불어 국정 운영은 장기간을 두고 이루어지는 반복게임이므로, 시민사회와 정부는 공익을 실현하는 바람직한 균형을 이루기 위해 상호 신뢰의 구축에 노력해야 한다.

강 평

1. 총평

답안은 문제의 요구에 대해 무난한 수준이라 할 수 있다. 다만 독창적인 답안 작성은 아니라서 고득점을 하기에는 미흡한 수준이라 할 수 있다.

2. 보완해야 할 부문

주민투표의 정당성은 근본적으로 민주주의, 주민자치의 원리에 근거한다고 볼 수 있다. 공공부문의 의사결정에서는 비록 효율성과 효과성이 떨어진다 하여도 주민의 선택이 더 중요하기 때문이다. 이는 이후의 정책집행의 실효성을 제고하는 데에도 큰 영향을 미친다. 방폐장설치가 비용은 지역주민이 하고, 이익은 전 국민이 누린다는 표현은 위험할 수 있다. 방폐장 정책에는 지역주민을 위한 다양한 혜택을 부여하는 내용이 포함되어 있고, 이에 따른 비용을 국민이 낸 조세를 통해 부담하게 되기 때문이다.

3. 추가해야 할 부문

사회적 합의도출을 위한 원칙과 정부역할 부분은 보다 체계적으로 정리할 필요가 있다. 사회적 합의가 도출되기 위해서는 기본적으로 합의도출을 위한 규칙(rule of game)이 마련되어 있어야 하며, 참여자에게 충분한 정보가 공정하게 제공되고, 이해관계자의 참여가 충분히 보장되는 가운데 신뢰가 구축되어 있어야 하며, 합의된 내용을 불이행할 경우에 대한 제재방안 등도 마련되어 있어야 한다. 정부는 기본적으로 조정자로서 사회적 합의를 위한 규칙를 마련하는 기능을 수행하여야 하며, 경우에 따라서는 행위자로서 참여하기도 한다.

4. 기타 사항

결론부문에서 국정운영을 반복게임으로 묘사하면서 신뢰의 중요성을 강조한 것은 매우 적절했다고 본다.

6. 갈등관리, 정책과정, 정책과정의 참여자

최근 사회적 이슈를 둘러싼 정책갈등이 빈번해지면서 공공갈등관리가 시급한 사회적 과제로 대두되고 있다. (총 50점)

[1] 공공정책으로 인해 발생할 수 있는 정책갈등의 원인을 구체적 사례를 들어 정책의제설정단계, 정책결정단계, 정책집행단계별로 설명하시오. (30점)

[2] 정책갈등을 해소할 수 있는 방안을 다양한 정책행위자들(policy actors)의 정책참여 양태(樣態)와 관련하여 제시하시오. (20점)

[2010 행정고시 제1문]

예시 답안

Ⅰ. 서: 갈등의 불가피성과 정책 실패의 시대

우리는 현재 다원화된 사회에 살고 있다. 넓은 의미의 행정 개념, 즉 "행정은 사람과 사람 사이의 활동"이라는 개념이 비추어 보면 다원화된 사회에서 행정은 필연적으로 복잡하게 얽힌 이해당사자간 갈등에 직면하게 된다. 대형국책사업, 지역공공개발사업 및 각종 비선호시설입지 등 정부의 공공사업을 수행함에 따른 갈등으로 결국 사업이 좌절되거나 실패로 끝나 국가나 사회의 전체적인 이익과는 상반되는 결정이 이루어지는 경우가 빈번하게 발생하고 있다.

이와 같이 갈등은 다원화된 사회에서 필연적으로 등장하게 되는 것으로 불가피하면서도, 관철되었으면 전체적인 이득이 되었을 정책마저 실패로 이끈다는 점에서 주목해야할 가치가 있다. 그러한 상황에서 발생하는 사회적 비용은 고스란히 국민들에게 떠넘겨진다고 할 수 있으며, 갈등이 거버넌스(governance)의 작동 조건인 신뢰(trust)라는 사회적 자본(social capital)을 잠식할 수도 있다는 점을 고려한다면 공공정책으로 인해 발생하는 갈등들을 효과적으로 해소할 수 있는 방안을 모색해야 할 것이다. 물론 기존에도 갈등 관리 수단이 존재하고 있었으나 권위적이고 일방적인 공권력 행사에 의존하는 등 본연의 임무를 수행하지 못하고 있는 측면이 있으므로 갈등의 원인에 대한 정확한 분석을 토대로 갈등관리의 제고 방안을 마련해야 할 필요가 있다.

Ⅱ. 정책갈등의 의의

1. 정책갈등의 개념

정책갈등(Policy conflict)이란 정부의 정책행위, 즉 정책 형성과 결정 및 집행과정에서 서로 다른 목표와 이해관계를 가진 공공 및 민간 영역의 주체들이 복잡한 관계 맺음 속에서 실제적 또는 잠재적으로 긴장과 충돌을 일으키는 상태를 말한다.

2. 정책갈등의 기능

1) 갈등기능론: 정책갈등의 긍정적 측면

갈등기능론은 갈등이 사회적 관계와 사회구조의 유지 및 적응에 도움을 줄 수 있는 다양한 조건들은 제시함으로써 사회갈등이 사회 해체적 역기능뿐만 아니라 순기능을 가질 수 있음을 체계적으로 제시하고 있다. 집단들 사이의 갈등이 발생하고 있는 사회구조가 덜 경직적이고, 강렬하지 않은 갈등이 자주 발생한다면 그 갈등이 적응성과 통합을 증대시킬 수 있어, 결국 사회발전의 원동력이라는 것이다.

2) 갈등구조론: 정책갈등의 부정적 측면

갈등구조론은 갈등의 심각한 역기능에 초점을 맞춘다. 지나친, 혹은 폭력적이기까지 한 갈등은 당사자의 생명과 생활을 파괴하고, 공동체와 전체 사회에 단기간에 치유하기 어려운 상흔을 남긴다. 이러한 단계에 이르지 않더라도 장기화된 갈등은 사회적으로 큰 비용을 지불하게 된다. 특히, 효과적으로 해결되지 못하고 있는 갈등들은 대립되는 이해당사자들 간뿐만 아니라 갈등조정기구에 대한 시민사회의 신뢰까지 저하시킬 수 있어, 사회 문제를 시민-시장-정부 간의 공동 노력으로 해결하려는 거버넌스의 작동을 힘들게 할 수 있다.

3. 소결: 갈등의 원만한 해결의 필요성

위의 정책갈등의 기능을 살펴보건대, 갈등이 원만하게 해결되지 못하고 장기화되거나 심화될 경우 물리적인 비용 증가뿐만 아니라 신뢰 저하와 같은 사회적 비용이 증가하므로 이러한 부정적인 측면을 최소화하고 갈등을 사회발전의 원동력으로 삼을 수 있도록 하기 위한 갈등 관리가 필요할 것이다.

Ⅲ. 정책 갈등의 원인: 정책 단계별 고찰

정책 갈등은 정부가 공익 추구를 위한 사업이나 정책 등을 추진하면서 공공기관 상호간 혹은 공공기관과 국민 간, 이해관계 있는 집단 간에 상호 양립할 수 없는 가치, 목표, 수단 등으로 인해 발생된다. 가치관이나 이해관계가 대립하는 것은 다원화 사회에서 불가피한 측면이 있으나 전문성 부족과 같은 기술적 원인, 권위주의적 행태와 같은 절차적 원인의 경우는 불필요한 갈등을 유발하고 있다고 보인다. 여기서는 정책 단계별로 살펴보겠다.

1. 정책의제설정단계: 폐쇄적, 지대 추구적 의제 설정

1) 폐쇄적 의제 설정: D-A-D 방식

의제 설정이 폐쇄적이라는 것은 의제 설정 과정에 다양한 이해관계자 및 일반시민이 참여하지 못한다는 것이다. 부안군 방사능폐기물처리장 유치 사례에서는 부안 군수가 공론화 과정 없이 일방적으로 의제를 설정하였기 때문에 문제가 된 바 있다. 방사능폐기물처리장과 같이 주민들이 혐오할 것이 명백한 시설을 유치하면서 주민들의 의견조차 듣지 아니하고 추진한 것은 갈등을 증폭하는 계기가 될 수밖에 없었다. 정책 의제라 함은 결국 사회 구성원이 해결해야 한다고 합의하는 문제이므로 의제 설정 과정에서부터 합의가 없다면 잘못된 정책이 되게 마련이다. 이렇듯 이른바 '담배연기 자욱한 방'에서 내부적으로 결정(Decide)하고 이를 발표(Announce)한 뒤 방어(Defend)하기에 급급한 방식으로 설정하는 것은 필연적으로 갈등을 유발한다.

2) 지대 추구적 의제 설정: 포획의 가능성

때로는 의제 설정 과정에서 특수 이해관계집단에 관료나 정치인이 포획되는 경우도 있다. 정책으로 인해 직·간접적으로 영향을 받게 되는 사람들이 원하는 것이 무엇인지에 대한 고려보다는 의제 설정권자 개인의 이익을 먼저 생각하는 것이다. 이는 국민-정치인-관료로 이어지는 복대리 구조에서 주인(principal)인 국민의 이해관계에 반하여 대리인(agent)인 정치인과 관료가 자신의 이익을 위해 의제를 설정하는 전형적인 도덕적 해이(moral hazard)를 보여준다. 경제적 규제나 시설 입지와 관련하여 각종 로비가 이루어지는 등 정경 유착은 한국 사회의 큰 병폐 중의 하나였다.

2. 정책결정단계: 지적 · 정치적 능력의 부족

1) 지적 능력(전문성) 부족: 사실 판단의 문제

정책이 결정되는 과정에서도 갈등은 유발될 수 있는데, 그 중의 하나가 정책 결정 과정에서의 전문성 부족이라고 할 수 있다. 세종 시로의 행정수도 이전 문제는 사실관계의 불명확성도 갈등의 증폭 원인이 된 바 있다. 행정수도 이전으로 인한 고용창출, 국가균형발전에 대한 예상이나 정부부처의 분산이 효율적 업무 수행에 방해가 될지 여부에 대한 의견 대립이 많았다. 이러한 대립에 상당 부분 미래에 관한 예측이 결부되어 있어 내재적으로 '정답'을 도출하기 어렵다는 점이 있으나 일정 범위 내에서 동의 내지 합의는 가능하다고 본다면 정책결정과정에서 그러한 노력이 부족했다는 질타가 가능하다.

2) 정치적 능력 부족: 가치 판단의 문제

사실 관계는 확실하더라도 가치나 이념의 대립이 극심한 정책도 존재한다. 현재에도 뜨거운 감자인 무상급식제도의 경우 부자의 자녀들에게도 무상급식을 실시하는 것보다는 그 재원을 집중적으로 사용하여 빈곤층 자녀에게 실질적인 혜택이 가도록 해야 한다는 의견과 '보편적 복지'의 중요성을 강조하여 무상급식을 실시하여야 한다는 의견이 대립하여 계층 간 갈등을 빚고 있다. 이러한 가치 판단이 대립하는 상황에 대해서 절충하고 합의하도록 하는 것이 바로 행정의 정치적 능력이라고 할 수 있을 것인데, 정부 내에서도 그러한 절충·합의가 이루어지지 못하고 있어 국민적인 여론을 한 데 모으는 역할은 더더욱 수행할 능력이 부족한 것으로 보인다.

3. 정책집행단계: 권위주의적 행태

정책집행단계에서 나타나는 권위주의적 행태는 또 다른 갈등의 기폭제이다. 정책 집행에 있어서도 절차적 정당성이 필요함에도 불구하고 의제설정과 결정단계에서 이루어지는 것에 비해 절차적 문제에 대한 고려가 미흡한 것으로 보인다. 4대강 사업의 경우에도 이른바 불도저식 사업 집행이 이루어지면서 보상·이주 계획에만 급급했을 뿐, 상존하는 반대 세력에 대한 설득 및 합의 과정이 미흡하였다. 마치 운전 시에 끼어드는 차량이 일단 차량의 머리를 넣어서 어쩔 수 없이 양보하게 되지만 많은 비난을 얻게 되고, 결국은 한국의 운전 문화에 대한 하소연까지 나오게 하는 상황을 떠올리게 한다. 과거 개발독재 시대로부터 내려온 경로 의존적(path-dependent)인 행태가 아직 청산되지 않고 있다고 볼 수 있는 것이다.

4대강 사업에 드는 천문학적 예산을 수자원공사 및 LH공사의 부담으로 하게 하여 암묵적 채무를 늘림으로써 일반 예산에서의 비용을 축소하여 보이게 한 것도 문제로 지적되고 있다. 이러한 공기업의 부채는 결국 연성제약예산 하에서 국민의 부담으로 나타나게 되므로 국민들의 반발을 충분히 예상할 수 있다. 정책 집행 과정에서 예산의 낭비가 있는지 절차적으로 문제는 없는지에 대해 통제하고 비판할 수 있는 제도적 장치가 구현되어 있지 못한 탓이라고 할 수 있다.

Ⅲ. 정책갈등 해소 방안: 정책행위자별 검토

1. 시민단체: 신뢰제고의 노력 및 시민적 전문가 양성

시민단체는 시민들의 의견을 수렴하며 정부를 견제하면서도 정부의 정책 의도를 왜곡 없이 전달함으로써 합리적인 정책과정을 유도해 내는 역할을 수행해야 한다. 그러나 우리나라의 시민단체는 일부 조직화된 소수(organized minority)에 의해 수행되고 있다는 점, 권력에 흡수·포섭되는 경우도 있다는 점, 재정력이 부족하고 전문성도 낮다는 점 등이 문제로 지적되고 있다. 따라서 이렇게 실추된 시민단체의 신뢰를 회복하기 위해 대표성 및 전문성을 제고하고 비영리민간단체지원법 등 관련 법규 개선 노력을 통해 재정적 독립을 꾀하여야 한다. 회복된 신뢰를 바탕으로 정책의사설정, 결정, 집행의 제 과정에서 중요한 정책행위자(policy actor)가 될 수 있도록 시민적 전문가를 양성하도록 하여야 한다.

2. 시민: 합리적 민주 시민으로의 진화와 적극적 참여

정책 갈등의 주된 유형 중의 하나는 혐오시설 입지와 관련한 갈등이다. 물론 지역 주민의 비선호 시설 입지 거부를 지역이기주의로 매도할 수는 없지만, 님비(Not In My Back Yard; NIMBY), 핌피(Please In My Front Yard; PIMFY) 현상 등이 무조건적인 반대에 근거한 경우도 많다. 따라서 좀 더 국민 전체의 이익과 자신의 이익을 균형적으로 고려할 줄 아는 합리적인 민주 시민이 되도록 노력할 필요가 있다. 이러한 노력과 함께 정부의 정책과정에 많은 관심을 가지고 참여·통제한다면 불필요한 갈등이 발생하는 일을 줄일 수 있을 것이다.

3. 행정의 노력: 통치가 아닌 협력, 갈등조정 기제 마련

신뢰에 기반을 둔 거버넌스의 작동을 위해서 시민과 정부 그리고 시장이 모두 노력해야 하지만, 그간의 행정의 행태와 그로부터 비롯된 갈등을 고려한다면 가장 큰 노력이 필요하고 그 노력이 효과적일 정책행위자는 역시 행정부문이다. 먼저 정책의 제 과정에서 나타나는 권위적이고 폐쇄적인 태도를 개선해야 한다. 시장과 시민을 통치의 대상으로 볼 것이 아니라 협력해야 하는 주체로 받아들여야 한다. 이를 위해서는 다양한 이해관계자와 전문가를 정책 과정에 참여시킬 수 있는 제도적 장치를 마련해야 한다. 이미 공청회나 청문회와 같은 제도가 존재하지만 정부의 책임회피수단이나 이미 결정된 사항을 설명하고 관철하기 위한 통과의례 정도로만 활용되고 있는 것이 현실인 만큼 운영의 실효성을 확보하는 것이 중요한 과제라고 할 수 있다. 울산시 북구의 경우 시민배심원제도를 활용하고 있어 그 향방이 기대되고 있다.

그러나 이러한 사전적 갈등조정이 이루어지더라도 모든 정책 갈등을 예방할 수는 없으므로 이해관계자 상호간의 대화와 타협을 통한 갈등해결방식인 대체적 분쟁해결제도(Alternative Dispute Resolution; ADR)의 활용을 활성화하려는 노력을 주도하는 것이 바람직하다.

4. 시장의 노력: 신뢰 확보에의 노력

우리의 시장은 특히 대기업들을 중심으로 시장기구의 힘에 따르기 보다는 정경유착, 대마불사 등으로 표현되는 행태를 보임으로써 시민들의 반감을 사고, 특정 규제의 생성·소멸 등과 관련하여 또 다른 갈등 유발의 주체가 되어 온 바 있다. 따라서 이러한 정경유착의 고리를 끊고 시민들의 신뢰를 확보하고, 건전한 시장 환경을 조성하는데 앞서가야 할 것이다. 기업의 사회적 책임(Corporate Social Responsibility; CSR)을 다하려는 노력은 그들의 이윤과 직결되는 직접적인 고객인 시민의 마음을 얻는데 큰 도움이 될 것임은 물론이다.

Ⅳ. 결: 건설적 갈등(Constructive conflict)의 추구

현재와 같은 총체적인 갈등의 시대에서 과거와 같은 행정일변도의 갈등관리 방식은 더 이상 유용하지도 적합하지도 않다. 정책의 의제설정 단계부터 집행 단계에 이르기까지 종래의 행정은 오히려 갈등을 증폭시키는 역할을 하고 있었다고 해도 과언이 아닐 것이다. 우리가 지향해야 할 행정의 모습이 사회 내의 각 주체가 협력적으로 행정문제를 해결해 나가는 것이라면, 그 전제가 될 신뢰(trust)에 갈등이 미치는 악영향을 더 이상 좌시해서는 안 될 것이다. 따라서 사전적으로는 비판의 제도적 허용과 활발한 환류 작용을 통해 불필요한 갈등 발생을 최소화하는 한편, 이미 발생한 갈등에 대해서는 사회 통합을 해치지 않으면서 사회발전의 원동력이 될 수 있도록 원만하게 해결할 수 있는 기제를 지속적으로 확보하고 활용해야 할 것이다. 이렇게 원만하고 합리적으로 갈등을 해결하는 사례가 축적된다면 오히려 갈등의 해결 경험이 새로운 신뢰 형성의 기회가 될 수 있다. 그제야 우리 사회의 정책갈등은 파괴적 갈등(Destructive conflict)이 아닌 건설적 갈등(Constructive conflict)이 될 수 있을 것이다.

강 평

1. 총평

최근 사회적 이슈를 둘러싼 정책갈등의 원인을 정책단계별로 구분하여 설명하고, 극복방안을 정책행위자의 참여양태와 관련하여 제시할 것으로 요구하고 있는 50점이 배정된 큰 문제이다. 제시된 답안은 정책갈등의 의의, 원인, 해소방안을 출제자의 요구에 맞게 체계적으로 제시하고 있는 좋은 답안이라 할 수 있다. 다만 정책갈등의 원인을 구체적인 사례를 들어 설명하라고 요구했다는 점에서 1개의 사례를 집중적으로 분석하고, 해소방안을 논리적 근거에 기초하여 서술했으면 더 좋은 답안이 될 수 있다고 본다.

2. 보완해야 할 부문

첫째, 정책갈등의 원인을 이론적인 측면에서 정리한 후, 1개 사례에 집중하여 분석하는 방식으로 서술할 있다. 둘째, 정책갈등의 해소방안을 행위자의 양태 중심으로 서술하되, 중요도 순서로 배치할 필요가 있다. 공식적 참여자에 해당하는 대통령, 공무원, 국회의원 등의 양태를 먼저 배치하고, 시민단체, 시민, 민간기업 등의 양태를 뒤에 배치하는 것이 더 좋다고 본다. 셋째, 맨 뒤에 정책행위자로서 시장을 제시하고 있으나, 시장은 정책행위자가 아니며, 답안의 내용대로 한다면 민간기업, 특히 대기업이라고 제목이 들어가야 할 것이다.

3. 추가해야 할 부문

첫째, 정책갈등의 근본원인을 '희소성'의 개념에서 출발하여, 선택의 상황에서 직면하게 되는 불가피한 문제임을 언급할 필요가 있다. 둘째, 정책갈등의 의의를 다루면서 민간부문과 비교하여 원인과 해소방안에서 어떠한 특성이 있는지 간략히 비교하여 제시할 수 있으면 더 좋은 답안으로 평가받을 수 있을 것이다.

4. 기타 사항

실제 시험에서 이 정도 수준의 답안을 작성하기는 쉽지 않다. 출제자의 요구에 맞게 목차를 구성하고, 내용을 충실하게 작성하는 지속적인 훈련이 필요하다고 본다.

7. 정책 실패와 뉴거버넌스

거버넌스 체계(governance system)란 공공문제 여부를 정의(define)하고 그 공공문제를 해결하기 위한 광의의 제도적 장치인 것으로 가정하고, 다음 문제에 순서대로 답하시오. [2005 서울대학교 행정대학원 입학시험 문제]

[1] 한국 정부가 시행한 (혹은 시행을 시도한) 공공정책 가운데 실패했다고 생각하는 사례 한 가지를 제시하고, 왜 그 정책의 시행(혹은 시행 시도)이 실패했다고 생각하는지 이유를 밝히시오.

[2] 그와 같은 정책실패를 초래한 거버넌스 체계상의 원인(들)을 규명하시오.

[3] 그와 유사한 정책실패의 재발을 방지하기 위한 거버넌스 체계의 개혁방안을 제시하시오.

예시 답안

Ⅰ. 서론: 공공문제 해결 매커니즘으로서의 거버넌스

S.Huntington이 강조한 '제3의 물결'로서의 민주화 혁명 이후, 세계적으로 행정에 대한 시민참여가 유행처럼 강조되고 있다. 이러한 시민참여의 활성화는 정부의 정책결정에 신중성을 가미해 주고 정책순응을 유도할 수 있다는 점에서 긍정적 영향을 미치지만, 자칫 '과잉참여'가 발생하거나 이익단체들 간의 극한 대립으로 연결될 수 있다는 문제점을 내포하고 있다. 특히 행정이론적으로 '거버넌스(governance)'에 대한 논의가 활발해지고 이 이론이 실제 행정에 수용되면서, 그 문제점들이 현실화되는 경우가 상당히 많아졌다. 이에 우리나라에서 발생한 바 있는 의약분업정책 실패사례를 통해 거버넌스 체계의 운영에 있어 문제점을 짚어보고, 이러한 문제점을 극복하기 위한 일반적인 해결방안에 대해 논의해 보는 작업은 큰 의미를 지닐 수 있다.

Ⅱ. 공공정책 실패사례의 검토: 의약분업 사례를 중심으로

(1) 의약분업정책의 의미와 갈등

의약분업정책이란 의사가 치료의 수단으로 환자로 하여금 약을 사용하게 하려고 할 때, 의사는 환자에게 처방전만을 교부하고, 약사는 처방전에 따라 약을 조제·투약하는 제도를 말한다. 이는 의사·약사 사이에 환자 치료를 위한 역할을 분담해 처방 및 조제내용을 서로 점검·협력함으로써 불필요하거나 잘못된 투약을 방지하고, 무분별한 약의 오남용을 예방해 약으로 인한 피해를 줄이는 데 목적을 두고 있다.

의약분업정책은 김대중 정부가 추진했던 가장 개혁적인 정책의 하나로 기대를 모았으나, 추진 당시의 갈등과 권위주의적 행정문화, 이익단체 간 지나친 집단이익의 추구로 정책혼란을 가중한 대표적인 사례로 꼽히고 있다.

(2) 의약분업 정책을 실패로 보는 이유

1) 이익단체 간 극한 갈등으로 인한 과도한 집행비용의 낭비

의료계와 약계는 정책이익에 집착한 나머지 신뢰수준이나 상호협상의 조정의 능력이 매우 낮았고, 특히 의료계의 경우 정책불신으로 타협과 협상보다는 파업과 폐업이라는 강력한 수단을 동원하였다. 이로 인해, 일반 국민들은 큰 불편을 겪었으며 정책이 난항을 거듭하는 등 과도한 집행비용이 낭비되었다는 측면을 지적할 수 있다.

2) 건강보험 재정의 부실화 초래

국민건강보험공단은 보험비의 과다 지출로 인해 국민들의 불신을 사는 등 계속되는 건강보험료 인상으로 인해 국민들의 부담만 늘어나고 있다는 지적도 존재한다.

3) 주무 부처의 혼선

의약분업정책을 주관하고 있던 보건복지부 역시 정책에 혼선을 빚게 되었고, 애초에 계획했던 정책 적용시기보다 한참이 늦어진 시기에 제도를 시행하게 되어 많은 문제점들을 야기하기에 이르렀다.

Ⅲ. 정책실패를 초래한 거버넌스 체계상의 원인 검토

(1) 정부와 이익단체 간 파트너십 및 신뢰의 부재

정부와 각 이익단체 간의 파트너십(partnership)이 원활하지 못한 점에서 첫 번째 원인을 찾을 수 있다. 정책의 합의 단계와 실행 단계에서 파트너십의 균열이 발생함으로써, 이러한 요인이 이후 의약분업정책의 교착상태를 가져오는 원인이 되기도 하였으며, 삼자 간 신뢰(trust)의 부재는 결국 의약분업 거버넌스의 효율성을 떨어뜨리는 결과를 초래한 것으로 분석할 수 있다.

(2) 정부의 전문성 및 거버넌스 조정기능 미비

전문분야에 해당하는 의약계 각 입장의 논의들이 진행되는 동안, 정부는 불행하게도 전문성에 기반한 중재자・조정자로서의 역할을 수행하는 데에 한계를 노정한 바 있다. 이러한 사실은 정책합의기에 이르러 '시민단체'가 정부, 이익집단 간의 매개자로서 정책결정과정의 합의도출에 가장 큰 영향력을 행사했었다는 사실에서도 드러난다. 거버넌스 체계를 문제삼는 경우에 반드시 지적되어야 할 사항이라고 하겠다.

(3) 거버넌스 참여자들 간 의사소통의 통로 마련 미비

거버넌스가 원활하게 작동하고 운영되기 위해서는 거버넌스의 참여자들 간에 합리적인 담론(discourse)이 형성되고 토론을 통한 타협을 이끌어낼 수 있는 체계적인 제도적 장치가 필요하다. 그러나 의약분업정책과 그 갈등 사례에서 나타난 현실은 극한 대립과 파업 등 민주주의의 절차적 원칙과는 거리가 멀었다. 이처럼 문제의 본질에 접근하기 위한 합리적 의사소통 공간의 부재는 정책실패에 더욱 큰 악영향을 초래하게 되었다.

Ⅳ. 거버넌스 체계의 개혁 방안

(1) 기본적 방향: 근본적 측면의 개선기제로서 사회적 자본

R.Putnam, F.Fukuyama 등이 강조하는 호혜규범으로서의 '사회적 자본(social capital)'

은 사회 내에 존재하는 가시적 · 비가시적 거래비용(transaction cost)을 획기적으로 낮추어 줌으로써 거버넌스 체계가 원활하게 작동하도록 하는 윤활유의 역할을 한다. 따라서 정부와 시민사회(내의 이익단체 포함) 간 파트너십 형성과 신뢰 구축을 지향하는 노력을 통해 좋은 거버넌스(good governance)를 구축할 수 있어야 할 것이다.

(2) 구체적 방향

1) 최종 조정자(final arbiter) 및 최종 책임자로서의 신뢰받는 정부 구현

정부가 거버넌스 체계 내에서 합의, 중재, 타협을 통한 정책결정을 도출하기 위해서는 거버넌스의 정당성 확보를 위한 합리적이고 전문적인 정책중재능력을 구비하여야 한다. 나아가 신뢰성 확보를 위해 거버넌스 내의 참여자들의 자율성 보장과 민간전문가의 전문적인 참여보장이라는 조건도 확립되어야 한다.

2) 이익단체들의 공익적 가치관 확립

다원주의를 기반으로 하는 민주주의 사회에서 사익을 추구하는 이익단체의 존재는 어찌보면 당연한 것이라 할 수 있다. 그러나 보다 성숙한 민주사회의 구현을 위하여, 그리고 다수 대중의 보건권 보장을 위하여 양대 이익단체가 공익적 가치관을 확립하기 위한 노력을 경주해야 할 것이다.

3) 새로운 갈등해결기제로서의 ADR 활용

갈등과 대립이 극한으로 치달아 법정에서의 공방이 벌어진다거나, 거버넌스 자체가 붕괴되는 부정적 결과가 초래되지 않도록 하기 위하여 다양한 방식의 '대체적 분쟁 해결제도(ADR: Alternative Dispute Resolution)'를 제도적 차원에서 도입할 필요가 있다. 화해, 조정, 중재 등에 밝은 전문가들을 활용하여 이러한 방식을 갈등해결기제로 활용해야 할 것이다.

Ⅴ. 결론: 신뢰라는 풀(glue)로 붙은 네트워크 구축을 위하여

거버넌스는 네트워크 구조를 기반으로 하여 작동된다는 특징을 갖는다. 그리고 이러한 네트워크를 형성하고 거버넌스가 원활하게 작동하도록 하기 위해서는 '신뢰'

라는 필요조건이 갖추어져야 한다. 의약분업정책이 이익단체의 반대에 부딪혀 난항을 거듭했던 과거의 경험에 비추어, 이러한 극한 대립이 발생하기 이전에 인식적·제도적 기반을 마련해두기 위한 작업이 진행되어야 할 시기가 왔다는 사실을 깨달을 수 있어야 할 것이다.

강 평

1. 총평

수험자가 어떤 정책 실패 사례이든 선택을 할 수 있게 해 두었기 때문에 선택된 사례 내용에 대한 표준적인 채점은 더욱 어렵다. 다만 그 사례의 선택논거 (여기서는 정책실패라고 규정하는 논거를 명확히 밝혀주는 것)의 제시가 필수적이다. 정책실패의 규정의 논거를 제시한 것은 좋은 시도이다. 다만 의약분업 정책은 집행 초기에는 실패라고 규정할 수도 있었겠지만 2008년 쯤에는 꼭 실패라고 하기 어렵다. 이러한 점은 정책의 성공 실패의 판단 시점을 어디에 두는가에도 좌우되는데, 상당한 미비점을 보완하고 나름대로 정착이 되어 있는 지금은 실패 사례로 규정하기가 명확하지 않다. 아무래도 문제가 출제된 시점을 염두에 둠이 나을 것이다.

그리고 거버넌스에 관련된 논의가 흔히 추상적 논의 혹은 너무나 뻔한 논의만을 담고 있기 쉬운데 가장 정교한 이론 체계를 제시한 B. Guy Peters의 이론을 적용하면 보다 이론적 정교함을 높일 수 있다. 따라서 피터스의 네 가지 모형에 적합한 정책 사례를 각각 잘 선정하여 세부 변수별로 정확히 해석하는 연습을 하는 것이 필수적이다. 피터스의 각 유형별로 적합한 사례를 각각 연습해 두라.

2. 보완해야 할 부문

좀 더 선명한 정책실패, 성공 사례들을 몇 개 정리해 두어야 한다. 이 경우 정책의 성공 실패에 대한 가장 중요한 논거(기준)은 정책성과인데 이에 대한 논거가 현재의 서술에는 언급이 전혀 없다.

거버넌스 개혁방안도 신뢰(이마저도 더 추상화하여 '사회적 자본'으로 표현)가 있을 것, 정부측의 정책중재능력, 이익집단들의 공익적 시각 필요, 대체적 분쟁조정제도 ... 등도 너무나 추상적이고 지극히 자명한 언명(그래서 구체적 적실성은 하나도 없을 수도 있는)들만 모여 있어서 굳이 거버넌스에 대한 자세한 이론적 성찰이 없고 그저 구호 정도로만 거버넌스를 이해하고 있는 수준에서도 능히 작성할 수 있는 서술들이라면 좋은 답안이 되기 불충분하며 그저 대략 둘러 대기로 오해받을 수 있다.

3. 추가해야 할 부문

이 문제는 정책실패의 원인을 거버넌스 체계에서 찾으라고 하고 있다. 그렇다면 먼저 이 사례의 논의는 ①이 정책의 성격이 의사, 약사, 소비자인 시민, 공익단체, 주관부처, 언론 등의 공동적 참여로 이루어져 있는 것임을 먼저 규명하여 그 정책을 구성하는 거버넌스 구조를 밝히고, ②나아가 이들의 연계망 중 어느 부분에서 주로 문제가 생긴 것인지를 지적하며, ③거버넌스 체계의 (일반적) 개혁을 위한 방향이 제시되었어야 했다. 현재로서는 구체적 언명이 희소하고 그저 일반적 논의만 하고 있어서 구체적 정책사례에서 거버넌스적 국면을 해석해 내는 역량을 측정하고자 하는 문제의 취지와는 좀 떨어져 있다.

4. 기타 사항

서론의 표현 중, 형식 논리상으로는 '제 3의 물결'을 S. Huntington이 주장한 것과 같은 오해를 주는 표현을 수정해야 한다. 구호적 서술 역시 자제해야 한다.

행정학 사례답안의 실제

1. 서울대 행정대학원 석사과정 입시문제 답안

(1) 2009학년도 전기

(2) 2009학년도 후기

2. 행정고등고시 최고득점 답안(2010년도)

이 답안은 2009년 서울대 행정대학원 입시문제에 대한 답안과 2010년 행정고등고시에서 행정학을 최고득점한 바 있는 수험생이 시험장 상황을 염두에 두고 시험장에서 작성했던 답안을 그대로 재현한 것이다. 이상적인 모범 답안보다는 이렇게 현장에서 실제로 최고 득점을 얻는 답안의 모습을 확인해 보는 것은 수험생에게 시험 현장에서 작성할 수 있는 답안의 내용, 제한된 시간 내에 쓸 수 있는 분량 등을 가늠해 볼 수 있는 매우 귀중한 답안 작성 경험이 될 것이다.

2009학년도 서울대학교 행정대학원 석사과정 전기모집 입학시험 문제

2008년 11월 21일 시행

<문제 1>

최근 국가정책을 결정하는 과정에서 정부의 고위정책결정자, 관료와 같은 공식적 정책당사자 뿐만 아니라 사회의 다양한 행위자들이 정책에 참여하고 있다. 이 같은 현상을 행정학적 관점에서 사례를 들어 설명하고, 이러한 의사결정이 효과적으로 이루어지기 위해 필요한 요소들은 무엇인지 제시하시오. (50점)

<문제 2>

"직업공무원의 재량권(discretion)을 확대하면 정부의 성과가 향상 된다"라는 주장에 대한 찬성론 혹은 반대론을 전개하시오. (25점)

<문제 3>

〈문제 2〉에서 제시한 자신의 논리에 따라 정부가 일하는 방식을 개혁한다고 가정하자. 그 개혁의 간략한 내용과, 그 개혁에 의해 발생할 수 있는 의도하지 않은 결과(unintended consequences)를 서술하시오. (25점)

【문제 1】

Ⅰ. 서 : 참여 촉진의 필요성

최근 거버넌스 패러다임은 정책 과정에 근본적인 변화를 가져오고 있다. *Vigoda*는 정부패러다임 하에서 피통치자에 불과했던 시민이 거버넌스 하에서는 주인으로 그 역할이 근본적으로 바뀌고 있다고 하며, 우리나라 역시 과거 발전행정 패러다임을 극복하고 정치의 민주화가 행정의 민주화로 진척되는 과정에서 다양한 행위자들의 적극적인 참여가 지속적으로 나타나고 있다. 공동 생산(*co-product*), 공동 규제(*co-regulation*) 등의 보다 고차원적인 참여도 추구되고 있으나 가장 근본적인 부분은 의사 결정에서 나타나는 참여일 것이다. 더욱이 최근의 행정환경 하에서 사회문제는 더 이상 국가 혼자만의 힘으로 해결하기 어렵다는 점에서 참여를 촉진하기 위한 노력이 필요하다고 볼 수 있다. 그러나 참여가 그간 겪지 못한 또 다른 문제를 야기할 수 있으므로 다양한 행위자 참여 하의 효과적인 의사결정을 위한 요건을 도출해 내야 할 것이다.

Ⅱ. 정책 참여의 의의

1. 정책 참여의 개념

전통적 의미에서의 참여는 사회의 구성원이 정책 결정에 영향을 미치거나 영향을 미치고자 하는 행동으로 정의될 수 있다. 따라서 전통적 의미에서의 참여는 대부분 국정참여, 행정참여 등을 통한 시민권의 강화와 민주주의의 실현 등에 초점을 맞추고 있다. 거버넌스 관점에서의 참여는 그 본질상 시민참여와 파트너십이 기본적인 전제로 내포되어 참여를 통한 시민권과 민주주의의 강화 측면을 내포하면서도 보다 직접적으로는 참여를 통한 정부와 시민 간의 파트너십 형성으로 보다 나은 국정관리, 행정관리를 지향하는 것이다. 따라서 거버넌스 하에서의 참여는 민주성뿐만 아니라 국정운영의 효율성과 직접적인 관련이 있다.

2. 참여의 유형

Zimmerman의 견해에 따르면 참여는 수동적 참여와 능동적 참여로 나눌 수 있다. 수동적 참여는 관 주도하에 관료들이 전해주는 정보 · 홍보를 듣고 이를 통해 정책에 대한 지지적 입장을 취하는 등의 소극적 행위를 하는 것으로 정책홍보를 위한 모의 참가, 방송청취 등을 의미하는 반면, 능동적 참여는 민 주도하에 스스로 적극적인 행정참여를 하는 것으로 주민총회, 공청회, 시민자문위원회, 주민투표, 주민발안, 주민소환, 자원봉사 등의 참여가 이에 해당한다.

3. 참여주의

일선현장에서의 시민 참여는 대의제 원리를 훼손시키는 것임에도 불구하고 시민이나 정책 대상집단을 결정과정에 참여시켜야한다는 주장이 나오는 것은 간접민주주의적 대의제가 현대의 복잡한 사회에서 한계에 부딪히게 되었기 때문이다. 즉, 대리인인 대표에 대한 정보의 부족으로 인한 역선택과 대리인인 대표의 자기이익 추구로 인하여 국민의 의사가 국정운영에 제대로 반영되지 못하는 대의민주주의의 위기현상이 나타남에 따라 시민참여가 더욱 강조되고 있는 것이다. 이러한 참여주의를 크게 담론주의와 공동체주의로 나누어볼 수 있다. 담론주의에서는 대립되는 이해관계를 가진 시민들이 직접 타협하거나 공식적 결정권자와 대등한 입장에서 타협을 해야 한다고 주장한다. 반면 공동체주의에서는 과거의 이익집단론적 참여라기보다는 이해관계가 없는 제3자로서의 일반시민이 정책결정에 참여함을 강조하는 것이다. 양쪽 입장은 배타적이라기보다는 참여의 두 측면이라고 볼 수 있다. 전자의 경우 과거 의약분업 문제가 대두되었을 당시 의사협회와 약사협회가 활발하게 참여하였던 예를 들 수 있고, 후자의 경우 일부 지방자치단체에서 운영 중인 주민참여예산위원회를 들 수 있을 것이다.

Ⅲ 참여의 필요성과 한계

1. 참여의 필요성

(1) 민주성 측면

첫째, 현대사회에서 대의 민주주의는 선거기제가 국민의 의사를 정확히 반영하지 못함으로써 피로현상을 겪고 있다. 더욱 지역주의와 연고주의에 의한 선거기제가 작동하고 있는 한국은 대의민주주의의 위기현상이 더욱 크게 나타나고 있어 참여가 필요하게 된다. 둘째, 민주주의 국가에서 정부가 행정의 대응성을 실현하기에 가장 효과적인 장치의 하나가 참여이다. 참여는 정책체제에 대한 투입행위이며, 이러한 투입이 다양한 참여자들이 무엇을 원하는가를 알 수 있는 가장 효과적인 방법이기 때문이다. 셋째, 참여를 통해 행정의 투명성을 제고시키고 부패를 근절시킬 수 있다. 넷째, 참여를 통해 시민성을 계발하고 민주시민교육을 하는 효과가 있다.

(2) 효율성 측면

첫째, 참여는 참여자가 처한 조건, 선호와 요구, 실행하고 있는 정책에 대한 환류의 제공, 정책대안에 대한 예견적 반응과 같은 적절한 정보를 제공하여 정책의 질을 제고하고 실패가능성을 줄여줄 수 있다. 둘째, 시민과 정부 간의 상호 이해 증진을 통해 궁극적으로 행정의 신뢰를 제고시키고 합의에 이름으로써 정부운영의 효율성을 제고할 수 있다. 셋째, 참여를 통해 행정의 분권화를 촉진하고 집권적 정부구조의 결함을 완화해 줄 수 있을 뿐만 아니라 시민적 참여가 분립적 조직단위들의 공동 대응을 불가피하게 할 때가 많아 분립적 활동의 통합을 유도하여 행정의 효율성을 증진할 수 있다.

2. 참여의 한계

(1) 민주성 측면

첫째, 참여하고자 하는 다양한 행위자들은 국민들로부터 국정운영의 위임을 받은 민주적 정당성을 지닌 책임주체가 아니므로 책임확보기제가 존재하지 않는다는 점이다. 이러한 한계는 이익집단론적 참여주의에서 발생하기 쉽다. 둘째, 참여가 NGO등 단체를 통한 것일 경우, 그 의견을 시민 전체의 의견으로 의제하여 자신의 주장을 관철할 가능성이 있으며 침묵하는 다수의 의견이 무시될 수 있다.

최근 신공항 유치와 관련하여 지역 기반 NGO 간에 소모적인 경쟁이 있었던 것도 이러한 문제와 관련되어 있다. 셋째, O'Donell이 지적하는 바와 같이 윤리성과 책임성을 상실하고 정부와 부정적인 야합관계를 형성하여 정부가 국회 통제의 회피목적으로 행위자들을 이용할 수 있다.

(2) 효율성 측면

첫째, Pressman과 Wildavsky의 공동행위의 복잡성 이론이 시사하는 바와 같이 정책 과정에서 다양한 참여자의 존재는 의사결정점과 거부점의 증가로 이어질 가능성이 존재하여 비용을 상승시킬 수 있다. 둘째, 다양한 집단의 참여로 인해 정책이 다양한 이해관계의 모자이크 방식이 될 가능성이 있어 정책의 비일관성을 초래할 여지가 있다. 셋째, 참여자가 전문성을 확보하지 못한 경우 민간의 상식이 행정의 전문성을 구축(crowd out)할 수 있다. 즉, Cohen이 주장하는 바와 같이 아마추어 정부로의 전락을 야기할 수 있다는 것이다. 넷째, 다양한 이견을 가진 행위자들이 참여할 때 정책선택상황에서 하나의 정책선택이 야기하는 기회비용이 너무 커서 선택이 곤란한 정책 딜레마 상황이 초래될 수 있다.

Ⅳ. 참여 활성화를 위한 요건

1. 참여의 제도화

참여의 제도적 영역과 통로를 넓히고 그러한 통로의 실질적인 작동을 촉진하여야 한다. 최근 정부는 시민참여를 위한 제도적 장치로서 지자체 차원에서 주민조례개폐청구, 주민감사, 주민소송 등의 제도를 마련했음에도 불구하고 엄격한 청구 요건 등으로 실질적 작동에 많은 한계가 노정되고 있다. 참여를 위한 제도적 장치들이 실질적인 통로로 작동하도록 제도들의 개선이 필요하다.

2. 정보공개의 활성화

의사 결정 과정의 집단과정화, 참여과정화를 촉진하기 위해서는 행정의 공개성을 높여야 한다. 최근 신정부의 소고기 수입협상과정에서 야기된 시민들의 저항은 시민의 건강권과 관련된 주요 현안에 대한 비밀주의적 정책결정에 기인한 바 크다. 비밀주의적 정책 결정은 행정의 민주성뿐만 아니라 국정운영의 효율성 측면에서도 결코 바람직하지 않으므로 충분한 정보 공개 하에 다양한 행위자들의 제도적 참여를 유도해야한다. 이를 위해 정보공개법 등 관련 법규의 내면화, 공청회・청문회의 적극적 활용, 시민위원회, 시민 옴부즈만제도의 활성화가 필요하다.

3. 권위주의・경계관념 타파

공무원들의 권위주의를 비롯한 부정적 행태를 시정하고 행정과 시민 사이의 전통적 경계 관념을 타파해야한다. 이를 위해서 분권적이고 수평적인 조직 설계를 통해 관료제의 다양한 행위자들과의 접점을 늘려야 한다.

4. 제 3자의 참여 활성화 방안 – 시민주의, 자원봉사주의

최근의 공동체주의자들은 이해관계 없는 제 3자의 참여 확보를 위한 두 가지의 제안을 하고 있다. 신좌파의 시민주의와 신우파의 자원봉사주의(*volunteerism*)가 그것이다. 시민주의는 소극적으로 방치하게 되면 이기적인 인간들이 참여를 기피하게 될 것이므로 정부가 앞장서서 이타적이고 헌신적인 시민을 양성해야한다고 주장한다. 반면, 자원봉사주의는 현실에서 공동문제를 해결하기 위해 아무런 대가 없이 시간과 노력과 돈을 제공하려는 구성원이 많이 있으므로 이들에게 적당한 명분이나 사회적 안정감을 제공하면 헌신적으로 일할 것이라고 주장한다. 이들은 시민의 정신적 자세는 주어진 것으로 보고 시민들을 활용할 방안을 탐색한다. 결국 이 두 가지의 입장 차이는 시민을 보는 시각의 차이에서 발생하는 것으로 양자를 보완적으로 활용해야 할 것이다.

V. 결 : 신뢰 형성을 통한 협력적 참여

참여의 확대가 곧바로 행정의 민주성 및 국정운영의 효율성을 촉진하는 것은 아니다. 이를 담보하기 위해서는 정부와 다양한 행위자들 간에 신뢰관계 형성을 통한 협력적 참여가 전제되어야 한다. 협력적 참여는 참여의 통로가 이성적인 토론의 장이 되도록 하며, 관료를 책임 회피 및 국정 업무를 위임받은 시민들의 도덕적 해이를 극복해 줄 수 있기 때문이다. *Behn*과 *Robert*등이 우려하는 것처럼 시민들이 적극적으로 공공문제에 참여하지 않는 '시민실패'가 나타나지 않도록 참여의 제도화, 정보공개의 활성화, 권위주의 · 경계관념의 타파, 그리고 일반 시민의 참여를 위한 시민주의와 자원봉사주의적 접근이 지속적이고 강도 있게 추진되어야 할 것이다. 이를 통해 의사결정 과정뿐만 아니라 정책의 전 과정에 시민과 시장이 참여하여 공동의 협력을 통해 국정 운영을 이끌어나가도록 좋은 거버넌스(*Good Governance*)로의 발전의 토대를 닦을 수 있어야 하겠다.

【강평】

1. 총평

거버넌스 시대에는 참여가 강조되고 있다. 따라서 정책이나 행정은 정부 독점으로 할 수 없으며 광범위한 시민들의 참여에 의해 이루어져야 한다. 예시답안은 전반적으로 무난한 서술을 하고 있지만, 분명 문제에서 관련 사례를 제시하라고 했는데도 지나치게 선언적이고 사변적인 논의를 하고 있어 구체성이 결여되어 있다는 점을 지적하고자 한다.

2. 보완해야 할 사항

정책참여의 일반론을 서술하고 있는 2장에서의 논의는 흐름이 끊긴다는 느낌을 받았다. 참여의 의의, 유형을 설명하는 것은 이해가 되는데, 갑자기 철학적 기초인 참여주의를 언급하는 것은 다소 뜬금없다. 논의의 흐름을 매끄럽게 하기 위해서는 1. 의의 및 유형, 2. 철학적 기초: 참여주의라고 재조정하는 것이 필요하다. 3장의 정책참여의 필요성과 한계를 민주성과 효율성이라는 두 가지 관점에서 설명하고 있는 것은 무난하다. 그러나 4장의 참여 활성화를 위한 요건은 다소 추상적이고 선언적인 내용이어서 구체성이 부족하다는 점을 첨언하고자 한다.

3. 추가해야 할 사항

문제에서도 분명 관련 사례를 들어 설명하라고 했는데, 관련 사례에 대한 설명이 별로 없이 무미건조한 이론 설명만 하고 있다. 적재적소에 관련 사례를 제시해야 한다. 또 4장에서 거버넌스적 정책참여에서 강조하는 정책네트워크 이론을 관련 부분에서 서술할 필요가 있다.

4. 기타 사항

전형적인 행정학 문제는 한국 행정의 문제점과 개선방안을 제시하는 것이다. 그런데 이 두 논점을 선언적이고 사변적인 수준에서 논의하면 구체성이 떨어지는 문제가 있다. 예시 답안도 이러한 문제를 노정하고 있는데, 응용 사회과학으로서의 행정학에서 고득점을 하려면 이론뿐만 아니라 관련 사례나 제도에 대해서도 숙지하고 있는 것이 필요하다.

【문제 2】

Ⅰ. 서

정부 관료제의 활동범위가 넓고 복잡해짐에 따라, 그리고 행정수요와 그 여건이 급속히 변동함에 따라 행정재량의 필요가 커져 왔다. 그러나 이러한 필요성에도 불구하고 직업공무원의 재량권 확대가 정부 성과에 미칠 영향에 대해서는 의견이 분분하다. 특히 주어진 재량권의 일탈 또는 남용이 나타나면서 적절한 통제의 필요성이 증대하면서 비판적인 의견도 나타나고 있다. 이와 관련하여 정치와 행정 간의 관계, 공무원의 동기 부여, 통제의 위치 등의 측면에서 재량권 확대가 성과를 증대시킬지에 대해 살펴보는 것으로부터 재량권 확대와 그 보완책 마련이 정당성을 가질 수 있다.

Ⅱ. 재량권의 확대와 정부 성과

1. 정치와 행정 간의 관계와 재량권 확대

정치행정이원론의 관점에서 볼 때, 정치는 국가의 목표를 설정하고, 정책을 결정하며, 가치를 판단하는 과정인 반면, 행정은 설정된 목표를 달성하기 위한 효율적인 수단을 모색하고, 정책을 집행하며, 사실을 판단하는 과정이다. 그러나 정치행정일원론의 관점에서 볼 때, 행정은 정책형성이므로 정치와 행정은 근본적인 차이가 없다. 최근에 진행되어 온 재량권의 확대는 정치행정일원론적 시각과 일치하는 현상이라고 볼 수 있다. 그러나 역사적으로 행정관리설의 이원론, 통치기능설의 일원론, 행정행태설의 새이원론, 발전행정의 새일원론 등 지속적인 논란이 되어 왔으며 최근의 신공공관리론, 뉴거버넌스론의 대두로 행정과 정치의 관계는 더욱 혼란스러워지고 있다. 따라서 정치행정일원론이 옳다는 전제 하에 재량권 확대가 정부의 성과를 향상시킬 것이라는 주장을 하기는 힘들다고 할 수 있다.

2. 공무원의 동기 부여와 재량권 확대

정부의 성과는 곧 정부의 업무를 담당하는 공무원들의 능력을 극대화함으로써 향상시킬 수 있다. 동기부여의 내용이론에 따를 때 재량권의 확대는 *Maslow*의 자아실현욕구, *Herzberg*의 만족요인 등 보다 고차원의 동기 부여 요인이 된다. 동기부여의 과정이론 중 *Porter & Lawler*의 성과만족이론에 따른다면 재량권을 확대하면 노력(*effort*)에 따른 성과(*performance*)가 나타날 수 있다는 점에서 보상(*reward*)과 만족(*satisfaction*)으로 까지 이어질 수 있게 된다. 한편, 자율규제이론에 따르면 설정된 목표를 달성하기 위해서 열심히 노력하는 것이 아니라 노력의 결과로 나타난 성과를 스스로 평가하고 이것이 자기가 설정한 기준에 미흡하면 이를 극복하기 위해 노력하게 되므로 재량권을 확대하는 것이 공무원에게 동기를 부여할 수 있게 된다.

3. 통제의 위치와 재량권 확대

통제는 공무원의 책임 이행을 보장하기 위한 것이라고 할 수 있으므로 정부의 성과를 제고해야 한다는 책임을 확보하기 위한 통제 체제가 재량권의 확대와 양립할 수 있는가가 문제될 수 있다. 본래 행정의 궁극적 목적인 공익은 대단히 추상적이고 다의적이어서 합의가 어렵고 통제의 기준 설정이 어려울뿐더러 정보의 비대칭성으로 인해 외부의 통제가 어려운 측면이 있다. 게다가 합규성 통제에 치중한 과거의 경우 복지부동, 번문욕례 등 부정적인 공무원의 행태로 연결된 바 있으므로 재량을 부여하고 성과책임을 강조하는 것이 정부의 성과를 향상시킬 수 있다. 다만 이때의 행정 책임은 관료의 양심이나 직업윤리에 기반한 내재적 책임에 따르게 되며 성과를 통제함으로써 이러한 책임을 확보해야 할 것이다.

III. 결

결국, 재량권의 확대는 공무원의 동기를 유발하고 과거 발전주의와 권위주의적 유산을 극복하고 내재적 책임을 확보함으로써 정부 성과를 향상시킬 수 있다고 보인다. 이는 반대로 재량권의 축소는 공무원의 동기를 해치고 사기를 떨어뜨리며 소극적으로 법규만을 지키려는 태도를 가져옴으로써 정부 성과의 향상에 악영향을 끼칠 수 있다는 의미이다. 다만 이러한 직업공무원의 재량권 확대는 그들에게 지적, 정치적, 실행 능력이 충분히 있다는 전제 하에 옳은 방안이 될 것이며 애초에 의도하지 않은 결과를 초래할 수도 있다. 따라서 성과 평가 기제와 같은 관련 제도의 보완과 공무원의 능력 발전과 윤리 확보 등 다각도의 노력이 필요할 것이다.

【강평】

1. 총평

이 문제는 신공공관리론의 '해방관리론(liberation management)'과 그것의 찬반 양론에 대해 묻는 문제이다. Al Gore가 말한 것처럼 신공공관리론에서는 "관료들을 나쁜 제도에 빠진 좋은 사람'으로 인식한다. 즉, 관료들은 유능한데 관료들의 능력을 발휘하지 못하게 만드는 시스템이 문제라는 것이다. 그래서 해방관리론에서는 관료들을 '번문욕례(red tape)'와 같은 잘못된 관료시스템으로부터 '해방'시켜야 한다고 주장한다. 이 문제의 가장 중요한 논점은 해방관리론이 정부 성과에 미치는 영향에 관한 논쟁인데, 예시답안은 찬성론에 치우쳐서 서술하고 있어 문제의 논점을 일탈하고 있다. 결국 좋은 답안이라고 할 수 없으며, 낮은 점수를 받을 것으로 보인다.

2. 보완해야 할 사항

먼저 2장의 1에서 해방관리론을 정치행정 논쟁과 결부시켜 논의하는 것은 전혀 관련이 없는 것은 아니지만, 큰 관련성이 있는 것도 아닌데 따로 목차를 정하여 설명하는 것은 적절하지 않다. 오히려 해방관리론의 가장 중요한 이론적 배경은 대리인 이론인데 이에 대해서는 전혀 설명하고 있지 않다. 정보의 비대칭성 등으로 인해 대리인을 효과적으로 감시·통제하지 못한다면 차라리 재량을 주고 결과에 대해 책임을 지도록 하는 것이 낫다는 논리이다. 우리가 익히 알고 있는 '책임운영기관(Agency)'이 이러한 논리에 입각한 대표적인 제도이다.

3. 추가해야 할 사항

2장에서 대리인 이론을 추가해야 할 뿐만 아니라, 3장에서는 해방관리론의 문제점에 대해 서술해야 한다. 문제에서 분명히 해방관리론을 둘러싼 찬반 양론에 대해 설명하라고 요구하고 있다. 예를 들면, 해방관리론의 경우 관료들에게 지나친 재량권을 줘서 이들에 대한 민주적 통제가 어렵게 된다는 비판이 제기되는가 하면, 관료들로 하여금 단기적이고 계량적인 성과에 집착하도록 만들어 보다 근본적이고 상위차원의 목표가 망각되는 '목표의 전환' 문제가 생길 수 있다는 비판이 제기된다.

4. 기타 사항

수험생들은 항상 문제에서 무엇을 묻고 있는지 정확하게 이해하고 있어야 한다. 예시답안처럼 문제를 잘못 이해하면 문제를 아무리 잘 풀어도 틀린 답이 나올 수밖에 없다. 통계학에서 말하는 '제3종 오류'에 빠지게 되는 것이다.

【문제 3】

Ⅰ. 서

최근 전 세계적 동형화 현상을 야기하고 있는 신공공관리론적 행정개혁은 관료해방론(*liberation management*)에 기인하여 합법성, 합규성 통제에서 행정관료에게 재량을 부여하고 성과 책임을 강조하고 있다. 이러한 신공공관리론적 개혁은 시장주의 및 신관리주의에 입각하고 있으므로 정부가 일하는 방식 역시 권한을 부여(*empowering*)하고, 고객을 지향점으로 삼는 등 변화가 있게 된다. 그러나 이러한 신공공관리론은 민간의 경영기법을 차용하여 공공 부문과의 차이를 간과하였다는 태생적 한계와 더불어 많은 의도하지 않은 결과를 발생시키고 있으므로 신공공관리론적 개혁의 내용과 한계를 통해 우리의 과거와 현재에 대한 반성적 성찰이 필요한 시점이 아닐 수 없다.

Ⅱ. 신공공관리론적 개혁의 내용

1. 작은 정부의 구축 – 시장주의

정부는 직접 공공서비스를 제공하는 노젓기(*rowing*) 역할을 하는 것이 아니라, 공공서비스의 제공권한을 시장에 위임하고 방향만을 설정해 주어야 하는 방향잡기(*steering*) 역할을 하게 된다. 구체적으로 시장성 테스트를 통해 정부보다 민간이 잘 할 수 있는 일이나 반드시 정부가 해야 할 일이 아닌 경우 민영화나 민간위탁을 통해 시장에게 맡기게 된다.

2. 경쟁원리 도입을 통한 성과중심체제의 구축 – 신관리주의

신공공관리론은 공공부문에 일종의 시장을 형성하고 이러한 내부시장이 경쟁적으로 이루어지도록 체제를 구축함으로써 경쟁을 통한 성과체제를 구축하고자 한다. 또한 *Kelly*의 귀인이론이 시사하는 바와 같이 일의 결과를 자신의 행동에 기인한 것으로 생각하여 동기를 유발할 수 있도록 권한을 부여한다. 또한 유능한 사람이 무능한 자로 전락하지 않도록 형식주의와 규제를 철폐하고 내부통제를 완화하며 성과에 의한 통제를 강조한다. 즉, 공무원이 진취적인 관리가 가능하도록 조건을 만드는 한편 성과측정을 강조하고 그 결과를 인사 및 예산에 연계시켜 도덕적 해이를 방지하고자 한다.

Ⅲ. 한계 – 의도하지 않은 결과(*unintended consequences*)

1. 신공공관리론의 한계

(1) 이념상의 한계

신공공관리론은 규칙과 규정을 없애고 결과, 사명 중심의 조직을 운영하므로 민주주의의 기본원리인

정당한 절차, 법치주의의 근간을 해할 수 있다. 또한 공공부문의 핵심 가치인 공익과 민주성 및 형평성을 간과할 수 있으며, 고객주의의 맹점으로서 사회적 한계인에 대한 고려의 부족으로 사회적 형평성을 추구하지 못하는 결과가 나올 수 있다.

(2) 정부역할 재조정에 따른 한계

민영화, 민간위탁 등 분권화의 심화로 하부기관 간이나 하부기관과 중앙부처 간에 조정비용이 증가하고 위임받은 기관들의 도덕적 해이가 문제될 수 있으며, 인력과 예산감축이 정부능력을 퇴화시키거나 존재의 정당성 자체를 위협받게 될 수도 있다.

(3) 성과중심체제의 한계

규칙과 규정을 철폐하고 공무원의 재량권이 확대된 결과 공무원의 부패를 야기하고 관료독재를 불러올 수 있다. 또한 지나친 효율성과 성과를 강조함으로써 회계적 책임(*accountability*)이 반응적 책임(*responsibility*)을 구축할 가능성도 존재한다. 이는 공공 부문의 성과를 측정하고 평가할 성과 지표의 개발이 어렵다는 한계에서 발생하는 것이다.

2. 한국행정에서의 한계 – 문화와 제도의 부정합성

서구사회에서는 복지국가의 폐해가 신공공관리적 개혁의 대두 배경이 되었으나 한국의 경우 발전국가적 유산으로 인해 민주화와 복지 사회, 자본주의가 미성숙한 상태에서 신공공관리적 개혁을 추구하였으므로 효율성보다 중요한 가치를 놓치고 있을 가능성이 높다. 더욱이 개인주의적 행정문화에서 발달한 신공공관리론이라는 제도적 장치가 집단주의적 행정문화를 가진 한국 행정에서 부정합성의 문제를 보이고 있다. 더욱이 재량권 확대에도 불구하고 성과를 측정하고 이를 환류(*feedback*)할 기제가 불충분하다는 현실은 관료제가 책임은지지 않고 막강한 권한만을 행상하는 보이지 않는 정당(*invisible party*)으로 기능할 가능성을 내포하고 있다.

Ⅳ. 결 ; 보완과 수정의 필요성

살펴본 바와 같이, 신공공관리론적 개혁은 효율성을 증진시키면서도 고객으로서의 시민의 만족을 추구한다는 측면에서 긍정적인 목적을 추구하고 있으나 여러 한계로 인해 의도하지 않은 결과(*unintended consequences*)를 초래하고 있다. 재량권을 확대하면서 정부의 일하는 방식 역시 주어진 목표만을 기계적으로 집행하는 것이 아니라 가치의 판단과 정책을 형성하는 것으로 확대되었으므로 이에 대한 책임을 확보하려는 노력이 필요하다. 정부와 관료는 국민의 대표로서 선출된 자들이 아니므로 취약한 민주적 정당성을 성과 책임뿐만 아니라 공익과 민주성 및 형평성을 함께 고려하는 책임으로 보완해야 할 것이다. 이는 공무원의 의식과 능력을 제고하는 것만으로는 부족하며 한국 행정의 문화와 현실에 맞는 관련 제도의 정비와 내실화를 통해 실현해야 할 것이다.

【강평】

1. 총평

3번 문제는 2번 문제의 연장선상에서 해방관리론의 주요 내용과 그 한계에 대해 설명하라는 것이다. 예시답안은 이를 신공공관리론의 주요 내용과 한계로 설명하고 있는데, 해방관리론이 신공공관리론의 주요 내용을 이룬다는 점에서 가능할 수 있는 논의지만 논점을 정확하게 집어낸 것은 아니다. 다만, 2문에서 해방관리론의 주요 내용과 한계에 대한 강평을 했기 때문에 여기서는 예시답안에 나와 있는 신공공관리론의 주요 내용과 한계에 대해 수정·보완하거나 추가할 사항에 대해 언급하고자 한다.

2. 보완해야 할 사항

신공공관리론의 두 가지 기본 축은 '공공부문의 시장화'와 '기업적 관리(corporate management)'이다. 예시답안은 2장에서 이 두 가지를 중심으로 서술하고 있는데 무난한 것으로 보인다. 다만, 시장주의는 크게 보면 정부기능을 합리적으로 재조정하는 '외부시장화'와 공공부문에 시장메커니즘을 도입하는 '내부시장화'로 나누어지는데 이에 대한 언급이 없는 것은 아쉬운 부분이다.

신공공관리론의 한계 부분은 이미 여러 교과서에서 자세하게 언급하고 있어서 답안을 작성하는 데 큰 어려움이 없을 것으로 보이고 예시답안도 대체로 무난하게 서술하고 있다. 다만, 신공공관리론의 시장논리가 이기적인 소비자만 양산시키고 공적인 덕성을 갖춘 시민을 말살시킨다는 비판이 제기된다는 점을 첨언하고자 한다.

3. 추가해야 할 사항

3장의 2. 한국행정에서의 한계 부분에서 '문화의 갈등' 외에도 성급한 개혁으로 인해 신·구제도가 조화되지 '제도의 비정합성' 문제도 있다는 점을 추가할 필요가 있다.

4. 기타 사항

신자유주의의 세계화 시대 각국의 행정개혁은 신공공관리론을 모범 내지 교과서로 인식하는 경향이 강하다. 지금 한국의 행정개혁도 기본적으로 신공공관리론에 입각하고 있다고 볼 수 있다. 그러나 신공공관리론에 대해서는 비판도 만만치 않다. "행정과 경영은 모든 중요하지 않은 측면에서 유사하다"는 Sayer의 법칙에서 보듯이, 정부행정과 기업경영은 본질적인 측면에서는 다른데, 이를 동일선상에 놓고 정부를 '기업과 같이(business like)' 운영하자는 주장은 매우 위험한 발상일 수 있다. 그러한 맥락에서 신공공관리론과 관련하여서는 이 이론의 한계가 중요한 논점이 될 수 있다. 철저한 대비가 필요한 부분이다.

2009학년도 서울대학교 행정대학원 석사과정 후기모집 입학시험 문제

2009년 6월 5일 시행

<문제 1>

다음 지문을 읽고 물음에 답하시오.

〈지문 A〉

'큰 정부론'과 '작은 정부론'은 다음 질문에 대한 해답에 의해 좌우된다. 사회에 1달러의 잉여 돈이 생겼을 때 이것을 정부가 쓰는 것이 더 효율적인가 아니면 기업이 쓰는 것이 더 효율적인가 하는 것이다. 이 1달러를 정부가 거둬들여 빈민을 구제하는 것도 물론 좋은 일이다. 그러나 기업이 이 1달러를 투자해 사업을 키운다면 그것은 일자리를 만들 뿐 아니라 이렇게 만들어진 떡이 확대재생산을 하면 그것은 몇 달러로 커질 수도 있다. '곳간에서 인심 난다'는 말대로 나라 전체의 떡이 커져야 가난한 사람들도 궁극적으로 더 많은 혜택을 볼 수 있다는 면에서 결국 정부가 그 1달러를 거두어 빈민에게 주는 것보다는 기업이 그 1달러를 쓰는 것이 궁극적으로 나라를 더 풍요롭게 하고 빈민이 받을 수 있는 혜택도 더 크다는 사실을 알게 됐다. 그렇기 때문에 대표적인 복지지향형 나라, 세계에서 세금이 가장 많은 나라였던 스칸디나비아 국가들 조차도 세금을 2분의 1, 3분의 1로 줄이면서 작은 정부를 지향하고 있다. 또, 정부가 사회의 문제를 해결하자고 나서는 것보다 기업이나 개인이 나서는 것이 더 효율성이 높다는 사실도 알게 됐다. 즉, '공적 구제'보다 '사적 구제'가 더 피해보상과 재발방지에 효과적이란 것을 알게 된 것이다. 예를 들어, 환경 파괴 기업에 대해 정부가 몽둥이를 대는 것보다 피해자들이 사법 시스템을 활용해 스스로를 구제하도록 하는 것이 훨씬 더 효과적인 것이다. 우선 피해자는 직접 당사자기 때문에 훨씬 더 집요하고 적극적이다. 때문에 환경을 파괴한 기업 입장에서 볼 때 몇 명의 공무원을 상대하는 것이 막대한 피해보상을 하는 것보다 훨씬 쉽다. 사적 구제가 활발해지면 기업들이 범죄의 유혹을 더 뿌리치게 되는 것이다. 공기업 민영화가 세계적인 조류가 되고 있는 것도 같은 맥락이다. 이제 선진국에서는 감옥조차도 국가가 아니라 기업이 운영하는 비율이 급속도로 늘고 있다. 정부가 손을 덜 대면 민간의 활동이 더 왕성하게 된다. 이런 세계사적 경험들이 누적되면서 '작은 정부'가 세계의 대세가 된 지 오래다.

(매경 Economy, 2007년 11월 21일)

〈지문 B〉

연방 정부의 공적자금 투입이 계속 확대되면서 정부가 유례를 찾아보기 힘들 정도로 시장에 고강도로 개입해 있음을 보여주고 있다. 금융위기 발발 6개월째인 현 시점에서 미국 정부의 시장 개입이 최고조에 이르렀다고 속단할 수도 없다. 앞으로 천문학적인 공적자금이 몇차례 더 투입돼야 할지도 모르기 때문이다. 이런 사례는 미국에만 국한된 것이 아니며 미국과 함께 월스트리트발 금융위기의 직격탄을 동시에 맞은 유럽 국가들에도 공통적으로 나타난다.

----- (중략)

'보이지 않는 손'에 의해 재원을 최적으로 분배해 장기적으로 경기진작 효과를 가져오는 것으로 알려져 있는 감세와 달리, 경기부양을 위한 재정지출은 정부가 재원투입 대상을 직접 선택한다는 점에서 정부가 절대적인 권한을 행사하다. 따라서 공공공사 발주의 수혜를 노린 기업들은 정부를 상대로 치열한 로비를 펼칠 수밖에 없는 입장이다. 또 일자리 확충을 위해 가장 빠른 효과를 거둘 수 있는 것은 정부가 공무원과 교사, 경찰 등 공공부문에 일자리를 늘리는 것이며, 이 때문에 고용시장에서도 정부가 최대의 큰 손으로 등장한 지 오래다.

(매일경제, 2009.03.11).

(1-1) 위 두 지문 A와 B는 정부의 역할과 규모에 대한 서로 다른 처방을 보여주고 있다. '큰 정부' 또는 '작은 정부'에 대한 귀하의 입장을 논술하시오. 이 때 정부규모와 경제성장, 정부규모와 복지증진의 관계에 관한 설명이 포함되어야 합니다. (70점)

(1-2) 지문 B에 의하면, 경제위기 때문에 정부규모가 팽창하는 것으로 보인다. 그렇다면 경제위기가 끝나면 정부규모는 작은 정부로 돌아가게 될까? 정부규모 결정에 관한 이론을 토대로 귀하의 의견을 논술하시오. (55점)

<문제 2>

최근 공공부분에 다양한 성과평가 방식이 도입되고 있다. 특히 공무원 인사관리에서도 직무성과계약제, 다면평가, 성과관리카드제도, 성과급 지급 등 평가의 중요성이 증대되고 있다. 또한, 공기업 · 준정부기관 경영실적 평가, 공공기관 청렴도 평가, 공공기관장 경영계약서 이행실적 평가 등이 확대 실시되고 있다. 이와 같이 공공부분에 대한 성과평가가 강화되고 있지만 대부분의 행정학자들은 공공부분의 성과평가가 민간부분보다 어렵다고 주장하고 있다. 이러한 행정학자들의 주장에 대해 어떠한 측면에서 동의할 수 있는지 또는 이견을 제시할 수 있는지 근거를 들어 설명하시오. (65점)

<문제 3>

Janet V. Denhardt와 Robert B. Denhardt는 행정서비스의 위상과 가치를 제고하기 위해서는 정부가 신공공관리론(New Public Management)이 강조하는 '경영의 방식'으로 운영되어서는 안 된다고 하면서 신공공서비스론(New Public Service)을 주장하였다. 신공공관리론과 신공공서비스론의 차이점을 각각의 패러다임이 시민을 어떻게 인식하고 있는지에 초점을 맞추어 논하시오. (60점)

【문제 1】

Ⅰ. 서론 : 작은 정부 추구에 대한 성찰

우리나라에서 작은 정부에 대한 관심과 논의가 나타난 것은 신자유주의 개혁이 대두하던 1980년대 초부터였다. 그러나 실질적인 작은 정부를 위한 정책적 노력은 IMF 경제위기 이후 김대중 정부에 의해 진행되었다. 그런데 이러한 신자유주의에 입각한 작은 정부 추구가 우리나라에 과연 적절한 것인가에 대해서는 많은 논란이 있어 왔다. 지문에서 보듯이 작은 정부에 입각한 처방과 동시에 큰 정부에 입각한 처방이 이루어지는 영역과 국가가 존재하는 것처럼 언제 어디서나 최적인 정부의 역할과 규모는 선험적으로 결정된다고 보기 어렵다. 그럼에도 불구하고 바람직한 정부규모의 검토는 과거의 개혁에 대한 재평가인 동시에 향후의 방향 설정에 있어 상당히 중요한 과제라고 보여진다.

또한 B지문에 따르면 경제 위기 시에 정부 규모가 팽창하는 것으로 보이는데, 그 역도 성립하는지를 예상해보는 것도 위기 극복 후의 바람직한 정부 규모 설정에 도움이 될 것으로 보인다.

Ⅱ. 정부 규모의 의미와 결정 요인

1. 정부 규모의 의의

작은 정부와 큰 정부의 논의는 정부가 국민의 경제·사회활동에 어느 정도 개입해야 하는가에 대한 정부 개입의 범위와 정도가 논의의 초점이라고 할 수 있다. 구체적으로 작은 정부는 사회문제 해결기제를 시장에 두고자 하므로 국민의 경제·사회활동의 개입정도가 약한 반면, 큰 정부는 사회문제 해결기제를 정부에 두고자 하는 점에서 국민의 경제·사회활동에의 개입정도가 큰 정부라고 할 수 있다. 이러한 개입의 정도에 따라 경제성장이나 복지증진은 크게 영향 받을 수 있다.

2. 정부 규모 결정 요인 – 수요이론과 공급이론

(1) 수요이론

수요이론은 정부규모가 시민의 수요나 요구를 반영한다는 전제에서 출발한다. 정부는 정부 바깥의 요구에 수동적으로 반응하고 이 범위 내에서만 증가한다는 것이다. 이러한 설명 하에서는 사회·경제적 조건의 변화나 이익집단의 로비, 선거 등이 시민의 공공부문에 대한 선호를 변화시켜 결국 공공부문의 크기를 결정한다고 본다.

(2) 공급이론

공급이론은 정부규모가 시민의 수요와 독립적이며 공공부문에 내재한 본질적인 비효율성과 관료의 인센티브로 인해 적정범위를 넘어서까지 확대된다고 주장한다. 즉, 정부 팽창의 수요는 기본적으로 내부적인 것이며, 외부의 수요가 존재하면 이에 대해 정부가 중립적으로 반응하는 것이 아니라 선택적으로 반응한다고 본다. 이와 관련된 이론이 Parkinson의 법칙, Niskanen의 예산극대화 모형 등이다.

Ⅲ. 바람직한 정부 규모의 모색

1. 경제 성장 측면 : 작은 정부의 우위

일반적으로 시장은 재화나 서비스가 각 행위자의 자발적 교환행위(voluntary exchange)에 의하여 이루어지는 영역을 지칭한다. 그리고 시장실패는 시장을 근간으로 작용하는 민간부문이 시장이 가정하고 있는 이상적인 경쟁상태가 충족되지 못함으로써 재화나 서비스의 생산·소비에 있어 최적의 효율성이 달성되지 못하며, 한편으로는 공정한 경쟁과 경제활동을 위한 형평성이 충족되지 못하는 상태를 의미한다. 이러한 시장실패 현상으로 인해 공공정책을 통한 정부의 개입과 역할이 합리화되고 정당화되고 있다. 큰 정부는 이러한 시장 실패에 대한 해결책의 일환이라고 볼 수 있다. 시장 실패를 치유하여 최적의 자원배분을 가능하게 한다는 측면에서 경제 성장을 촉진한다고 할 수 있다. 공공재의 생산, 자연독점의 시정, 외부효과의 치유 등이 적절하게 이루어진다면 시장 기능을 회복시키고 경제 성장을 촉진할 수 있다.

그러나 시장 실패에 대한 대안으로서의 큰 정부가 오히려 상황을 악화시킬 수 있다는 문제점이 있다. 오히려 경제 성장과 관련해서는 그러한 문제점이 두드러지고 있는듯하다. 특히 우리나라의 경우 큰 정부가 대두된 것은 시장 실패의 치유보다는 과거 발전국가에서의 정부 주도의 경제 성장 과정 때문이라고 할 수 있으므로, 선진국 반열에 오르려고 하는 지금의 시기에는 오히려 큰 정부가 경제 성장의 발목을 잡을 수 있다. 즉, 공급이론이 시사하는 바와 같이 필요 이상으로 확대된 공공부문이 비효율성을 유발하게 되므로 시장 실패의 치유를 위한 최소한의 개입을 유지하는 작은 정부가 바람직하다.

2. 복지 증진 측면 : 큰 정부의 우위

보편적 서비스(*universe service*)란 누구에게나 골고루 평등하게 제공되는 서비스를 말한다. 이러한 보편적 사회서비스는 전통적인 복지국가에서의 접근이 아닌 새로운 사회투자정책의 관점에서 강조되고 있다. 우리나라를 비롯한 많은 선진 국가들에서는 질병과 빈곤과 같은 전통적인 사회위기보다는 저출산 · 고령화, 계층간 양극화, 근로 빈곤층 양산, 사회적 배제와 구조적 차별화 등과 같은 새로운 형태의 사회위기가 진행되고 있다. 이에 대응하기 위해 정부는 취약계층 일부에 국한된 잔여적이고 소비적인 복지지출 뿐만 아니라 일반 서비스 전체를 대상으로 하는 전략적인 사회기반투자를 확대해야 한다는 것이다. 따라서 사회서비스정책에서 국가의 역할은 미시적인 신고적경제학의 공공서비스 논리가 아닌 사회기반에 대한 투자적 관점에서 정당성을 찾고 있다. 이러한 보편적 서비스에 대한 요구는 시장 기제에만 맡겨서는 해결할 수 없는 측면이 크므로 정부 개입의 확대를 필요로 하며, 수요이론이 시사하는 바와 같이 국민의 복지 수요 증대에 대응하여 큰 정부의 형태를 보이는 것이 자연스럽게 된다.

3. 바람직한 정부 규모 : 적정 영역의 모색

살펴본 바와 같이 경제 성장 측면에서는 작은 정부가, 복지 증진 측면에서는 큰 정부가 일면 우위가 있는 것으로 보인다. 국가 경쟁력과 국민의 삶의 질 제고에 있어 경제 성장과 복지 증진 모두 포기할 수 없는 목표이기에 바람직한 정부의 규모를 큰 정부 혹은 작은 정부로 설정하는 것은 쉽지 않은 일이다. 따라서 일률적으로 정부의 규모가 큰 것이 옳은지 작은 것이 옳은지로 나누기보다는 각 정부 활동 영역에 따라 개입의 정도를 달리하는 유연한 접근이 필요하다고 보인다. 즉, 경제 성장의 측면에서는 작은 정부를 지향하여 시장질서의 확립을 위한 정부의 기본적인 활동은 유지하되 지나친 개입을 철회하여 민간의 자율성을 침해하지 않아야 하고, 복지 증진의 측면에서는 과거 발전주의 국가전략의 폐해를 시정하고 사회적 안전망이 미비한 한국의 현실을 고려하여 정부개입을 강화해야 할 필요가 있다.

Ⅳ. 경제 위기와 정부 규모

1. 경제 위기와 정부 규모 확대 : Peacock-Wiseman의 가설

정부 규모의 지속적 증가 현상에 대한 설명으로 널리 알려진 것으로 Peacock-Wiseman의 가설이 있다. 그들은 정부가 더 많은 지출을 원하는 반면 국민은 더 적은 세금을 내려고 한다는 기본 전제에서 출발한다. 정부가 지출에 대한 결정을 내리는 과정에서 국민이 원하는 바에 귀를 기울여 그들로 하여금 더 많은 세금을 내도록 동의하게 유도하고, 국민은 정부의 지출 프로그램에서 나오는 혜택을 감안해 기꺼이 내고자 하는 세금의 크기를 결정한다. 경제가 안정적으로 성장하는 과정에서 세율구조에 큰 변화가 없다면 세수와 정부 규모는 점진적으로 증가하게 될 것이다. 그러나 경제위기와 같은 사회적 혼란기에 들어서면 이 점진적인 추세가 갑작스럽게 팽창추세로 바뀌게 된다. 지문에서 보듯이 금융위기에 대응하여 대대적인 공적자금을 투입하는 것이 그 예이다. 이런 시기에는 국민이 대규모의 정부지출이 필요한 이유를 납득하고 기꺼이 더 많은 세금을 내려는 태도를 보이며, 이를 전위효과(*displacement effect*)라고 부른다.

2. 위기 극복과 정부 규모 : 톱니 효과와 점검 효과

위기 상황이 극복된다고 하더라도 채무의 이행 또는 복구 사업 등의 필요에 의해 정부의 규모는 한동안 정상적인 수준으로 복귀하지 못하고 높은 수준에 머물러 있게 된다. 지문에서의 공적자금 역시 통화 발행 또는 국채 발행을 통해 마련한 것이므로 채무를 이행하고 재정 적자의 악화를 방지하기 위해서는 감세 조치를 내리기 조심스러울 수밖에 없다. 따라서 사회적 혼란기를 지난 후에도 정부지출의 상대적 비중은 옛 수준으로 복귀하지 않고 일단 전위되어 높아진 수준에서 지속적으로 증가하는 현상을 보인다. 이와 같은 위기 상황이 몇 차례 반복됨에 따라 정부지출은 점차 더 높은 수준으로 올라가는데, 이 추세를 그림으로 나타낸 것이 마치 톱니바퀴와 같은 모양을 보여 톱니 효과(*ratchet effect*)라고 부른다.

금융위기와 같은 사회적 혼란기를 겪게 되면 국민이 사회문제에 대해 더욱 날카로운 인식을 갖게 되고, 정부가 사회적 여건을 개선하기 위해 서비스의 영역을 확장시키는 것에 지지를 보내고, 따라서 더 높은 세 부담을 용인하고자 하는 태도가 생긴다는 점검 효과(*inspection effect*) 역시 위기 극복 후에도 정부 규모가 유지될 것이라는 근거가 된다. 금융위기 이후에 공적자금 지출 외에도 각종 규제 강화의 목소리가 높아지는 현상은 점검 효과를 실제로 보여주고 있다.

Ⅴ. 결 : 전망과 과제

정부의 규모는 특정 국가의 역사적, 시대적 맥락 하에서 재해석되어야 하며, 이를 기반으로 향후의 바람직한 방향을 설정해야 할 것이다. 우리나라의 경우 양적 측면에서는 작은 정부에 속한다고 할 수 있으나 질적 측면에서 아직 정부가 필요 이상의 과다한 권력을 지니고 있고, 그 남용 및 오용 정도가 가볍지 않으므로 지속적인 규제완화가 추진되어야 한다. 이는 경제 영역에만 국한되지 않고 시민사회와 민간부문의 자율성 제고를 통해 국제화 시대에서 자체 경쟁력을 확보하는 데에도 도움이 될 것이다. 그러나 시장 실패를 치유하고 시장 질서를 확립하는 데 필요한 규제는 강화해야하며, 복지 측면에서의 정부 지출은 더욱 늘려야 한다. 이 두 방향을 조화시키기 위해서는 정부와 민간이라는 이분법적 사고에서 탈피하여 거버넌스(Governance)적 해결 방식으로 나아가야 한다. 바우처, 민자 사업방식, 민간위탁 등 시장 기제를 이용하면서도 공적 규제권을 잃지 않는 운영의 묘를 통해 불필요한 직접적인 지출은 줄이고 꼭 필요한 규제는 강화하여 정부가 꼭 필요한 기능만을 수행할 수 있도록 해야 할 것이다. 정부의 규모 자체보다는 정부가 어떤 기능을 수행하는가가 국가 경쟁력과 국민 삶의 질 제고에 있어 중요한 문제이기 때문이다.

【강평】

1. 총평

정부의 역할과 범위를 둘러싼 논쟁은 행정학에서 가장 뜨거운 이슈가 되는 분야 중 하나이다. 그런 이유로 이 분야는 과거에도 많이 출제가 되었고 앞으로도 출제될 가능성이 많다. 그런데 시장실패나 정부실패와 같은 일반론이 아니라 어떤 특정 분야를 중심으로 바람직한 정부의 역할과 범위를 서술하라고 하면 답안을 작성하는 것이 만만치 않다. 이 문제는 정부의 역할과 범위에 대한 상반된 주장을 제시한 다음 경제성장과 복지 분야를 중심으로 '작은 정부'와 '큰 정부'를 둘러싼 논쟁에 대해 자신의 입장을 논술하라는 문제로 상당히 수준이 있는 문제이다. 먼저 예시문의 A는 '낙수 효과(trickle down effect)'에 대한 논의로 작은 정부를 주장하는 것이며, B는 현실적으로 정부가 공적 자금이나 재정지출 등을 통해 시장에 크게 개입한다는 것으로 큰 정부를 주장하는 것이다. 그리고 이러한 상반된 주장에 근거하여 정부규모와 경제성장, 그리고 정부규모와 복지증진에 관한 자신의 주장을 논술하라고 하고 있다. 또 경제위기가 정부규모에 미치는 영향에 대한 이론적 논의와 자신의 주장을 논술하라고 하고 있다. 쉽지 않은 문제임에도 예시답안은 관련되는 논점을 빠짐없이 무난하게 서술하고 있어 높은 점수를 받을 것으로 보인다.

2. 보완해야 할 점

3장에서 경제성장을 논의하면서 시장실패를 언급하고 있는데 이는 옳은 서술이다. 다만, 경제성장과 관련된 시장실패는 예시답안에 나와 있는 미시경제적 시장실패가 아니라, 주로 실업, 인플레이션, 경기침체 등과 같은 거시경제적 시장실패이다. 그리고 큰 정부가 경제성장에 장애요인이 되는 것처럼 서술하고 있는데, 이 문제는 일도양단식으로 평가할 것은 아니다. 최근에 주목을 받고 있는 '내생적 성장이론(endogenous growth theory)'에서는 연구개발(R&D) 분야에서 정부의 적극적 역할이 경제성장의 가장 큰 견인차가 된다는 점을 인정하고 있다. 3장의 3. 바람직한 정부 규모의 논의에서 '큰 정부'냐 '작은 정부'냐의 일도양단식 논의가 아니라 경우에 따라 다르다는 상황적합적 논의를 하는 것은 무난한 서술이다.

4장은 Peacock와 Wiseman의 논의를 중심으로 경제위기가 정부의 역할과 규모에 미치는 영향에 대해 논의하고 있다. 많은 행정학 교과서에서 언급하고 있듯이 Peacock과 Wiseman의 대체(전위) 효과란 국가 위기에 늘어난 정부 재정지출이 평상시로 돌아와도 줄어들지 않고 계속 높은 상태를 유지한다는 것이다. 이는 '동태적 보수주의(dynamic conservatism)' 내지 '단속(톱니) 효과(ratchet effect)'와 밀접하게 관련된다. 예시답안도 이에 대해 무난하게 서술하고 있다. 다만, 틀리게 설명하고 있는 부분이 있는데, 예시답안은 4장 2. 톱니 효과 부분에서 정부지출의 누증적 증가 현상을 그림으로 나타낸 결과 톱니 모양이기 때문에 그러한 명칭이 붙었다고 설명하고 있다. 그런데 이는 틀린 설명이다. 톱니 효과는 원래 거시경제학의 소비이론에서 나온 것으로, 소비자들의 소비행태는 마치 톱니가 맞물려 돌아가듯이 과거의 소비행태와 맞물려 돌아간다고 하여 그러한 명칭이 나온 것이다.

3. 추가해야 할 사항

4장 대체효과를 논의하는 부분에서 '정책단속 효과(policy ratchet effect)'에 대해 설명하면 차별성 있는 답안이 될 수 있다. 정책단속 효과란 정책이 일단 관성이 붙으면 그것을 되돌리기가 매우 어렵다는 것으로, 정책의 성립과 소멸 사이의 비대칭성(asymmetry)을 잘 말해준다. 정책단속 효과가 강하게 나타난다면 정부재정지출을 줄이는 것은 상당한 어려움에 직면할 수 있다. 그렇다면 어떤 경우 정책단속 효과가 크게 나타나는가?

첫째, 정책의 편익은 소수에게 집중되는 반면 비용은 다수에게 넓게 분산되는 경우, 다시 말해 Wilson의 '고객정치(client politics)'와 같은 상황에서 정책단속 효과는 크게 나타난다. 둘째, 국가와 사회의 제도적 구조에 거부점이 많은 경우, 다시 말해 정치체제가 '분절화(fragmenta- tion)'되어 있는 경우 정책단속 효과는 크게 나타난다. 셋째, 정책의 '가시성(visibility)'과 '근접성(proximity)'이 높은 경우, 다시 말해 정책의 효과가 눈에 쉽게 띄고 피부에 와 닿을 때 정책단속 효과는 크게 나타난다.

4. 기타 사항

이런 식의 문제가 실제 출제된다면 수험생들은 상당히 당황할 수 있다. 일단 예시문의 길이가 길기 때문에 더욱 그러할 것이다. 그러나 앞서도 말한 것처럼 행정학에서의 사례 문제는 진정한 의미의 사례 문제라기보다는 사례 형식의 논술형 문제라는 점을 잊어서는 안 된다. 즉, 우리가 교과서 등에서 배운 이론을 통해 충분히 해결할 수 있는 문제이기 때문에 절대 당황하거나 두려워할 필요가 없다.

【문제 2】

Ⅰ. 서 : 불확실성의 시대 하 성과관리의 필요성

세계적으로 정부실패의 경험 후 행해진 신공공관리론적 행정개혁의 유행 이후 *Verhoest* 가 주장하였듯 결과의 통제, 재정적 인센티브에 의한 통제, 경쟁에 의한 통제의 메커니즘이 보편화 되었고, 한국행정 역시 변화하는 행정환경 하에서 분권과 자율, 그리고 성과에 대한 책임을 담보하는 방식으로 국정운영방식이 변화하고 있다. 그러나 민간 부문에서 발전되어 온 성과 평가가 공공부문에서도 잘 작동할 수 있을지에 대한 의문이 제기되고 있다. 공공부문에서 성과 평가가 정착하기 어려운 원인과 이를 극복할 발전 방향에 대한 논의가 필요한 시점이다.

Ⅱ. 성과 평가 제도의 의의

1. 성과 평가 제도의 의미

현재 정부가 추진하는 성과관리는 조직·인사·환류의 행정 전 영역에 걸쳐 행정의 생산성을 제고하기 위해 시도되는 일련의 개혁조치들을 가리키며, 분권과 자율의 시대에서 행정책임성을 담보하는 기제로 작동한다. 이러한 성과 관리의 기초가 되는 것이 성과 평가 제도이다. 즉, 성과목표를 성과 지표화 하고, 이러한 계량적인 성과지표를 활용하여 사업의 성과를 분석·평가하는 것이다.

2. 도입 배경과 취지

이른바 정부실패의 해결책으로서 공공 부문에 시장기제의 도입을 통해 행정의 능률화를 추구하는 신공공관리론(*New Public Management*)의 이념은 직접적인 성과 평가 제도의 이론적 근거로 작용한다. 성과 평가는 성과 관리의 기초로서 효율성과 민주성 모두를 제고시킬 수 있다는 장점이 있다. 효율성 측면에서 생산성을 제고할 수 있으며, 민주성 측면에서는 적절한 성과 평가 설계를 통해 시민에 대한 대응성을 제고할 수 있다는 것이 성과 평가의 도입 취지라고 할 수 있다.

Ⅲ. 성과 평가의 공공 부문에의 도입

1. 도입시의 기대 효과 : 민주성과 효율성 제고

과거 정부가 민간 위에 군림하던 비효율적 국정운영방식에서 탈피하여 고객만족도를 극대화하는 성과 지향적 국정운영방식으로 변화함에 따라 행정의 추구이념인 민주성과 능률성의 동시달성이 가능해질 것으로 기대된다. 공기업·준정부기관 경영실적 평가, 공공 기관 청렴도 평가, 공공기관장 경영계약서 이행실적평가 등의 확대 실시로 인해 과거의 통제 중심의 평가 하에서보다 자율과 책임이라는 원리 하에 더 효율적인 공공서비스 전달이 가능할 것으로 보인다. 또한 평가 지표의 설계 여하에 따라 고객으로서의 시민의 요구에 부응하는 대응성을 제고할 수도 있을 것이다.

인사관리에서도 직무성과계약제, 다면평가, 성과관리카드제도, 성과급지급 등 평가의 중요성이 증대되면서 개방형 임용제 등 다른 제도와 결합하여 적재적소에의 인력배치와, 해당 직무에 요구되는 업무수행 자격에 대한 평가를 통해 업무의 효율성을 제고시키면서도 시민에의 대응성을 제고할 수 있는 지적, 정치적, 실행적 능력을 확보할 수 있다.

2. 공공 부문에의 도입시의 문제점

(1) 가치적 요소의 미고려 : 회계적 책임의 반응적 책임 구축 가능성

성과 평가는 성과 지표에 의해 이루어지므로 계량화되는 요소에 대한 평가만을 중시하고 공익·사회적 형평성 등 행정의 가치적 요소를 무시할 가능성이 있다. 즉, 회계적 책임(*accountability*)을 충족시키느라 반응적 책임(*responsibility*)을 놓칠 수 있다는 점이 문제가 된다. 공공 부문의 경우 민간 부문과는 달리 '이윤 극대화'와 같은 단일하고 계량가능한 목표가 존재하는 것이 아니고, 다양하고 정성적인 목표들이 함께 충족되어야 한다. 따라서 이러한 가치적 요소의 고려가 미흡하다는 점은 공공부문에 성과 평가를 도입할 때 명백한 한계가 된다고 하지 않을 수 없다.

(2) 성과 지표의 개발의 어려움

성과 지표는 성과 평가의 기본 전제로서 성과에 대한 측정이 가능해야하나 대부분의 공공서비스는 무형의 편익을 제공하므로 측정 자체가 용이하지 않고, 편익이 장기에 가서 나타나는 것들도 존재하기 때문에 정확한 성과측정이 어렵다는 문제가 있다. 이는 위에서 살펴본 문제점과도 관련되는 것으로 가치적 요소라 할지라도 조작적 정의를 통해 적절한 성과 지표를 개발할 수 있다면 성과 평가에 가치적 요소도 반영할 수 있을 것이다. 그러나 그러한 성과 지표를 개발하는 것은 쉽지 않은 현실이므로 공공 부문은 민간 부문에 비해 성과 지표를 개발하는 단계에서부터 난항을 겪을 수밖에 없다.

(3) 좁은 의미의 동기부여와 공무원 사기저하

성과 관리에서의 성과 평가의 결과는 환류과정에서 제재와 보상으로 이어지게 된다. 이러한 제재와 보상은 *McGregor*의 *X* 이론적 관리 방식에 근거하며, *Maslow*의 욕구단계이론에 따를 때 가장 낮은 단계의 동기 부여라고 할 수 있다. 특히나 공공 부문의 인력의 경우 동일 능력을 가진 민간 부문의 인력에 비해 다소 낮은 보수를 감수하면서도 사명감과 봉사 정신을 가지고 일한다고 볼 수 있다면 공공분야의 성과 평가의 동기 부여 효과가 낮을 수 있다.

(4) 공공 부문의 문화적 특성과의 부정합성

반대로 공공 부문의 부정적 문화적 특성이 성과 평가를 유명무실하게 만들 가능성도 존재한다. 한국에서 시행되는 성과관리 제도들은 전시행정의 차원에서 조직 상층부의 주도하에 시행되는 경우가 많아, 이로 인해 구성원의 제도 수용에 대한 합의가 형성되지 않아 본질적으로 책임회피성향이 강한 공조직의 현상 유지 편향(status quobias)을 강화시키고, 복지부동적 태도를 유발할 가능성이 있다. 또한 집단주의적, 평등주의적 문화로 인해 성과급 등의 위화감을 조성할 수 있는 제도에 대한 거부감이 존재하여 얕고 넓은 형태로 변질되고 있기도 하다.

Ⅳ. 결 : 성과 평가 제도의 바람직한 발전방향

행정과 경영 간의 일·이원론이 끝없는 논란과 연구의 대상이었던 것과 같이 민간 부문에서 개발된 성과 평가 제도가 공공 부문에 얼마나 쉽게 적용될 수 있는지에 대해서는 단언할 수 없다. 그러나 성과 평가 제도가 공공 부문에 가져올 긍정적 효과를 위해서는 민간 부문과 구분되는 공공 부문의 본질적인 차이에 대한 명확한 인식을 바탕으로 제도를 설계하고 운영하려는 노력은 필수적으로 요구된다고 하겠다. 즉, 성과 평가가 공공부문에서 더 어렵다는 행정학자들의 주장에 동감하면서 성과 평가 제도의 발전을 위해 더 많은 노력을 기울여야 할 것이다. 관련 주체들의 참여와 합의에 근거한 성과 지표의 개발, 평가의 환류(feedback)를 통한 성과 정보의 활용과 성과 책임을 물을 수 있는 관련 제도의 마련과 내실화에 힘써야 한다.

【강평】

1. 총평

공공부문에 책임을 묻는 기제로 '성과' 를 강조하기 시작한 것은 신공공관리론이 대두되기 시작하면서부터이다. 정부를 '기업과 같이(business like)' 운영해야 한다는 신공공관리론의 논리에 의한다면 성과평가는 민간기업뿐만 아니라 정부에도 적용될 수 있다. 그러나 정부와 기업은 여러 가지 면에서 다르다. 그렇기 때문에 성과평가를 공공부문에 도입하는 것은 일정한 한계가 있을 수밖에 없다. 이 문제는 바로 성과평가의 공공부문의 적용상 한계에 대해 묻고 있다. 예시답안은 논점을 빠짐없이 서술하고 있고 내용도 충실하게 서술되어 있어 높은 점수를 받을 것으로 보인다.

2. 보완해야 할 사항

2장에서는 성과평가제도의 일반론을 서술하여 1. 의의, 2. 도입배경, 3. 기대 효과, 4. 한국의 성과평가제도 등으로 서술하고, 3장은 성과평가의 공공부문 도입상 한계에 대해 서술하는 것이 바람직하다고 생각한다.

3. 추가해야 할 사항

특별히 언급할 것은 없으며, 다만 2장에서 한국의 성과평가제도에 대해 개괄적으로 설명할 필요가 있다.

4. 기타 사항

신공공관리론에 입각한 제도개혁에서 가장 중요한 논점은 공공부문의 적용상의 한계이다. 이는 신공공관리론의 본질적 한계에 해당하는 것으로, 출제될 가능성이 높기 때문에 항상 철저한 대비를 해야 할 부분이다.

【문제 3】

Ⅰ. 서

1980년대 들어 정부 재정적자와 이에 따른 신뢰적자를 해소하기 위해 진행된 신공공관리(New Public Management) 정부개혁은 전세계적으로 큰 파장을 미쳤다. 그 중에서도 가장 큰 문제점으로 지적된 것은 시장경쟁원리의 적용에 따른 공공성의 상실이다. 우리나라도 행정의 시장논리 적용에 대한 많은 논란이 있어 왔으며 현 정부 들어 그 심각성은 더욱 부각되고 있다. 이러한 맥락에서 신공공관리가 공공성을 훼손하게 된 원인으로서 고객(customer)의 관점과 그 대안으로서의 신공공서비스론(New Public Service)과 '시민' 의 차이점을 살펴봄으로써 그 유용성과 한계를 발견할 수 있을 것이다.

Ⅱ. 신공공관리론과 신공공서비스론의 의의

1. 신공공관리론의 의의

신공공관리론(New Public Management)이란 시장주의와 신관리주의를 이론적 기반으로 하여 행정의 효율성을 증진시키기 위한 작은 정부 구축과 성과관리체제를 구축하고자 하는 1980년대 이후의 서구 행정개혁의 한 흐름을 의미한다. 신공공관리라는 이름을 최초로 사용한 Hammer는 이를 3C로 요약한 바 있는데, 이는 변화(Change), 경쟁(Competition), 그리고 고객(Customer)이다.

2. 신공공서비스론의 의의

신공공서비스론(New Public Service)의 주창자인 Denhardt와 Denhardt는 행정에 있어서 중요한 정신은 행정이 공익을 증진시키고 '시민'에게 봉사한다는 것이며, 행정이 '얼마나 효율적으로 기능을 수행하느냐'가 아니라 '어떻게 시민의 삶의 질 향상에 기여하느냐'가 더욱 중요하다고 주장한다. 따라서 신공공서비스론은 행정과정에서 시민참여에 기반한 대화와 담론을 통해 행정업무수행을 주장하는 이론으로 행정이 소유주인 시민을 위해 봉사하도록 하고 이를 위해 시민 중심의 공직제도를 구축하는 행정개혁운동이라고 할 수 있다.

Ⅲ. 신공공관리론과 신공공서비스론의 비교

1. 유사점

신공공관리와 신공공서비스론은 둘 다 전통적인 관료제조직의 비합리성을 비판하고 나왔다는 측면에서 비슷한 경향을 띤다. 예를 들어, 양 이론은 모두 내부관리를 강조하는 관료제조직에 비해 시민을 중시하는 대외 지향적 성격을 띠고 있고, 정도의 차이는 있지만 기본적으로 조직 내의 집권화보다는 분권화를 선호한다.

2. 차이점 : 개관

그러나 위와 같은 유사점보다는 차이점이 훨씬 크다고 할 수 있다. 양자는 기본적으로 이론적 토대에 있어 상당한 거리가 있기 때문이다. 신공공관리가 행정의 전통적 관리주의 또는 기업의 경영기법에 시장경제이론을 접목한 것이라면, 후자는 공동체이론, 포스트모던 행정이론, 조직인본주의, 민주시민이론 등에 기초하고 있다. 이러한 근본적 차이점으로 인해 다음과 같은 여러 측면에서 그 특성을 달리한다. 공익관 측면에서 신공공관리(NPM)는 고객의 이익을 증대시킴으로써 공익을 달성하려는 입장이나, 신공공서비스론(NPS)에서는 공유가치에 근거한 공익 개념을 강조한다. 정부의 역할과 관련하여 NPM은 방향잡기(steering)를 강조하지만, NPS는 시민들에게 봉사할 것을 강조한다. 정책수단의 측면에서 NPM은 집행기능의 민간으로의 이전을 중시하는 반면, NPS는 공공기관, 비영리기관, 시민들 간의 네트워크 구축을 중요시한다. 이러한 차이점에서도 드러나듯이 NPS는 '시민'이라는 강조점에서 NPM과 차별화되고 있다고 볼 수 있다.

3. 차이점 : 시민에 대한 인식

신공공관리론(NPM)은 고객지향적 행정을 지향한다. 시민을 고객으로 규정하여 고객에게 공공서비스의 선택 권한을 부여하여 기업이 고객을 왕으로 모시고 고객감동을 추구하듯이 행정에서도 고객을 최우선시하려는 것이다. 신공공서비스론(NPS)은 정부와 상호작용을 갖는 것은 고객이 아니라 시민이라는 점을 강조한다. 즉, 고객의 개인적인 이익이 아닌 시민 전체로서의 공익에 대한 책임성과 대응성을 강조하는 것이다. 이는 관료들의 책임성은 본래 법적, 정치적, 전문적 기준 등 다양한 성격을 띠지만 궁극적인 책임성은 공익차원에서 시민들에게 봉사하는 데 있음을 의미한다.

시민은 공동체 사회에서 권리와 의무를 갖는 주체로서 개념상 시민은 고객과 확연히 구분될 수 있으며, NPS 입장에서 시민을 고객으로 취급하는 것은 엄청난 윤리적 타락일 수 있다. NPM에서 소홀히 취급된 시민의 존엄성과 시민사회의 중요성을 부각시킴으로써 NPS는 공공서비스의 공공성 회복뿐만 아니라 진정한 민주주의 구현에도 기여할 수 있을 것이다. 보다 장기적으로 NPS에 입각한 정부운영이 시민사회를 활성화하고 정부정책과정에의 참여를 촉진함으로써 정부와 시민 간 신뢰를 조성한다면, 이를 통한 사회적 자본의 구축으로 사회 각 주체의 지나친 사익 추구에 따른 갈등과 위화감 해소와 지속적인 공공성 유지 및 확장에 도움이 될 수 있다.

Ⅳ. 결 : 한국적 적실성

효율성을 추구하느라 민주주의적 가치인 시민정신이나 공동체 의식과 같은 덕목이 충분히 고려되지 못하였던 우리의 행정현실을 비추어볼 때, 새로운 패러다임으로서 신공공서비스론이 함축하는 의미는 크다. 특히 고객으로 취급되었던 시민이 다시금 공동체 사회에서의 권리와 의무의 주체로서 재조명받게 된다는 의미에서 공공성의 훼손 문제를 해결할 수 있을 것으로 기대된다. 그러나 신공공서비스론이 한국에 토착화하는 데는 실천적인 측면에서 문제가 있을 것으로 보인다. 아직도 정치와 행정 문화의 토양 속에 민주적인 전통이 부족한 현실에서 공유된 가치체계를 도출하기 어려우며, 규범적 특성과 가치에 비해 행정에서 요구되는 실천적 가치의 유지를 위한 구체적 대안이 부족하기 때문이다. 따라서 시민 정신과 공동체 의식을 고취하면서 실천적 대안을 마련하려는 노력이 필요하겠다.

【강평】

1. 총평

신공공서비스론(New Public Service)은 신공공관리론의 한계에 대한 대안으로 나온 이론이다. 따라서 신공공관리론과 어떻게 다른 지가 가장 중요한 논점이 될 수 있다. 신공공서비스론을 체계화한 Denhardt 부부에 따르면, 신공공서비스론의 목표는 사회에 "봉사(serving)"하는 데 있지 사회를 일정한 방향으로 "조타(steering)"하는 데 있지 않다고 하여, 신공공관리론과의 차이점을 명확하게 제시하였다. 이 문제는 신공공서비스론과 신공공관리론의 차이점을 시민에 대한 인식을 기준으로 설명하라는 것이다. 쉽지 않은 주제를 예시답안은 무난하게 서술하여 높은 점수를 받을 수 있을 것으로 보인다.

2. 보완해야 할 사항

2장에서 신공공관리론과 신공공서비스론을 설명하면서 각 이론적 관점의 한계에 대해서도 설명할 필요가 있다. 신공공서비스론에 대해서도 1) 이론의 정체성 문제, 2) 개념 간의 이질성과 조화의 문제, 3) 이론의 현실적용상의 문제, 4) 공익에 대한 담론의 어려움 등과 같은 한계가 있는 것으로 지적된다.

3장에서 양 이론의 유사점과 차이점을 대비해서 설명하고 있는 것은 돋보이는 부분이다. 다만, 3장의 3. 차이점: 시민에 대한 인식 부분에서 시민 대 소비자(고객)의 차이점에 대한 설명이 부족한 것 같다. 국민은 정부에 세금(tax)이나 요금(toll)을 내는 경제적 행위자로서의 '소비자'인 동시에 정치적 행위자로서의 '시민'이기도 하다. 그러나 행정에 있어서 시민과 소비자는 구분해야 한다. 행정의 소비자가 행정 서비스 시장에서 자신의 이익을 추구하는 개인이라면, 시민은 공동체의 구성원으로서 민주사회를 구성하는 핵심이다. Rousseau의 표현을 빌리자면, 소비자는 자기 일에만 관심을 기울이는 '부르주아'이고, 시민은 전체 사회의 구성원으로서 일반적인 이해에 관심을 기울이는 '공민(citoyen)'이다. 시민의 시각에서 정부는 규제 기능을 포함한 다양한 기능을 수행하는 수탁자 · 대리인 · 관리인의 역할을 담당하며 형평성, 참여, 대표성, 공정성 등의 가치를 추구하는 반면, 고객의 시각에서 정부는 재화나 서비스를 생산하는 생산자의 역할을 담당하고 효율성을 최고의 가치로 추구한다.

3. 추가해야 할 사항

특별하게 언급할 것은 없으며, 다만 앞서도 말했듯이 2장에서 신공공관리론과 신공공서비스론의 한계에 대해 간단하게나마 언급하고 3장의 3의 내용을 보충할 필요가 있어 보인다.

4. 기타 사항

수험생들은 이러한 유형의 문제가 나오면 딜레마에 빠진다. 일단 문제에서 요구하는 바대로 서술하면 답안지에 쓸 내용이 별로 없다. 이 문제에서는 신공공관리론과 신공공서비스론의 차이점을 시민에 대한 인식을 기준으로 설명하라는 것인데, 이것은 아무리 풀어써도 한 페이지 이상 쓰기 쉽지 않다. 그렇다면 이런 문제에 대해 어떻게 대응할 것인가? 관련되는 논점들을 모두 기술하여 답안지를 채울 수밖에 없다. 예를 들면, 예시답안에서 보듯이, 양 이론에 대한 일반론, 양 이론의 공통점과 차이점에 대한 개괄적인 설명을 할 필요가 있다.

2. 행정고등고시 최고득점 답안

<제1문>

최근 사회적 이슈를 둘러싼 정책갈등이 빈번해지면서 공공갈등관리가 시급한 사회적 과제로 대두되고 있다. (총 50점)

[1] 공공정책으로 인해 발생할 수 있는 정책갈등의 원인을 구체적 사례를 들어 정책 의제설정단계, 정책결정단계, 정책집행단계별로 설명하시오. (30점)

[2] 정책갈등을 해소할 수 있는 방안을 다양한 정책행위자들(policy actors)의 정책참여 양태(樣態)와 관련하여 제시하시오. (20점)

Ⅰ. 서론

갈등(*conflict*)이란, 행동주체들 간의 적대적인 또는 대립적인 상호작용(*interaction*)을 의미한다. 새만금간척사업과 관련된 정책갈등부터 시작하여 최근의 4대강 사업이나 경인운하 등을 둘러싼 정책갈등은 최고조에 이르고 있다. 민주화의 행정환경변화와 더불어 다양한 주체가 행정에 참여하는 네트워크 거버넌스(*network governance*)에 의한 국정운영이 활발히 이루어짐에 따라 정책갈등은 더욱 빈번해지고, 갈등을 효과적으로 해소하는 것이 정책성공의 핵심이 되고 있다. 2004년에 발생했던 위도 방폐장 건설과 관련된 정책갈등을 중심으로 정책갈등발생원인에 대하여 논의하고, 정책갈등해소를 위한 방안의 모색이 필요한 시점이다.

Ⅱ. 위도방폐장 건설과 관련된 정책갈등의 원인

1. 위도방폐장 건설과 관련한 정책갈등의 개요

전라북도 부안군에 위치한 위도에 핵폐기물처리장을 건설하고자 정책을 추진하였다가 정책의 일방적인 추진으로 인하여 부안군 주민들의 대대적인 저항을 야기하여 결국 핵폐기물 처리장 건립이 무산된 사안이다.

2. 정책결정과정을 통한 정책갈등의 원인

(1) 정책의제설정단계(agenda)

정책의제설정단계에서 핵폐기물처리장 건립과 관련한 사전적인 의견 청취의 과정을 거치지 않았으며, 정부와 정치인들의 일방적인 정책의제 설정은 사회적 공감대를 불러일으키지 못하였다. 이러한 정부의 DAD(Decision-Announce-Defense)방식의 정책의제설정은 정책갈등을 유발할 소지가 존재하였다.

(2) 정책결정단계에서의 원인

① 정책결정단계에서 방폐장 건설지역을 선정하는 과정에서도 충분한 의견수렴과정이 이루어지지 않았으며, 중앙정부와 전라북도도지사와의 의견만이 반영되어 일방적으로 부안군 주민들에게 "통보" 하였다.

② 정부의 밀실행정 내지 무의사결정(non-decision making)에 의한 정책결정(policy making)은 부안군 주민들에게 핵폐기물로 인한 방사능유출의 위험성이나 안전여부에 대한 충분한 홍보가 이루어지지 못하였다. 이로 인하여 부안군 주민들의 핵폐기물처리시설 건립에 대한 막연한 불안감과 불확실성을 조성하였다.

(3) 정책집행단계에서의 정책갈등의 원인

① 정책집행단계에서도 정부는 무리하게 핵폐기물처리시설 설치를 강행하였으며, 이는 부안군 주민들의 대대적인 반발을 유발하였고, 급기야 학교를 휴교하면서까지 주민들의 시위가 계속되었다.

② 정책집행단계에서의 정부와 부안군 주민간의 갈등의 극대화는 결국 위도 핵폐기물처리시설 추진이 백지화되는 결과를 낳았으며, 정부는 다시 핵폐기물처리장 입지 대상 지역을 검토하게 되었다.

3. 정책과정에서의 정책갈등원인의 분석

(1) 정책의제설정단계

정책의제설정단계에서 충분한 홍보와 설명을 통해 사회적공감대를 형성해야 했음에도 불구하고, 주민과의 의사소통이 제대로 이루어지지 않아 정책갈등을 유발하는 근원이 되었음을 알 수 있다.

(2) 정책결정단계

부안군 주민에게 안전성에 대한 충분한 설명과 핵폐기물처리시설의 설치와 관련된 인센티브 등을 적절히 제시하지 못하고, 주민들에게 일방적으로 정책결정을 통보함으로써 갈등을 사전적으로 예방하고자 하는 노력이 부족하여 갈등이 유발되었음을 알 수 있다.

(3) 정책집행단계

정책집행단계에서 본격적으로 불거진 갈등의 양상을 자발적으로 해결하려고 하기보다는 규범적 접근이나 공리적 접근 등을 고려하지 않고, 단기간에 강제적으로 해결하려는 태도로 일관하였다. 이러한 갈등해소방안이 정책갈등을 더욱 심화시키는 악순환을 야기했다.

Ⅲ. 정책갈등을 해소할 수 있는 방안

1. 정부 관료들의 인식전환

(1) 정부(government)의 정책참여양태

정부는 종곧 무의사결정(non-decision making)으로 대표되는 관 주도의 일방적인 정책결정방식으로 정책과정에 참여하여 왔다. 따라서 이러한 정부의 정책참여양태는 시민들의 저항이나 반발을 야기하는 요인이 되고 있다.

(2) 정부 관료들의 정책갈등 해소방안

1) 갈등의 사전적 예방의 중요성 인식

2007년에 '공공기관의 갈등예방과 해결에 관한 규정'을 제정하여 갈등의 사전적 관리의 중요성을 인식하게 되었지만, 아직까지도 갈등을 유발할 수 있는 정책 사안들에 대하여 사전적 관리가 미흡하다. 갈등유발이 예상되는 이슈들을 조기에 포착하여 갈등관리를 지속적으로 수행하는 노력이 필요하다.

2) 다양한 주체의 참여유도

정책갈등이 야기되는 가장 큰 이유는 사회적 공감대를 확보하지 못한 정부의 일방적인 정책추진에 있다고 본다. 정부가 정책의제설정단계에서부터 투명하게 정책에 대한 정보를 공개하고, 시민들이 참여할 수 있는 제도를 마련하는 것이 필요하다. 경우에 따라서는 정책네트워크(policy network)를 활용하는 방안, 온라인 시민참여 등을 고려해볼 수 있겠다.

2. 정치인들의 근시안적(myopic) 행태지양

(1) 정치인들의 정책참여 양태

정치인(politicians)들은 자신에게 주어진 임기 내에 가시적인 성과들을 이루어내어 재선에 성공하고자 한다. 이러한 목적을 갖고 있는 경우에 정책을 인기영합주의(populism)에 의해 결정될 가능성이 높으며, 정치인들의 정책참여가 굉장히 근시안적으로 나타날 가능성이 크다.

(2) 정치인들에게 요구되는 정책갈등해소방안

정치인들에게 인기영합주의에 의한 정책의제설정이나 정책결정이 아닌, "결정상의 능률성(efficiency)"과 민주성에 근거한 정책이 채택되어야 한다. 이를 위해서는 공공사업에 대한 엄격한 예비타당성조사의 실시를 통하여 정책결정의 합리성을 확보하여야 한다.

3. 시민들의 적극적 참여

(1) 시민들의 정책참여양태

시민들이 행정에 영향을 주기 위하여 참여하는 것을 시민참여(*civil participation*)라고 하는데, 우리나라의 경우에는 시민참여가 시위나 로비 등 비공식적인 방식에 의한 경우가 빈번하고, 시민참여의 정도도 적극적이지 않다.

또한 무엇보다 큰 문제는 정책의제설정과정이나 정책결정과정에서는 침묵하고 있다가 정책집행이 가시화 되어야 비로소 반응을 보인다는 데 있다.

(2) 시민들에게 요구되는 정책갈등해소방안

① *Schachter*가 주장하였던 '시민재창조'(*Reinventing ourselves*)가 요구되는 시점이다. 시민들이 공공정책의 정책의제설정단계부터 적극적으로 참여하고, 의견을 제시하는 '능동적 참여'가 요구된다.

② 또한 정부의 정책에 대하여 무조건 감정적인 반대를 하는 것보다는 정책에 대한 정보수집을 통하여 스스로 정책에 대한 이해도를 높여 합리적 비판이 이루어질 수 있도록 해야 한다.

Ⅳ. 결어

위도방폐장 건립이 무산되고, 주민투표를 통하여 경주시에 방폐장 건립이 결정되었다는 것은 정책과정에서 시민들의 의견반영이 정책갈등해소에 매우 중요한 요소임을 시사한다.

정책갈등이 심화될수록 사회적비용도 증가하여 국가 경쟁력까지 저해할 수 있는 것을 인식한다면, 공공갈등관리로서 갈등의 사전적 예방을 철저히 해야 한다.

또한, 사후적으로도 정부의 일방적 해결이 아닌, 최근 제시되고 있는 '대체적 분쟁해결제도(*ADR: Alternative Dispute Resolution*)에 의한 해결방식을 도입하는 등, 다양한 정책행위자들의 협력이 필요하다.

<제 2 문>

최근 일부 지방자치단체에서 '주민참여예산제도'를 채택하고 있다. 주민참여예산제도의 필요성을 '사회적 자본(social capital)'의 관점에서 논하고, 이 제도의 성공적인 정착 방안을 제시하시오. (30점)

Ⅰ. 서론

브라질의 포르투알레그리시에서 처음으로 도입된 주민참여예산제도는 현재 우리나라에도 도입되어 있다. 광주광역시 북구와 울산광역시 동구 등에 도입되어 있는 주민참여예산제도가 사회적 자본형성에 기여하는 바에 대하여 논의하고, 재정민주주의의 발전을 위해 주민참여예산제도의 성공적인 정착방안에 대하여 논의해 볼 필요가 있다.

Ⅱ. 주민참여 예산제도의 의의

1. 재정민주주의의 의의

재정민주주의는 ① 좁은 의미로 예산에 대하여 의회의 적절한 통제가 이루어지는 것을 의미하며, ② 넓은 의미에서는 시민들이 직접 예산을 통제하는 것을 의미한다.

2. 주민참여예산제도의 개념

주민참여예산제도는 재정민주주의를 구현한 예산제도로서, 시민들이 직접 예산편성과정에 참여하고, 예산집행을 감시하고 통제하는 예산제도를 의미한다.

Ⅲ. 사회적 자본 관점에서의 주민참여 예산제도의 필요성

1. 사회적 자본(*social capital*)의 의의

(1) 사회적 자본이란, *Putnam*에 의하면, 사회구성원들의 자발적 협력을 이끌어낼 수 있는 사회적 조건(*social condition*)을 의미한다.

(2) 사회적 자본은 크게 ① 네트워크(*network*) ② 호혜적 규범(*reciprocity*) ③ 신뢰(*trust*)의 요소로 규정이 된다.

2. 네트워크 관점에서의 주민참여예산제도의 필요성

네트워크(*network*)는 사회적 자본을 형성하는데 있어 필요한 의사소통의 장을 마련한다.

주민참여예산제도에서는 주민들과 지방정부가 수평적 네트워크를 형성하여 예산과정에 참여함으로써 사회적 자본 형성에 기여한다.

3. 호혜적 규범 관점에서의 주민참여예산제도의 필요성

호혜적 규범은 집단행동의 딜레마(*dilemma of collective action*)를 해결하는 규칙으로서 기능한다. 예산은 배제 불가능하지만 경합적인 공유재(*common goods*)의 특성을 지니므로 주민들이 참여하는 과정에서 공유재의 비극(*the tragedy of the commons*) 현상이 유발될 수 있는 문제를 호혜적 규범이 해결할 수 있으며, 주민참여예산제도가 일종의 호혜적 규범으로 기능할 수 있다.

4. 신뢰관점에서의 주민참여예산제도의 필요성

신뢰(*trust*)는 의사소통 활성화의 기폭제가 된다. 주민참여예산제도를 통하여 예산의 투명성과 공정성이 제고된다면 주민들과 정부사이의 신뢰가 형성되어 예산과정에서의 사회적비용절감이 가능해진다.

Ⅳ. 주민참여예산제도의 성공적인 정착방안

1. 지방정부의 역할

(1) 지속적인 참여유도와 홍보

주민참여예산제도가 일부 지방자치단체에서만 시행되고 있고, 주민들의 주민참여예산제도의 필요성에 대한 인식의 정도도 낮다.

일부시민들만이 참여하여 시민참여의 대표성이나 형평성이 보장되지 않는다면 주민들이 참여하는 취지를 상실하게 될 우려가 있다.

따라서 지방정부는 주민참여예산제도에 대한 지속적인 홍보를 통해 주민들의 적극적인 참여를 유도해야 한다.

(2) 전담부서의 설치

주민참여예산제도가 성공적으로 운영되기 위해서는 공식적인 전담부서가 마련되어 체계적으로 운영될 수 있어야 한다. 실제로 광주광역시 북구에서는 '민관협력과'를 운영하고 있다.

2. 주민들의 역할

주민들은 주민참여예산제도가 재정주권을 구체화하고, 자신들의 생활과 직결되는 제도임을 인식하여 적극적으로 참여해야 한다. 주민들의 적극적인 참여가 보장되고, 실현되어야 주민참여예산제도가 성공적으로 운영될 수 있으며, 지역의 현안이나 예산에 관한 정보에 민감하게 반응하는 태도가 요구된다.

Ⅴ. 결어

예산에서는 재정효율성의 확보 못지않게, 재정민주주의의 달성도 필요하다. 재정민주주의를 실현하는 제도로서의 주민참여예산제도는 지역의 사회적 자본을 형성하는 데 기여한다. 주민참여예산제도를 성공적으로 운영하기 위해서는 지방정부의 정보접근성(accessibility)을 높이고, 재정정보의 주기적인 공개와 함께 이러한 정보를 적극적으로 활용하여 예산과정에 참여하려는 시민들의 노력이 동시에 이루어져야 할 것이다.

<제 3 문>

'정보의 비대칭(information asymmetry)'이 초래한 행정부패의 구체적 사례를 제시하고 그 극복방안을 서술하시오. (20점)

Ⅰ. 행정부패의 의의

행정부패(*corruption*)란, 부패방지법 제2조에 그 정의가 규정되어 있다. 부패란, 공직자가 자신의 권한을 남용하거나, 법령을 위반하여 자신의 이익을 추구하는 것을 의미한다.

우리나라에서 특이한 점은 직접 부패를 저지른 자 뿐 아니라, 부패를 조장하고 유도한 자도 함께 부패자로서 처벌하고 있다는 것이다.

Ⅱ. 정보비대칭이 초래한 행정부패의 구체적 사례

1. 정보비대칭의 개념

정보비대칭(*information asymmetry*)이란, 상호간에 동일하게 정보를 보유하고 있는 것이 아닌, 일방만이 완전하게 정보를 보유하고, 다른 일방은 불완전한 정보를 보유한 상황을 의미한다.

2. 정보비대칭이 초래한 '스폰서검사비리사건'

(1) 부패의 원인으로서의 '정보비대칭'

국민 – 정치인 – 관료로 이어지는 복수의 대리관계에서 궁극적인 주인(*principal*)인 국민은 그들의 대리인(*Agent*)인 관료들에 비하여 극히 적은 정보를 보유하고 있다. 국민들에 의해 직접적인 통제를 받지 않는 관료인 검찰은 국민들의 감시를 피하고, 자신들이 보유하고 있는 정보 권력을 이용하여 부패를 조장 할 유인이 있다.

(2) 스폰서검사 사건과 정보비대칭

검찰은 소송을 제기할 수 있는 기소권을 독점하고 있으며, 경찰과 함께 수사권도 보유하고 있다. 수사과정과 재판과정에서 검찰은 많은 정보를 보유하고 이를 올바르게 사용하지 않고, 자신들에게 로비를 한 민간인에게 유리하도록 권한을 남용하면서 사익을 추구하였다. 국민이 검찰에 대한 정보를 불충분하게 갖고 있고, 폐쇄적인 조직으로서 검찰이 독점적으로 권한을 행사하게 됨에 따라 최근의 스폰서검사비리가 문제된 것이라 볼 수 있다.

Ⅲ. 정보비대칭이 초래한 행정부패의 극복방안

1. 부패방지 거버넌스의 조성

① 스폰서검사문제와 관련하여 법대교수를 대표로 한 진상규명위원회가 구성되었으나, 내부인에 의한 통제라는 비판과 형식적인 해결에 그쳤다는 비판이 존재하였다.

② 이는, 부패를 해결함에 있어서 정부가 일방적으로 주도할 것이 아니라, 외부인사의 영입, 시민들의 참여 등을 보장하여 이른바 부패방지 거버넌스를 통한 반부패정책이 수행되어야 한다. 다양한 주체의 참여를 통하여 부패방지정책의 공정성을 확보해야 한다.

2. 사전적부패방지 방안

행정부패는 우리나라에서 이미 제도화되어 있으므로 부패를 0으로 만들려는 시도보다는 일탈형 부패로의 전환이 요구된다. 우선적으로 정부가 정보에 대한 접근성과 개방성을 높여 정부의 투명성(transparency)을 제고하는 것이 필요하고, 청렴한 공무원에게 인센티브를 부여하는 것도 고려해볼 수 있다.

3. 반부패정책으로서 사후적 통제방안

국제투명성위원회(TI)의 부패인식지수(CPI)에 따르면, 2009년에 우리나라는 55점을 받아 세계 39위의 낮은 순위에 있다. 이는 우리나라의 부패가 심각함을 의미하는데, 부패자에 대한 처벌수위가 낮은데도 그 원인이 있다. 따라서 행정부패를 저지른 공무원들의 부패를 통한 수익을 몰수하는 한 편, 형 집행시 사면이나 감형을 금지해야 할 것이다. 또한 검사의 수사권독점을 방지하기 위하여 행정부패에 한하여 국민권익위원회에 '공직부패수사처'의 신설을 고려할 수도 있을 것이다.

※ 강평은 본서의 2010년 시행 행정고시 답안에 대한 강평 참조.

< 저자 소개 >

■ **김판석**

미국 The American University(행정학박사)
미국 Old Dominion University 행정학 교수
미국행정학회(ASPA) 이사
미국 Georgetown University 플브라이트 교환교수
인사행정연구회 (한국인사행정학회 전신) 회장
대통령비서실 인사제도비서관(별정직1급)
행정고시, 각종 국가고시 위원
현, 세계행정학회(IIAS) 회장
현, 연세대학교 정경대학장
현, 연세대학교 행정학전공 언더우드 특훈교수

■ **김행범**

서울대학교 (행정학박사)
한국행정학회, 한국정책학회, 한국제도경제학회 이사
미국 정치학회(APSA)
유럽 공공선택학회(EPCS)
미국 공공선택학회(Public Choice Society)
George Mason University 공공선택연구소 교환교수
행정고시, 각종 국가고시 위원
현, 부산대학교 행정학과 교수

■ **하혜수**

서울대학교(행정학 박사)
경기개발연구원 연구위원(도시경영연구부장)
The University of Birmingham 방문교수
상주대학교 행정학과 교수
한국행정학회 교육취업위원장
한국정책분석평가학회 편집위원장
한국지방자치학회 연구위원장
지방분권촉진위원회 실무위원
국가균형발전위원회 전문위원
행정정보공유추진위원회 위원
현, 경북대학교 행정학부 교수

■ **김철회**

서울대학교 국제경제학과(경제학사)
서울대학교 행정대학원(행정학박사)
미국 Parkland College 수학
중앙아시아 키르키즈국립대학교 교수
국회예산정책처 예산분석관
한국행정학회 서울행정학회 운영이사
현, 한남대학교 행정학과 교수

테마 사례행정 분석 – Case & Review –

2013년 2월 20일 초판 인쇄
2013년 2월 25일 초판 발행

편저자 김판석, 김행범, 하혜수, 김철회
발행인 황 영 성
발행처 **법 우 사**
서울특별시 관악구 삼성동 1528-5 2층
전화: (02) 876-2261 팩스: (02) 875-2263
E-mail: hys8009@hanmail.net
www.bubwoosa.co.kr
등록 2001.4.30 제301-10-1747

정가 35,000원

ISBN 978-89-97060-17-7 93350